와인味학

# 와인味학
ART OF WINE

WINEVISION

## PROLOGUE

**여러분, 환영합니다.**

와인을 마시는 일은 즐겁고 행복합니다. 복잡한 이름이나 생산지를 몰라도 좋습니다. 와인은 그 자체로 이미 완벽하며 매혹적입니다. 가까이 하면 할수록 여러분을 끌어당길 것입니다. 세상에 수많은 술이 있지만, 동서양을 막론하고 와인만큼 오랜 세월, 전 세계인에게 사랑을 받은 술은 많지 않을 것입니다. 수 세기 전 자연이 선물해 주었고, 인류가 물려받아 와인을 이어 왔습니다. 국경과 시간을 초월해 세계의 장인들이 빚은 와인을 마시는 것은 그래서 더욱 소중하고 아름답습니다.

와인을 마시다 문득 '어떻게 과일에서 이런 술이 나올까? 어떻게 이런 맛과 향이 날까?' 궁금해지기도 할 것입니다. 그 호기심이 싹틀 때 여러분은 이미 와인의 세계에 한 발을 디딘 것입니다. 와인을 알고 싶은 열망에 점점 더 사로잡힐 것입니다. 우리 곁의 와인 전문가들 모두가 그렇게 출발했습니다.

**'Gustibus mens dat incrementum'이라는 말이 있습니다. 라틴어로 '지식은 감각적 인식의 세계를 넓혀 준다'는 뜻입니다.** 이처럼 와인에 꼭 들어맞는 이야기는 없을 겁니다. 뜻을 줄이자면 대략 '아는 만큼 느낀다'쯤 될까요. 알면 알수록 와인의 맛도, 느낌도 달라집니다. 더 넓고, 더 깊어지며, 늘 놀라움을 줍니다. 역사와 환경, 포도 재배자와 와인 양조자의 철학 등이 어떻게 한 잔의 와인에 담겨 나타나는가를 알게 되는 것, 그리하여 감각적으로 이를 느끼게 되는 것은 와인을 배움으로써 얻을 수 있는 기쁨입니다. 단지 와인 애주가였다가 종래엔 너나없이 와인 공부에 빠지는 이유도 바로 이 때문입니다. 여러분 앞에 놓인 와인 잔 안에 얼마나 많은 땀과 시간, 기다림의 이야기가 녹아 있는지를 알면 어떤 기분이 들까요?

<와인미학>은 와인에 관한 기본 원리부터 전문적 지식까지 다양한 내용을 실었습니다. 역사와 환경, 포도 재배와 품종, 생산지, 양조 기법에서부터 테이스팅 방법, 레스토랑의 와인 고객 서비스 지침에 이르기까지 와인에 대해 알아야 할 거의 모든 것을 담았습니다. 전문적 내용들이지만, 초심자도 이해할 수 있도록 읽기 쉽고 간단하게 정리했습니다.

**'와인 미학'은 이제 막 와인 공부를 시작한 분들을 위해 만든 입문서입니다.**

이론과 현장의 기초를 탄탄히 다질 수 있습니다. 또한, 이미 와인의 세계에 익숙하신 분들께도 유익한 참고서가 될 것입니다. 와인 산업의 최신 동향 및 주요 정보를 일목요연하게 파악하실 수 있습니다. 그간 알고 있던 지식을 체계적으로 정리해 볼 수 있는 좋은 기회가 될 것입니다.

'와인미학'은 2013년 봄, 초판을 발행했습니다. 독자 여러분의 성원으로, 2015년 'Gourmand World Cookbook Awards'의 <Best Drink Education Book> 부문 최고상을 수상하기도 했습니다.

그 후 12년 만인 이제 개정판으로 여러분을 만나게 됐습니다. 2013년판보다 더욱 내실있는 내용과 디자인으로 대폭 보강하였습니다. 이 책을 통해 와인이라는 그 경이로운 우주에 여러분이 한 걸음 더 가까이 다가서게 되기를 기대합니다.

## CONGRATULATIONS!

**축하합니다!**

와인처럼 매력적이고 다채로운 주제는 없습니다. 역사와 문화, 언어, 예술, 과학, 맛과 즐거움 등 모든 것이 어우러져 녹아 있습니다. 마치 멋진 노래나 영화처럼 간단하면서 복잡하지요. 와인에 대해 공부하는 것은 매우 흥미진진한 일일 뿐만 아니라 배움의 보람도 선사해 줍니다.

이러한 배움의 기쁨을 나누기 위해, 독자와 학생 여러분의 와인 공부를 돕고자 재능있는 교육자들이 함께 힘을 합쳤습니다. 그리고 이 책을 펴냈습니다. 먼 길을 앞둔 이들에게 좋은 길잡이가 있다는 건 정말 반갑고 감사한 일입니다.

사실 와인의 세계를 이해하기란 결코 쉬운 일이 아닙니다. 와인은 아름다우면서도 한편 복잡한 성격을 갖고 있습니다. 하지만 방문송 씨를 비롯해 이 책의 저자들은 와인 문화에 대해 깊은 이해와 함께 감상법을 알고 있는 전문가들입니다. 와인 전문가로서 널리 신뢰받는 분들입니다. 이 분들의 다양하고 특화된 지식이 책 안에 모여 있습니다. 이 책은 와인의 현재와 미래를 밝히는 청사진과 같습니다. 와인을 알고자 하는 여러분이 이 책을 나침반 삼아 길을 찾아가시기를 바랍니다.

멀리서나마 '와인미학' 발간을 축하합니다. 애쓰신 저자들은 물론, 무엇보다 이 책을 읽게 될 독자 여러분에게 큰 소리로 축하 인사를 전합니다. 이제부터 여러분은 평생을 함께 할 와인을 따라 길고도 흥미로운 여정을 시작할 테니까요.

마스터 오브 와인. 데브라 마이버그

## HOW TO USE THIS BOOK
### 책 활용법

〈와인미학〉은 와인에 대한 기본적인 지식을 간결하고 명확한 방식으로 체계화하였다. 이를 통해 학습자가 단계적으로 쉽고 편안하게 지식을 키워 나갈 수 있도록 돕는데 목적을 두었다.

와인 공부를 처음 시작하는 초보자부터 깊이 있는 정보를 찾는 와인 애호가 모두 필요한 지식과 정보를 아울렀다.

책의 커리큘럼 구성과 체계는 WSET Wine & Spirit Education Trust 및 CMS Court of Master Sommeliers 과정 등 여러 국제 와인 학습 및 자격 취득 프로그램의 내용을 대폭 반영한 것이다. 와인 전문가자격 인증 시험을 준비하는 분들은 수험준비서로 활용해도 좋다.

와인에 흥미를 느껴 가벼운 마음으로 공부를 시작했다면, 먼저 그 방대한 지식과 전문성에 지레 압도당할 수 있다. 이는 자연스러운 반응이다. 실제로 와인은 역사적으로 수천 년에 걸쳐 그 지식이 축적된 만큼, 기본적으로 알고 배울 내용이 많은 편이다. 몇천 년간 이어 온 거대한 와인 창고를 탐험하는 기분으로 한 발씩 차분히 내딛는 게 중요하다.

무엇이든, 새로운 영역을 공부하기란 누구에게나 쉽지 않다. 이 뜻깊은 출발을 준비하는 당신이 최대한 쉽게 이해하며 보다 흥미를 가지고 수월히 앞으로 나아갈 수 있도록 모든 내용을 구성하였다. 학습한 것을 오랫동안 기억할 수 있도록 사진과 그림, 표 등 다양한 보조 자료도 사용하였다.

이 책을 읽는 데 가장 효과적인 탐독법은 다음과 같다. ────────→

**처음부터 시작하라.** 이 책은 모두 네 개의 챕터로 구성되어 있다. 순서와 관계없이 어느 챕터를 먼저 읽어도 무방하다. 단, 와인을 처음 접하는 이라면 첫 챕터부터 차례대로 읽을 것을 권장한다. 가장 기초적인 내용에서 시작해 점차 심층적인 지식과 활용법에 대한 순으로 수록되어 있다.

**와인 지도를 활용하라.** 지도를 흘려 넘기지 말자. 본문에 나온 와인 생산지가 지도상 어디에 위치하는지 항상 꼼꼼하게 찾아보자. 주요 와인 생산지를 기억하거나 친숙해지는 데 가장 좋은 방법이다. 생산지별 환경과 와인 스타일을 이해하는 데에도 매우 효과적이다.

**테이스팅을 훈련하라.** 와인을 배우는 데 가장 이상적인 학습 방법은 이론과 테이스팅을 함께 공부하는 것이다. 이 책에서는 최대한 자세하게 테이스팅 지침을 실었다. 특히, 17개로 구성된 '테이스팅 실습' 편에서 추천하는 와인은 꼭 직접 시음해 보기를 바란다. 테이스팅 스킬을 높이는 지름길이다. 테이스팅 경험 없이 와인을 논하기란 어렵다.

# CONTENTS 1/4

| | |
|---|---|
| **PROLOGUE** | 006 |
| **CONGRATULATIONS** | 009 |
| 책 활용법 | 010 |

## 1 와인 테이스팅

| | | |
|---|---|---|
| 1.1 | 와인 스토리 | 020 |
| 1.2 | 와인 테이스팅 | 026 |
| | 와인 스타일 | 026 |
| | 와인 테이스팅 | 027 |
| | 와인의 품질 | 039 |
| | » 테이스팅 실습 ❶ : 와인 시음의 체계적인 접근법 익히기 | 044 |

## 2 와인의 맛과 품질

| | | |
|---|---|---|
| 2.1 | 와인의 맛과 품질에 영향을 주는 요소 | 050 |
| 2.2 | 포도 품종 | 052 |
| | 2.2.1 청포도 - 1. CHARDONNAY 샤르도네 | 058 |
| | » 테이스팅 실습 ❷ : 샤르도네 | 063 |
| | 2. SAUVIGNON BLANC 소비뇽 블랑 | 064 |
| | 3. RIESLING 리슬링 | 068 |
| | » 테이스팅 실습 ❸ : 리슬링 | 072 |
| | 4. CHENIN BLANC 슈냉 블랑 | 073 |
| | 5. SEMILLON 세미용 | 076 |
| | 6. PINOT GRIS / PINOT GRIGIO 피노 그리 / 피노 그리지오 | 078 |
| | 7. GEWURZTRAMINER 게뷔르츠트라미너 | 080 |
| | » 테이스팅 실습 ❹ : 기타 화이트 와인 | 082 |
| | 8. MUSCAT 뮈스카 | 083 |
| | 9. VIOGNIER 비오니에 | 086 |
| | 10. ALBARIÑO 알바리뇨 | 088 |
| | 11. CORTESE 코르테제 | 090 |
| | 12. GARGANEGA 가르가네가 | 092 |

| | | |
|---|---|---|
| | 13. VERDICCHIO 베르디키오 | 094 |
| | 14. FIANO 피아노 | 096 |
| | 15. GRÜNER VELTLINER 그뤼너 벨트리너 | 098 |
| | 16. FURMINT 푸르민트 | 100 |
| 2.2.2 적포도 - | 1. CABERNET SAUVIGNON 카베르네 소비뇽 | 105 |
| | 2. MERLOT 메를로 | 110 |
| | » 테이스팅 실습 05 : 카베르네 소비뇽 & 메를로 | 114 |
| | 3. PINOT NOIR 피노 누아 | 115 |
| | » 테이스팅 실습 06 : 피노 누아 | 119 |
| | 4. GAMAY 가메 | 120 |
| | 5. SYRAH/SHIRAZ 시라/쉬라즈 | 122 |
| | 6. GRENACHE/GARNACHA 그르나슈/가르나차 | 126 |
| | 7. TEMPRANILLO 템프라니요 | 129 |
| | 8. NEBBIOLO 네비올로 | 132 |
| | 9. BARBERA 바르베라 | 134 |
| | 10. CORVINA 코르비나 | 136 |
| | 11. SANGIOVESE 산지오베세 | 138 |
| | 12. MONTEPULCIANO 몬테풀치아노 | 140 |
| | 13. ZINFANDEL/PRIMITIVO 진판델/프리미티보 | 142 |
| | 14. PINOTAGE 피노타지 | 144 |
| | 15. MALBEC 말벡 | 146 |
| | 16. CARMENERE 카르메네르 | 148 |
| 2.3 | 생장 환경 | 152 |
| | 포도원의 자연환경 | 152 |
| | 포도 재배와 수확 | 159 |
| | » 테이스팅 실습 07 : 포도 재배와 와인 | 171 |
| 2.4 | 와인 양조 | 174 |
| | 레드 와인 양조 과정 | 177 |
| | 화이트 와인 양조 과정 | 186 |

# CONTENTS

| | |
|---|---|
| » 테이스팅 실습 ⓼ : 와인 양조와 와인 | 188 |
| 로제 와인 양조 과정 | 189 |
| 스위트 와인 양조 과정 | 191 |
| » 테이스팅 실습 ⓽ : 스위트 와인 | 193 |
| 스파클링 와인 양조 과정 | 194 |
| » 테이스팅 실습 ❿ : 스파클링 와인 | 199 |
| 주정 강화 와인 양조 과정 | 200 |
| » 테이스팅 실습 ⓫ : 주정 강화 와인 | 208 |
| 비간섭주의 와인 | 209 |

## 3 세계의 주요 와인 생산지

| | |
|---|---|
| 3.1 와인 라벨의 이해 | 214 |
| 3.2 프랑스 와인 : 개요 | 222 |
| 프랑스 와인 라벨 법 | 225 |
| 3.2.1 보르도 | 228 |
| 3.2.2 프랑스 남서부 | 234 |
| 3.2.3 부르고뉴 | 236 |
| 3.2.4 보졸레 | 243 |
| 3.2.5 알자스 | 246 |
| 3.2.6 루아르 밸리 | 250 |
| 3.2.7 론 밸리 | 255 |
| » 테이스팅 실습 ⓬ : 론 밸리 와인 | 263 |
| 3.2.8 남부 프랑스 | 264 |
| 3.2.9 사부아 | 269 |
| 3.2.10 쥐라 | 272 |
| 3.2.11 샹파뉴 | 274 |
| » 테이스팅 실습 ⓭ : 샴페인 | 279 |
| 3.3 독일 와인 | 282 |
| 3.4 오스트리아 와인 | 292 |
| 3.5 헝가리 와인 | 294 |

| | | | |
|---|---|---|---|
| | 3.6 | 그리스 와인 | 296 |
| | 3.7 | 이탈리아 와인 - 개요 | 301 |
| | | 북서부 지역 | 306 |
| | | 북동부 지역 | 308 |
| | | 중부 지역 | 309 |
| | | 남부 지역 | 313 |
| | | » 테이스팅 실습 ⑭ : 이탈리아 중남부 와인 | 316 |
| | 3.8 | 스페인 와인 - 개요 | 318 |
| | | » 테이스팅 실습 ⑮ : 스페인 와인 | 328 |
| | 3.9 | 포르투갈 와인 | 329 |
| | 3.10 | 미국 와인 | 334 |
| | 3.11 | 캐나다 와인 | 342 |
| | 3.12 | 칠레 와인 | 344 |
| | 3.13 | 아르헨티나 와인 | 349 |
| | 3.14 | 남아프리카 공화국 와인 | 352 |
| | | » 테이스팅 실습 ⑯ : 칠레, 아르헨티나, 남아프리카 공화국 와인 | 357 |
| | 3.15 | 호주 와인 | 358 |
| | 3.16 | 뉴질랜드 와인 | 365 |
| | 3.17 | 아시아 외 와인 | 368 |
| **4 와인과 생활** | 4.1 | 음식과 와인 매칭 - 기본 규칙, 재료와 음식별 매칭 | 374 |
| | | » 테이스팅 실습 ⑰ : 음식과 와인 매칭 | 385 |
| | 4.2 | 와인 서비스 | 386 |
| | 4.3 | 책임있는 알코올 판매와 소비 | 399 |

참고문헌　404
색인　408

와인 테이스팅

# WINE

# TASTING

# 1.1. WINE STORY
와인 스토리

**와인의 기원**

와인이 언제 처음 만들어졌는지, 그 정확한 시기는 확실치 않다. 그러나 인류의 역사와 함께 오랫동안 공존하며 발전해 왔다는 사실은 분명하다.

근대 이후 과학 기술의 발달로 와인의 보관 및 제조 기술이 비약적으로 발전하였다. 대량 생산 및 공급이 가능해졌고, 그 덕분에 현재의 우리는 옛날 로마 황제가 마셨던 와인보다 더 좋은 와인을 값싸게 마실 수 있게 된 셈이나 마찬가지다. 와인 소비가 늘어나면서 최근에는 각국의 포도 재배량도 급속히 늘었다. 과잉 생산이 문제될 정도로 경쟁도 심해졌다. 소비자들은 넘쳐나는 와인 중에서 값싸고 맛있는 와인을 골라 마실 수 있는 행복한 고민에 이르렀다.

**와인의 '발견'**

와인의 원리는 단순하다. **포도즙이 효모(이스트)를 만나 당분이 알코올로 바뀌면 와인이 된다.** 즉, 와인은 이러한 발효 과정에서 생겨난 자연의 산물이라 할 수 있다. 와인의 '기원'도 인류가 자연 속에 존재하던 와인을 처음 '발견'한 때라 할 수 있다. 정확한 시기는 알 수 없지만, 아마도 인류가 농경을 시작하기 전인 채집 수렵기에도 와인은 존재했을 것이다. 당시 사람들이 채집 후 먹고 남은 야생 포도를 저장해 두었을 때 포도송이들의 자체 무게에 눌려 포도즙이 생겼고, 여기에 자연 효모가 들어가 발효를 일으켰을 것으로 보인다.

**포도의 특성**

와인이 인류의 역사와 궤적을 같이하며 현재와 같이 번성하게 된 것은 포도가 가진 몇 가지 독특한 특성 때문이다.

❶ 포도는 여러 과일 중에서도 **당도가 가장 높은 편에 속한다.** 또한 발효 후 알코올 도수도 상대적으로 가장 높다. 일반적으로 알코올 성분이 10% 전후가 되어야 보존 가능한 술이 되는데, 포도 이외에 알코올이나 설탕을 일절 첨가하지 않고서도 이 수준에 도달할 수 있는 과일은 매우 드물다.

❷ 포도는 **껍질이 연약**해서 쉽게 즙을 얻을 수 있다.

❸ 포도 **껍질에 함유된 타닌** 등 여러 성분이 와인의 풍미에 중요한 역할(특히 레드 와인의 경우)을 한다.

## 와인의 역사

### · 와인의 시작 : 기원전 4000년경

**와인 제조에서 가장 중요한 포도 품종은 비티스 비니페라<sup>vitis vinifera</sup> 종이다.** 이 품종은 코카서스<sup>Caucasus</sup> 지방에서 기원한 것으로 알려져 있다. 코카서스는 카스피해<sup>Caspian Sea</sup>와 흑해<sup>Black Sea</sup> 사이에 있고 현재의 조지아<sup>Georgia</sup>, 아르메니아<sup>Armenia</sup> 등의 국가가 위치한 지역이다. 고고학적 연구에 의하면, 기원전 4,000년경부터 이집트와 메소포타미아 문명에서 비니페라종 포도가 재배된 것으로 알려진다. 물론 포도를 재배했다고 해서 반드시 와인을 만든 것으로 볼 수는 없다. 그리스의 크레타<sup>Crete</sup> 섬에서는 미노스 시대(기원전 3,000년)의 것으로 추정되는 몇몇 흔적이 발견되었다. 포도 즙을 짜는 프레스 잔해와 남은 포도 껍질, 씨, 줄기 등이었다. 그곳에서 와인이 제조되었음을 알려주는 직접적인 증거로 제시되고 있다.

한편, 이란에서는 기원전 3,500년경 페르시아 시대의 암포라<sup>amphora</sup>, 즉 손잡이가 두 개 달린 항아리 내부의 붉은색 얼룩에서 와인의 주요 성분인 타닌과 타르타르산이 검출되기도 했다. 이러한 사실들을 통해 코카서스 지방에서부터 와인이 기원하여(발견되어) 인류 문명의 발전에 따라 이집트와 메소포타미아, 그리스 등지로 확산된 것으로 볼 수 있다. 그리고 기원전 1,100년경의 페니키아인들과 그 후대의 그리스인들에 의해 지중해 연안에 식민지가 개척되면서 포도와 와인도 함께 퍼져 나갔다.

## 로마 시대

### · 와인 산지의 기초 구축

지중해를 둘러싸고 대제국을 건설한 로마 시대에는 와인이 로마 문화의 중요한 일부가 되었다. 이에 대한 역사적 기록과 흔적도 많이 남겨져 있다. 와인을 저장하는 도기인 암포라가 로마 시대의 침몰선에서 다수 발견되고 있는데, 이는 당시 스페인과 북아프리카 등에서 많은 양의 와인이 수입되었음을 보여주는 것이다. 또 한 가지 특기할 만한 사항은 와인이 치료 약으로서도 널리 쓰였다는 점이다. 와인으로 가장 유명한 국가 중 하나인 현재의 프랑스에 포도를 전파한 민족은 그리스인들이다. 기원전 600년경 당시 식민 도시였던 프랑스 남부 지중해 연안의 마살리아<sup>Massalia</sup>(현재의 마르세이유)에 포도원이 만들어졌고, 점차 북쪽으로 포도 재배지가 확장되었다.

로마 시대에는 프랑스, 스페인, 독일 등 현대의 주요 와인 산지의 기초가 이미 그때 구축되어 있었다. 세계 최고의 와인 산지 중 하나인 프랑스 보르도<sup>Bordeaux</sup>의 와인은 AD 4세기에 최초의 기록을 남기기도 하였다. 당대의 시인 아우소니우스

Ausonius가 쓴 것이었다. 당시 아우소니우스는 보르도 주요 산지의 하나인 생-테밀리옹 St-Émilion에 살았고, 그의 기록이 쓰이기 훨씬 이전에도 이미 와인이 존재했을 것으로 추정된다.

로마가 멸망한 뒤 와인의 전통은 이를 교회의 성찬 의식에 사용한 사제들에 의해 이어졌다. 유럽 각지로 퍼져 나간 수도원들은 자체 포도원과 와이너리를 소유하였고, 사제들은 보다 나은 와인을 생산하기 위해 많은 공을 들였다. 현재 와인 제조에 쓰는 주요 포도 품종들도 대부분 이때 확정되었다.

## 중세 시대

· 전 유럽으로 확대

와인은 중세기 프랑스의 주요 수출품이었다. 각 수입국별로 선호하는 와인이 생기기 시작한 것도 이때부터다. 영국에서는 당시 영국 왕실이 통치하고 있던 보르도의 와인을 주로 마셨다. 네덜란드와 벨기에에서는 부르고뉴 Bourgogne 와인이 주종을 이뤘다. 이들 지역이 부르고뉴 공국의 영토이기도 했지만, 무엇보다 북쪽의 육로가 부르고뉴 와인의 수송로였기 때문이다.

당시 와인과 같이 무겁고 부피가 많이 나가는 상품은 주로 강과 바다를 통해 수송되었다. 실제로 보르도 Bordeaux, 론 Rhone, 루아르 밸리 Loire Valley 등 대부분의 프랑스 주요 와인 산지가 강을 끼고 있다. 그러나 부르고뉴 지방은 해운이 발달하지 않아 육로를 이용할 수밖에 없었다. 이 때문에 일부 수출량을 제외한 대부분의 와인이 현지에서 소비되었다.

1224년에는 프랑스 국왕에 의하여 국제 와인 대회가 열리기도 했다. 심사는 영국의 사제가 맡았다. 뜨거운 관심 속에 프랑스 각지와 스페인, 독일, 사이프러스 등에서 약 70종류의 와인이 출품되었다. 세계 최초의 이 '와인 올림픽'을 제패한 우승자는 사이프러스의 와인이었다.

## 대항해 시대

· 전 세계로의 전파

**유럽에서 크게 번성한 와인은 유럽 문화의 일부로 깊이 뿌리내린다.** 이어 유럽인들의 대항해 시대가 펼쳐지면서 와인도 함께 전 세계로 퍼져 나갔다. 16세기 중반에는 스페인 이주자들이 칠레와 아르헨티나 등 남미 국가, 17세기 중반에는 네덜란드인들이 남아프리카에 포도나무와 와인 제조법을 전했다. 18세기 후반에는 미국 캘리포니아에 와인이 전파되었다. 프란시스코 교파의 사제들에 의해서였다. 비슷한 시기 호주에서도 영국 이주자들에 의해 와인이 알려졌다. 이로써 포도 재배에 적합한 온대 지방 전체에 와인이 퍼져 나가게 되었다. 이후 와인

● ● ● 1.1.    와인 스토리

생산 지역도 구분하여 불렀다. **새롭게 와인을 받아들인 국가들은 와인의 신대륙**New World**으로, 초기부터 와인을 만들어 온 기존 유럽 국가들은 구대륙**Old World **이라 명명했다.**

**17세기 이후**

· **와인의 도전자들이 생기다**

중세 유럽의 와인 소비량은 현재보다 훨씬 많았던 것으로 보인다. 당시엔 잘 상하지 않고 안심하며 마실 수 있는 음료는 와인밖에 없었기 때문이다. 중세 유럽 시대엔 오늘날 우리에게 익숙한 음료들이 존재하지 않았다. 로마 멸망 이후 대도시에는 깨끗한 식수의 공급이 끊겼고, 맥주는 홉hop을 첨가하는 방법이 발명되기 전까지만 해도 쉽게 상하는 음료였다. 프랑스의 위대한 화학자 루이 파스퇴르Louis Pasteur(1822~1895)는 이때 와인을 가리켜 '가장 건강하고 위생적인 음료'라 일컬었다. 미생물학 창시자의 한 명이기도 한 파스퇴르는 이후 와인의 발전사에 있어 빼놓을 수 없는 획기적 공헌을 남기기도 했다.

이 같은 상황은 17세기에 이르러 대변화를 맞는다. 신대륙에서는 코코아가, 아라비아로부터는 커피가 유입되었다. 중국에서는 차를 전파시켰다. 대도시에는 상수도가 설치돼 식수도 원활히 공급되었다. 홉을 첨가하는 방법이 발견되면서 맥주도 쉽게 상하지 않는 음료가 되었다. 식수를 비롯해 다양한 마실거리가 등장하면서 독보적인 와인의 입지가 위협받게 되었다.

· **한 단계 업그레이드된 와인**

차와 코코아, 커피 등 전에 없던 경쟁 음료들에 밀려 소비자를 빼앗긴 와인은 시급히 돌파구를 찾아야 했다. 이에 등장한 것이 유리병이다. 강하고 값이 저렴한 유리병이 와인 용기로 사용되기 시작했다. 와인을 유리병에 담고 코르크cork 마개로 봉하게 되면서 와인 자체에도 새로운 변화가 더해졌다. 종전보다 저장 기간이 길어졌고, 병 내 숙성을 통해 맛도 훨씬 좋아졌다. 자연스럽게 와인의 가격도 상승하여 판매자는 좋은 와인을 더 비싼 값에 팔 수 있게 되었다.

보르도 5대 와인 중 하나인 샤토 오브리옹Château Haut-Brion의 주인은 아르노 드 퐁탁Arnaud de Pontac으로, 그는 고급 와인의 대명사처럼 쓰이는 레제르브reserve 와인을 처음으로 착안한 사람이다. 1660년대에 그는 늦게 수확한 좋은 포도들을 골라 진한 맛의 와인을 만들고 충분히 숙성시킨 후, 런던에 있던 자신의 레스토랑 Sign of Pontac's Head를 통해 이를 소개해 큰 명성을 얻었다. 근본적으로 늦수확한 포도는 당도가 높고, 이것으로 만든 와인은 알코올 성분이 올라가므로 오래 보존할 수도 있다. 진하게 만든 와인은 당장 마시기엔 힘들지만, 병에 담긴 후 오랜 시간 숙성을 거치면 부드럽고 다양한 맛을 내는 최상의 와인이 된다.

**19세기**

· **필록세라의 창궐로 위기 봉착**

와인 산업은 19세기 말에 이르러 최대의 위기에 봉착한다. 신세계에서 유입된 병충해 때문이었다. **가장 심각한 사태는 필록세라**$^{Phylloxera}$**라는 일종의 진딧물에 의한 피해였다.** 북아메리카가 원산지인 필록세라는 나무의 뿌리를 갉아 먹어 포도나무가 말라 죽게 만들었다. 아마도 북아메리카산 식물들이 유럽으로 수입되는 과정에 이 해충도 함께 유입된 것으로 보인다. 필록세라는 1800년대 후반 서유럽의 거의 모든 지역 포도밭들을 초토화시켰다. 필록세라의 맹공격으로 유럽의 와인 산업은 거의 고사될 위기에 처했다.

아이러니하게도, 필록세라로 인해 시작된 위기는 필록세라를 통해 끝이 났다. 즉, 필록세라 원산지인 북아메리카 원산의 포도나무들을 이용해 해결책을 찾은 것이다. 북아메리카산 포도나무의 뿌리는 이미 생장 과정을 통해 필록세라의 공격에 대한 저항력을 갖추고 있었다. 이 북아메리카산 포도나무 뿌리를 유럽 원산의 나무에 접붙이면서 비로소 필록세라의 해악이 무력화되었다. 와인 산업의 측면에서 볼 때, 일면 신대륙은 유럽에 병도 주고 약도 준 셈이다.

**여러 위기를 극복한 와인은 과학 기술을 만나면서 혁신적인 발전을 이룬다.** 대표적인 예가, 앞서 언급한 루이 파스퇴르의 연구에서 비롯되었다. 자신의 약 50년에 걸친 과학자의 생애 중 와인 연구에 보낸 시간은 고작 3~4년에 불과하지만, 평생을 와인 연구에 바친 이들 못지않게 뛰어난 업적들을 남겼다. 우선, 파스퇴르는 포도가 와인으로 변하는 발효$^{fermentation}$ 과정의 수수께끼를 풀어냈다. 발효는 미생물인 이스트가 포도즙의 당분을 영양분으로 쓰면서 알코올과 이산화탄소를 배출하는 현상이라는 것을 밝혀낸 것이다. 와인이 식초로 변하거나 다른 나쁜 맛들이 나는 이유도 와인 속에 존재하는 여러 가지 미생물들 때문임을 밝혔다. 아울러 각각에 대한 해결책도 제시했다. 파스퇴르 덕분에 와인의 발효 과정을 과학적으로 이해하게 되었고, 이에 따라 그 과정을 우리가 원하는 방향으로 조절할 수 있게 되었다. 결과적으로 와인의 질이 크게 향상되었다. 와인 제조가 예술$^{art}$에서 기술로 변해 가게 된 것은 파스퇴르의 연구가 시발점이라고 할 수 있다.

● ● 1.1.

**20세기 이후**

**· 와인 산업의 비약적 발전**

20세기 중반부터 와인 산업은 더욱 비약적인 발전을 맞았다. 시기적으로, 두 차례의 세계 대전을 거친 뒤 미국의 금주법 시대가 끝난 시점부터다. 특히 미국과 호주 등 신세계의 와인 산업이 두드러진 도약을 보였다. 신대륙의 와인 양조자들은 프랑스의 보르도와 부르고뉴의 특급 와인들을 벤치마킹하는 한편, 전통의 제약에서 벗어나 새로운 과학 기술을 과감하게 적용시켰다.

일례로, 와인 산지 중 비교적 날씨가 더운 호주 등지에서는 온도 조절이 가능한 대용량 스테인리스 스틸 탱크를 발효 과정에 도입하였다. 그 결과, 발효 과정에서 생기는 열 때문에 와인 본래의 신선한 과일 맛이 손상되던 문제가 해결되었다. 또한 소비자들이 마시기 좋은 와인을 대량으로 생산해 저렴한 값으로 보급할 수 있게 됐다. 이 같은 신대륙 와인의 혁신적인 발전은 구대륙 와인에도 영향을 미쳤다. 전 세계의 교통과 통신, 그리고 인적 교류가 수월해지고 활성화되면서 현재 대중적인 와인의 경우 국가 간 품질의 차이도 거의 없어졌다고 보아도 틀림이 없다.

**· 전통으로의 회귀**

와인 산업을 둘러싼 기술은 20세기 전반에 걸쳐, 그리고 21세기 초반 무렵에 크게 진화하였다. 오늘날 상당수의 와이너리에서는 보다 세련되고 맛있는 제품을 생산하기 위해 최첨단 기계를 사용해 포도를 가공한다.

그런데 이 같은 신기술의 도입은 예기치 못한 방향의 결과를 낳기도 했다. 첨단과 현대화의 반동으로, 오히려 과거와 같은 전통적이고 소규모 단위로 양조되는 수제 와인 스타일로 소비자의 트렌드가 바뀐 것이다. 이 '낭만적'인 회귀 현상은 오늘날 와인 분야에 나타난 가장 흥미로운 변화 중 하나다. 실제로 유기농 및 바이오다이내믹 와이너리가 호황을 누리고 있으며, 소비자들은 그 어느 때보다 내추럴 와인에 관심이 많다. 이것을 와인 산업의 새로운 표준으로 보아야 할지, 아니면 한때 지나가는 유행으로 볼 것인지 아직 단정하긴 어렵다. 하지만 이 현상 역시 궁극적으로 와인의 발전을 의미하는 것임은 분명하다. **여러 세기에 걸쳐 와인 산업은 각각의 풍미와 아로마, 그리고 본연의 특성을 표현하는 방법을 모색하며 끊임없이 변화해 왔고, 앞으로도 그러할 것이다.**

# 1.2. WINE TASTING
와인 테이스팅

**와인의 정의**

와인의 어원은 라틴어 '비넘$^{vinum}$'으로, '포도나무로부터 만들어진 술'을 뜻한다. 이탈리아에서는 비노$^{vino}$, 독일은 바인$^{wein}$, 프랑스에선 뱅$^{vin}$, 미국과 영국에서는 와인$^{wine}$이라 부른다. 모두 같은 뜻이다. 유럽 연합$^{European\ Union}$은 와인에 대해 '신선한 포도로부터 얻은 으깨진 포도나 포도즙을 발효시킨 알코올 음료'라고 정의한다. 만약 다른 과일을 발효해 만든 술이라면 '복분자 와인' 또는 '머루 와인'처럼 와인이라는 단어 앞에 주재료로 사용된 과일의 이름을 붙인다. 우리나라 주세법에 의하면 와인은 과실주의 일종이며, 막걸리 등과 함께 발효주로 분류된다. 일반적으로 와인은 수분 약 84%, 알코올 약 12% (알코올 함량은 와인의 종류에 따라 8~15%에 이른다) 그리고 기타 성분 4% 정도로 이루어져 있다. 기타 성분에는 각종 비타민과 미네랄, 당분, 산 그리고 페놀 화합물$^{phenolic\ compounds}$이 포함된다. 이들은 와인의 색, 맛, 향 그리고 질감에 중요한 역할을 한다.

**와인 스타일**

라이트$^{light}$ 와인 또는 스틸$^{still}$ 와인은 우리가 가장 흔히 마시는 알코올 도수 8~15% 정도의, 탄산이 없는 일반 와인을 말한다. 라이트 와인은 다시 세 가지로 나뉜다. 적포도로 만드는 레드$^{red}$ 와인, 청포도, 혹은 소량이지만 적포도의 과육만으로 만드는 화이트$^{white}$ 와인, 적포도로 만들되 껍질과 포도즙의 접촉 시간을 줄여 색상을 옅게 한 로제$^{rose}$ 와인 등이다.

스파클링$^{sparkling}$ 와인은 탄산을 함유한 와인이다. 프랑스의 샴페인$^{Champagne}$, 크레망$^{Crémant}$ 또는 무소$^{Mousseux}$, 독일의 젝트$^{Sekt}$, 이탈리아의 스푸만테$^{Spumante}$, 프로세코$^{Prosecco}$, 스페인의 카바$^{Cava}$ 등이 있다.

스위트$^{sweet}$ 와인은 말 그대로 단맛이 나는 와인이다. 보르도의 소테른$^{Sauterns}$이나 헝가리의 토카이 아수$^{Tokaji\ Aszú}$ 그리고 아이스$^{Ice}$ 와인이 대표적이다. 스위트 와인은 디저트$^{dessert}$ 와인으로도 불린다.

포티파이드$^{fortified}$ 와인은 알코올 도수가 좀 더 높다. 일반 와인에 브랜디를 첨가해 도수를 15~22%까지 높인 와인을 일컫는다. 스페인의 셰리$^{Sherry}$와 포르투갈의 포트$^{Port}$가 대표적이며, 수십 년씩 숙성을 시키기도 한다. 알코올 도수가 높으면서 진한 맛과 농축된 풍미가 난다.

## ● ● 1.2. 와인 테이스팅

**와인 테이스팅**

와인 테이스팅은 와인을 이해하는 데 필요한 핵심적인 요소다. 수많은 책을 읽고 관련 이론에 통달했다 하더라도 와인이 가진 고유한 맛과 향의 특성을 감각적으로 느끼고 분별할 수 없다면 반쪽의 지식에 불과하다. 와인을 테이스팅하는 것은 쉽게 말해 '와인의 맛을 음미하는 일'이다. **'와인 테이스팅은 인간이 가진 감각을 이용해 와인의 여러 가지 속성을 체계적으로 분석하고 평가하는 과정'이라고 정의할 수 있다.**

우리는 화학적인 실험을 통해 각 와인의 알코올 양, 잔류 이산화황, 산도, 잔당 등의 정보를 알아낼 수 있다. 실제로 이 방법은 와인을 만들고, 품질을 관리하는 데 유용하게 사용된다. 하지만 이렇게 알아낸 정보로 그 와인의 맛과 품질을 알 수 있을까? 물론, 이 같은 정보는 와인의 스타일에 대해 힌트를 줄 수 있지만, 그 자체로 와인의 실질적인 특성까지 이해하기란 불가능하다. 와인의 스타일이나 균형감, 맛 그리고 품질 등의 분석과 종합적 평가는 훈련된 시음자의 감각적 분석organoleptic method을 통해서만 얻을 수 있다.

사람마다 냄새를 맡고 맛을 보는 감각적 능력에는 분명 차이가 있다. 하지만 와인의 경우, 다양하고 복잡한 개개의 특성을 느끼고 구분하는 데에는 테이스팅하는 사람의 선천적 능력뿐만 아니라 경험과 훈련 정도도 중요하게 작용한다. <u>뛰어난 시음자가 되려면 감각 기술sensory skills 훈련 및 집중력과 조직화 기술organising skills 등이 필요하다</u>. 다양한 스타일과 품종, 여러 지역의 와인을 폭넓게 테이스팅하면서, 여기에서 얻은 감각적 정보를 효과적으로 분석하고 관리하는 능력을 길러야 한다.

**테이스팅 준비**

와인 테이스팅이 이루어지는 장소와 환경은 다양하다. 전문 시음회장이 될 수도 있고 번잡하고 시끄러운 레스토랑의 어딘가일 수도 있다. 만약, 와인에 대해 엄격하고 정확한 분석과 평가를 내려야 할 경우라면, 다음 사항을 반드시 고려해야 한다.

**· 테이스팅 환경**
테이스팅에 온전히 집중할 수 있는 곳이라야 한다. 시음 공간 내에서도 옆 사람에게서 방해받지 않도록 개인 공간이 충분히 주어져야 한다. 지나친 소음, 외부의 냄새 등은 와인 테이스팅에 장애물이 될 수 있다. 따라서, 음식 냄새가 강한 조리실이나 레스토랑 등의 장소는 피한다. 다음으로, 와인의 외관을 살피는 데 적절한 조명을 준비한다. 자연광이 가장 이상적이지만, 인공조명을 사용해야 할 경우 와인의 본래 색상을 관찰할 수 있도록 색이 조절된 조명을 선택한다. 또한 와인의 색을 비춰볼 수 있도록 흰색 바탕의 책상, 벽면, 흰 종이 등이 필요하다. 시간적으로는, 머리가 맑고 입맛이 돋는 늦은 아침이 테이스팅을 하기에 가장 적합하다는 의견도 있다.

· **필요한 도구**
**와인 테이스팅을 위해 기본적으로 갖추어야 할 도구는 테이스팅 글라스**tasting glass**, 물, 타구 통**spittons**, 테이스팅 노트**tasting note **등이다.** 특히, 테이스팅 글라스는 와인 테이스팅의 필수품으로 매우 중요하다. 가장 널리 쓰이는 것은 국제 표준 규격의 ISO글라스이다. 이 잔은 와인에서 나는 다양한 냄새를 구별하기에 가장 적합한 것으로 알려져 있다. 물론, ISO글라스가 최적의 테이스팅 잔인가 하는 것에는 논란이 있지만, 동일한 조건에서 와인을 평가한다는 점에서는 적절한 선택이다. (와인의 스타일에 따른 각각의 잔 선택법은 뒷장의 와인 서비스 편을 참고하기 바란다.)

와인을 따르는 양도 중요하다. ISO글라스를 기준으로 할 때 잔의 볼록한 부분까지 따르면 된다. 약 50㎖정도가 적당하다. 여러 와인을 테이스팅할 때는 다음 와인의 맛을 보다 분명히 알 수 있도록 중간중간 물로 입을 헹구어 주는 것이 바람직하다. 테이스팅 후에는 와인의 감상을 기록으로 남기도록 한다. 상황에 따라 다양한 종류의 테이스팅 노트가 사용될 수 있다.

## 테이스팅 순서

품질과 스타일이 다른 여러 종류의 와인을 테이스팅해야 한다면, 와인의 시음 순서를 고려해야 한다. 다음은 일반적인 규칙이지만 절대적인 것은 아니다.

- **스파클링 와인**을 먼저
- **화이트 와인**을 레드 와인보다 먼저
- **드라이 와인**을 스위트 와인보다 먼저
- **타닌이 적은 와인**을 먼저
- 바디가 **가벼운 와인**을 먼저
- **어린 와인**을 숙성한 와인보다 먼저
- **저렴한 와인**에서 고가 와인 순으로 테이스팅할 것

## 1.2. 와인 테이스팅

**테이스팅 온도**

테이스팅 시 와인의 온도는 매우 중요하다. 화이트 와인의 경우 시음 시 적정 온도는 12~15℃ 정도이다. 이는 평소 화이트 와인을 마실 때의 온도인 8~12℃보다 높다. 왜냐하면 와인이 차가울 경우 입안의 감각이 마비되거나 무디어질 수 있기 때문이다. 로제와 스파클링 와인의 경우도 12~15℃로 테이스팅한다. 레드 와인의 경우는 반대로 테이스팅 시 온도가 평소 마실 때의 온도보다 좀 더 낮게 맞춘다.

**테이스팅 방법**

· **체계적인 와인 테이스팅** Systematic Wine Tasting

와인을 '테이스팅'하는 것은 와인을 '마시는' 것과 분명 다르다. **와인을 '마시는' 것은 주로 본능과 감정에 기반한 활동이며, '테이스팅'은 이를 넘어 체계적이고 의식적인 분석과 평가를 수행하는 활동이다.** 많은 와인을 시음한다고 해서 시음 능력이 무조건 향상되는 것도 아니다. 와인을 보다 정확하고 효과적으로 테이스팅하기 위해서는 체계적인 방식을 따르는 것이 좋다.

➡ **WSET 2단계 와인 시음의 체계적인 접근법 ®**

| 외관 | | |
|---|---|---|
| 선명도 | 맑은 – 탁한 | |
| 강도 | 연한 – 중간 – 깊은 | |
| 색 | 화이트와인<br>로제<br>레드와인 | 레몬 – 금색 – 호박색<br>핑크 – 핑크 오렌지 – 주황색<br>보라 – 루비 – 가넷 – 황갈색 |
| 후각 | | |
| 상태 | 깨끗한 – 깨끗하지 않은(결함?) | |
| 강도 | 가벼운 – 중간 – 강렬한 | |
| 향특성 | 예 : 1차향, 2차향, 3차향 | |
| 미각 | | |
| 당도 | 드라이 – 오프 드라이 – 중간 – 스위트 | |
| 산도 | 낮은 – 중간 – 높은 | |
| 탄닌 | 낮은 – 중간 – 높은 | |
| 알코올 | 낮은 – 중간 – 높은 | |
| 바디 | 가벼운 – 중간 – 무거운 | |
| 풍미강도 | 가벼운 – 중간 – 강렬함 | |
| 풍미특성 | 1차 풍미 – 2차 풍미 – 3차 풍미 | |
| 여운 | 짧은 – 중간 – 긴 | |
| 결론 | | |
| 품질 | 결함 있음 – 품질이 떨어지는 – 그런대로 괜찮은 – 좋은 – 매우 좋은 – 뛰어난 | |

# 와인미학

● 와인의 맛과 테이스팅

사실 대부분의 와인 애호가와 전문가가 사용하는 테이스팅 방법은 크게 다르지 않다. 가장 공통적인 와인 테이스팅 분석 요소는 외관, 냄새, 맛 그리고 품질에 대한 결론이다. 이 책에서는 와인 테이스팅을 체계적이고 구조화된 방식으로 수행하도록 하는 도구인 그리드 테이스팅 시스템$^{Grid\ Tasting\ System}$에 따라 와인을 테이스팅하는 방법을 알아본다. 이 시스템을 사용하면 와인의 다양한 특성을 일관되게 평가하고 비교할 수 있어, 보다 정확한 분석이 가능하다.

## 테이스팅 잘 하는 TIP

- **테이스팅 그리드와 그 요소들을 완벽하게 이해한다.**
  그리드 시스템과 각각의 분석 요소들을 완벽히 이해하고 각 요소가 무엇을 분석하는지 명확히 파악한다.

- **반복된 연습으로 테이스팅을 자동화한다.**
  반복적인 연습을 통해 테이스팅이 의식하지 않고도 자연스럽게 수행될 수 있도록 훈련하고 이를 통해 **테이스팅의 일관성**을 높인다.

- **테이스팅 시 항상 같은 속도, 리듬, 타이밍을 유지한다.**
  테니스나 골프의 스윙을 연습하는 것처럼, 테이스팅 시에도 항상 같은 속도, 리듬, 타이밍을 유지한다. 이렇게 하면 테이스팅 자동화에 도움이 된다.

- **테이스팅과 이론 학습을 연결하여 인과관계를 이해한다.**
  이를 통해 와인에서 왜 특정한 맛과 향, 구조적 특징이 나타나는지 명확히 알 수 있다.

### ↓ 와인용어 – 향과 풍미의 묘사

| | |
|---|---|
| **1차 향과 풍미** : 포도 및 알코올 발효에 기인한 향과 풍미 | |
| 꽃 | 꽃송이, 장미, 제비꽃 |
| 초록 과일 | 사과, 서양배, 구즈베리, 포도 |
| 감귤류 | 자몽, 레몬, 라임, 오렌지 |
| 핵과 | 복숭아, 살구, 천도 복숭아 |
| 열대 과일 | 바나나, 리치, 망고, 멜론, 패션프루트, 파인애플 |
| 붉은 과일 | 레드커런트, 크랜베리, 라즈베리, 딸기, 레드 체리, 붉은 자두 |
| 검은 과일 | 블랙커런트, 블랙베리, 블루베리, 블랙체리, 검은 자두 |
| 식물성 | 초록 피망, 잔디, 토마토 잎, 아스파라거스 |
| 허브 | 유칼립투스, 민트, 회향, 딜dill, 말린 허브 |
| 향신료 | 흑후추/백후추, 감초 |
| 과일의 완숙도 | 덜 익은 과일, 완숙된 과일, 말린 과일, 익힌 과일 |
| 기타 | 젖은 돌, 사탕 |
| **2차 향과 풍미** : 발효 후 양조 과정에 기인한 향과 풍미 | |
| 효모(앙금, 자가분해, 플로르) | 비스킷, 페이스트리, 빵, 구운 빵, 빵 반죽, 치즈, 요거트 |
| 젖산 전환 | 버터, 치즈, 크림 |
| 오크 | 바닐라, 정향, 코코넛, 삼나무, 그을린 나무, 훈연, 초콜릿, 커피 |
| **3차 향과 풍미** : 숙성에 기인한 향과 풍미 | |
| 레드 와인 | 말린 과일, 가죽, 흙, 버섯, 육류, 담배, 젖은 나뭇잎, 숲 바닥, 캐러멜 |
| 화이트 와인 | 말린 과일, 오렌지 마멀레이드, 휘발유, 계피, 생강, 육두구, 아몬드, 헤이즐넛, 꿀, 캐러멜 |
| 의도적으로 산화 숙성한 와인 | 아몬드, 헤이즐넛, 호두, 초콜릿, 커피, 캐러멜 |

## 1.2. 와인 테이스팅

**테이스팅 방법 ❶ - 외관**

와인을 세밀하게 관찰하면 와인의 상태 뿐만 아니라 사용된 포도의 품종, 숙성 정도, 와인의 품질, 심지어는 와인이 생산된 지역까지도 추론해 낼 단서를 얻을 수 있다.

**먼저, 와인이 투명하고 깨끗한지 살펴본다.** 만약 와인이 투명하지 않고 탁하다면, 일단 와인이 변질된 것이 아닌가를 의심해 볼 수 있다. 물론 이것만으로 결함 있는 와인이라 단정할 수는 없다. 청징 및 여과를 하지 않은 유기농 와인의 경우에는 와인이 맑지 않은 경우가 종종 있기 때문이다. 가끔 와인병 속에 작은 유리 조각 같은 것이 보일 때도 있는데, 이것 역시 양조 과정에서 생기는 주석산의 결정체로 와인의 결점은 아니다.

○ 선명도 Clarity

**다음으로, 와인이 어떤 색을 띠는지, 색의 진한 정도는 어떤지 살펴본다.** 이때 판별하는 방법은 와인 잔을 45° 정도로 살짝 기울여 와인을 종이, 접시, 탁자보 등 흰색 배경에 비춰 보는 것이다. 이렇게 하면 와인의 색을 정확히 판단하기 쉽고, 와인 중심부 core의 색이 와인 가장자리 rim까지 퍼져 나가는 정도를 통해 색의 강도까지 알 수 있다. 레드 와인의 경우, 잔에 담긴 와인을 위에서 똑바로 내려다보는 방법으로도 색의 강도를 효과적으로 판단할 수 있다. 화이트 와인은 사용된 포도 품종에 따라 물처럼 투명하거나 연한 레몬색 또는 황금색 빛깔을 띤다. 일반적으로 와인이 숙성되면 색이 진해지는데, 일부는 호박색이나 갈색을 띠기도 한다. 레드 와인의 경우, 연한 루비색부터 자주색, 석류석색, 심지어 잉크처럼 검은색 등을 보인다. 화이트 와인보다 색이 더 다양하다.

○ 색 Colour

레드 와인의 색은 포도 껍질의 안토시아닌 anthocyanin이란 색소 성분에서 나오는데, **포도 품종이나 포도가 익은 정도에 따라 그 양과 색의 기질이 다르다.** 예를 들어 카베르네 소비뇽처럼 포도 껍질이 두꺼운 품종은 껍질이 얇은 피노 누아나 그르나슈로 만든 와인보다 색이 진하다. 또 호주의 쉬라즈와 프랑스 론의 시라를 비교해 보면, 더운 기후에서 나는 와인은 서늘한 기후의 와인보다 색이 더 진하고 어둡다. 같은 품종이라도 기후에 따라 포도의 익는 정도가 다르기 때문이다.

○ 강도 Intensity

와인 양조법 또한 와인의 색에 영향을 줄 수 있다. 주로 포도를 으깨는 방법이나 으깬 포도를 담가 두는 침용(마세레이션 maceration) 과정, 그리고 발효 과정의 환경에 따라 와인의 색이 달라질 수 있다. 이는 포도 껍질과의 접촉 정도와 온도, 시간에 따라 색소의 추출 정도가 다르기 때문이다. 예를 들어 포도를 으깨지

와인미학　　　　　● 와인의 맛과 테이스팅

않고 송이 전체를 발효하여 만드는 보졸레 와인은 다른 와인에 비해 색이 옅다. 일반적으로 레드 와인의 경우 어린 와인은 보랏빛이 많이 감돌고, 숙성하면 벽돌색이나 갈색으로 변한다. 숙성한 와인은 중심과 비교해 테두리 쪽의 색이 훨씬 연하다. 만약 **테두리가 물처럼 연하고 중심은 벽돌색을 띤다면 와인의 성숙도가 절정에 달한 것이다. 반면, 자주색을 띤다면 아직 어리다는 표시이다.**

**기타 관찰 사항**
Other observations

**또한, 와인의 외관을 통해 알코올의 함량 정도도 추측할 수 있다.** 잔을 가볍게 돌렸을 때 와인이 와인 잔의 안쪽 면을 타고 흐르는 것을 '와인의 눈물tears' 혹은 '와인의 다리legs'라고 한다. 바로 이것으로 알코올 도수의 정도를 짐작할 수 있다. 일반적으로 알코올 함량이 높을수록, 그리고 당도가 높을수록 와인의 눈물은 더 천천히 흘러내린다.

↓
와인의 색

**화이트 와인** White Wine

**테두리** Rim
화이트 와인의 테두리는 투명한 물색이다. **와인의 색이 연할수록 폭넓은 테두리를 보여준다.**

**중심부** Core
와인의 중심부에서 **와인의 색을 파악**한다. 화이트 와인에서 가장 흔한 색은 레몬색이며 초록빛을 띠면 레몬-초록색, 오렌지색이나 갈색 빛이 돌면 금색, 갈색빛이 두드러지면 호박색 혹은 갈색이라고 한다.

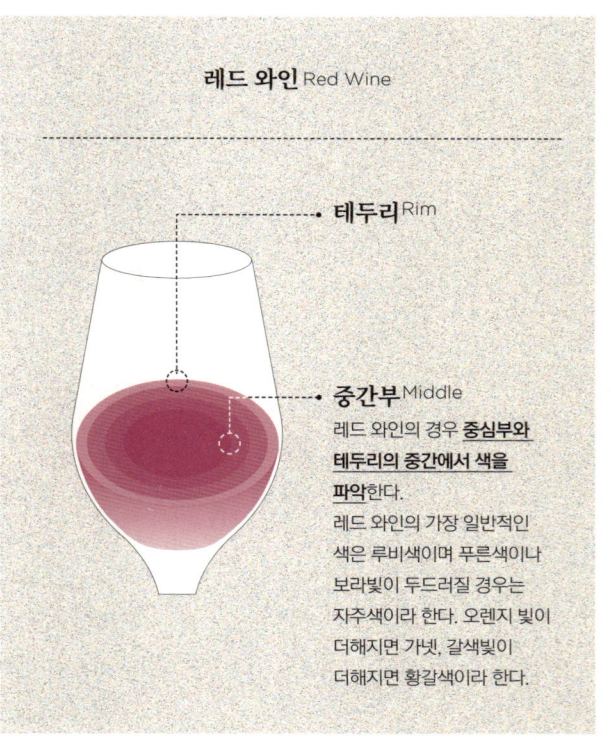

**레드 와인** Red Wine

**테두리** Rim

**중간부** Middle
레드 와인의 경우 **중심부와 테두리의 중간에서 색을 파악**한다.
레드 와인의 가장 일반적인 색은 루비색이며 푸른색이나 보라빛이 두드러질 경우는 자주색이라 한다. 오렌지 빛이 더해지면 가넷, 갈색빛이 더해지면 황갈색이라 한다.

## 테이스팅 방법 ❷ - 후각

냄새를 맡는 것은 와인 테이스팅의 가장 중요한 요소라고 할 수 있다. 먼저 1/4쯤 채운 와인 잔을 가볍게 돌린다. 와인 잔을 돌리는 것을 스월링 swirling 이라고 하는데, 와인과 공기의 접촉면을 넓힘으로써 와인의 숨은 향이 모두 발산되도록 하기 위해서다.

스월링 후 잔에 코를 바짝 대고 향을 맡는다. 반복적으로 어떤 향을 접하면 그 냄새에 적응해 버려 나중엔 향 자체를 느끼기 어렵다. 따라서, 여러 번에 나누어 향을 맡기보다는 집중해서 한 번에 향을 맡고 판단하는 것이 더 효과적이다.

**먼저 와인의 향이 신선한가를 살펴야 한다.** 와인에서 시큼한 냄새가 나거나 젖은 신문지 같은 퀴퀴한 냄새가 난다면, 와인이 산화했거나 코르크 오염이 일어나 좋지 않은 상태일 가능성이 있다.

**상태**
Condition

### 와인의 향

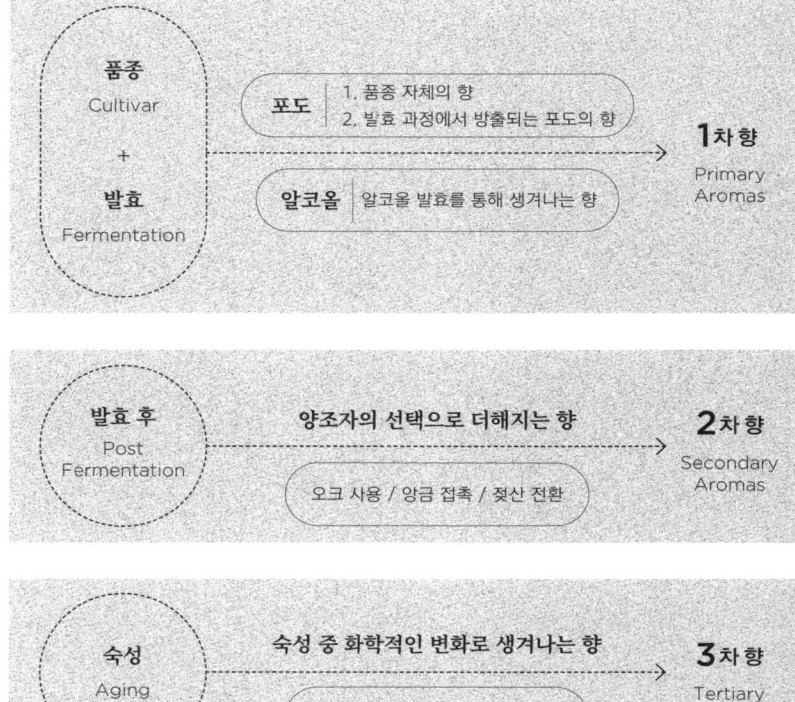

**강도** Intensity

**향** Aroma

**발전도** Development

→ 두 가지 방식의 냄새 자극

**다음은 천천히 향을 음미하며 향의 강도를 확인한다.** 스월링하지 않아도 향이 잘 발산되는 와인이 있는가 하면, 와인 잔을 코에 가까이 대도 향이 나지 않는 와인이 있다. 와인에서 나는 향의 강도에 따라 강렬한지, 중간 정도인지, 혹은 약한지 판단한다.

**마지막으로 와인에서 어떤 향이 나는지 확인한다.** 꽃 향이 나는가? 과일 향이 나는가? 꿀이나 오크의 향이 나는가? 가죽, 흙, 고기, 휘발유 같은 향이 느껴지는가? 와인의 향은 와인 속에 들어 있는 800~1,000개의 향기 물질에서 나온다. 이 가운데 사람이 느낄 수 있는 정도의 향기 물질은 70개를 넘지 않는다. 이러한 향기 물질은 다양한 경로로 만들어지는데, 크게 포도 고유의 향과 발효 과정에서 생기는 향, 양조 과정에서 선택적으로 더해지는 향, 숙성을 통해서 만들어지는 향으로 구분할 수 있다. 이를 1차 향primary aromas, 2차 향secondary aromas, 3차 향tertiary aromas으로 분류하기도 하고, 어떤 이는 와인의 품종에서 나오는 향을 아로마aroma로, 양조 방법이나 숙성 등을 통해 생긴 향을 부케bouquet로 나누어 설명하기도 한다. (← 33p '와인의 향' 도표 참고)

**후각은 두 가지 방식으로 작동한다.**

**냄새 자극은 숨을 들이마실 때 (❶ 전비강 후각orthonasal olfaction)와 숨을 내쉴 때(❷ 후비강 후각retronasal olfaction) 전달될 수 있다.**

후각은 향기 분자가 코를 통해 흡입되거나 음식이나 음료로부터 입을 통해 올라올 때 비강olfactory epithelium에 들어가면서 시작된다. 이러한 분자들은 후각 상피 olfactory epithelium에 위치한 후각 수용체olfactory receptors에 결합한다.

향기 분자가 이 수용체에 결합하면 전기 신호가 생성되어 후각망울olfactory bulb로 전달되며, 후각망울은 후각 인식, 기억 및 감정에 관여하는 더 넓은 신경 신호의 연쇄 반응을 활성화한다.

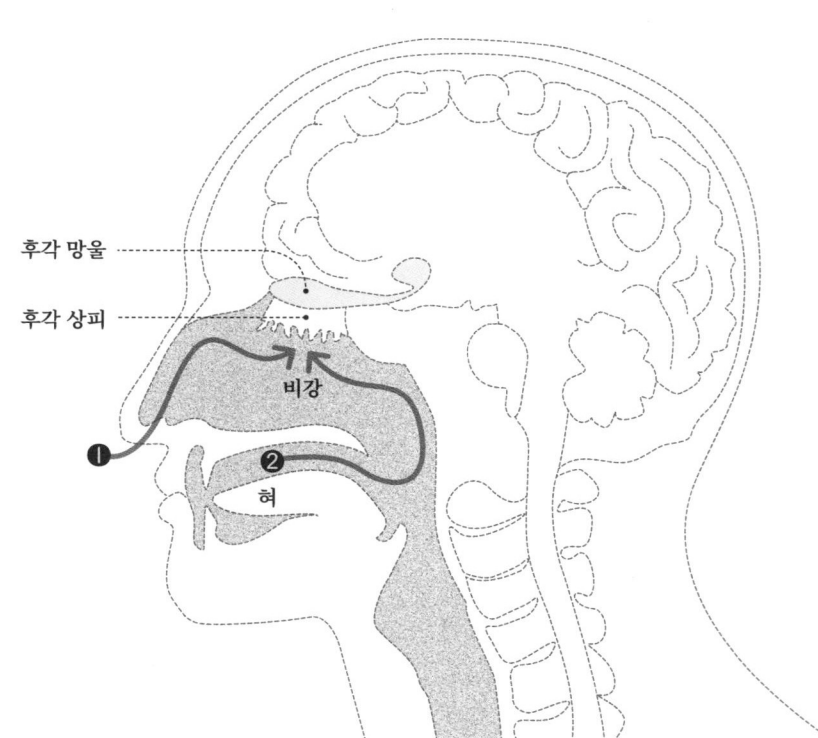

후각 망울
후각 상피
비강
혀

## 1.2. 와인 테이스팅

**테이스팅 방법 ❸ - 미각**

약간의 와인을 입에 머금고 입안 구석구석 맛본다는 느낌으로 와인을 잘 굴려준다. 입을 동그랗게 오므리고 후룩후룩 공기를 들이마시며 와인의 맛을 골고루 느낀다. 그다음 와인을 뱉어 내고 입에 남은 감각들과 맛을 정리해 본다. 순서는 다음과 같다.

**당도**
Sweetness

**먼저 와인의 맛이 신선한가를 살핀 후, 와인에서 단맛이 나는지, 그 정도는 어떤지 살펴본다.** 만약 와인에서 단맛이 난다면, 포도 속에 있던 과당과 자당이 완전히 알코올로 발효되지 않고 와인에 남아 있기 때문이다. 잔당 residual sugar의 정도에 따라 오프 드라이 off-dry, 미디엄 드라이 medium-dry, 미디엄 스위트 medium sweet, 스위트 sweet로 나눈다. 단맛이 나지 않을 경우 드라이 dry 하다고 표현한다. 대부분의 레드 와인은 드라이하며, 화이트 와인의 경우 스타일에 따라 다양한 당도를 가진다.

**산도**
Acidity

**이어서, 와인이 가진 산도의 정도를 살펴본다.** 와인에서 나는 신맛은 주로 포도 속에 들어 있는 주석산(타르타르 애시드 tartaric acid)과 사과산(말릭 애시드 malic acid) 때문에 생긴다. 이 신맛은 와인에 산뜻함을 주고 또 와인의 짜임새에도 중요한 역할을 한다. 예를 들어 소테른의 샤토 디켐 Château d'Yquam 같은 스위트 와인에 적당한 신맛이 없다면 너무 달아 마시기 고역일 것이다. 하지만 반대로 산도가 너무 높아도 와인의 신맛이 너무 강해져 마시기 어렵다. 와인의 단맛과 신맛의 조화는 와인의 균형감을 느끼게 하는 매우 중요한 요소이다. 입안에 침이 고이는 정도의 신맛이라면 와인의 산도가 중간 이상이라 할 수 있다.

**타닌**
Tannin

**와인을 마신 후 입 안에 남은 감촉을 느껴 본다.** 입안의 느낌이 실크처럼 부드러운지, 아니면 모래알처럼 거칠고 마른 느낌인지 잘 살핀다. 타닌은 진한 차를 마실 때처럼 입속과 잇몸, 혀 부위가 마르는 듯한 떫은 느낌이 나게 하며 와인에 구조감을 부여한다. 타닌 성분은 포도 껍질이나 줄기, 씨에서 나온다.
타닌의 정도는 적포도 껍질의 두께, 양조 방법 그리고 오크통의 영향을 받는다. 새 오크통의 경우 많은 양의 타닌이 추출된다. 화이트 와인의 경우 타닌이 크게 느껴지지 않지만, 레드 와인에서는 많이 느낄 수 있다. 테이스팅을 통해서 각 와인이 지닌 타닌의 성격과 정도를 가늠할 수 있다.

**다음으로, 혀의 뒷부분과 목에 후끈한 느낌이 드는지 살펴본다.** 알코올이

## 알코올 / Alcohol

높을수록 내쉬는 숨에 온기가 더 많이 느껴진다. 알코올은 그 자체로는 아무 맛도 나지 않지만, 와인의 아로마와 풍미의 전달을 돕는 역할을 한다. 따라서, 알코올이 없는 와인은 심심하고, 반대로 알코올이 너무 많으면 와인의 풍미를 압도해 버린다. 서늘한 지역에서 생산되는 와인에 비해 더운 기후에서 생산되는 와인의 알코올 도수가 높다. 타닌과 더불어 알코올도 와인의 질감, 균형을 결정하는 중요한 요소이다.

## 바디 / Body

**와인을 입안에 머금었을 때 와인의 무게가 어떠한지 가늠해 본다.** 묵직한 느낌인지, 가벼운 느낌인지 판단하는 것이다. 이런 와인의 무게감을 와인의 바디body라고 표현한다. 와인의 바디는 알코올 함량에 가장 큰 영향을 받는다. 이해하기 쉽게, 물과 보드카를 비교해 볼 수 있다. 보드카는 물에 비해 훨씬 바디가 큰full body 음료이다. 또한, 당도, 타닌, 풍미, 오크, 숙성도 등 다른 요소도 바디에 영향을 미친다.

## 풍미와 강도 / Flavour Charateristics & Intensity

**와인에 담겨있는 풍미와 그 강도를 알아본다.** 어떤 종류의 맛이 나는지, 와인의 향을 맡았을 때 느꼈던 것들이 맛에서도 느껴지는지 살펴본다. 사실 우리가 와인의 맛을 본다고 하는 것은 입과 코를 연결하는 통로를 통해 입속에 있는 와인을 거꾸로 냄새 맡는 것이라 해도 틀림이 없을 것이다. 와인의 풍미 또한 아로마와 마찬가지로 꽃, 과일, 채소, 향신료, 미네랄 등으로 다양하게 표현할 수 있다.

## 여운 / Finish

**다음으로, 그 맛이 얼마나 길게 입안에 남는지 여운을 느껴본다.** 와인을 삼키거나 뱉은 뒤 와인의 풍미가 오래 지속된다는 것은 와인을 즐기는 시간이 그만큼 길어지는 것이다. 이 길이가 길수록 좋은 와인이라 할 수 있다.

## 숙성 잠재력 / Potential for Aging

**와인의 숙성 정도를 알아본다.** 와인이 마시기에 적절한 상태인지 판단하는 것이다. 이는 와인의 품질과도 관련이 있다. 대부분의 와인은 병입 후 비교적 짧은 시간 내에 마셔야 하지만, 일부 고급 와인은 수십 년의 세월 동안 숙성하기도 한다. 숙성 잠재력이 있는 와인은 단단한 구조의 산도와 타닌이 필요하며, 농축된 풍미가 있어야 한다. 농축된 풍미는 숙성 과정에서 흥미롭고 매력적인 향과 맛을 만들어 낸다. 와인의 나이와 숙성도가 반드시 일치하지는 않는다. 풍미가 사라진 와인은 너무 오래되어 마실 때가 지난 것이다. 산도와 타닌의 구조가 약하고 가벼운 과일 풍미가 나는 와인이라면 바로 마셔야 한다. **만약 지금 마셔도**

● ● ● 1.2.                                                            와인 테이스팅

**좋고 현재 상태에서 더 발전할 가능성도 있는 와인이라면 더 숙성해서 마시는 것이 좋다.** 지금보다는 몇 년 후에 마시는 것이 더 좋으리라 판단된다면 그 와인은 마시기에 너무 어린 상태이다.

**와인의 특성을 표현하는 용어들**

와인에서 향을 맡고 그것을 언어로 표현하는 것은 쉽지 않은 일이다. 많은 사람들은 와인의 향을 처음 맡으면, 그 복잡한 향 속에서 특정 향을 분리해 찾아내는 일을 막막하게 느낀다. 또한, 어디선가 맡아본 향인데 무슨 향인지 표현하기가 힘든 경우도 많다.

와인의 향을 인식하고 표현하는 것이 어려운 이유는 다음과 같다. 먼저, 와인의 향은 매우 복잡하다. 와인은 수백 가지 이상의 복합적인 향을 가지고 있으며, 각 화합물은 서로 다른 농도와 시너지 효과를 가지며, 각각의 향기 물질은 특정 역치를 넘어야 비로소 감지될 수 있다. 또한, 각 개인의 향에 대한 경험과 인식이 다르고, 고유한 냄새에 대한 공통된 어휘가 부족하다. 무엇보다도 가장 결정적인 이유는 다른 감각(예: 시각, 청각)에 비해 후각은 연구와 훈련이 상대적으로 부족하다는 것이다. 이를 개선하기 위해 두 가지 훈련법을 사용할 수 있다.

**먼저 와인을 표현하는 어휘에 익숙해지는 것이다.** 와인에서 표현되는 다양한 향을 알고 있으면, 훨씬 쉽고 빠르게 향을 찾을 수 있다.

어휘 훈련 ➡

**와인 용어와 아로마 휠을 활용하여** 와인의 향을 표현하는 언어들을 학습하고 암기한다. 이러한 훈련은 와인의 다양한 향을 더 쉽고 빠르게 식별하는 데 도움이 된다. (⬅⬅ 30p '와인 용어 - 향과 풍미의 묘사' 부분 참조)

와인 용어wine lexicon는 와인에서 가장 흔하게 나타나는 향기와 맛의 기본 목록이다. 이 목록을 잘 알고, 각각에 대한 감각적 이미지를 머릿속에 떠올릴 수 있다면, 와인을 테이스팅할 때 그 향기와 맛을 더 쉽게 알아차릴 수 있다. 비슷한 용도로 아로마 휠aroma wheel이 있다. 와인을 표현하는 데 사용할 표준 어휘를 고르고, 기본 향조 - 세분화된 분류 - 구체적인 향기 물질로 분류하여 휠 모양으로 정리한 것이다. 와인 용어를 활용하는 것은 직접 향을 맡고 훈련하는 것이 아니라, 와인을 어떤 단어로 표현할 수 있는지 머릿속에 구조화하는 것이다.

**다음은 이렇게 찾아낸 향을 하나하나 기억하는 것이다.** 우리는 향을 향으로 기억하는 훈련을 해본 적이 없어, 개별 향에 대한 선명한 기억이 부족하다. 와인에서 나타나는 다양한 향을 알게 되었다면, 각각의 향을 경험하고 기억하는 훈련을 해보자.

**향기 기억 훈련 ➡**

다양한 향을 직접 맡고 기억하는 훈련을 통해 향의 세부적인 차이를 구별하고 기억할 수 있도록 한다. **향을 인식하려면 먼저 그 향에 관한 경험적 정보가 있어야 한다.** '레몬'이라는 단어를 들으면 바로 레몬의 향과 맛, 심지어 색깔까지 떠올릴 수 있어야 한다. 이런 식으로 미리 이미지와 감각을 '저장'해 놓으면, 나중에 실제로 레몬 향이 나는 와인을 마셨을 때 그 향을 더 분명하게 인식할 수 있다. <u>아로마 키트를 활용하거나 과일과 식물 등 직접 여러 사물의 향을 맡으며 향을 기억하는 연습을 해도 좋다.</u>

향의 이름과 모양(이미지)을 함께 기억하도록 한다. 이미지는 형체가 없는 향을 담는 그릇이다. 특정 향기에 어떤 이미지를 결합하여 기억하면, 향에 관한 더 지속적이고 견고한 정보를 축적할 수 있다. 또한, 각각의 향 기억을 늘려가는 것은 와인을 좀 더 정확하고 풍부하게 표현하는 데 큰 도움이 된다.

사람마다 기억하는 향이 완전히 같을 수는 없다. 내가 생각하는 딸기 향을 모든 사람이 똑같은 냄새로 떠올리진 않을 것이다. 누군가는 신선한 딸기의 향을, 또 다른 누군가는 잘 익은 딸기잼의 냄새를 딸기 향으로 기억할 수 있다. 이들의 유사성을 고려해 비슷한 향의 표현이라면 융통성 있게 수용할 수 있다.

우리는 이미 그리드 테이스팅 시스템Grid Tasting System을 통해 와인의 색, 당도, 산도, 알코올, 무게감의 정도를 표현하는 것을 학습했다. 다음은(39p➡) 산도나 타닌의 질감이나 알코올의 느낌 또는 오크 등 맛의 특정 요소들을 표현하는 용어이다. 이런 표현 중에서 가급적이면 향기로운, 우아한, 조화로운 등과 같이 주관적이고 추상적인 단어의 사용은 피하는 것이 좋다.

## ● ● 1.2. 와인 테이스팅

→ 테이스팅 용어

| | 와인의 특성을 표현하는 용어들 |
|---|---|
| 산도 | 낮음, 보통, 높음, 상쾌한, 산뜻한, 선명한, 뚜렷한, 강렬한, 시큼한, 연한, 부드러운 |
| 타닌 | 부드러운, 낮은, 보통, 높은, 잘 익은, 단단한, 둥글둥글한, 벨벳 같은, 섬세한, 쪼이는듯한, 드라이한, 단단한, 거칠거칠한, 묵직한 |
| 알코올 | 낮은(11도 미만), 중간(11도~13.9도), 높은(14도 이상), 타는 듯한, 강한, 물 같은 |
| 질감 | 매끄러운, 실키한, 부드러운, 벨벳 같은, 풍부한, 둥글둥글한, 풍성한, 농축된, 깨끗한, 드라이한, 스위트한, 끈적한, 가벼운 |
| 구조 | 가벼운, 섬세한, 유연한, 절제된, 단단한, 풍부한, 깊은, 우아한, 섬세한, 팽팽한, 응축된, 가늘고 얇은, 균형감 잡힌, 차분한, 1차원적인, 뾰족한 |
| 품질 | 균형 잡힌, 조화로운, 우아한, 세련된, 지속적인, 부드러운, 긴 여운, 짧은 여운, 밋밋한, 프리미엄, 보통, 낮은 |
| 숙성 | 어린, 신선한, 숙성 중인, 숙성된, 닫힌, 오래된, 숙성 잠재력 있는 |
| 오크 | 버터 같은, 은은한, 삼나무, 코코넛, 바닐라, 모카, 달콤한 |

### 와인의 품질

**와인을 감각적으로 분석하는 과정이 끝나면 비로소 와인의 스타일과 품질에 대한 판단을 할 수 있다.** '색상이 진하고 바디가 풍부하다'든가 '알코올이 낮고 단맛이 난다', 혹은 '떫고 쓴맛이 난다'와 같은 표현을 사용해 와인의 특성과 스타일을 설명하게 되는데, 이것은 모두 와인의 색상, 강도, 바디, 당도, 산도, 타닌, 알코올 도수 등 와인의 여러 요소를 분석한 결과이다. 일반적으로 와인의 품질을 평가하는 기준은 (30p →) 같이 B.L.I.C.E.=품질 평가 기준 Quality Assessment로 통용된다.

**B**는 균형을 뜻하는 밸런스 **Balance**이다.

**와인의 균형감**에 관여하는 요소는 당도, 산도, 타닌 그리고 알코올이다. 밸런스가 뛰어난 와인이란 이 요소들이 서로 잘 어우러진 와인을 뜻한다. 화이트 와인의 경우 당도와 산도가 균형감을 좌우하고, 레드 와인의 경우에는 여기에 타닌이 더해진다. 밸런스는 품질이 좋은 와인의 가장 기본적인 조건이다.

**L**은 와인의 여운finish을 뜻하는 길이 **Length**이다.

와인을 삼키거나 뱉은 뒤 남는 **풍미의 지속 정도**로 와인의 품질을 평가한다. 품질이 뛰어날수록 와인의 풍미가 길게 이어진다. 대개 여운이 30초 이상 이어질 경우 와인의 길이가 길다고 할 수 있다. 주의할 점은, 여운의 길이는 입 속에 남겨진 와인 풍미의 지속성만으로 판단해야 한다는 것이다. 타닌이나 알코올 혹은 산도가 남길 수 있는 입안의 감각과는 분명히 구별해야 한다.

**I**는 와인의 힘을 뜻하는 강도 **Intensity**이다.

품질이 낮은 와인은 물이 섞인 것처럼 풍미가 약하다. 풍미가 진하다고 모두 품질이 좋은 와인은 아니지만, **농축된 풍미**는 품질이 뛰어난 와인이 갖춰야 할 필수 요소다.

**C**는 와인 풍미의 다양함을 보여 주는 복합성 **Complexity**이다.

**복합성**은 와인의 품질을 평가하는 아주 중요한 요소다. 만약 와인에서 단순한 몇 가지 과실 향만을 맡을 수 있다면 이는 복합성이 떨어지는 와인이다. 품질이 뛰어난 와인에서는 꽃, 과일, 허브 향 등의 냄새뿐만 아니라 오크, 송로버섯, 흙, 가죽 등 다양하고 복잡한 향을 맡을 수 있다.

> **E**는 와인의 고유 특성과 본성을 나타내는 표현력 **Expressiveness**이다.

하나의 와인이 생산되는 **특정 지방이나 품종의 특성을 잘 나타낼 때 와인의 표현력이 좋다고 한다.** 예를 들어 샤블리 와인이 샤블리 와인만의 고유한 특성을 잘 보여 준다면, 이 와인은 표현력이 좋은 것이다. 이 조항은 때로 와인을 평가하는 기준으로 고려되지 않을 때도 있다. 이 다섯 가지 요소를 염두에 두고 시음한 와인의 품질을 종합적으로 평가한다. 보통 와인의 다양한 요소가 조화롭게 어우러져 균형을 이루는 와인을 품질이 좋은 와인이라고 한다.

## 와인의 결함

와인은 포도 수확, 양조, 유통 등 여러 공정을 거쳐 소비자에게 전달된다. 종종 문제가 있는 와인들이 발견되는데, 이는 주변의 다양한 환경적 요소들에 의해 와인의 품질과 맛이 크게 영향을 받기 때문이다. 동일한 해에 생산된 같은 와인일지라도 다른 유통 과정을 거쳐 소비자에게 전달되면 그 맛은 다를 수 있다. 와인의 결함 유무나 건강 정도를 와인의 상태$^{condition}$라고 하며, 이것은 와인 테이스팅 과정 중에 판단할 수 있다.

### 외관으로 알 수 있는 결함

와인의 결점은 외양을 관찰하는 것으로도 쉽게 발견할 수 있다. **상태가 좋은 와인은 색이 맑은 반면, 와인이 산화된 경우 또는 안정화나 청징 상태가 불량해서 와인에 이스트나 그 찌꺼기가 남아 있는 경우에는 색이 뿌옇거나 탁하다.** 이것은 와인의 침전물과는 다른 것이다. 전체적으로 와인이 뿌옇게 보인다. 숙성된 레드 와인에서는 종종 침전물이 발견되기도 한다. 일부 화이트 와인에서는 주석산 크리스탈 결정체가 보일 때도 있다. 그러나 침전물과 주석산 결정체는 와인의 맛과 향에 영향을 주지 않을 뿐만 아니라 인체에도 무해하므로 와인의 결점이라고 할 수 없다. 이들은 디캔팅을 하거나 필터로 여과해 제거하면 된다. 만약 일반 와인에서 기포가 발견된다면, 와인이 병입된 후 원치 않은 재발효가 일어난 것일 수 있다. 이 경우, 와인에서 좋지 않은 냄새가 난다. 예외적으로 이탈리아의 피노 그리지오나 포르투갈의 비뉴 베르데 같은 화이트 와인의 경우에는 와인의 신선함을 강조하기 위해 의도적으로 약간의 기포를 남기기도 한다.

**후각으로 알 수 있는 결함**

아래는 후각으로 감지할 수 있는 가장 일반적인 **일곱 가지 결함**이다.

❶ **코르크 오염** : 코르크 껍질에 자연적으로 발생하거나 가공 과정에서 생길 수 있는 화학 물질인 트리클로로아니솔Trichloroanisole에 의해 발생한다. 이렇게 오염된 와인을 코르크드corked 되었다고 한다. 이 경우 와인에서 과일 향이 사라지고 젖은 신문지에서 나는 퀴퀴한 곰팡이 냄새가 난다. 이런 와인은 마개를 열어서 나쁜 냄새를 날려 보내는 식의 방법으로는 개선되지 않는다.

❷ **산화** : 보관 상태가 나쁘거나 와인 마개의 밀봉이 느슨해지면 산소가 병 속으로 유입돼 와인과 반응할 수 있다. 산화된 와인은 갈색조의 색이 두드러지고 토피toffee, 캐러멜, 익힌 자두, 신선하지 않은 셰리 와인 냄새가 나며, 와인의 신선함이 떨어진다.

❸ **휘발성 산도** : 와인에는 여러 가지 산이 포함되어 있다. 주로 타타르산과 말산은 바디, 질감 및 입안 느낌에 중요하며, 다른 산은 '휘발성'으로 다른 향을 제공한다. 주요 휘발성 산은 아세트산, 즉 식초이며, 이 휘발성 산의 수준은 주의 깊게 관리해야 결함이 되지 않는다. 낮은 수준에서는 휘발성 산도가 와인의 향을 화려하게 할 수 있지만, 일정 임계값을 넘으면 식초 맛을 낸다. 극단적인 경우 아세트산은 에틸 아세테이트로 변해서 매니큐어 제거제 향을 낸다.

❹ **유황** : 와인 제조 과정 중 양조 시설을 소독하거나 병입된 와인의 산화를 막고 신선한 상태로 유지하기 위해 이산화황이 사용된다. 이산화황은 유황을 태워서 만든 것이다. 이 유황 냄새는 성냥을 그은 후 나는 냄새와 비슷하다. 양조자들은 이산화황을 매우 신중하게 사용하기 때문에 와인에서 유황 냄새가 나는 경우란 매우 드물다. 간혹 유황 냄새가 나는 와인을 접할 수 있는데, 가벼운 냄새일 경우에는 와인을 공기와 접촉시키면 된다. 일반적으로 스위트 화이트 와인, 특히 스크류 캡이나 인조 코르크를 사용한 와인에서 간혹 이런 현상이 나타난다.

❺ **열 손상** : 열 손상된 와인은 보관 또는 운송 중 온도의 과도한 변동이나 큰 변화로 인해 발생한다. 열에 의해 코르크가 팽창하고 수축하면서 와인의 밀봉이 깨질 수 있다. 이는 와인 병에서 누출을 유발할 수 있으며, 코르크가 병 밖으로

튀어나올 수도 있다. 열 손상된 와인은 원래 색상보다 더 짙거나 흐릿한 색을 띠고, 화이트 와인은 짙은 황색이나 갈색, 적포도주는 더 어두운 갈색이나 벽돌색을 띨 수 있다. 과일 향이 감소하고 무거운 익은 과일, 잼, 또는 조리된 과일 냄새를 낼 수 있다. 또한 맛이 밋밋하거나 무뎌지고 과도하게 달거나 지나치게 신 맛이 나타날 수 있다. 이는 와인의 품질을 크게 저하시킨다.

❻ **환원** : 환원적 와인 메이킹은 산화적 와인 메이킹의 반대이며, 온도 조절이 가능한 스틸 탱크와 비활성 가스를 사용하여 산소에 대한 노출을 최소화하여 와인을 보호하기 위해 일반적으로 수행된다. 오늘날 대부분의 와인은 이 방식으로 만들어지지만, 그 위험은 산소와 영양소가 부족하여 휘발성 황 화합물을 생성하게 된다는 것이다. '긍정적' 환원과 '부정적' 환원 사이에는 미묘한 차이가 있으며, 일부 환원적 특성은 결함이 아니다. 일부 사람들은 부싯돌 냄새를 미네랄 감각을 증가시키는 긍정적인 향으로 여긴다. 그러나 심할 경우 양배추, 썩은 달걀 및 막힌 배수구 냄새 등 극단적인 환원 냄새가 날 수 있다.

❼ **브레타노마이시스**$^{Brettanomyces}$ : '브렛$^{brett}$'라고도 불리는 이 야생 효모는 의료용 반창고, 정향, 땀에 젖은 가죽 안장 및 농장과 같은 강한 냄새를 생성한다. 많은 사람들이 이 냄새를 싫어하지만, 일부는 낮은 수준에서는 와인에 복합성을 더한다고 느낀다. 이를 방지하기 위해서는 와이너리에서 엄격한 위생, 적절한 수준의 이산화황을 유지해야 한다.

**미각으로 알 수 있는 결함**

이 밖에도 후각보다는 맛에서 느껴지는 결함인 마우스 테인트$^{Mouse\ Taint}$가 있다. 주로 내추럴 와인에서 흔히 발생하며, 이는 양조 과정에서 이산화황의 부족과 낮은 산도로 인해 미생물이 번식하면서 테트라하이드로피리딘$^{Tetrahydropyridine}$ 같은 화학물질이 생성되기 때문이다. 이 결함은 쥐 오줌, 톱밥, 젖은 짚과 같은 불쾌한 맛을 유발하며, 혀의 뒷부분과 입천장에서 맛이 느껴지고 삼킨 후에도 입안에 남는다. 유기농 및 바이오다이나믹 와인에서도 이산화황 사용이 제한되는 경우 이러한 결함이 발생할 가능성이 있다.

## 테이스팅 실습 01 — 와인 시음의 체계적인 접근법 익히기

**와인**
- 드라이 화이트 [e.g. 이탈리아 피노 그리지오 or 소아베]
- 스위트 화이트 [e.g. 토카이 아수 혹은 소테른]
- 라이트-미디엄 바디의 레드 [e.g. 발폴리첼라]
- 풀 바디 레드 [e.g. 바롤로]

### 테이스팅 포인트

**화이트 와인 비교**
드라이 vs 스위트

- **외관** 레몬과 금색
- **후각** 향의 강도를 비교한 후, SAT의 와인 용어를 활용하여 향(1차 향, 2차 향, 3차 향)을 표현한다.
- **미각** 당도, 산도, 알코올, 바디, 풍미의 특징, 여운을 평가한다
- **결론** 균형, 여운, 강도, 복합미(B.L.I.C)의 척도를 활용하여 와인의 품질을 평가한다.

**Q** 연한 레몬색을 띠고, 바디가 가벼운 와인은?

**Q** 꿀, 오렌지 껍질, 살구, 바닐라, 견과류 등의 복합적인 풍미가 나고, 여운이 긴 스위트 와인은?

**레드 와인 비교**
라이트-미디엄 바디 vs 풀바디

- **외관** 루비와 자주, 색의 강도
- **후각** 향의 강도를 비교한 후, SAT의 와인 용어를 활용하여 향(1차 향, 2차 향, 3차 향)을 표현한다.
- **미각** 당도, 산도, 타닌, 알코올, 바디, 풍미의 특징, 여운을 평가한다
- **결론** 균형, 여운, 강도, 복합미(B.L.I.C)의 척도를 활용하여 와인의 품질을 평가한다.

체계적인 와인 시음법에 따라 각 와인을 시음하고 테이스팅 노트를 작성한다. 와인의 품질 요소들을 빠짐없이 분석한 후 와인의 스타일과 특성을 비 교해 본다.

**Q** 두 레드 와인의 색과 향은 어떠한가?

**Q** 레드 와인 중 단단한 타닌과 높은 알코올을 가진 와인은?

© CHELSEA PRIDHAM

와인의 맛과 품질에 영향을 주는 요소

# FACTORS AFFECTING WINE TASTE & QUALITY

# 2.1. KEY FACTORS
### 와인의 맛과 품질에 영향을 주는 요소

　와인을 가장 쉽게 표현하면 "발효시킨 포도즙"이다. 하지만 와인처럼 다양한 맛과 스타일 그리고 다양한 품질을 가진 음료는 찾기 힘들다. 가장 가볍고 탄산이 있는 모스카토 다스티$^{Moscato\,d'Asti}$와 과일 향이 풍부한 모젤 리슬링$^{Mosel\,Riesling}$, 강건하고 우아한 풍미가 돋보이는 퓔리니-몽라셰$^{Puligny-Montrachet}$, 그리고 단단하고 농축미가 있으면서도 절제된 맛을 자랑하는 최고급 포이약$^{Pauillac}$, 강렬하고도 농익은 맛이 나는 포트$^{Port}$나 마데이라$^{Madeira}$에 이르기까지, 셀 수 없이 많은 종류의 와인이 있다. 그렇다면 이렇게 다양한 와인의 맛과 품질을 결정하는 요소는 무엇일까?

　**와인의 맛과 스타일, 그리고 품질에 영향을 미치는 주요 요소로는 포도 품종, 재배 환경, 포도 재배 및 수확 관리, 와인 양조, 와인 숙성이 있다.** 와인의 품질은 이를 포함한 다양한 요소의 복합적인 상호 작용의 결과이다. 포도 품종은 와인에 영향을 미치는 가장 중요한 요소이다. 포도 품종에 따라 당도, 산도 및 타닌의 수준이 다르며, 특정 풍미와 높은 수확량 또는 질병 저항성과 같은 고유의 특성을 가지고 있다. 알자스의 리슬링과, 같은 지역에서 생산되는 게뷔르츠트라미너를 비교해 보면, 두 와인의 풍미와 구조적인 특징이 완전히 다르다는 것을 알 수 있다.

　**또 다른 주요 변수는 포도가 재배되는 환경이다.** 작물이 자라기 위해서는 이산화탄소, 햇빛, 물, 온기와 영양소가 필요하다. 이 중 $CO_2$는 어디에나 공평하게 존재하지만, 나머지 4가지 요소는 국가 및 지역마다 크게 다르다. 예를 들어, 카베르네 소비뇽이 완전히 익기 위해서는 많은 열이 필요하므로, 나파 밸리와 같은 지역에서 재배하기에 완벽한 품종이다. 만약 포도가 숙성될 만큼 열이 충분하지 않으면, 완성된 와인은 다소 신맛과 쓴맛이 나는 한편, 검은 과일 풍미는 사라진다. 반면에 피노 누아와 같은 포도 품종은 더 시원한 기후 지역에 알맞다. 포도가 지나치게 익지 않고 품종이 가진 미묘한 풍미, 그리고 상쾌한 과일 향을 낼 수 있다. 피노 누아가 지나치게 익으면, 신선한 산도와 특유의 풍미 모두 잃게 된다. 자연의 환경적인 요소는 인간이 통제하기 어렵다. 그러나 생산자의 포도 재배 방

## 2.1. 와인의 맛과 품질에 영향을 주는 요소

식을 통해 와인의 전반적 품질을 보다 높일 수 있다. 여기에는 수확량을 조절하기 위한 가지치기나 캐노피 관리, 해충 방제 등이 포함된다.

포도 품질과 기후 못지않게, 침용, 발효, 추출 및 숙성 등 **수확 후 와인 양조 방법과 기술 또한 와인의 품질과 스타일을 결정짓는 데 막대한 영향을 미친다.** 포도를 수확하는 순간부터 병입되기까지 매 단계마다의 양조자의 선택이 결과에 큰 영향을 준다. 여기에는 산소 관리, 이산화황 사용 및 오크의 영향 등이 포함된다. 와인이 숙성되면, 와인 안에서 환원 과정에 의한 화학적인 변화가 일어난다. 처음의 신선한 과실 아로마가 점점 복합적이고 미묘하게 바뀐다. 와인의 색도 변하고, 거친 타닌도 숙성 과정을 거치면서 점점 부드러워진다.

이어지는 내용에서 이렇듯 다양한 요소들이 어떻게 와인의 스타일과 품질에 영향을 미치는지 좀 더 자세히 확인해 보자.

➡ 와인 품질을 결정하는 요소

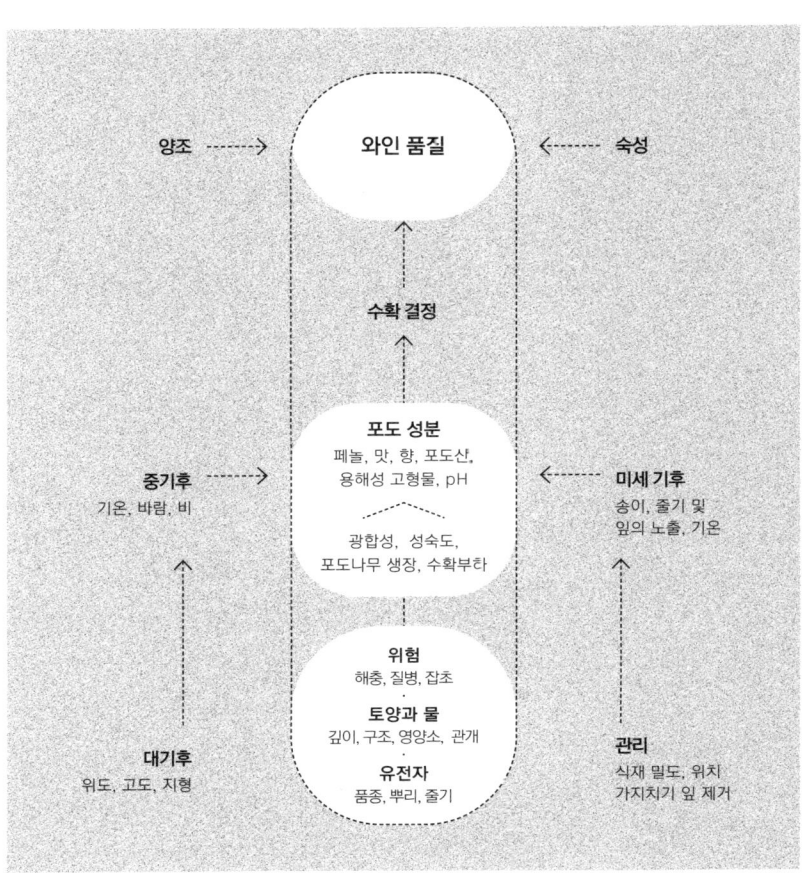

# 2.2. GRAPE VARIETY
## 포도 품종

"와인은 포도밭에서 만들어진다."

훌륭한 와인을 만드는 데 가장 중요한 전제 조건은 품질 좋은 포도를 사용하는 것임을 강조하는 말이다. 즉, 좋은 포도 없이 좋은 와인도 있을 수 없다. 쌀이 어떻게 재배되어 우리 식탁에 오르는지 잘 모르는 사람이 의외로 많은 것처럼, 포도 재배 방법에 대해서도 상세하게 아는 사람이 와인 애호가들 중에도 많지 않다. 물론 포도 재배법을 전혀 몰라도 얼마든지 와인을 즐길 수 있다. 하지만 자신이 마시는 와인이 어디에서 왔으며, 어떤 포도로 만든 것인지, 그 포도는 어떻게 재배되었는지, 그리고 어떤 과정을 거쳐 만들어진 것인지를 안다면 와인의 맛과 특성을 이해하는 데 도움이 된다.

### 포도의 종류

포도는 와인의 주재료이자 와인의 몸통을 이루는 존재이다. 포도의 특징은 와인의 스타일에 많은 영향을 미치며, 와인의 맛과 향을 결정짓는 주 요소이다. **포도의 품종별 특성을 알면 와인병의 라벨만 봐도 그 와인의 풍미를 대략 가늠할 수 있다.** 다만 유의해야 할 것은 같은 포도 품종일지라도 생산지의 기후와 양조 방법에 따라 스타일이 달라질 수 있으므로 포도의 품종만 가지고 와인의 맛과 향을 단정짓기엔 무리가 있을 수 있다.

### 포도 재배에 적합한 포도나무종

와인의 기본 재료는 포도 열매를 즙으로 짜낸 포도 주스다. 포도의 종류와 성숙도에 따라 주스의 특성과 품질이 달라 이후 색상, 향, 맛 등 와인의 스타일에 많은 영향을 미친다. 또한, 품종마다 알코올 도수를 결정짓는 당도, 와인의 구조감을 좌우하는 산도와 타닌의 양, 그리고 오크에 대한 친화력이 각각 달라 와인 양조 시 중요한 변수로 작용하는 경우도 많다. 따라서 포도 품종의 특성을 파악하는 것은 와인 양조와 시음에 있어 무척 중요한 일이다.

포도과 Vitaceae에 속하는 넝쿨 식물인 포도는 지구상에 약 60~80종이 존

●● 2.2.   포도 품종

재하며, 크게 세 종류로 구분할 수 있다. **유럽종 포도인 비티스 비니페라**$^{Vitis\ vinifera}$**, 미국종 포도인 비티스 라부르스카**$^{Vitis\ labrusca}$**, 아시아종 포도인 비티스 아무렌시스**$^{Vitis\ amurensis}$가 그것이다. 이 중 와인 양조에 가장 널리 쓰이는 품종은 비티스 비니페라로, 전 세계 와인 생산의 대부분을 차지한다. 비티스 라부르스카는 와인으로 만들었을 때 '폭시$^{foxy}$'라고 표현되는 독특한 향이 나타나 주로 포도 주스 생산에 사용되며, 미국에서 디저트 와인과 같은 특정 스타일의 와인 양조에 일부 활용된다. 또한, 유럽종과 미국종을 교배하여 병충해와 환경 적응성을 강화한 하이브리드$^{Hybrids}$ 품종도 일부 지역에서 와인 양조에 사용된다.

유럽종 포도라고 해서 모두 와인으로 만들 수 있는 것은 아니다. 와인으로 만들었을 때 좋은 품질이 나올 수 있을 만큼 열매에 당도와 산도가 축적되어야 하며, 적포도 품종일 경우 타닌 함유량도 충분해야 한다. 따라서 수많은 유럽종 포도 중 실제로 와인 생산에 사용되는 것은 전체 숫자에 비해 적은 편이다.

**와인 양조에 사용되는 포도 품종 중 가장 대표적인 것을 노블 품종, 혹은 글로벌 품종이라고 한다.** 청포도로는 샤르도네$^{Chardonnay}$, 소비뇽 블랑$^{Sauvignon\ Blanc}$, 리슬링$^{Riesling}$, 세미용$^{Semillon}$, 슈냉 블랑$^{Chenin\ Blanc}$이 있고, 적포도로는 카베르네 소비뇽$^{Cabernet\ Sauvignon}$, 메를로$^{Merlot}$, 피노 누아$^{Pinot\ Noir}$, 시라/쉬라즈$^{Syrah/Shiraz}$가 이에 해당한다.

### 포도 품종의 개발

포도로 와인을 만들기 시작한 이래, 인류는 병충해에 강하고, 수확량이 많고 안정적이며, 더 맛있는 와인을 만들 수 있는 포도 품종을 얻기 위해 품종 선택과 품종 간 교배를 통해 끊임없이 품종 개량을 진행해 왔다. 품종 개량은 다음과 같은 세 가지 방법을 통해 이루어진다.

**동종 교배**

**동종 교배(크로싱$^{crossings}$)는 같은 비니테라$^{vinifera}$ 종이지만 품종$^{variety}$이 다른 포도를 교배하여 새로운 품종을 만드는 것이다.** 동종 교배를 통해 탄생한 대표적인 품종으로는 카베르네 프랑$^{Cabernet\ Franc}$과 소비뇽 블랑 사이에서 나온 카베르네 소비뇽, 피노 누아와 생소$^{Cinsault}$를 동종 교배해서 만든 피노타지$^{Pinotage}$ 등이 있다.

**이종 교배**

**하이브리드$^{Hybrids}$는 서로 다른 종의 포도를 교배하여 만든 품종이다.** 주로 유럽종 포도에 미국종 포도를 결합한다. 이렇게 만들어진 품종은 혹한이나 다습한 지역에서도 잘 자란다. 그러나 품질이 떨어지기 때문에 유럽 연합(EU)에서는 고급 와인 생산에 쓰지 못하게 하고 있다. 국내에서도 재배하고 있는 사이벨Seibel, 머스캣 베일리 에이Muscat Bailey A가 이종 교배 품종이다.

**복제**　　서로 다른 종으로 만드는 이종 교배나 다른 품종으로 만드는 동종 교배와 달리 **복제(클론clones)는 삽목(꺾꽂이cuttings)을 이용한다**. 삽목을 통한 번식은 이론상 항상 같은 성질을 지닌 포도나무가 자라야 하지만, 돌연변이에 의해 미묘한 차이가 생기기도 한다. 그리고 그 차이 때문에 포도가 더욱 우수한 품질을 지니게 될 경우, 인간의 선택에 의해 차별성이 점점 강화되어 새로운 품종으로 탄생하게 된다. 대표적인 복제 품종으로 산지오베세Sangiovese에서 갈라져 나온 브루넬로Brunello가 있다.

# 2.2.1.
## WHITE GRAPES
청포도

1. CHARDONNAY 샤르도네
2. SAUVIGNON BLANC 소비뇽 블랑
3. RIESLING 리슬링
4. CHENIN BLANC 슈냉 블랑
5. SEMILLON 세미용
6. PINOT GRIS / PINOT GRIGIO 피노 그리/피노 그리지오
7. GEWURZTRAMINER(GEWÜRZTRAMINER) 게뷔르츠트라미너
8. MUSCAT 뮈스카
9. VIOGNIER 비오니에
10. ALBARIÑO 알바리뇨
11. CORTESE 코르테제
12. GARGANEGA 가르가네가
13. VERDICCHIO 베르디키오
14. FIANO 피아노
15. GRÜNER VELTLINER 그뤼너 벨트리너
16. FURMINT 푸르민트

## 2.2.1. 1. **CHARDONNAY** 샤르도네

**특징**

기후와 관계없이 어느 곳에서나 잘 자라는 **샤르도네는 전 세계에서 가장 널리 재배되는 청포도이다.** 추위와 냉해에 잘 견뎌 샤블리$^{Chablis}$처럼 서늘한 지역에서도 잘 자라고, 더운 날씨에도 강해 호주처럼 햇볕이 뜨거운 곳에서도 문제없이 재배할 수 있다. 어디에서나 안정된 수확량을 기대할 수 있고 병충해에도 강하다. 재배지의 특성과 양조 방법에 따라 와인 스타일이 달라지기 때문에, 양조자의 의도대로 와인을 만들 수 있다는 점도 샤르도네의 장점이다.

**향과 맛**

**샤르도네 와인의 맛과 향은 재배지의 기후와 양조 방법에 따라 달라진다.** 서늘한 기후에서 자란 샤르도네로 만든 와인은 산도가 높고, 레몬 같은 시트러스와 사과, 배 같은 녹색 과일의 풍미가 난다. 간혹 오이 같은 채소 향이 날 때도 있다. 온화한 기후에서 자란 샤르도네로 만든 와인은 자몽 같은 시트러스 향이 더 진해지고 멜론 향이 돌며 흰 복숭아 같은 핵과일 향이 난다 . 따뜻한 기후에서 자란 경우, 이 샤르도네로 만든 와인에서는 복숭아 향과 함께 바나나, 파인애플, 무화과, 망고 같은 열대 과일 향이 풍부하게 나기도 한다.

샤르도네 와인은 양조 방법에 따라서도 맛과 향이 달라진다. 젖산 전환$^{lactic\ conversion}$을 거치면 산도와 과일 풍미가 줄고 버터 같은 유제품 향과 헤이즐넛 풍미가 난다. 발효 후 남는 효모 찌꺼기인 리$^{lees}$를 저어 주면, 좀 더 부드러운 질감과 풍부한 맛을 갖게 된다. 샤르도네는 오크와 친화력을 갖고 있기 때문에 오크 숙성을 통해 토스트, 바닐라, 코코넛 향이 생겨나도록 할 수 있다. 최고급 샤르도네 와인은 오크 숙성을 하는 경우가 많고, 병입 후에는 병 숙성을 통해 꿀과 견과류를 비롯한 복합적인 풍미가 발달한다. 다만 오크 처리가 조금만 강해도 과일 풍미가 묻힐 수 있으므로 오크 사용은 신중히 한다. 과일 풍미를 살리기 위해 오크를 사용하지 않을 때도 있다. **샤블리를 비롯한 일부 지역을 제외하면, 샤르도네 와인은 다른 화이트 와인에 비해 대개 풀 바디하고 질감이 부드러운 편이다.**

샤르도네는 대부분 단일 품종 와인으로 생산되지만, 때때로 다른 포도와 블렌딩할 때가 있다. 블렌딩을 하는 이유는 샤르도네의 특성 중 부족한 부분을 보

## 2.2.1. 포도 품종 · 청포도

완하기 위해서이다. 예를 들어 비오니에<sup>Viognier</sup>는 복숭아와 꽃향기를 더해 주기도 하고, 부드럽고 묵직한 질감이 샤르도네와 잘 어울리기 때문에 샤르도네와 블렌딩하기도 한다. 그러나 사실 더 중요한 이유는 토착 포도를 섞어서 샤르도네라는 명칭이 라벨에 들어가는 와인을 생산하기 위해서이다. 호주의 세미용-샤르도네, 혹은 샤르도네-세미용이 대표적이며, 남아프리카 공화국의 샤르도네-슈냉 블랑, 캘리포니아의 콜롬바-샤르도네<sup>Colombard-Chardonnay</sup>도 같은 경우이다.

**생산지**

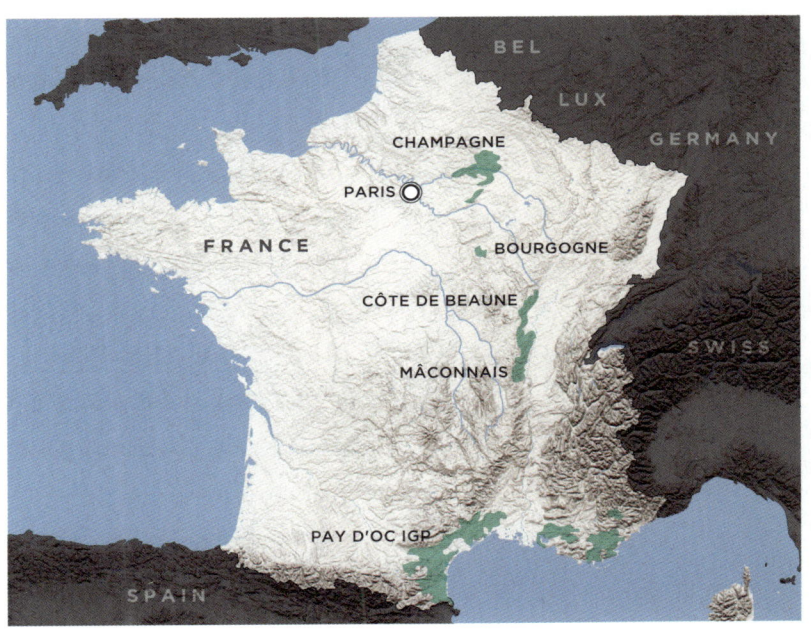

**프랑스**

프랑스에서 샤르도네를 생산하는 주요 지역으로는 **부르고뉴**<sup>Bourgogne</sup>**와 샹파뉴**<sup>Champagne</sup>, **프랑스 남부**<sup>Sud de France</sup>를 들 수 있다. 부르고뉴는 샤르도네 포도의 고향과 같은 곳으로, 전역에서 샤르도네를 재배한다. 샤블리는 서늘한 기후에서 자라고 대부분 오크 숙성을 하지 않기 때문에, 와인은 드라이하고 산도가 높으며 사과와 시트러스 향을 갖고 있다. 그리고 킴메리지안 점토<sup>Kimmerridgian clay</sup> 토양에서 유래한 스모키<sup>smokey</sup>하고 플린티<sup>flinty</sup>한 무기질적 특징은 고급 와인일수록 더욱 두드러진다.

코트 도르<sup>Côte d'Or</sup>의 코트 드 본<sup>Côte de Beaune</sup>에서는 오크통에서 발효한 다음 이스트 찌꺼기를 제거하지 않고 그대로 숙성하기 때문에 시트러스, 핵과일,

열대 과일, 오크, 향신료의 풍미가 어우러진 복합적인 맛의 풀 바디 와인이 만들어진다. 뫼르소Meursault AOP와 퓔리니-몽라셰Puligny-Montrachet AOP도 유명한 생산지이다. 특히 르 몽라셰 그랑 크뤼Le Montrachet Grand Cru AOP의 샤르도네 와인은 세계에서 가장 뛰어난 드라이 화이트 와인으로 평가받고 있다.

부르고뉴 남단의 마코네Mâconnais에서는 마콩 AOP란 표시를 단 샤르도네 와인이 생산된다. 가볍고 경쾌하며 꽃향기와 시트러스 향이 두드러진다. 품질이 우수한 와인에서는 토스트, 바닐라 향도 종종 맡을 수 있다. 마코네에 속한 푸이 퓌세Poully-Fuissé AOP에서 생산하는 샤르도네 와인은 부르고뉴 화이트 와인 중에서 가장 풍부한 맛과 향을 지닌 풀 바디 와인이다. 복숭아, 멜론, 그리고 파인애플과 같은 열대 과일의 풍미와 함께 오크 숙성에 따라 바닐라, 토스트 풍미가 난다.

샹파뉴에서도 샤르도네를 많이 재배하며, 대부분 샴페인 와인 제조용으로 쓴다. 남부 프랑스에서도 샤르도네 와인이 생산되는데, 다양한 맛과 향을 갖고 있다. 일부 샤르도네 와인은 신대륙 스타일로 만들어지기도 한다.

### 호주

**호주는 신세계 스타일 샤르도네 와인의 본고장이다.** 복숭아, 멜론, 파인애플의 풍미를 갖고 있으며, 오크 발효 및 숙성을 통해 견과류, 바닐라, 토스트, 버터 향이 두드러지게 나타난다. 하지만 최근에는 오크 처리를 하지 않고 신선한 과일 풍미를 강조하는 언우디드unwooded 샤르도네 와인도 많이 생산하고 있다.

최고급 샤르도네 와인 생산지로는 빅토리아Victoria, 애들레이드 힐스Adelaide Hills, 마가렛 리버Margaret River를 들 수 있다. 날씨가 온화한 마가렛 리버에서는 핵과일 및 열대 과일, 젖산 전환과 오크 풍미가 진한 와인이 나오고 있다. 반면, 기후가 서늘한 야라 밸리에서는 산도가 높고 시트러스나 녹색 과일 풍미가 나는 와인이 생산된다. 따뜻한 사우스 이스턴 오스트레일리아South Eastern Australia에서는 오크칩 혹은 오크판을 사용해 오크 풍미를 내거나 전혀 오크 풍미가 나지 않는 샤르도네 와인을 대량 생산하고 있다. 이 지역에서 나오는 와인은 라벨에 적힌 지역 표시를 통해 확인할 수 있다.

### 미국

**미국에서는 거의 모든 스타일의 샤르도네 와인이 나온다고 할 정도로 샤르도네 와인 생산이 활발하다.** 가장 대표적인 스타일은 중간 산도에 높은 알코올 도수, 시트러스와 복숭아 풍미가 풍부하고, 오크 발효와 젖산 전환, 오크 숙성에 의한 버터, 바닐라, 토스트와 견과류 향을 풍기는 풀 바디 와인이다. 그러나 최근

●● 2.2.1.

에는 오크 사용을 절제하고 과일 풍미를 좀 더 중요시하면서 프랑스 부르고뉴의 샤르도네 와인과 흡사한 스타일로 만든 와인들도 생산되고 있다.

프리미엄급 샤르도네 와인은 캘리포니아의 코스탈 레인지$^{Californian\ Coastal\ Range}$ 지역에서 만들어지고 있다. 대표적인 생산지로는 샌프란시스코 만$^{San\ Francisco\ Bay}$ 북쪽에 있는 북부 해안 지역$^{North\ Coast}$의 소노마 카운티$^{Sonoma\ County}$와 나파 카운티의 로스 카네로스$^{Los\ Carneros}$가 있다. 샤르도네는 캘리포니아 각지에서 다양한 스타일로 생산되며 그 중 센트럴 밸리는 대량 생산지로 유명하다. 이곳의 와인은 오크 풍미를 내고자 오크칩 혹은 오크판을 사용하기도 한다. 라벨에는 캘리포니아주$^{California\ State}$라고 표시된다.

**칠레**   칠레의 샤르도네 와인도 스타일이 다양하다. 과일 향 위주의 단순한 풍미가 있는 와인부터 병 숙성이 가능한 프리미엄 와인까지 고루 생산한다. 프리미엄 와인은 산도가 높고, 오크 발효, 젖산 전환 그리고 오크 숙성을 거치면서 복숭아와 멜론 같은 과일 향 외에 견과류, 바닐라, 버터, 토스트와 같은 복합적인 풍미가 난다.

프리미엄 와인 생산지로는 **센트럴 밸리**$^{Central\ Valley}$**의 일부 지역과 카사블랑카 밸리**$^{Casablanca\ Valley}$**를 들 수 있다.** 대량 생산 와인은 센트럴 밸리를 비롯한 칠레 여러 지역에서 만들어진다.

**기타 지역**   뉴질랜드의 최고급 샤르도네 와인 생산지는 **혹스 베이**$^{Hawke's\ Bay}$**, 기스본**$^{Gisborne}$**과 말버러**$^{Marlborough}$ **지역**이다. 프리미엄급 샤르도네 와인은 산도가 높고 오크 풍미가 두드러진다. 남아프리카 공화국에서는 다양한 스타일의 샤르도네 와인을 생산하고 있다. 주요 생산지로는 케이프 사우스 코스탈 리전$^{Cape\ South\ Coastal\ Region}$이 있고, 기온이 낮은 워커 베이는 고급 샤르도네 와인 생산지이다. 아르헨티나의 경우, 고도가 높고 일교차가 심한 멘도사$^{Mendoza}$ 지방의 **우코 밸리**$^{Uco\ Valley}$ 지역에서 과일 향이 진한 고급 샤르도네 와인을 생산하고 있다. 기타 스페인과 이탈리아에서도 샤르도네 와인을 많이 생산하고 있는데, 특히 시칠리아에서는 뛰어난 샤르도네 와인이 나오고 있다.

와인미학　●　와인의 맛과 품질

## CHARDONNAY
### 품종정리

| | | |
|---|---|---|
| 기후 | 서늘한, 온화한, 따뜻한 기후 / 전 세계적으로 재배됨 | |
| 포도 재배 특성 | 껍질이 얇고 초기에 싹이 트며, 그레이 롯에 취약하다. | |
| 선호하는 토양 유형 | 백악질 및 석회암 | |
| 향/풍미 | 중간에서 중간+ 강도 | |
| | 과일 | 녹색 과일(사과, 배, 모과), 감귤류(레몬), 핵과일(복숭아), 열대 과일(파인애플, 멜론) |
| | 유황 | 부싯돌, 불붙은 성냥, 약간의 양배추 |
| | 젖산 전환 | 버터 |
| | 꽃 | 흰 꽃, 아카시아, 허니 써클, 블러섬 |
| | 오크 | 뉴 프렌치 오크(바닐라, 토스트), 계피, 토피, 솔티드 캐러멜, 버터 스카치 |
| 병 숙성 | 트러플, 꿀, 견과류 | |
| 구조 | · 드라이<br>· 중간+ 산도<br>· 중간 또는 높은 알코올<br>· 중간+ 또는 무거운 바디 | |
| 생산지 | 부르고뉴, 샹파뉴, 캘리포니아, 칠레, 호주, 뉴질랜드 | |

## 테이스팅 실습 02

### 와인

**샤르도네** CHARDONNAY

vs.
- **대량 생산되는 저가 샤르도네**
  [e.g. 페이 독 IGP, 사우스 이스턴 오스트레일리아, 캘리포니아, 칠레 센트럴 밸리]
- **프리미엄급 샤르도네**
  [e.g. 마가렛 리버, 소노마 카운티, 카사블랑카 밸리]

### 테이스팅 포인트

**샤르도네 와인 비교**
저가 와인 vs 프리미엄 와인

같은 품종이라도 포도가 자란 환경이나 양조 방법 또는 숙성 과정에 따라 와인의 스타일, 품질, 그리고 가격이 각기 다르다. 다른 가격대에 있는 두 개의 샤르도네를 비교 테이스팅하면서 각 와인이 가진 특성과 두 와인의 차이점을 발견한다.

**Q** 두 와인이 가진 향/풍미의 특성을 각각 표현해 본다.

**Q** 두 와인 중 좀 더 복합적이고 강렬한 풍미를 가진 와인은 어느 것인가?

**Q** 두 와인 중 젖산 전환과 오크의 특성이 두드러진 와인은 어느 것인가?

**Q** B.L.I.C.E.에 맞춰 객관적으로 와인을 평가해 본다.

B._____

L._____

I._____

C._____

E._____

와인미학  ● 와인의 맛과 품질

## 2.2.1.2. SAUVIGNON BLANC 소비뇽 블랑

**특징**

샤르도네와 함께 세계에서 가장 널리 재배하는 청포도 중 하나가 소비뇽 블랑이다. **이 품종은 풋풋한 향과 높은 산도를 지닌 라이트 혹은 미디엄 바디의 화이트 와인으로 만들어진다.** 소비뇽 블랑만 사용해 드라이 화이트 와인을 만드는 경우가 많지만, 보르도를 비롯한 몇몇 지역에서는 세미용과 블렌딩하여 드라이하거나 스위트한 화이트 와인을 만든다.

소비자들은 산뜻하고 청량감 있는 소비뇽 블랑 와인을 선호하는 편이다. 이 때문에 소비뇽 블랑은 **서늘한 지역에서 많이 재배되고 다른 포도에 비해 수확도 빠른 편이다.** 숙성도 주로 스테인리스 스틸 탱크에서 이루어진다. 그러나 와인에 좀 더 부드러운 질감과 바닐라 같은 달콤한 향신료 향을 부여하기 위하여 오크통에서 발효하거나 숙성한다. 소비뇽 블랑이 덜 익으면 와인에서 시큼한 맛과 풋내가 나고 향도 부족해진다. 반대로, 너무 익으면 와인의 신선함과 농축미가 떨어진다. 소비뇽 블랑 와인은 병 숙성을 해도 맛과 향이 발전하지 않는 경우가 대부분이고, 장기간 보관하면 매력적인 신선미를 잃고 오래된 와인처럼 맛과 향이 퀴퀴해진다. 그러므로, 어려서 과일 풍미가 풍부할 때 마시는 것이 좋다.

**향과 맛**

소비뇽 블랑이 가진 고유의 향을 잘 살리려면 기후가 서늘한 지역에서 재배하는 것이 좋다. 기후가 서늘한 최고급 와인 생산지에서 생산된 소비뇽 블랑 와인은 레몬이나 라임, 자몽 같은 시트러스, 청사과와 구즈베리gooseberry 같은 녹색 과일, 패션프루트(시계꽃 열매passion fruit) 같은 열대 과일, 엘더 플라워(딱총나무 꽃elder flower) 같은 흰 꽃, 풋고추 같은 향신료, 잔디 같은 풀 내음의 풍미가 난다.

또한, 병 숙성을 통해 아스파라거스나 완두콩 같은 채소 풍미가 나기도 한다. 따뜻한 지역에서 재배한 소비뇽 블랑으로 만든 와인은 채소나 풀 내음보다는 복숭아나 자몽 같은 과일 풍미가 두드러지지만, 복합적인 풍미는 떨어진다. 지역에 따라 토질의 영향을 받아 와인에서 미네랄과 부싯돌flint 풍미가 날 때도 있다.

● ● 2.2.1.                                                                포도 품종 - 청포도

## 생산지

**프랑스**

루아르Loire 강 중류에 있는 센트럴 빈야드Central Vineyard의 상세르Sancerre AOP와 푸이-퓌메Pouilly-Fumé AOP 마을은 최고급 소비뇽 블랑 와인 생산지이다. 이곳에서는 드라이하고 산도가 높은 미디엄 바디의 소비뇽 블랑 와인이 나온다. 약간 스모키한 향에 라임 같은 시트러스와 구즈베리 같은 녹색 과일, 잔디와 쐐기풀 같은 풀 내음, 그리고 미네랄과 부싯돌 풍미를 지니고 있다.

보르도Bordeaux의 그라브Graves AOP와 페삭-레오냥Pessac-Léognan AOP에서는 밋밋하고 중성적이지만 숙성력이 좋고 오일리한 구조감을 지닌 세미용에, 신선한 산도와 과일 풍미를 가진 소비뇽 블랑을 섞는다. 이로써 미디엄 바디 이상의 무게감을 가진 프리미엄급 드라이 화이트 와인을 생산해 낸다. 이 와인은 숙성력이 좋아서 오크와 병 속에서 숙성될수록 점차 꿀과 견과류 같은 복합적인 풍미가 발달한다. 소테른Sauternes AOP에서도 노블 롯Noble Rot에 걸린 세미용으로 스위트 와인을 만들 때 산도를 높이기 위해 소비뇽 블랑을 함께 블렌딩한다.

루아르의 투렌Touraine AOP지역에서는 소비뇽 블랑 와인을 대량 생산하며, 보르도의 앙트르-두-메르Entre-Deux-Mers AOP에서는 주로 소비뇽 블랑에 세미용을 블렌딩한 경제적인 가격의 화이트 와인을 만들고 있다. 루아르의 다른 지역과 남부 프랑스에서도 뱅 드 프랑스Vins de France 또는 IGPIndication Géographique Protégée 등급으로 분류된 저가 소비뇽 블랑 와인을 생산하고 있다.

## 뉴질랜드

**뉴질랜드 남섬에 있는 말버러Marlborough는 신세계 와인 생산지들 중 가장 뛰어난 소비뇽 블랑 와인을 생산하는 곳이다.** 이곳은 햇빛이 풍부하지만 기온은 서늘해서 소비뇽 블랑 재배에 적합하다. 뉴질랜드 소비뇽 블랑 와인은 다양한 맛과 향을 지니고 있다. 생장 환경상, 서늘한 기후와 자갈이 많은 토양에서 재배된 소비뇽 블랑은 톡 쏘는 고추capsicum 풍미를 내며, 좀 더 따스한 곳의 소비뇽 블랑은 잘 익은 열대 과일 풍미를 지닌다.

전통적인 스타일은 산도가 높고 드라이한 미디엄 바디 와인으로, 레몬, 자몽 같은 시트러스 풍미와 함께 구스베리나 패션프루트 같은 다양한 과일과 피망 같은 식물성 풍미가 난다. 주로 스테인리스 스틸 탱크에서 발효하고 숙성하기 때문에 오크 향은 나지 않는다. 병 숙성을 통해 아스파라거스나 완두콩 같은 향이 나기도 한다. 이 외에도 오크에서 숙성한 소비뇽 블랑도 소량 생산한다.

## 미국

기후가 따뜻한 캘리포니아의 소비뇽 블랑 와인에서는 품종 특유의 싱그러운 과일과 식물성 향이 뚜렷하게 나타나지 않는다. 그래서 나파 밸리를 비롯한 캘리포니아의 일부 와인 생산자들은 소비뇽 블랑 와인을 만들 때 보르도처럼 배럴통에서 숙성을 하기도 한다. 이렇게 만든 와인을 퓌메 블랑Fumé Blanc이라 부르는데, 피망 같은 식물성 향이 바닐라 같은 오크 풍미와 함께 더욱 두드러진다. 물론 오크 처리하지 않은 고급 소비뇽 블랑 와인도 만들고 있으며, 풍미가 밋밋한 소비뇽 블랑 와인도 대량 생산한다.

## 남아프리카 공화국

남아프리카 공화국의 코스탈 리전Coastal region과 그 안의 콘스탄시아 지구Constantia Ward에서는 두 가지 스타일의 최고급 소비뇽 블랑 와인을 생산한다. 하나는 뉴질랜드처럼 가볍고 산도가 높게 느껴지며 품종 자체의 특징이 나타나지만, 강도나 복합성은 떨어지는 와인이다. 다른 하나는 오크를 써서 구조감이 좋고 복합적인 맛이 나면서 과일 향은 약한 대신 견과류와 토스트, 채소 풍미가 강한 와인이다. 저렴한 가격의 평범한 소비뇽 블랑 와인도 다른 지역에서 많이 생산된다.

## 칠레

칠레에서는 오랫동안 소비뇨나스Sauvignonasse라는 포도를 소비뇽 블랑으로 잘못 알고 많이 재배해 왔고, 자연히 와인의 품질도 떨어지는 편이었다. 그러나 소비뇽 블랑의 재배 면적이 점점 늘어나면서 와인의 맛과 향이 급격히 향상되고 있다. 칠레산 고급 소비뇽 블랑 와인은 과일 향과 식물성 특징이 잘 살아 있으며,

## 2.2.1.

카사블랑카 밸리와 센트럴 밸리의 일부 지역에서 많이 나오고 있다. 그 외 다른 지역에서 생산한 소비뇽 블랑 와인도 많이 볼 수 있다.

### SAUVIGNON BLANC
품종정리

| | | |
|---|---|---|
| 기후 | | 서늘한, 온화한 기후 |
| 포도 재배 특성 | | 늦게 싹이 트고 일찍 익으며, 그레이 롯 및 흰가루병에 취약하다. |
| 선호하는 토양 유형 | | 자갈과 같은 건조하고 암석이 많은 토양 |
| 향/풍미 | | 중간, 중간+, 강렬한 강도 |
| | 과일 | 감귤류(자몽, 레몬, 라임), 녹색 과일(사과, 배, 구스베리), 열대 과일(패션프루트, 구아바, 파인애플) |
| | 꽃 | 블러섬, 오렌지꽃 |
| | 허브/그린/피라진 | 잔디, 피망, 블랙커런트 줄기 |
| | 기타 | 강한 미네랄, 젖은 돌, 백악질chalk |
| | 오크 | 주로 사용하지 않음, 뉴 프렌치 오크(바닐라, 토스트) |
| 병 숙성 | | 트러플, 꿀, 견과류 |
| 구조 | | · 드라이<br>· 중간+ 산도<br>· 중간 알코올<br>· 중간+ 또는 무거운 바디 |
| 생산지 | | 루아르 밸리, 보르도, 뉴질랜드, 캘리포니아, 남아프리카 공화국, 칠레 |

## 2.2.1.3. RIESLING 리슬링

**특징**

리슬링은 샤르도네, 소비뇽 블랑과 함께 세계 곳곳에서 재배하는 대표적 글로벌 청포도 품종이다. **뛰어난 산도와 아로마틱한 향을 갖고 있으며 과일 맛이 풍부하고 품질이 높다.** 리슬링은 추위에 잘 견디기 때문에 독일처럼 기후가 서늘한 지역에서 많이 재배되며, 포도를 늦게 수확해서 만드는 레이트 하비스트 와인 late harvest wine을 만들기에도 적합하다. 그러나 온화한 기후에도 적응을 잘 하기 때문에 다양한 지역에서 고유한 스타일을 지닌 리슬링 와인이 나오고 있다.

리슬링은 당도가 천천히 축적되고 산도가 잘 유지되기 때문에 햇볕이 계속 비치는 건조한 가을 날씨를 가진 지역에서는 늦게 수확하는 것이 좋다. 늦수확한 포도로는 드라이에서 스위트까지 다양한 당도를 지닌 와인을 만들 수 있다. 때때로 아침 안개와 한낮의 햇빛으로 인해 포도에 노블 롯이 발생할 때가 있는데, 이렇게 된 포도로 만든 스위트 와인은 당도와 산도가 농축된 최상급의 품질을 갖게 된다.

**리슬링 와인의 특징 중 하나는 높은 산도 덕분에 장기 숙성이 가능하다는 것이다.** 그래서 오래된 리슬링 와인일지라도 늘 신선한 맛과 향을 즐길 수 있다. 그러나 오크 숙성을 통해 얻을 수 있는 특성은 별로 없기 때문에 주로 병에서 숙성한다. 리슬링의 명성 때문에 실제로는 전혀 다른 포도임에도 불구하고 이름에 리슬링이 들어가는 경우가 있다. 웰쉬 리슬링 Welsch Riesling, 라스키 리슬링 Laski Riesling, 올라스 리슬링 Olasz Riesling, 케이프 리슬링 Cape Riesling 등이 대표적인 예이다.

**향과 맛**

리슬링은 강한 향 때문에 알코올 함량이 낮은 경우에도 풍부하고 다양한 풍미를 느낄 수 있다. 기후에 따라 맛과 향이 조금씩 달라지는데, 서늘한 지역에서 만든 리슬링 와인은 자연적으로 축적된 높은 산도와 당도가 균형을 이루며, 레몬이나 라임 같은 시트러스 풍미와 함께 풋사과 같은 녹색 과일의 풍미를 맛볼 수 있다. 서늘한 지역에서 늦수확한 포도로 만든 와인이나 따뜻한 지역에서 생산한 와인에서는 오렌지 같은 진한 시트러스와 함께 복숭아 같은 핵과일의 풍미가 강하게 나타난다. 숙성이 잘 되는 리슬링 와인은 시간이 흐르면서 점차 꿀과 견과류 풍미가 발달하는데, 종종 석유petrol-like 향이 날 때도 있다.

**생산지**

**독일**

**독일은 리슬링의 고향으로, 다양한 맛과 향을 지닌 고품질 리슬링 와인을 생산하고 있으며 다른 품종과 블렌딩하지 않는다.** QBA Qualitatswein Bestimmter Anbaugebiete(크발리테이츠바인 베슈팀터 안바우게비트) 등급으로 분류되는 일반 리슬링 와인은 드라이하거나 오프 드라이한 맛을 지녔으며 산뜻한 과일 풍미가 난다.

고급 리슬링 와인은 프레디카츠바인Prädikatswein등급으로 분류된다. 카비넷Kabinett, 슈페틀레제Spätlese, 아우슬레제Auslese, 베렌아우슬레제Beerenauslese, 아이스바인Eiswein, 트로켄베렌아우슬레제Trockenbeerenauslese 등 6가지 세부 등급으로 다시 나눠져 있다. 등급의 기준은 수확 시 머스트에 함유된 당분의 양이다.

독일은 모든 와인 생산지에서 리슬링을 재배하고 있지만, 최고급 리슬링 와인 생산지는 모젤Mosel, 라인가우Rheingau, 팔츠Pfalz의 세 지역이다. 라인헤센Rheinhessen을 비롯한 다른 지역에서는 달지 않고 과일 풍미가 많고 좀 더 무거운 바디의 리슬링 와인을 많이 생산한다.

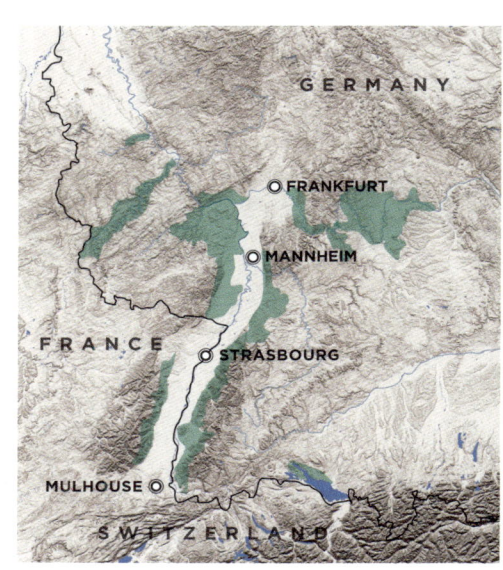

**프랑스**  리슬링은 알자스에서 그랑 크뤼 와인을 만들 수 있는 네 가지 품종 중 하나이다. **알자스 리슬링 와인은 드라이한 미디엄 바디 와인으로, 리슬링의 당분을 완전히 발효시켜 만든다.** 녹색 과일, 시트러스, 그리고 핵과일의 풍미가 난다. 고급 리슬링 와인은 수십 년간의 병 숙성을 통해 전체적인 풍미가 더 좋아지고, 토스트 향과 꿀 향기가 발달하면서 복합성을 갖게 된다. 때때로 석유 같은 향이 나올 때도 있다. 늦수확한 포도로 만드는 방당주 타르디브Vendange Tardive는 바디가 더 무겁고 풍미도 강렬하다. 셀렉시옹 드 그랭 노블Sélection de Grains Nobles, SGN은 노블롯의 영향을 받은 포도로만 만든 것으로, 강렬한 풍미의 스위트한 와인이다.

**오스트리아**  오스트리아에서는 맛이 **드라이하면서 높은 산도를 지닌 미디엄이나 풀 바디 리슬링 와인**을 생산한다. 시트러스와 핵과일의 풍미가 나며, 훈제 향과 광물성 향이 나는 것도 있다. 오스트리아의 리슬링 와인은 대부분 품질이 뛰어나다. 고품질 드라이 리슬링의 대표적 산지는 바하우Wachau이다.

**호주**  사우스 오스트레일리아의 에덴 밸리Eden Valley와 클레어 밸리Clare Valley는 최고급 리슬링 와인 생산지이다. 이곳에서 만드는 드라이하고 산도가 높은 미디엄 바디의 리슬링 와인은 라임이나 레몬 같은 시트러스 풍미가 진하고 품질이 매우 뛰어나다. 다른 고급 리슬링 와인과 마찬가지로 병 숙성을 통해 꿀과 견과류 풍미가 발달하며 석유 같은 향이 빠르게 나타날 때도 있다. 그 외의 호주 와인 생산지에서는 좀 더 대중적인 리슬링 와인을 생산하고 있다. 향이 강한 게뷔르츠트라미너Gewürztraminer를 함께 섞어 오프 드라이하고 과일 풍미가 좀 더 강하면서 마시기 편한 화이트 와인으로 만들 때도 있다.

**뉴질랜드**  우수한 리슬링 와인은 기후가 더 서늘한 남섬에서 주로 나온다. 이 와인들은 산도가 높고 드라이하며, 사과와 배, 라임 같은 과일 풍미가 난다. 대부분 숙성하지 않고 바로 마시지만, 일부 와인 중에서는 숙성을 거쳐 매력적인 꿀 풍미가 나타나는 것도 있다.

기타 동부 유럽, 미국, 칠레, 남아프리카 공화국 등지에서도 리슬링 와인을 많이 생산한다.

● ● ● 2.2.1.　　　　　　　　　　　　　　　　　　　　　　　　포도 품종 · 청포도

## RIESLING
### 품종정리

| | | |
|---|---|---|
| 기후 | | 서늘한 기후 |
| 포도 재배 특성 | | 늦게 싹을 틔우고 늦은 숙성(서늘한 기후) 또는 조기 숙성(따뜻한 기후에서), 내한성, 쿨뤼르$^{Coulur}$ 및 흰 곰팡이/그레이 롯에 취약하다. |
| 선호하는 토양 유형 | | 슬레이트 및 기타 배수가 잘되고 척박한 토양 |
| 향/풍미 | | 중간에서 강렬한 강도 |
| | 과일 | 녹색 과일(사과, 배, 모과), 감귤/감귤 껍질(레몬, 라임, 자몽), 핵과일(복숭아, 살구) |
| | 꽃 | 흰색 꽃, 재스민, 과일나무 꽃, 허니 써클 |
| | 보트리티스 | 생강, 꿀, 사프란 |
| | 기타 | 약간의 연기, 약간의 휘발유, 부싯돌 |
| | 오크 | 없음 |
| 병 숙성 | | 꿀, 휘발유, 토스트 |
| 구조 | | · 드라이, 오프 드라이, 중간 드라이<br>· 높은 산도<br>· 낮은, 중간 알코올<br>· 중간~중간+바디 |
| 생산지 | | 독일, 알자스, 오스트리아, 호주, 뉴질랜드 |

## 테이스팅 실습 03

### 리슬링 RIESLING

**와인**

독일 모젤 리슬링 카비넷
vs.
호주 에덴 밸리 혹은 클레어 밸리 리슬링

---

**테이스팅 포인트**

**리슬링 와인 비교**
독일 리슬링 vs 호주 리슬링

기후, 날씨, 토양이 많이 다른 독일과 호주에서 생산된 리슬링을 비교해 본다. 리슬링의 특성을 이해하고, 각 나라에서 생산된 와인의 스타일과 차이점을 살펴본다. 또한 독일 와인 등급인 프레디카츠바인의 카비넷 와인이 가진 특성과 함께 당도와 산도의 조화도 느껴 본다

**Q** 두 와인 중 높은 산도와 라임 향이 좀 더 두드러지는 드라이 와인은 어느 것인가?

**Q** 두 와인 중 오프 드라이 정도의 단맛을 가진 와인은 어느 것인가?

**Q** 두 와인 중 바디가 더 무거운 와인은 어느 것인가? 두 와인이 가진 특성을 각각 표현해 본다.

2.2.1.

포도 품종 · 청포도

## 2.2.1. 4. CHENIN BLANC 슈냉 블랑

**특징**

슈냉 블랑은 탄탄한 질감과 신선하고 풍부한 향을 지닌 화이트 와인을 만드는 데 쓰인다. **신맛이 풍부하고 당도가 높아서 양조하면 산도가 높고 알코올 함량도 적당한, 제법 무게감이 있는 와인을 만들 수 있다.** 종종 강한 신맛을 부드럽게 하기 위해 오크 숙성을 하는데, 장기간 숙성하는 과정에서 좀 더 묵직한 무게감과 함께 꿀과 견과류 향을 갖게 된다.

슈냉 블랑은 기후와 포도의 익은 정도에 따라 향이 달라진다. 서늘한 기후의 지역에서는 녹색 사과와 레몬 향이 나고, 따뜻한 곳에서는 복숭아와 잘 익은 사과, 꿀, 레몬, 살구 향을 지닌다. 덜 익은 포도로 와인을 만들면 채소 향과 나뭇잎 향이 나며, 늦수확한 포도로 만들면 강렬한 보트리티스 향과 함께 파인애플 같은 열대 과일 향이 난다. 어린 드라이 슈냉 블랑 와인에서는 푸른 사과와 귤껍질 안쪽에서 나는 향, 그리고 푸른 사과와 채소 향이 난다. 고급 슈냉 블랑 와인 중 어떤 것은 축축한 지푸라기 향이 날 때도 있다.

슈냉 블랑의 가장 큰 특징은 **포도송이 하나에 달린 포도알이 모두 고르게 익지 않는다는 점이다.** 따라서 기계 수확이 불가능하다. 일일이 몇 차례에 걸쳐 손으로 따야 한다. **껍질이 얇아 노블 롯이 잘 발생하는 것도** 이 포도의 특징 중 하나이다.

**생산지**

**프랑스**

북서부의 **루아르 지역**에서는 으레전부터 슈냉 블랑을 재배해 왔다. **드라이한 스타일부터 아주 달콤한 스타일까지 다양한 슈냉 블랑 와인을 생산하고 있다.** 또한, 크레망 드 루아르 Crémant de Loire AOP 같은 스파클링 와인을 만들 때도 이 포도를 사용한다.

투렌 Touraine 지역의 부브레 Vouvray AOP에서는 다양한 당도를 지닌 최고급 슈냉 블랑 와인을 만들고, 앙주-소뮈르 Anjou-Saumur 지역의 코토 뒤 레이용 Coteaux du Layon AOP에서는 노블 롯을 이용한 최고급 스위트 와인을 생산한다. 가장 유명한 스위트 와인은 본조 Bonnezeaux AOP와 카르 드 숌 Quarts de Chaume AOP 마을에서 나온다. 투렌 Touraine의 다른 지역에서는 슈냉 블랑으로 드라이 화이트 와인을 생산하고 있다.

| | |
|---|---|
| **남아프리카공화국** | **남아프리카 공화국은 신대륙 와인 생산국 가운데 가장 활발하게 슈냉 블랑 와인을 생산하는 국가이다.** 이곳에서는 슈냉 블랑을 스틴Steen이라고도 부르며, 매우 드라이한 스타일부터 스위트한 스타일까지, 그리고 스파클링부터 귀부 와인까지 다양한 스타일로 와인을 만들고 있다. |
| | 생산량 대부분은 단조롭고 마시기 좋은 스타일의 와인이다. 그러나 수령이 오래된 슈냉 블랑은 오크통 발효와 숙성을 거쳐 다양한 풍미를 발현하는 프리미엄 와인으로 생산된다. 남아프리카 공화국 전역에서 슈냉 블랑을 재배하지만, 주요 생산지는 스텔렌보쉬Stellenbosch, 스와트랜드Swartland, 우스터Worcester 등이다. |
| **미국** | 미국의 슈냉 블랑 와인은 대부분 캘리포니아의 센트럴 밸리에서 생산된다. 와인은 붉은 사과, 배, 멜론, 살구, 복숭아 등 과일 풍미가 풍부한 편이다. 높은 산도 때문에 콜롬바나 샤르도네와 블렌딩하는 경우도 많다. |
| **기타 지역** | 호주에서는 슈냉 블랑과 다른 포도를 블렌딩해서 테이블 와인용 와인을 만들고 있다. 뉴질랜드의 북섬에서는 슈냉 블랑으로 디저트 와인을 생산한다. |

## CHENIN BLANC
### 품종정리

| | | |
|---|---|---|
| 기후 | | 서늘한, 온화한, 따뜻한 기후 |
| 포도 재배 특성 | | 껍질이 얇고 조기에 싹이 나며, 늦게 숙성(서늘한 기후에서)한다. 진균성 질병에 취약하고, 고르지 않은 완숙도를 보인다. |
| 선호하는 토양 유형 | | 석회질 토양 |
| 향/풍미 | | 중간, 중간+, 강렬한 강도 |
| | 과일 | 녹색 과일(녹색/황금색/멍든 사과, 모과, 배), 감귤류(오렌지, 레몬), 중간 드라이 와인은 멜론과 열대 과일 |
| | 산화노트 | 멍이 든 사과, 아몬드 |
| | 꽃 | 오렌지꽃, 허니 써클, 아카시아, 캐모마일 |
| | 허브 | 캐모마일 |
| | 보트리티스 (가능) | 꿀(특히 병 숙성), 생강, 마멀레이드 |
| | 오크 | 사용하지 않거나 사용 |
| | 기타 | 젖은 양모, 젖은 돌, 흰 버섯 |
| 구조 | | · 드라이, 오프 드라이(약간의 잔당을 가짐)<br>· 높은 산도<br>· 중간 알코올<br>· 중간 바디 |
| 생산지 | | 루아르 밸리, 남아프리카 공화국 |

## 2.2.1.5. SEMILLON 세미용

### 특징

세미용은 금빛의 얇은 껍질을 지닌 청포도다. 수확량이 좋고 병충해에 강해서 한때는 세계에서 가장 많이 재배하는 청포도 중 하나였다. 세미용으로 만든 와인은 <u>산도가 낮고 오일리oily한 질감을 지니며, 복숭아, 살구의 과일 풍미와 함께 잔디 같은 풀 내음 향이 난다.</u> 세미용은 껍질이 얇아 곰팡이의 침입에 약하다 보니, 새벽에 안개가 잘 끼고 오후에 날이 맑은 지역에서는 종종 노블 롯noble rot 현상이 일어나곤 한다. <u>노블 롯에 걸린 세미용 포도로 만든 스위트 와인에서는 꿀과 토스트 향이 섞인 독특한 풍미가 나타난다.</u>

### 생산지

**프랑스**

프랑스 보르도 남서부와 코트 드 가스코뉴Côtes de Gascogne에서 많이 재배한다. 이곳에서는 세미용만 사용해 와인을 만들기도 하지만, 부족한 산미를 보충하기 위해 소비뇽 블랑을 함께 블렌딩하는 경우가 많다. 소테른Sauterns AOP와 몽바지악Monbazillc AOP에서는 보트리티스 시네레아Botrytis cinerea의 영향을 받은 세미용 포도로 스위트 와인을 생산하고 있다.

**호주**

여러 지역에서 재배하고 있지만, 특히 뉴 사우스 웨일즈 주에 있는 시드니 북쪽의 헌터 밸리에서 많이 재배하고 있다. 헌터 밸리는 고온 다습한 지역이지만 풍부한 운량으로 인해 일조량이 많지 않고 시원한 해양 바람은 대륙의 열기를 식혀 준다. 이런 이유로 세미용을 헌터 밸리 리슬링Hunter Valley Riesing이라고 부를 정도이다. 헌터 밸리에서는 네 가지 스타일의 와인을 만들어 낸다. 상업적인 목적으로 세미용을 샤르도네나 소비뇽 블랑과 블렌딩한 와인, 노블 롯을 이용한 스위트 와인, 복합적인 풍미와 미네랄 풍미가 있는 와인, 병 속에서 오래 숙성한 고품질 드라이 와인 등이다.

그 외 미국, 칠레, 아르헨티나, 뉴질랜드 등 여러 지역에서 재배하고 있지만, 와인의 복합성이나 강도가 떨어져 인기는 없는 편이다.

## SEMILLON
### 품종정리

| | | |
|---|---|---|
| 기후 | | 온화한 기후 |
| 포도 재배 특성 | | 껍질이 얇고 일찍 익으며, 그레이 롯에 취약하다. |
| 선호하는 토양 유형 | | 자갈 및 이회토 |
| 향/풍미 | | 중간에서 중간+ 강도 |
| | 과일 | 감귤류(레몬, 레몬 껍질), 녹색 과일 (사과, 배) |
| | 꽃 | 허니 서클, 레몬 블러섬 |
| | 허브 | 잔디, 허브, 건초 |
| | 병 숙성 | 꿀, 토스트 |
| | 기타 | 왁스, 돌, 광물 |
| | 오크 | 주로 사용하지 않음, 뉴 프렌치 오크(바닐라, 토스트) |
| 구조 | | · 드라이<br>· 중간+, 높은 산도<br>· 중간 알코올<br>· 중간 바디 |
| 생산지 | | 보르도, 호주 |

## 2.2.1. 6. PINOT GRIS · PINOT GRIGIO
피노 그리 · 피노 그리지오

### 특징

피노 그리는 피노 누아가 돌연변이를 일으켜 생겨난 품종이다. 껍질 색이 회색빛이 도는 청색이어서 프랑스어로 회색을 뜻하는 '그리$^{gris}$'라는 이름이 붙었지만, 포도가 자라는 자연환경에 따라 검은색부터 갈색이 도는 핑크색까지 다양한 색깔을 띠고 있다. 와인의 색 역시 연한 레몬색부터 구릿빛이 도는 핑크색까지 여러 가지로 나타난다.

**피노 그리로 만든 와인은 드라이하고 산도가 중간 정도이며, 알코올 도수가 높고 질감은 오일리$^{oily}$하다.** 향이 풍부하고 강하며 멜론, 바나나, 망고 같은 열대 과일 풍미를 맛볼 수 있다. 때로는 꿀, 생강 향이 나기도 한다. 노블 롯이 잘 발생해 디저트 와인으로 만들기도 한다. 그러나 환경의 영향을 많이 받는 피노 그리의 특성 때문에 와인의 맛과 향이 지역마다 다르며, 와인 생산자의 의도에 따라서도 스타일이 달라진다.

### 생산지

#### 프랑스

프랑스에서는 한때 부르고뉴와 샴파뉴의 주요 품종이었으나, 이제는 알자스에서 주로 재배하고 있다. 알자스의 피노 그리 와인은 미디엄 혹은 풀 바디 와인이며, 풍부한 꽃향기를 갖고 있다. 타지역의 피노 그리 와인에 비해 좀 더 스파이시하며, 열대 과일 향에 때때로 꿀의 풍미가 돈다. 당도는 드라이에서 미디엄, 스위트까지 다양하다.

#### 이탈리아

트렌티노-알토 아디제$^{Trentino\text{-}Alto\ Adige}$를 비롯한 북동부 일대에서 널리 재배하고 있으며, 피노 그리지오라는 이름으로 불리고 있다. 산도를 유지하고 과일 풍미가 지나치게 많이 나는 것을 피하고자 일찍 수확해서 와인을 만드는데, 이렇게 만들어진 와인은 연한 레몬 색에 중립적$^{neutral}$인 향의 특성을 보이며 상큼한 맛을 갖게 된다.

#### 독일

야생으로 자라던 피노 그리로 와인을 만든 상인의 이름을 따서 루랜더$^{Rulander}$라고 부른다. 또 색에서 유래한 그라우 부르군더$^{Grauburgunder}$라는 이름

## 2.2.1.

도 쓰인다. 와인은 좀 더 풀바디하며 산도와 약간 단맛이 조화를 이룬다.

**기타**  호주의 태즈메이니아, 뉴질랜드 일부 지역, 오리건을 비롯한 미국의 북서부 태평양 연안에서도 피노 그리 와인이 생산된다.

---

**PINOT GRIS · PINOT GRIGIO**
품종정리

| | | |
|---|---|---|
| 기후 | | 서늘한, 온화한 기후 |
| 포도 재배 특성 | | 조기 발아, 중간 숙성, 해충과 대부분의 질병에 대한 저항력이 강하나, 보트리티스에 취약하다. |
| 선호하는 토양 유형 | | 깊고 비옥한 토양 |
| 향/풍미 | | 중간, 중간+ |
| | 과일 | 잘 익은 나무 과일(사과, 모과), 감귤류(오렌지, 레몬), 핵과일(복숭아, 살구), 열대 과일(파인애플, 멜론) |
| | 꽃 | 아카시아, 캐모마일 |
| | 향신료 | 시나몬 |
| | 보트리티스 (가능) | 꿀(특히 병 숙성), 생강 |
| | 오크 | 큰 뉴트럴 캐스크 |
| | 기타 | 견과류, 비터, 아몬드 |
| 구조 | | · 드라이, 중간 드라이(약간의 잔당을 가짐)<br>· 중간, 중간+ 산도<br>· 중간 알코올<br>· 중간, 중간+ 바디 |
| 생산지 | | 알자스, 이탈리아, 독일 |

와인미학 　●  와인의 맛과 품질

## 2.2.1. 7. GEWURZTRAMINER(GEWÜRZTRAMINER)
### 게뷔르츠트라미너

**특징**

게뷔르츠트라미너는 화이트 와인 중에서 가장 향이 강렬한 축에 속한다. 특히 **열대 과일인 리치와 장미로 대표되는 향은 게뷔르츠트라미너만의 독보적인 캐릭터이다.** 포도는 핑크색을 띠고 껍질이 두꺼운데, 이는 좀 더 짙은 색의 화이트 와인으로 이어진다. 포도의 당도가 높아 와인도 높은 도수(14%)에 풀 바디한 스타일이다. 다만 산도가 태생적으로 낮다. 그래서 더운 지역에서는 재배하기 힘들다. 서늘한 지역이어야 낮은 산도를 그나마 끌어올릴 수 있다.

양조 시 젖산 전환과 산소 접촉은 피한다. 신선하고 강렬한 과실 캐릭터가 와인의 핵심이기 때문이다. 와인에서는 열대 과일인 리치와 파인애플, 살구, 장미, 생강 향이 돋보인다.

**생산지**

게뷔르츠트라미너의 주요 재배지는 프랑스 알자스이다. 대략 20%의 재배 면적을 차지하며, 와인은 드라이한 스타일부터 오프 드라이, 늦수확하여 만든 스위트한 스타일의 방당지 타르디브 Vendange Tardive, 그리고 달콤한 귀부 와인인 셀렉시옹 드 그랭 노블 Selection de Grains Nobles까지 다양하다.

이탈리아에서는 '트라미너 아로마티코'라는 이름으로 주로 북동쪽의 알토 아디제에서 재배된다. 독일의 팔츠, 바덴, 라인헤센에서 '로터 트라미너'라는 이름으로 많은 양이 재배되고, 호주 클레어 밸리, 태즈메이니아, 뉴질랜드 기스본과 호크스 베이에서도 산도가 좋은 고품질 와인이 만들어진다.

## 2.2.1.

포도 품종 · 청포도

**GEWURZTRAMINER**
(GEWÜRZTRAMINER)
품종정리

| 기후 | 서늘한, 온화한 기후 |
|---|---|
| 포도 재배 특성 | 껍질이 두껍고, 조기 발아, 중간 숙성, 쿨뤼르에 취약하다. |
| 선호하는 토양 유형 | 양토 및 무거운 점토 토양 |

| 향/풍미 | 강렬한 강도 | |
|---|---|---|
| | 과일 | 열대 과일 (리치, 파인애플), 잘 익은 핵과일 (복숭아, 살구), 감귤류 (오렌지, 자몽) |
| | 꽃 | 장미, 향수 같은 |
| | 향신료 | 생강, 흰 후추 |
| | 오크 | 없음 |
| | 기타 | 꿀 |

| 구조 | · 드라이에서 오프 드라이<br>· 중간에서 중간+ 산도<br>· 중간에서 높은 알코올<br>· 중간+에서 무거운 바디 |
|---|---|
| 생산지 | 알자스, 독일, 뉴질랜드 |

## 테이스팅 실습 04

### 기타 화이트 와인

**와인**

vs. ┌ 호주 헌터 밸리 세미용
├ 슈냉 블랑(부브레 혹은 남아프리카 공화국)
└ 알자스 게뷔르츠트라미너

---

**테이스팅 포인트**

**화이트 와인 비교**
세미용 vs 슈냉블랑 vs 게뷔르츠트라미너

각 포도 품종의 특성을 학습하고, 시음을 통해 와인의 스타일과 품질을 이해한다. 향의 특성이 중립적인지 또는 아로마틱한지, 중간 산도인지 높은 산도인지, 중간 바디인지 무거운 바디인지, 와인이 가진 특성과 함께 세 와인의 차이점을 발견한다.

**Q** 장미, 리치, 향신료 등 강렬한 향과 중간 정도의 산도를 가진 와인은?

**Q** 높은 산도와 레몬, 라임, 사과, 배 등 중립적인 향의 특성을 가진 와인은?

**Q** 높은 산도와 아카시아, 레몬, 복숭아 등의 세미 아로마틱한 향의 특성을 가진 와인은?

## 2.2.1.8. MUSCAT 뮈스카

### 특징

뮈스카는 한 가지 포도 품종을 뜻하는 것이 아니라 세계 각지에서 재배하는 비슷한 성격의 포도 품종들을 통칭하는 이름이다. 이 중에 **뮈스카 오토넬**Muscat Ottonel은 알자스와 중앙 유럽에서 많이 재배하는데, 드라이한 맛에 매혹적인 향을 지닌 화이트 와인으로 생산된다. 대중적인 품종의 **뮈스카 오브 알렉산드리아** Muscat of Alexandria는 산도가 낮고 향이 단순하며, 맛과 향의 복합성이 떨어진다. 주로 주정 강화 와인인 뱅 두 나튀렐과 스페인의 모스카텔Moscatel 와인의 재료로 쓰인다. 캘리포니아, 호주, 남아프리카 공화국에서는 저가 드라이 화이트 와인으로 만들어진다.

**가장 고급 품종은 뮈스카 블랑 아 프티 그랭**Muscat Blanc à Petits Grains**으로, 다양하고 복합적인 향이 난다.** 어린 와인에서는 포도, 복숭아, 장미, 시트러스 향이 나며, 오크 숙성을 하면 와인 색상이 짙어지면서 건포도, 과일 케이크, 토피와 커피 향이 나타난다. 물론 뮈스카 특유의 청포도 향은 계속 유지된다. 아스티Asti와 뱅 두 나튀렐Vin Doux Naturel, 루더글렌 뮈스카Rutherglen Muscat를 만들 때 사용된다. 강화 와인으로 만드는 경우를 제외하면, 뮈스카 와인은 오래 보관하기 힘들기 때문에 어릴 때 마시는 것이 좋다.

### 생산지

#### 프랑스

남부 론Southern Rhone의 뮈스카 드 봄-드-베니스Muscat de Beaumes-de-Venise AOP와 루시용Roussillon 지역에서 강화 와인인 뱅 두 나튀렐Vin Doux Naturel을 만들기 위해 많이 재배한다. 알자스에서는 뮈스카로 포도 풍미가 나는 드라이 화이트 와인을 생산하는데, 스위트 와인으로 만들 때도 있다.

#### 이탈리아

전역에서 재배되며, 강화 와인의 재료로 쓰거나 말려서 스위트 와인인 파시토Passito로 만든다. 피에몬테Piemonte의 아스티 지역에서는 스파클링 와인인 아스티Asti DOCG와 모스카토 다스티Moscato d'Asti DOCG를 생산한다.

**호주, 헝가리**

빅토리아Victoria 주에서는 뮈스카를 사용해 유명한 강화 와인인 루더글렌 뮈스카Rutherglen Muscat를 생산한다. 헝가리도 여러 지역에서 뮈스카를 재배하며, 드라이 화이트 와인과 스위트 와인을 생산한다. 그 외 미국과 동유럽을 포함한 세계 각국에서 뮈스카를 재배하고 있다.

●● 2.2.1.                                                                                              포도 품종 - 청포도

## MUSCAT
### 품종정리

| | | |
|---|---|---|
| **기후** | | 서늘한, 온화한, 따뜻한 기후 |
| **포도 재배 특성** | | 초기 발아, 늦게 숙성되며, 곰팡이병에 취약하다.<br>잎말이 바이러스 Leaf Roll Virus에 취약하고, 낮은 수확량을 보인다. |
| **선호하는 토양 유형** | | 모래 |
| **향/풍미** | | 강렬한 강도 |
| | **과일** | 감귤류(오렌지, 귤), 녹색 과일(노란 배),<br>잘 익은 핵과일(노란 복숭아, 살구),<br>열대 과일(파인애플, 멜론), 포도 |
| | **꽃** | 흰석, 노란색 꽃, 허니 써클, 장미, 주황색 꽃 |
| | **향신료** | 시나몬, 감초 |
| | **오크** | 없음 도는 큰 중립 통 |
| | **기타** | 보트리티스 |
| **구조** | | · 드라이, 중간 드라이에서 스위트(최소110g/l잔류 설탕)<br>· 중간 산도<br>· 중간에서 높은 알코올<br>· 중간에서 무거운 바디 |
| **생산지** | | 알자스, 프랑스 남부, 이탈리아, 호주, 헝가리 |

## 2.2.1.9. VIOGNIER 비오니에

**특징**

비오니에는 일찍 싹이 트기 때문에 봄 서리에 노출된다. 껍질이 두껍고 보트리티스 곰팡이에 강하면서 포도가 다 익으면 **당도가 매우 높고, 산도는 청포도 중에서 낮은 편에 속한다.** 따라서 14% 알코올의 풀 바디 와인을 쉽게 찾을 수 있다. **일반적으로 잘 익은 살구, 복숭아, 아찔할 정도의 꽃향기, 생강, 사프란과 같은 향신료 향이 복합적으로 올라온다.**

**생산지**

비오니에의 주요 생산지는 프랑스 북부 론 계곡에 위치한 콩드리유<sup>Condrieu</sup>이다. 이곳은 노출이 좋은 가파른 화강암 경사 지대로 농축된 풍미를 지닌 비오니에 단일 품종 와인을 생산한다. 코트-로티 지역에서는 시라에 비오니에를 소량 섞어서 함께 발효시키기도 한다. 하지만 북부 론의 에르미타주, 크로제-에르미타주, 생-조셉, 남부 론의 샤토뇌프-뒤-파프에서는 법적으로 비오니에를 블렌딩에 사용할 수 없게 돼 있다. 프랑스를 벗어나서, 캘리포니아와 호주에서도 많은 양의 비오니에가 생산된다.

## VIOGNIER
### 품종정리

| | | |
|---|---|---|
| 기후 | | 온화한, 따뜻한 기후 |
| 포도 재배 특성 | | 조기 숙성, 낮은 수확량, 균일하지 않게 숙성된다. 흰가루병에 취약하고, 그레이 롯에 대한 저항성과 가뭄 저항성이 강하다. |
| 선호하는 토양 유형 | | 가볍고 모래가 많은 표토 |
| 향/풍미 | | 강렬한 강도 |
| | 과일 | 핵과일(살구, 복숭아), 열대 과일(망고), 잘 익은 감귤류(오렌지, 루비 레드 자몽) |
| | 꽃 | 허니 써클, 오렌지 블러섬, 백합 |
| | 향신료 | 육두구 |
| | 젖산 전환 | (항상 존재하는 것은 아님) 크림, 버터 |
| | 오크 | 사용하지 않거나 뉴트럴 오크 또는 낮음~보통(약 30%) 수준으로 뉴 프렌치 오크 사용 |
| | 기타 | 짭짤함, 돌/화강암 |
| 구조 | | · 드라이(약간의 잔당 있음)<br>· 중간 산도<br>· 중간에서 높은 알코올<br>· 중간+에서 무거운 바디 |
| 생산지 | | 북부 론, 남부 론, 호주 |

와인미학  ● 와인의 맛과 품질

## 2.2.1. 10. ALBARIÑO 알바리뇨

**특징**

리아스 바이사스 지역은 대서양의 영향을 받아 해양성 기후를 띠고, 일 년 내내 습하다. 알바리뇨가 이곳에서 성공할 수 있었던 주된 이유 중 하나는 바로 두꺼운 껍질인데, 이 껍질이 습한 기후를 버틸 수 있게 해 주고, 또한 습기를 좋아하는 곰팡이로부터 과즙을 지켜준다. 포도는 일찍 싹 트고 일찍 익는 편이다. 알바리뇨는 화강암 베이스 토양에서 잘 자란다. 화강암은 배수가 잘되고 열을 보존하는 특징이 있어, 습하고 온기가 항상 부족한 해양성 기후에 적합하다. 2m가 넘는 페르골라 시스템으로 포도나무를 트레이닝 하는데, 이는 바람을 잘 통하게 하여 곰팡이를 방지하기 위함이다.

**주요 아로마는 화사한 오렌지꽃 향기와 잘 익은 레몬, 오렌지, 자몽, 빨간 사과, 노란 복숭아로, 와인의 높은 산도와 시트러스 계열의 아로마는 지역 해산물과 궁합이 뛰어나다.** 최근 리아스 바이사스에서는 효모 찌꺼기 Lees aging와 오크통 숙성을 하기도 하고, 때로는 로우레이로 Loureiro, 트레이사두라 Treixadura가 소량 블렌딩되기도 한다.

**생산지**

**스페인을 대표하는 청포도 품종**으로, 스페인 북서부 해안 지역인 갈리시아 Galicia에서 주로 재배된다. 포르투갈의 미뉴 Minho 지방이 대표 산지이다. 세부 지역으로는 갈리시아의 리아스 바이사스 Rias Baixas와 미뉴의 비뉴 베르데 Vinho Verde가 있다.

## ALBARIÑO 품종정리

| | | |
|---|---|---|
| 기후 | 온화한 기후 | |
| 포도 재배 특성 | 노균병 및 흰가루병에 취약하고, 중간 활력과 조기 숙성 특성이 있다. | |
| 선호하는 토양 유형 | 암석이 많은 심토(예: 화강암)가 있는 모래 및 충적토 | |
| 향/풍미 | 중간+ 강도 | |
| | 과일 | 감귤류(오렌지, 레몬, 자몽), 핵과일(복숭아), 녹색 과일(사과) |
| | 꽃 | 흰색과 노란색 꽃, 감귤 및 사과꽃 |
| | 앙금 접촉 | 빵, 짭짤함 |
| | 오크 | 없음 |
| 구조 | · 드라이<br>· 중간+ 혹은 높은 산도<br>· 중간 알코올<br>· 중간 바디 | |
| 생산지 | 스페인, 포르투갈 | |

## 2.2.1. 11. CORTESE 코르테제

**특징**

드라이 스틸 와인으로 양조되며, 와인은 **감귤류의 단순한 풍미에 산도가 높은 가벼운 스타일이다.** 가비는 원래 리구리아의 제노바와 리구리아 해안가의 레스토랑에 공급되던 중립적 캐릭터의 가벼운 와인이었다. 현재도 대부분 단순한 스타일로 생산되지만, 가비 DOCG에서는 감귤류에 흰 꽃향기가 은은하게 피어 오르는 좋은 품질의 와인을 생산한다.

**생산지**

코르테제는 북서 **이탈리아 피에몬테 지방의 토착 청포도 품종이다.** 가비 Gavi DOCG의 주요 품종으로 유명하다. 코르테제는 현재까지도 이탈리아 피에몬테 지방의 아스티와 알레산드리아 소지역에서 주로 생산되고 있다. 소량이지만 롬바르디아의 올트레포 파베세 Oltrepò Pavese, 그리고 베네토의 가르다 Garda 지역에서도 찾아볼 수 있다.

## 2.2.1.

**CORTESE**
품종정리

| | | |
|---|---|---|
| 기후 | 서늘한, 온화한 기후 | |
| 포도 재배 특성 | 중간 발아, 중간 숙성, 높은 활력을 보인다.<br>흰가루 곰팡이와 보트리티스에 취약하다. | |
| 선호하는 토양 유형 | 석회암 | |
| 향/풍미 | 중간 강도 | |
| | 과일 | 감귤류(레몬, 라임), 녹색 과일(사과, 배), 핵과일(복숭아), 열대 과일(멜론) |
| | 꽃 | 흰색 꽃, 사과꽃 |
| | 젖산 전환 | 버터, 크림 |
| | 앙금 접촉 | 빵 |
| | 오크 | 사용하지 않거나 혹은 사용(오래된 배럴) |
| 구조 | · 드라이<br>· 높은 산도<br>· 중간 알코올<br>· 가벼운 혹은 중간 바디 | |
| 생산지 | 이탈리아 피에몬테 | |

## 2.2.1. 12. **GARGANEGA** 가르가네가

**특징**

베네토 토착 청포도인 가르가네가는 활력이 매우 왕성하여 품질 관리를 위한 수확량 조절이 필수적이다. 소아베 DOC에서는 가르가네가가 70~100%를 차지하며, 종종 샤르도네와 블렌딩한다. 열매는 천천히 익는 편이다. 소아베 클라시코 DOC는 언덕 지형이라 포도가 더 잘 익는데, 수확량을 통제하고 잘 익은 포도로 와인을 만들 경우 레몬, 서양배, 볶은 견과류, 카모마일 꽃향기, 백후추 향신료 향이 난다.

**생산지**

**가르가네가는 이탈리아 북동쪽 베네토 지역에서 유명한 소아베 DOC 화이트 와인의 주요 포도 품종이다.** 베네토 외에 트렌티노 알토 아디제, 롬바르디아, 중부의 움브리아에서도 와인이 만들어지며, 북쪽보다 더운 움브리아에서는 더 잘 익은 포도로 풍성한 과실 향이 돋보이는 와인을 만든다. 그리고 시칠리아섬에서는 그레카니코라는 이름으로 수 세기 동안 가르가네가를 재배하며 시칠리아 토착 품종과 함께 블렌딩하여 와인을 만들어 왔다. 이탈리아 외에 호주 바로사에서 처음 재배되었으며, 현재는 빅토리아주의 킹 밸리에서도 재배되고 있다.

## GARGANEGA
### 품종정리

| | | |
|---|---|---|
| 기후 | | 온화한 기후 |
| 포도 재배 특성 | | 노균병, 백분병, 보트리티스에 취약하고, 활력이 넘치고, 늦게 숙성된다. |
| 선호하는 토양 유형 | | 석회암, 화산토 |
| 향/풍미 | | 중간, 중간+ 강도 |
| | 과일 | 감귤류(레몬, 자몽), 핵과일(복숭아, 살구), 녹색 과일(풋사과) |
| | 꽃 | 흰색 꽃, 감귤 및 사과꽃 |
| | 레치오토 | 꿀, 레몬 껍질, 열대 과일, 시나몬, 견과류 |
| | 오크 | 없음 |
| 구조 | | · 드라이, 스위트(레치오토)<br>· 중간+ 산도<br>· 중간 알코올<br>· 중간 바디 |
| 생산지 | | 이탈리아 베네토 |

## 2.2.1. 13. VERDICCHIO 베르디키오

**특징**

향이 강하고 산도가 높으며 신선한 감귤류와 허브 풍미가 있는 와인이다. 피니시에 기분 좋은 헤이즐넛 풍미가 나며, 가르가네가나 피노 그리지오보다 바디감이 더 크다.

**생산지**

베르디키오는 마르케 지역을 대표하는 품종으로, 베르디키오 데이 카스텔리 디 예지 Verdicchio dei Castelli di Jesi DOC가 대표적이다.

## 2.2.1.

### VERDICCHIO 품종정리

| 기후 | 온화한 기후 |
|---|---|
| 포도 재배 특성 | 노균병, 백분병, 보트리티스에 취약하고, 중간 정도의 활력을 보이며, 숙성이 늦은 편이다. |
| 선호하는 토양 유형 | 석회암 |
| 향/풍미 | 중간 강도 |
| | 과일: 감귤류(레몬, 자몽), 핵과일(복숭아), 녹색 과일(사과) |
| | 꽃: 흰색 꽃, 감귤 및 사과꽃 |
| | 허브: 회향 |
| | 오크: 없음 |
| | 기타: 비터 아몬드 |
| 구조 | · 드라이<br>· 중간+ 혹은 높은 산도<br>· 중간 알코올<br>· 중간 바디 |
| 생산지 | 이탈리아 마르케 |

와인미학 ● 와인의 맛과 품질

## 2.2.1. 14. **FIANO** 피아노

**특징**

매우 아로마틱하다. 피아노는 20세기 초 필록세라가 덮치기 전까지 남부 이탈리아 전역에서 많이 재배되었다. 그러나 그 후로는 생산량이 급감하였고, 1970년대에 들어서면서 다시 생산량이 증가하기 시작했다. 파인애플, 망고와 같은 열대 과일 풍미가 강하고 산도가 높다. 구조감이 탄탄하며 동시에 미끄덩한 유질감과 높은 알코올의 풀 바디한 스타일이다. 잘 만든 피아노는 장기 숙성력이 뛰어나다.

**생산지**

**피아노는 남부 이탈리아 캄파니아주의 토착 품종으로, 그레코와 더불어 남부 이탈리아를 대표하는 청포도이다.** 캄파니아 전역에서 단일 품종, 혹은 블렌딩으로 와인이 만들어지는데, 그중 피아노 디 아벨리노 Fiano di Avellino DOCG의 단일 품종 와인이 가장 유명하다. 최근에는 이탈리아 남부 시칠리아섬에서 단일 품종으로 많은 양의 와인을 생산하고 있다. 플라네타 Planeta, 세테솔리 Settesoli 등이 유명하다.

남부 이탈리아 외에 호주에서도 재배되고 있다. 특히 클레어 밸리의 제프리 그로세 Jeffrey Grosset 에서 생산된 피아노 단일 품종 와인이 유명하다.

● ● 2.2.1.                                                                                   포도 품종 - 청포도

## FIANO
**품종정리**

| | | |
|---|---|---|
| 기후 | | 따뜻한 기후 |
| 포도 재배 특성 | | 껍질이 작고 두껍다. 낮은 활력, 중간 숙성의 특징을 보이며, 곰팡이에 덜 취약하다. |
| 선호하는 토양 유형 | | 석회암, 화산토 |
| 향/풍미 | | 중간+ 강도 |
| | 과일 | 감귤류(오렌지, 레몬, 자몽), 녹색 과일(배, 모과), 핵 과일(복숭아), 열대 과일(파인애플, 망고) |
| | 꽃 | 흰색과 노란색 꽃, 감귤 및 사과꽃 |
| | 오크 | 없음 |
| | 기타 | 꿀, 아몬드 |
| 구조 | | · 드라이<br>· 중간+ 산도<br>· 중간 알코올<br>· 중간+ 혹은 무거운 바디 |
| 생산지 | | 이탈리아 캄파니아 |

와인미학　　● 와인의 맛과 품질

## 2.2.1. 15. GRÜNER VELTLINER 그뤼너 벨트리너

**특징**

포도송이가 많이 열리고 열매의 크기가 작다. 열매는 유럽산 포도 기준으로 늦게 익는 편은 아니나, 추운 동유럽에서는 덜 익을 위험을 항상 안고 있다. 고지대의 고품질 그뤼너 벨트리너 와인은 진한 감귤류에 백후추 풍미가 강하고 주로 드라이하며 산도가 높은 장기 숙성형 와인이다. 다만 평지에서 재배된 포도로 양조한 경우, 복숭아와 같은 핵과류 풍미가 주류를 이루는 와인이 된다. 달콤한 귀부 와인으로도 만들어진다.

**생산지**

<u>오스트리아를 대표하는 고급 청포도 품종이다.</u> 그뤼너 벨트리너는 오스트리아의 청포도, 적포도를 통틀어 수확량이 가장 많다. 재배면적도 오스트리아 전체 포도밭의 1/3을 차지한다. 저가의 와인도 있지만 매우 우수한 품질의 와인도 많이 생산한다.

포도밭은 대부분 도나우강을 따라 조성돼 있다. 바인비에텔<sup>Weinviertel</sup>, 비엔나 남쪽에 위치한 부르겐란트의 노이지들러제<sup>Neusiedlersee</sup>에서도 많은 양의 와인이 만들어진다. 고품질 와인은 주로 비엔나 북서쪽의 바하우<sup>Wachau</sup>, 캄탈<sup>Kamptal</sup>, 크렘스탈<sup>Kremstal</sup>, 트라이젠탈<sup>Traisental</sup>에서 찾아볼 수 있다. 체코, 슬로바키아, 헝가리에서도 많은 양이 재배되고 있다.

## 2.2.1.

포도 품종 - 청포도

**GRÜNER VELTLINER**
품종정리

| | | |
|---|---|---|
| 기후 | 서늘한, 온화한 기후 | |
| 포도 재배 특성 | 늦게 싹이 트고 일찍 익으며, 그레이 롯 부패 및 흰가루병에 취약하다. | |
| 선호하는 토양 유형 | 자갈과 같은 건조하고 암석이 많은 토양 | |
| 향/풍미 | 중간, 중간+ 강도 | |
| | 과일 | 감귤류(라임, 레몬), 핵과일(복숭아), 녹색 과일(사과) |
| | 꽃 | 흰색 꽃 |
| | 향신료 | 백후추, 와사비, 청양고추 |
| | 식물성 | 아루굴라, 완두콩, 파삭파삭한 녹색 채소 |
| | 보트리티스 | 약간의 생강, 꿀, 사프란 |
| | 오크 | 없음 |
| | 기타 | 젖은 돌, 화강암 |
| 구조 | · 드라이, 스위트<br>· 중간+에서 높은 산도<br>· 중간 알코올<br>· 중간에서 중간+ 바디 | |
| 생산지 | 오스트리아 | |

## 2.2.1. 16. FURMINT 푸르민트

**특징**

**산도가 매우 높고 귀부 곰팡이에 취약해 주로 고급 귀부 와인 양조에 쓰이지만, 종종 드라이한 스타일의 와인으로도 만들어진다.** 일찍 싹이 트고 열매가 늦게 익는다. 따라서 봄 서리에 취약하다. 껍질이 두껍고 익으면서 껍질이 얇아지고 투명해진다. 귀부 곰팡이를 포함해 백분병, 노균병에 약하지만, 가뭄에는 강해서 비가 오지 않아도 오랜 기간 포도나무가 버틸 수 있다. 포도 내의 높은 당분, 높은 산도, 그리고 귀부에 취약한 특성으로 인해 세계에서 가장 유명한 귀부 와인이 만들어진다. 일반적으로 하르쉬레벨루와 살가 무쉬코타이(뮈스카 블랑 아 프티 그랭)와 블렌딩하여 귀부 와인을 만든다. 최근에는 푸르민트 단일 품종으로 만든 드라이 와인이 주목을 받고 있다.

**생산지**

**푸르민트는 헝가리 토카이 와인의 주요 청포도이다.** 스위트 와인으로는 토카이 레이트 하비스트$^{Late\ harvest}$, 토카이 아수$^{Aszu}$, 토카이 에센시아$^{Essencia}$가 유명하다. 동유럽의 슬로바키아, 슬로베니아, 그리고 발칸반도의 크로아티아에서도 스위트 와인과 드라이 와인을 모두 생산한다.

● ● 2.2.1.　　　　　　　　　　　　　　　　　　　　포도 품종 · 청포도

## FURMINT
### 품종정리

| | | |
|---|---|---|
| 기후 | 온화한 기후 | |
| 포도 재배 특성 | 껍질이 두껍고, 조기 발아와 익으면서 껍질이 얇아지고 투명, 늦은 숙성 특성을 가진다. 보트리티스 및 곰팡이에 취약하다. | |
| 선호하는 토양 유형 | 자갈 및 이회토 | |
| 향/풍미 | 중간에서 중간+ 강도 | |
| | 과일 | 감귤류(레몬, 자몽, 오렌지 껍질), 녹색 과일(사과, 배), 핵과일(복숭아, 살구) |
| | 꽃 | 허니 써클, 아카시아 |
| | 병 숙성 | 꿀, 견과류 |
| | 오크 | 드라이 와인일 경우 사용 혹은 사용하지 않음, 스위트는 헝가리 오크 사용(바닐라, 토스트) |
| | 기타 | 돌, 광물 |
| 구조 | · 드라이, 중간 드라이, 스위트<br>· 중간+ 또는 높은 산도<br>· 낮은 또는 중간 알코올<br>· 중간 또는 무거운 바디 | |
| 생산지 | 헝가리 | |

# 2.2.2.
# RED GRAPES
적포도

1. **CABERNET SAUVIGNON** 카베르네 소비뇽
2. **MERLOT** 메를로
3. **PINOT NOIR** 피노 누아
4. **GAMAY** 가메
5. **SYRAH / SHIRAZ** 시라/쉬라즈
6. **GRENACHE / GARNACHA** 그르나슈/가르나차
7. **TEMPRANILLO** 템프라니요
8. **NEBBIOLO** 네비올로
9. **BARBERA** 바르베라
10. **CORVINA** 코르비나
11. **SANGIOVESE** 산지오베세
12. **MONTEPULCIANO** 몬테플치아노
13. **ZINFANDEL / PRIMITIVO** 진판델/프리미티보
14. **PINOTAGE** 피노타지
15. **MALBEC** 말벡
16. **CARMENERE** 카르메네르

●● 2.2.2.                                          포도 품종 - 적포도

# 2.2.2. 1. **CABERNET SAUVIGNON** 카베르네 소비뇽

**특징**

대표적인 레드 와인용 포도인 카베르네 소비뇽은 **프랑스 보르도와 미국의 캘리포니아를 비롯해 전 세계 와인 생산국에서 가장 널리 재배하는 적포도 품종이다.** 카베르네 프랑과 소비뇽 블랑 사이에서 태어난 품종으로, 양쪽의 장점을 이어받아 향이 풍부하고 성질이 강인하다. 온화하거나 따뜻한 기후가 이상적이지만, 다양한 기후와 토양에 잘 적응하는 편이라 어디에서나 좋은 열매를 얻을 수 있다. 또 성장력이 좋고 병충해에도 강하다. 푸른 빛이 돌고 크기가 작은 포도알은 껍질이 두껍고 씨가 많아 색소와 타닌 성분을 다량 함유하고 있다.

카베르네 소비뇽 와인은 **산도가 높고 타닌이 풍부해서 탄탄하고 짜임새 있는 구조감을 갖춘 와인이 많다.** 오크와 친화력도 높아 장기 숙성하기에도 좋다. 이렇듯 장점이 많으므로 세계 각지의 최고급 레드 와인 중에는 카베르네 소비뇽을 주로 사용한 것이 많다. 다만 수확 시기가 늦은 만생종이기 때문에 기후가 서늘한 곳에서는 충분히 익지 못하고, 반대로 따뜻한 곳에서는 지나치게 익어 버릴 수도 있다. 또 단위당 수확량도 떨어지는 편이다.

**향과 맛**

카베르네 소비뇽으로 만든 와인은 블랙커런트, 블랙체리, 블랙베리 같은 **검은 과일 향이 많이 난다.** 그중에서도 가장 특징적인 향은 **블랙커런트 향**이다. 과일 향뿐만 아니라 피망, 올리브, 버섯, 민트 같은 식물성, 허브 향과 감초, 후추 등의 향신료 향이 나며, 오크 숙성을 거치면서 삼나무<sup>cedar</sup>, 커피, 연기 등의 향도 생겨난다.

생산지의 환경과 숙성 정도에 따라 맛과 향이 달라질 수도 있다. 기후가 너무 서늘해 열매가 충분히 익지 않으면 불쾌한 풀 냄새<sup>herbaceous</sup>가 나면서 거칠고 떫은맛을 갖게 된다. 반대로 덥거나 토양이 비옥한 곳에서는 타닌이 부드럽고 좀 더 풀 바디해지며 블랙체리 향이 진해진다. 너무 더우면 포도 주스 같은 풍미가 날 때도 있다. 또한, 고품질의 카베르네 소비뇽 와인에서는 농익고 감미로운 맛과 갖가지 진한 풍미를 느낄 수 있지만, 저렴한 와인에서는 흙냄새와 잼 또는 피망 향이 난다. 그리고 신대륙의 카베르네 소비뇽 와인은 블랙커런트 향이 더 진하며 바닐라 향과 민트 향도 많이 나는 편이다.

## 생산지

프랑스의 주요 카베르네 소비뇽 생산지는 **보르도 지방의 좌안 지역과 남부 프랑스**이다. 보르도 좌안에 있는 메독$^{Medoc}$과 오-메독$^{Haut-Medoc}$, 그라브$^{Graves}$, 페삭-레오냥$^{Pessac-Léognan}$ AOP는 대표적인 카베르네 소비뇽 생산지이다. 하지만 와인을 만들 때는 **카베르네 소비뇽만 사용하지 않고 반드시 메를로$^{Merlot}$와 카베르네 프랑$^{Cabernet\ Franc}$, 프티 베르도$^{Petit\ Verdot}$를 블렌딩한다.** 이렇게 여러 품종을 섞는 것은 기후 변화가 심한 보르도에서 와인의 안정적인 품질과 각 품종이 지닌 장점을 취해 좀 더 우수한 와인을 만들기 위해서이다. 타닌과 산도가 풍부한 카베르네 소비뇽은 블렌딩한 와인의 뼈대 구실을 한다.

### 프랑스

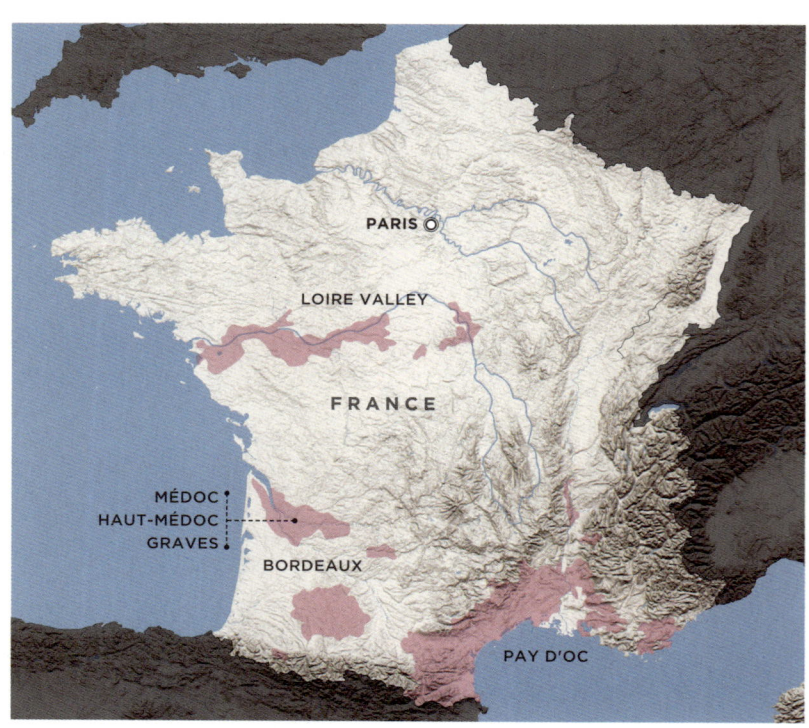

카베르네 소비뇽 위주로 섞은 보르도 와인은 타닌 함량과 산도가 높고 미디엄에서 풀 바디이며, 중간 정도의 알코올 도수와 긴 여운을 갖고 있다. 숙성 전에는 매우 거칠지만, 숙성될수록 타닌이 부드러워지면서 매끄럽고 탄탄한 구조감을 지니게 된다. 또 검은 과일, 삼나무, 담배 향 등이 어우러진 복합적인 풍미가 나타난다. 크뤼 클라세$^{Cru\ Classé}$로 분류되는 최고급 보르도 와인들은 세계에서

●● 2.2.2.  포도 품종 · 적포도

가장 복합적인 풍미와 오랜 생명력을 가진 것으로, 품질과 가격에서 저가 보르도 와인과 큰 차이가 난다.

보르도 AOP나 보르도 쉬페리외르<sup>Bordeaux Superieur</sup> AOP 등급의 일반 와인들은 대체로 드라이하다. 중간 정도의 타닌 함량과 산도를 띠며 미디엄 바디의 레드 와인으로 검붉은 과일 향이 난다. 이런 와인들은 오래 숙성시키지 않고 마시지만, 숙성을 통해 맛과 향이 향상되는 와인도 일부 있다.

보르도와 달리, 남부 프랑스의 카베르네 소비뇽 와인은 단일 품종으로 만들기도 하고 블렌딩을 하기도 한다. 와인을 양조할 때 보르도보다 제약이 덜하므로 생산자들은 품종의 특징을 살리면서 자유롭게 와인을 생산한다. 대신 프랑스 와인법에 따라 AOP 등급이 아닌 뱅 드 프랑스, 혹은 IGP등급으로 판매되며 가격도 저렴한 편이다.

**미국**

**캘리포니아의 소노마 카운티**<sup>Sonoma County</sup>**와 나파 밸리**<sup>Napa Valley</sup>는 카베르네 소비뇽 재배에 이상적인 기후를 가진 곳으로, 매우 우수한 카베르네 소비뇽 와인을 생산하고 있다. 와인은 색이 아주 진하고 잘 숙성되어 부드러운 타닌을 지녔으며 블랙커런트, 블랙체리와 오크의 풍미가 뛰어나다. 단일 품종으로 만들거나 메를로 같은 포도를 블렌딩하기도 한다. 컬트 와인<sup>Cult wine</sup>으로 불리는 아주 우수한 카베르네 소비뇽 와인은 고가에 거래된다.

두 곳을 제외한 나머지 캘리포니아 지역에서는 고급 와인과 일반 와인 모두 대량 생산된다. 그 중심지인 센트럴 밸리는 캘리포니아 전체 와인 생산량의 80%를 차지하고 있다. 중저가 카베르네 소비뇽 와인은 북쪽의 워싱턴주에서도 대량 생산된다.

**호주**

호주에서도 훌륭한 카베르네 소비뇽 와인이 많이 나오고 있다. **쿠나와라**<sup>Coonawarra</sup>**와 서호주의 마가렛 리버**<sup>Margaret River</sup>**가 가장 유명한 생산지이다.** 쿠나와라의 와인은 검은 과일, 토스트, 바닐라 향과 함께 독특하게도 민트나 유칼립투스 풍미가 난다. 마가렛 리버에서는 카베르네 소비뇽으로 보르도 스타일의 블렌딩 와인이나 단일 품종 와인을 생산하는데, 대체로 타닌이 높고 블랙커런트 같은 검은 과일이나 블랙커런트 잎 같은 풀 내음 풍미가 난다.

대중적인 와인은 사우스 이스턴 오스트레일리아<sup>South Eastern Australia</sup>에서 대량 생산된다. 카베르네 소비뇽에 메를로 대신 쉬라즈를 블렌딩해서 좀 더 부드럽고 풍부한 맛을 내는 와인도 있다.

**칠레**

칠레의 최고급 카베르네 소비뇽 와인 생산지는 마이포$^{Maipo}$ 밸리와 좀 더 남쪽의 라펠$^{Rapel}$ 밸리, 콜차구아$^{Colchagua}$ 밸리, 카차포알$^{Cachapoal}$ 밸리 일부 지역이다. 이곳에서는 카베르네 소비뇽만 단독 사용하거나 메를로를 블렌딩해서 프리미엄급 와인을 만든다. 이 와인은 블랙베리 같은 검은 과일 풍미와 함께 피망이나 블랙커런트 잎 같은 채소와 풀의 풍미를 느끼게 한다. 다른 지역에서도 고급 와인과 대중적인 와인을 생산하는데, 저가 와인에서는 흙냄새와 잼, 풋풋한 피망 향이 강하게 난다.

**남아프리카 공화국**

남아프리카 공화국에서도 카베르네 소비뇽만 사용하거나 메를로를 섞은 고급 와인을 생산하고 있다. 이 와인들은 타닌 함량과 산도가 중간 이상이고, 허브 향이 강하지만 호주나 미국 와인에 비해 과일 향은 덜하다. 스텔렌보쉬에서 생산하는 고급 와인은 타닌 성분과 산도가 높으며, 스타일은 보르도 와인과 흡사하다. 대중적인 카베르네 소비뇽 와인은 웨스턴 케이프$^{Western\ Cape}$에서 많이 생산된다.

**뉴질랜드**

북섬의 혹스 베이$^{Hawkes\ Bay}$에서는 카베르네 소비뇽 혹은 카베르네-메를로 와인을 생산한다. 산도와 타닌 함량은 중간 이상이며, 허브 향과 삼나무 같은 나무 향이 진하게 나타난다.

**기타 지역**

아르헨티나의 멘도사 지방과 불가리아를 비롯한 동유럽에서도 카베르네 소비뇽 와인을 많이 생산하고 있다.

## CABERNET SAUVIGNON
### 품종정리

| | | |
|---|---|---|
| 기후 | | 온화한, 따뜻한 기후 |
| 포도 재배 특성 | | 늦게 싹이 트고 늦게 익으며, 껍질이 두껍고 열매의 크기가 작다. 질병에 대한 저항성이 높다. |
| 선호하는 토양 유형 | | 배수가 잘되는 자갈 토양 |
| 블렌딩 파트너 | | (일반적으로) 메를로, 카베르네 프랑, 프티 베르도, 말벡, 쉬라즈 |
| 향/풍미 | | 중간에서 강렬한 강도 |
| | 과일 | 검은 과일(카시스/블랙커런트, 블랙베리, 블랙체리), 익은 붉은 과일(레드 체리, 자두) |
| | 꽃 | 제비꽃 |
| | 식물성 | 피망, 블랙커런트 잎 |
| | 향신료 (단맛) | 감초/아니스, 코코아, 계피, 정향, 올 스파이스, 육두구 |
| | 허브 | 유칼립투스, 민트 |
| | 오크 | 뉴 프렌치 오크 또는 아메리칸 오크 사용 (베이킹 향신료, 정향, 스모크, 커피, 바닐라, 로스트넛, 삼나무) |
| | 기타 | 삼나무, 연필 부스러기, 가죽, 시가 상자 |
| 구조 | | · 드라이<br>· 중간에서 높은 산도<br>· 중간+에서 높은 타닌<br>· 중간에서 높은 알코올<br>· 중간, 중간+에서 무거운 바디 |
| 타닌 질감 | | 드라이한, 입 안을 가득 채우는, 견고한 타닌 |
| 생산지 | | 프랑스 보르도, 캘리포니아, 칠레, 남아프리카 공화국, 뉴질랜드 |

## 2.2.2. **MERLOT** 메를로

**특징**

메를로는 여러모로 카베르네 소비뇽과 비교되는 품종이다. 이 포도는 카베르네 소비뇽과 달리 포도알이 크고 껍질은 얇으며 타닌 함량은 낮다. 향과 풍미가 덜하고 산도도 상대적으로 낮은 편이다. 반면 당분이 많아 와인을 만들면 알코올 도수가 높게 나오고 바디도 풍부하다.

**메를로로 만든 와인은 카베르네 소비뇽 와인보다 과일 향이 많이 나면서 타닌은 섬세하고 부드러우며 맛은 풍성하다.** 카베르네 소비뇽 와인은 오래 숙성해야 맛이 살아나는 데 비해, 메를로 와인은 4~5년 정도만 숙성해도 충분히 제맛을 느낄 수 있다. 다만 포도알에 수분이 많아 맛과 향이 덜 농축되는 경우가 있으므로, 좋은 와인을 만들기 위해서는 아주 잘 익은 포도를 사용해야 한다. 그렇지 않으면 와인이 묽고 가벼워져 메를로 본연의 맛을 충분히 살려 주지 못하게 된다.

조생종인 메를로는 카베르네 소비뇽보다 먼저 싹이 트고 수확 시기도 빠르다. 그래서 보르도에서는 카베르네 소비뇽과 메를로를 함께 심어 수확 시기의 날씨가 좋지 않더라도 전체 포도 농사를 망치지 않도록 하고 있다. 메를로 역시 오크 숙성이 잘되기 때문에 카베르네 소비뇽과 함께 블렌딩해서 와인을 만든다.

**향과 맛**

기후에 따라 풍미가 달라지는데, 크게 두 가지 스타일로 나눌 수 있다. 덥거나 온화한 지역에서 자란 메를로로 와인을 만들면 중간 정도의 산도와 높은 알코올 도수, 부드러운 타닌을 지닌 풀 바디 와인이 된다. 여기에선 검은 자두, 블랙베리, 블랙체리 같은 검은 과일의 풍미가 나타난다. 너무 익은 포도로 만든 와인은 과일 케이크나 초콜릿 풍미가 나며, 사과산이 부족해 산도가 낮아질 수 있다.

반면, 서늘한 곳에서 재배한 메를로로 와인을 만들면 좀 더 우아한 스타일이 된다. 타닌 성분과 산도가 좀 더 강하고 중간 정도의 알코올 도수와 중간 바디의 와인이 되며, 딸기나 붉은 자두 같은 붉은 과일의 특성과 나뭇잎 같은 풀 내음의 특성을 느낄 수 있다. 카베르네 소비뇽과 마찬가지로 메를로 역시 오크 숙성을 통해 향신료, 바닐라, 커피 같은 향을 더할 수 있다.

● ● 2.2.2.                                                        포도 품종 · 적포도

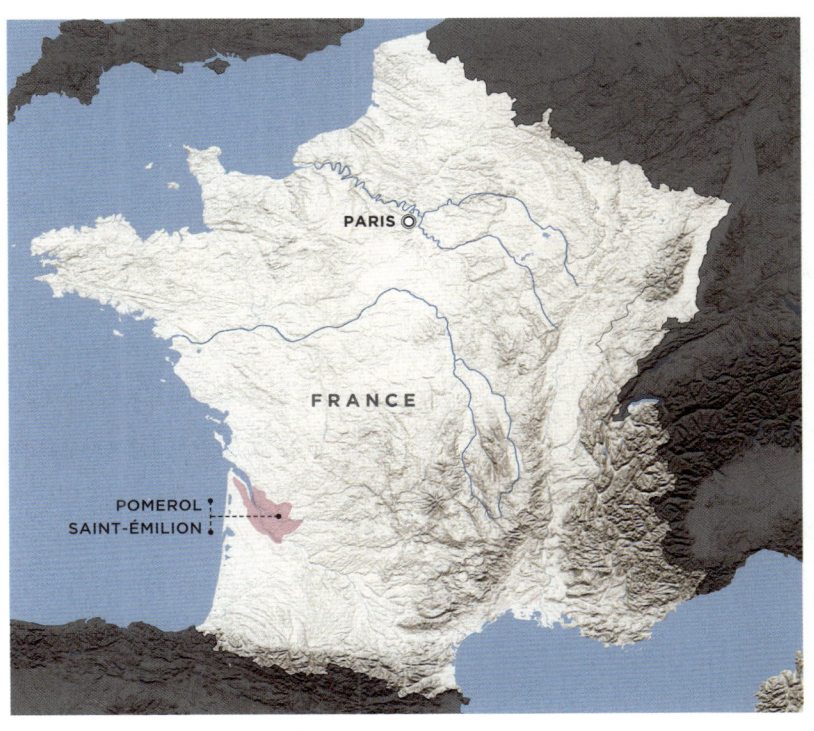

생산지

프랑스

**메를로는 카베르네 소비뇽과 함께 보르도 블렌딩 와인에서 가장 중요한 품종이다.** 카베르네 소비뇽이 보르도 블렌딩에서 와인의 뼈대 구실을 한다면, 메를로는 와인의 살 역할을 한다. 전체적으로 맛을 풍성하게 하고 유연성이 깃들도록 해 준다.

보르도의 우안(라이트 뱅크<sup>Right Bank</sup>) 지역에 속하는 생-테밀리옹<sup>Saint-Emilion</sup> AOP와 포므롤<sup>Pomerol</sup> AOP에서는 메를로를 중심으로 카베르네 프랑, 카베르네 소비뇽을 블렌딩해서 와인을 만든다. 대체로 좌안의 와인보다 부드러운 스타일을 갖고 있는데, 중간 정도의 타닌 함량과 산도, 붉은 자두나 딸기 같은 붉은 과일의 풍미, 그리고 숙성되면서 점차 풍기는 삼나무나 담배 향이 난다. 이 지역 와인의 전형적인 스타일이다. 원래 메를로는 보르도에서 카베르네 소비뇽을 보조해 주는 역할을 했지만, 이제는 보르도에서 가장 많이 재배하는 포도가 되었다. 따라서 보르도 AOP나 보르도 쉬페리외르 AOP등급에 속한 와인들은 대부분 메를로의 비율이 더 높은 편이다.

남부 프랑스에서 메를로는 카베르네 소비뇽과 마찬가지로 단일 품종 와인으로 만들기도 하고, 블렌딩하기도 한다. 생산자들은 메를로의 특징을 살리면서 자유롭게 와인을 만들고 있으며, 저가 메를로 와인도 많이 생산한다.

### 미국

미국에서는 메를로 역시 버라이어탈$^{varietal}$ 와인이나 카베르네 소비뇽 등을 블렌딩한 와인으로 만든다. 우수한 캘리포니아산 메를로 와인은 부드러운 타닌과 중간 산도를 지닌 풀 바디 와인으로, 검은 과일과 과일 케이크, 오크 풍미가 난다. 고급 메를로 와인은 카베르네 소비뇽과 마찬가지로 캘리포니아의 소노마 카운티와 나파 밸리에서 많이 생산된다. 센트럴 밸리를 비롯한 캘리포니아의 다른 지역에서도 다양한 품질의 메를로 와인을 많이 만들고 있다. 워싱턴주에서도 메를로 와인을 대량 생산한다.

### 칠레

고급 메를로 와인의 주요 생산지로 마이포 밸리와 라펠 밸리가 있다. 이곳의 메를로는 단일 품종 와인이나 보르도 스타일 와인으로 양조된다. 칠레 메를로 와인은 오랫동안 다른 지역과 구분되는 독특한 스타일로 유명했는데, 메를로로 알고 와인으로 만들었던 포도 중 일부가 보르도의 고급 포도 품종인 카르메네르$^{Carmenere}$였기 때문이었다. 이 포도는 와인에 진한 색상과 함께 블랙베리 같은 검은 과일풍미와 감초나 후추 같은 향신료 향을 더해 준다. 센트럴 밸리에서는 고급 메를로 와인뿐만 아니라 저가 와인도 많이 생산한다.

### 기타 지역

남아프리카 공화국의 파알과 스텔렌보쉬는 카베르네 소비뇽뿐만 아니라 메를로 와인의 중심 생산지이기도 하다. 메를로만 사용한 와인과 보르도 스타일로 블렌딩한 와인, 둘 다 생산한다.

호주의 메를로 와인은 카베르네 소비뇽과 달리 명성이 높지 않다. 단일 품종 와인으로도 생산되지만, 카베르네 소비뇽이나 쉬라즈와 블렌딩하는 경우가 많다.

뉴질랜드는 북섬의 혹스 베이에서 메를로를 많이 재배하며, 보르도 스타일의 블렌딩 와인으로 많이 생산한다.

●● 2.2.2.  포도 품종 - 적포도

## MERLOT
### 품종정리

| | |
|---|---|
| 기후 | 온화한, 따뜻한 기후 |
| 포도 재배 특성 | 껍질이 두껍다(카베르네 소비뇽보다 얇음, 2주 먼저 숙성). 백분병에 대한 저항성은 강하나, 노균병 및 보트리티스에 취약하다. |
| 선호하는 토양 유형 | 점토와 같은 차갑고 수분을 유지하는 토양 |
| 블렌딩 파트너 | (일반적으로) 카베르네 소비뇽, 카베르네 프랑 |
| 향/풍미 | 중간+ 강도 |
| | 과일: 붉은 과일(딸기, 라즈베리, 레드 체리, 자두), 검은 과일(블루베리, 블랙베리, 블랙체리, 자두), 무화과/과일 케이크 |
| | 꽃: 제비꽃 |
| | 향신료(단맛): 감초/아니스, 크리스마스 향신료 |
| | 허브: 민트, 월계수 잎, 담뱃잎 |
| | 오크: 뉴 프렌치 오크, 초콜릿, 커피, 계피, 바닐라를 적당히 사용 |
| 구조 | ・드라이<br>・중간+에서 높은 산도<br>・중간에서 중간+ 타닌<br>・중간에서 높은 알코올<br>・중간, 중간+에서 무거운 바디 |
| 타닌 질감 | 부드러운, 잘 익은, 벨벳 같은 타닌 |
| 생산지 | 프랑스 보르도, 캘리포니아, 칠레, 뉴질랜드 |

| 테이스팅 실습 05 | 카베르네 소비뇽 & 메를로 |

와인

 vs.
- 생-테밀리옹 혹은 포므롤
- 메를로(칠레, 이탈리아 북부)
- 메독 혹은 오-메독
- 카베르네 소비뇽(쿠나와라 또는 나파 밸리)

## 테이스팅 포인트

**레드 와인 비교**
BORDEAUX vs OTHERS

보르도 우안의 와인과 메를로가 주종인 와인을 시음을 통해 비교해 본다. 또한, 보르도 좌안의 와인과 카베르네 소비뇽이 주종인 와인도 비교해 본다. 우안 와인과 좌안 와인을 서로 비교해 보고, 주종이 메를로인 와인과 주종이 카베르네 소비뇽인 와인도 함께 비교해 본다. 비교 테이스팅을 통해 품종의 특성과 스타일의 차이점을 발견한다.

**Q** 부드러운 타닌과 검붉은 과일의 풍미를 가진 와인은?

**Q** 단단한 타닌과 블랙커런트, 블랙체리, 삼나무 향이 잘 표현되는 와인은?

**Q** 다크 초콜릿과 과일 케이크의 달콤함과 검은 자두의 풍미가 잘 어우러진 와인은?

**Q** 진한 색과 바닐라 풍미가 감도는 민트 혹은 유칼립투스의 풍미가 감도는 와인은?

**Q** 가장 바디가 무거운 와인은?

**Q** 높은 산도, 단단한 타닌으로 좋은 구조감을 가진 와인은?

●● 2.2.2. 포도 품종 · 적포도

## 2.2.2.3. PINOT NOIR 피노 누아

**특징**

작고 단단한 포도송이에 짙은 색의 포도알이 촘촘히 붙어 있어서 마치 솔방울 같은 모양을 하고 있다. '검은 솔방울'이란 뜻의 피노 누아는 이런 모습에서 유래한 것이다. **껍질이 얇은 피노 누아는 색소가 적기 때문에 와인색이 연하고 투명한 루비 빛을 띤다. 타닌은 일반적으로 적고 비단처럼 부드러우며, 산도는 높은 편이다.** 라이트 또는 미디엄 바디에 신선한 맛과 우아한 향, 그리고 매우 부드러운 질감을 갖고 있지만, 구조감이 약하고 섬세해서 조금만 양조 환경이 바뀌어도 맛과 향이 달라지기 쉽다.

또한, DNA가 불안정하기 때문에 재배지가 달라지면 쉽게 변종이 생겨나서 안정된 품질의 와인을 생산하는 것이 힘들다. 따라서 뛰어난 피노 누아 와인을 만들려면 포도밭의 환경과 와인 생산자의 실력이 모두 좋아야 한다. 장기 숙성을 통해 맛과 향이 향상될 수 있지만, 일반 피노 누아 와인은 어린 상태에서 마시는 것이 좋다.

조생종인 피노 누아는 비교적 선선하면서 건조하지도 습하지도 않은 기후를 좋아한다. 따라서 고급 피노 누아 와인의 생산지는 약간 추운 대륙성 기후 지역이거나 북반구의 서늘한 지역들이다.

**향과 맛**

피노 누아 와인은 딸기, 라즈베리, 레드 체리 같은 **붉은 과일과 제비꽃 향, 젖은 나뭇잎이나 송로버섯 같은 식물성 풍미, 그리고 야생 고기 같은 동물성 풍미가 합쳐진 복합적인 맛을 갖고 있다.** 그러나 더운 지방에서는 섬세한 느낌이 사라지고 진득거리는 잼 같은 맛이 날 수 있으며, 너무 추운 곳에서는 양배추나 젖은 잎 같은 식물성 풍미가 지나치게 날 수 있다.

일반적으로 피노 누아 와인은 신선한 과일 풍미가 지배적이지만, 고급 피노 누아 와인은 숙성을 통해 식물성과 동물성 풍미가 함께 발전하면서 복합적인 느낌이 들게 한다. 피노 누아는 거의 필수적으로 오크 숙성을 한다. 새 오크통을 지나치게 많이 쓸 경우엔 토스트나 바닐라 향이 와인 본래의 섬세한 풍미를 해칠 수 있다.

## 생산지

**프랑스**

**부르고뉴는 전 세계 최고의 피노 누아 와인 생산지로, 마을마다 조금씩 스타일이 다른 피노 누아 와인을 생산한다.** 부르고뉴 AOP와인은 중간 이상의 높은 산도와 낮은 타닌, 붉은 과일의 풍미를 가진 미디엄 바디의 와인이다. 제브레-샹베르탱Gevrey-Chambertin AOP, 뉘-생-조르주Nuits-Saint-Georges AOP, 본Beaune AOP, 포마르Pommard AOP 같은 마을에서 생산하는 와인은 대체로 맛의 강도와 여운, 복합성이 더 뛰어나다. 프르미에 크뤼Premier Cru로 지정된 포도밭에서 생산되는 와인은 매우 뛰어난 품질을 갖고 있다. 르 샹베르탱 그랑 크뤼 Le Chambertin Grand Cru AOP 같은 그랑 크뤼급 와인은 전 세계 피노 누아 와인 중 가장 힘 있고 생명력이 길며, 아주 복합적인 풍미를 지녔다. 품질에 걸맞게 가격도 매우 높다.

부르고뉴에서는 그랑 오르디네르Grand Ordinaire 또는 파스투그랭Passe-Tout-Grains이라 불리는 피노 누아와 가메Gamay의 블렌딩 와인도 나온다. 대부분 저렴하지만, 비싼 것도 일부 있다. 남부 프랑스에서는 IGP 등급의 저가 피노 누아 와인이 나오는데, 기후가 따뜻하여 부르고뉴 피노 누아 와인과 스타일이 아주 다르다. 샹파뉴에서는 샤르도네와 함께 샴페인의 재료로 쓰인다.

● ● 2.2.2. 포도 품종 - 적포도

**미국**  캘리포니아 지역은 기온이 높아 고급 피노 누아 와인을 생산하기에는 부적합하다. 그러나 소노마 카운티의 러시아 리버 밸리 Russia River Valley와 산타 바바라 Santa Barbara 카운티처럼 기온이 낮은 일부 지역에서는 강렬한 과일 풍미와 함께 때때로 동물성과 식물성 특성이 있는 중간 바디의 고급 피노 누아 와인을 생산한다.

캘리포니아 북쪽 오리건주에서는 윌라메트 밸리 Wilamette Valley를 비롯한 여러 지역에서 최고급 피노 누아 와인이 나오고 있다.

**뉴질랜드**  뉴질랜드에서는 부르고뉴의 최고급 와인과 견줄만 한 수준의 피노 누아 와인을 생산한다. **뉴질랜드 피노 누아 와인은 부르고뉴보다 대체로 산도가 낮고 풀 바디하다.** 또 과일 풍미가 풍부하며 라즈베리나 딸기 같은 붉은 과일 향과 함께 향신료 향도 난다. 마틴버러 Martinborough와 센트럴 오타고 Central Ctago는 뉴질랜드에서 가장 강렬하고 성숙한 풍미를 지닌 피노 누아 와인을 만드는 지역이다. 말버러의 피노 누아 와인은 좀 더 가벼운 스타일이다.

**기타 지역**  호주 날씨는 피노 누아를 재배하기엔 너무 덥다. 하지만 바닷바람과 높은 고도의 영향을 받아 기후가 서늘한 야라 밸리 Yarra Valley와 모닝톤 페닌슐라 Mornington Peninsula에서는 좋은 품질의 피노 누아 와인을 생산한다.

칠레 피노 누아의 역사는 아직 짧다. 이들 와인에서는 딸기잼 같은 잘 익은 과일 풍미가 난다. 최근 서늘한 지역인 산 안토니아 밸리와 카사블랑카 밸리의 피노 누아 와인이 시장에서 좋은 평가를 받고 있다.

남아프리카 공화국은 케이프 남부 해안 지역에서 품질 좋은 피노 누아 와인을 소량 생산한다.

피노 누아는 재배가 까다로워 저가 와인을 찾아보기 쉽지 않다. 그중 루마니아는 저가 피노 누아의 주산지로, 가볍고 부드러운 것, 타닌 함량이 높은 것, 잘 익은 딸기와 라즈베리처럼 익힌 과일 맛이 나는 것 등 다양한 스타일의 와인을 생산하고 있다.

## PINOT NOIR 품종정리

| | | |
|---|---|---|
| 기후 | 서늘한, 온화한 기후 | |
| 포도 재배 특성 | 껍질이 얇고, 일찍 싹이 트고 일찍 익는다. 곰팡이병(노균병, 백분병)에 걸리기 쉽고, 잎말이 바이러스에 취약하다. | |
| 선호하는 토양 유형 | 배수가 잘되는 석회질 토양 및 양토 | |
| 블렌딩 파트너 | 샤르도네, 가메, 뫼니에 | |
| 향/풍미 | 중간+ 강도 | |
| | 과일 | 잘 익은 붉은 과일(딸기, 체리, 라즈베리), 잘 익은 블랙체리, 블루베리 |
| | 꽃 | 제비꽃, 장미 |
| | 허브 | 찻잎, 시트러스 제스트/껍질, 토마토 잎 |
| | 향신료 | 레드 감초, 정향, 시나몬 |
| | 병숙성 | 젖은 잎, 퇴비, 버섯, 숲 바닥 |
| | 오크 | 뉴 프렌치 오크, 바닐라, 정향, 시나몬 |
| 구조 | · 드라이<br>· 중간에서 중간+ 산도<br>· 중간 타닌<br>· 중간에서 중간+ 알코올<br>· 중간에서 중간+ 바디 | |
| 타닌 질감 | 우아하고 실키한 타닌 | |
| 생산지 | 프랑스 부르고뉴, 캘리포니아, 뉴질랜드 호주, 칠레, 남아프리카 공화국 | |

**테이스팅 실습 06**

**피노 누아**

**와인**

┌---- **부르고뉴 피노 누아** (예 : 제브레-샹베르탱 혹은 뉘-생-조르주)
VS.
└── **신대륙 피노 누아** (예 : 센트럴 오타고, 마틴버러, 혹은 산타 바바라, 오리건주)

구대륙 와인과 신대륙 와인의 스타일을 알아본다. 색, 향, 맛의 테이스팅을 통해 다른 기후에서 재배된 피노 누아의 특성과 스타일에 어떤 차이점이 있는지, 있다면 그것이 무엇인지 설명해 본다.

**테이스팅 포인트**

**피노누아 와인 비교**
부르고뉴 vs 신대륙

**Q** 잘 익은 딸기, 라즈베리 같은 붉은 과일의 풍미가 두드러진 와인은?

**Q** 두 와인 중 높은 산도로 신선함이 돋보이는 와인은?

**Q** 장미, 신선한 붉은 과일의 풍미와 정향, 삼나무와 같은 오크 풍미가 잘 어우러진 와인은?

**Q** 좀 더 높은 타닌 함량을 가진 와인은?

## 2.2.2.4. **GAMAY** 가메

**특징**

가메는 껍질이 얇고 딸기, 레드 체리, 라즈베리와 같은 붉은 과실 캐릭터를 보인다. **타닌 함량이 낮고 과실 향이 지배적이며 가벼운 스타일의 햇와인인 보졸레 누보**Beaujolais Nouveau**로 세계적인 인기를 끌고 있다.**

**생산지**

가메는 프랑스 보졸레 지역을 대표하는 적포도 품종이다. 보졸레Beaujolais와 보졸레 빌라주Beaujolais Village 레이블을 달고 일찍 마셔야 하는 와인으로 만들어진다. 하지만 10개의 크뤼 마을에서는 향의 강도가 진하고 잘 익은 블랙베리 향이 나는 장기 숙성형 와인이 만들어진다. 최근에는 보졸레 지역의 가메를 이용한 내추럴 와인이 많이 만들어지기 시작했다.

## 2.2.2.

포도 품종 - 적포도

### GAMAY 품종정리

| | | |
|---|---|---|
| 기후 | | 서늘한, 온화한 기후 |
| 포도 재배 특성 | | 껍질이 얇고, 일찍 싹을 틔우고 일찍 익는다. 곰팡이에 취약하다. |
| 선호하는 토양 유형 | | 편암, 화강암 |
| 블렌딩 파트너 | | 피노 누아 |
| 향/풍미 | | 중간에서 강렬한 강도 |
| | 과일 | 레드 체리, 라즈베리, 딸기, 크랜베리, 레드커런트 |
| | 탄산 침용 | 페어 드롭, 바나나, 풍선껌, 솜사탕, 붉은 과일/꽃 방향족 |
| | 꽃 | 제비꽃 |
| | 허브 | 말린 허브 |
| | 기타 | 젖은 화강암, 부서진 돌 |
| | 오크 | 사용하지 않거나, 뉴트럴한 오크 |
| 구조 | | · 드라이<br>· 중간에서 높은 산도<br>· 낮은에서 중간 타닌<br>· 중간 알코올<br>· 중간 바디 |
| 타닌 질감 | | 부드럽고 둥근 타닌 |
| 생산지 | | 프랑스 보졸레 |

## 2.2.2.5. SYRAH/SHIRAZ 시라/쉬라즈

**특징**

시라/쉬라즈는 가장 오래전부터 재배해 온 포도 중 하나이다. 지역에 따라 다른 이름으로 불리는데, **프랑스에서는 시라, 호주에서는 쉬라즈로 불린다.** 포도알은 카베르네 소비뇽처럼 검푸른 색을 띠며, 크기가 작고 껍질이 두껍다. 따뜻하고 건조한 기후에서 잘 자라며, 척박한 토양에서 뛰어난 품질의 포도가 열린다. 하지만 서늘하고 습한 곳에서는 잘 자라지 못한다.

**시라/쉬라즈 와인은 색상이 진하고 타닌 함량과 산도는 중간 이상이며, 질감이 부드러운 풀 바디 와인이다.** 향은 굉장히 복합적이다. 특히, 시라/쉬라즈 와인은 놀랄만 한 숙성력을 보여 준다. 북부 론의 시라 와인 중에는 50년 이상 숙성 가능한 것도 있다.

**향과 맛**

시라/쉬라즈 와인은 검은 과일과 다크 초콜릿의 풍미가 있다. 온화한 기후에서는 민트나 유칼립투스 같은 허브와 검은 후추 같은 향신료, 삼나무, 그리고 훈제 고기 등의 풍미가 난다. 따뜻한 기후에서는 감초나 정향clove 같은 달콤한 향신료 풍미가 더욱 강해진다. 서늘한 기후에서는 타닌 함량과 산도가 높아지고, 풋내 나는 풀 내음과 향신료 풍미가 강하게 드러난다. 그리고 고급 와인은 숙성될수록 실크처럼 부드러운 구조감이 생기고 가죽, 날고기, 흙, 젖은 잎, 제비꽃 등의 복합적인 풍미가 느껴진다.

시라/쉬라즈 와인은 오크에 대한 친화력이 좋아 대부분 오크 숙성을 하거나 오크칩 또는 오크판으로 오크 처리를 한다. 이를 통해 토스트, 스모크, 바닐라, 코코넛 풍미가 생겨난다. 시라와 그르나슈Grenache 블렌딩 와인은 알코올 도수가 높고 타닌 함량과 산도는 낮으며, 붉은 과일과 향신료의 풍미가 강하다.

**생산지**

프랑스

**북부 론은 전통적인 시라 와인 생산지이다.** 이곳에서는 **시라만 사용하거나 청포도인 비오니에**Viognier**와 함께 블렌딩한 와인을 생산하고 있다.** 최고급 와인 생산지는 코트-로티Côte-Rotie AOP와 에르미타주Hermitage AOP로, 프리미엄 시

● ● 2.2.2.　　　　　　　　　　　　　　　　　　　포도 품종 · 적포도

**NORTHERN RHÔNE**
북부 론

----------------------------------

❶ CÔTE-RÔTIE
❷ CONDRIEU
❸ CHÂTEAU-GRILLET
❹ SAINT-JOSEPH
❺ HERMITAGE
❻ CROZES-HERMITAGE
❼ CORNAS
❽ SAINT-PÉRAY

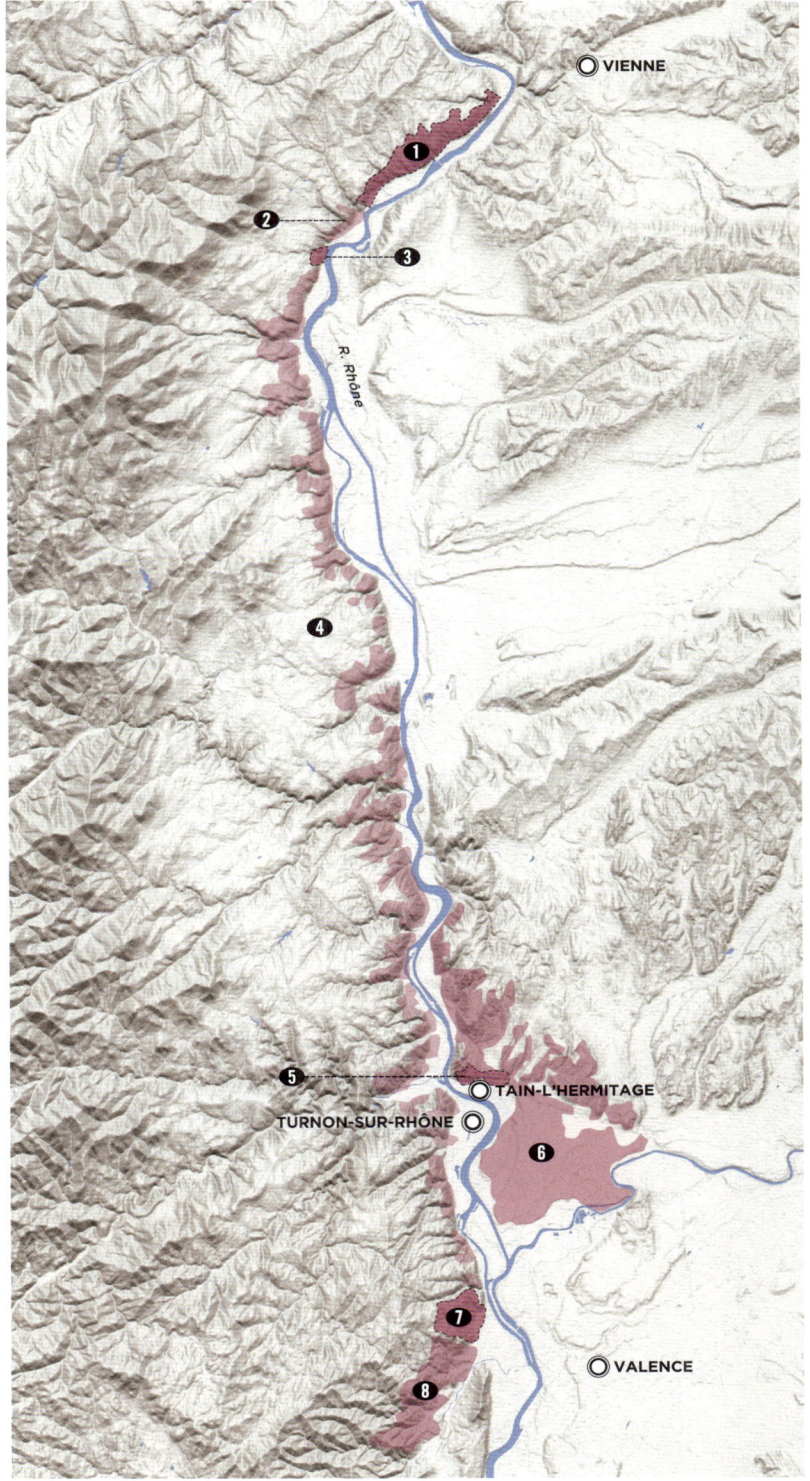

라 와인도 여기서 만들어진다. 크로즈-에르미타주$^{\text{Croze-Hermitage}}$ AOP에서는 좀 더 대중적인 시라 와인이 나오고 있다. 대체로 중간 정도의 타닌 함량과 산도를 갖고 있으며, 복합성과 강도가 상대적으로 낮고 검은 후추 풍미가 난다.

남부 론에서는 그르나슈가 주요 품종이지만, 시라를 비롯한 여러 품종과 함께 블렌딩해 최고급 와인인 샤토뇌프-뒤-파프$^{\text{Châteauneuf-du-Pape}}$ AOP 와인을 생산한다. 좀 더 대중적인 코트 뒤 론$^{\text{Côte du Rhone}}$ AOP나 코트 뒤 론 빌라주$^{\text{Côte du Rhone Villages}}$ AOP 와인을 만들 때도 시라가 쓰인다.

남부 프랑스의 여러 지역에서는 블렌딩 와인을 생산할 때 품질을 높이기 위해 시라를 섞는다. 남부 프랑스에서는 IGP등급의 시라 와인도 생산한다.

### 호주

북부 론의 시라 와인에 비해 호주 쉬라즈 와인은 산도가 낮고 타닌이 부드러우며, 바디가 더 풍부한 편이다. 최고급 쉬라즈 와인이 나오는 곳은 대부분 기후가 덥다. 따라서 와인은 구운 자두나 블랙베리 같은 검은 과일의 풍미가 강하고 블랙 초콜릿과 달콤한 향신료 향이 나며, 민트나 유칼립투스의 허브 향도 나타난다. 또 프랑스보다 더 많이 오크를 사용하므로, 스모크, 바닐라, 코코넛 같은 풍미도 맛볼 수 있다.

유명한 생산지로는 **바로사 밸리**$^{\text{Barossa Valley}}$, **헌터 밸리**$^{\text{Hunter Valley}}$, **맥라렌 베일**$^{\text{McLaren Vale}}$ **등을 들 수 있다.** 바로사 밸리의 쉬라즈 와인은 무더운 기후 때문에 풍미가 특히 강하다. 좀 더 온화한 웨스턴 오스트레일리아, 쿠나와라, 빅토리아주의 중서부 산악 지대인 그램피안$^{\text{Gramphian}}$과 히스코트$^{\text{Heathcote}}$의 쉬라즈 와인은 바디가 좀 더 약한 대신 특유의 후추 향이 더 강하다.

호주에서는 쉬라즈를 다른 포도와 블렌딩하는 일이 빈번한데, 이를 통해 좀 더 복합적이면서 스타일과 품질이 균일한 고급 와인을 대량 생산할 수 있다. 고급 블렌딩 와인은 라벨에 세부적인 생산 지역 이름을 표시하기도 하지만, 저가 와인일 경우엔 사우스 오스트레일리아 또는 사우스 이스턴 오스트레일리아 등으로 적는 것이 일반적이다.

### 기타 지역

미국에서는 론 스타일의 시라 와인과 호주 스타일의 쉬라즈 와인이 함께 생산되고 있다. 남아프리카 공화국에서는 론 스타일의 시라 와인이 나온다. 칠레와 아르헨티나에서도 점차 재배량이 증가하고 있다.

## SYRAH/SHIRAZ
### 품종정리

| | | |
|---|---|---|
| 기후 | | 온화한, 따뜻한 기후 |
| 포도 재배 특성 | | 껍질이 두껍고, 늦게 싹을 틔우고 일찍 익는다. 내병성이 우수하다. |
| 선호하는 토양 유형 | | 배수가 잘되고 척박한 암석 토양 |
| 블렌딩 파트너 | | 그르나슈, 무르베드르, 비오니에, 생소, 카리냥, 카베르네 소비뇽 |
| 향/풍미 | | 중간+ 강도 |
| | 과일 | 붉은 과일(라즈베리), 타르트/검은 과일(블루베리, 블랙베리, 블랙체리, 검은 자두) |
| | 꽃 | 제비꽃, 라벤더 |
| | 허브 | 블랙/그린 올리브, 그린 페퍼콘, 허브 드 프로방스, 로즈마리 |
| | 향신료 | 화이트/블랙 페퍼, 주니퍼 베리 |
| | 오크 | 뉴트럴 배럴/캐스크 또는 뉴 프렌치 오크 사용 |
| | 기타 | 타르, 훈제육, 훈제, 베이컨, 반창고 Brettanomyces |
| 구조 | | · 드라이<br>· 중간+에서 높은 산도<br>· 중간+에서 높은 타닌<br>· 중간에서 높은 알코올<br>· 중간+에서 무거운 바디 |
| 타닌 질감 | | 견고하고 거친 타닌 |
| 생산지 | | 프랑스 북부 론, 호주 |

## 2.2.2.6. GRENACHE/GARNACHA 그르나슈/가르나차

**특징**

**스페인에서는 가르나차**Garnacha**라고 부르는 그르나슈**는 더운 기후를 좋아해 지중해와 접한 남부 유럽에서 많이 재배한다. 포도알이 크고 당분도 많지만, 산도는 낮으며 껍질이 얇아 타닌과 색소가 적다. 따라서, **와인을 만들면 색이 연하고 알코올 도수가 높은 풀 바디 와인이 된다.** 이런 특성은 로제 와인 생산에 유리하기 때문에, 남부 유럽의 여러 와인 생산지에서 **그르나슈를 사용한 로제 와인이 많이 생산된다.**

그르나슈로 만든 와인은 타닌과 산도가 낮아 쉽게 산화되고, 어린 상태에서도 와인의 가장자리가 갈색을 띠게 된다. 따라서 다른 포도를 함께 섞어 부족한 색소와 타닌, 산도를 보충해 준다. 그르나슈만 사용한 와인은 숙성을 통해 품질이 더 좋아지는 경우가 드물지만, 다른 품종을 블렌딩한 와인은 오크 숙성을 통해 복합적인 맛을 갖게 된다. 그르나슈로 만든 로제 와인은 대개 드라이한 풀 바디 와인으로, 딸기 같은 붉은 과일 풍미가 난다. 하지만 가벼우면서 과일 풍미가 강한 미디엄 스위트 로제 와인도 있다.

**향과 맛**

딸기나 라즈베리 같은 붉은 과일의 향과 흰 후추, 감초, 정향 같은 향신료 향이 특징이다. 숙성하면 과일 향이 약해지면서 토피tofee나 가죽 같은 동물성 향이 발달한다.

**생산지**

**프랑스**

**남부 론은 그르나슈의 대표적인 생산지이다.** 남부 론에서 와인을 만들 때에는 그르나슈만 사용하지 않고, 시라나 무르베드르Mourvèdre, 생소Cinsault 같은 포도를 블렌딩해서 그르나슈의 부족한 부분을 보충해 준다.

가장 뛰어난 와인은 그르나슈를 포함해 18개 품종을 블렌딩해서 만드는 샤토뇌프-뒤-파프 AOP이다. 그르나슈와 다른 포도를 블렌딩한 일반적인 와인으로는 코트 뒤 론 AOP가 있다. 이보다 좀 더 좋은 품질로 18개 마을에서 생산하는 와인은 코트 뒤 론 빌라주 AOP라는 명칭을 달고 있다. 이 와인들은 포도 수

● ● 2.2.2.                                                                    포도 품종 · 적포도

확량, 블렌딩 품종의 선택 그리고 양조 방식의 차이 때문에 품질과 스타일이 매우 다양하다.

**스페인**  스페인의 지중해 연안에서 가장 널리 재배하는 품종으로, 고급 와인도 있지만 대부분 저렴한 가격의 와인으로 대량 생산된다. **고급 와인 생산지로 프리오랏**<sup>Priorat</sup>**이 대표적이다.** 그 외의 리오하<sup>Rioja</sup>에서는 템프라니요<sup>Tempranillo</sup>나 다른 품종과 블렌딩해 만들고, 고급 와인은 거의 없다. 라 만차와 발데페냐스에서도 그르나슈를 사용한 저가의 와인이 많이 생산된다. 그르나슈로 만든 로제 와인의 대표적인 생산지는 나바라<sup>Navarra</sup>이다.

**호주**  호주에서는 쉬라즈와 그르나슈를 블렌딩해서 매우 부드러운 타닌과 풍부한 과일 향을 지닌 풀 바디 레드 와인을 생산한다. 사우스 오스트레일리아에서 나오는 와인은 좀 더 풀 바디하고 강렬하며 복잡한 풍미를 지니고 있다. 호주에선 쉬라즈와 그르나슈에 마타로<sup>Mataro</sup>라고 불리는 무르베드르<sup>Mourvèdre</sup>를 추가로 블렌딩한 와인을 많이 만드는데, 이러한 와인들을 일컬어 'GSMs' 와인이라고 부른다.

와인미학　　　　　● 와인의 맛과 품질

## GRENACHE/GARNACHA
### 품종정리

| | | |
|---|---|---|
| 기후 | 따뜻한, 더운 기후 | |
| 포도 재배 특성 | 껍질이 얇고 일찍 싹이 트며, 늦게 익고 수확량이 많다. 곰팡이병에 걸리기 쉽고, 쿨뤼르에 취약하다. 가뭄에 대한 저항력은 강하다. | |
| 선호하는 토양 유형 | 뜨겁고 건조하며, 돌이 많은 토양(편암 또는 화강암 등)<br>*관련 클래식 토양 유형 : 갈레, 리콜레냐 | |
| 블렌딩 파트너 | 무르베드르, 시라, 생소, 카리냥, 템프라니요 | |
| 향/풍미 | 중간+ 강도 | |
| | 과일 | 잘 익은 검은 과일(블루베리, 블랙베리, 블랙체리), 붉은 과일(라즈베리, 딸기, 붉은 자두, 레드 체리) |
| | 꽃 | 제비꽃, 장미 |
| | 허브 | 담배, 홍차 |
| | 향신료 | 후추, 정향 |
| | 병숙성 | 타르, 가죽 |
| | 오크 | 뉴트럴 큰 캐스크, 콘크리트 배트 혹은 뉴 프렌치 |
| 구조 | · 드라이<br>· 중간 산도<br>· 중간에서 중간+ 타닌<br>· 높은 알코올<br>· 중간+에서 무거운 바디 | |
| 타닌 질감 | 부드러운, 익은, 둥근 타닌 | |
| 생산지 | 프랑스 남부 론, 남부 프랑스, 스페인, 호주 | |

## 2.2.2.7. TEMPRANILLO 템프라니요

**특징**

이베리아반도 전역에서 재배하며, 온갖 다양한 스타일의 와인으로 생산되는 품종이다. 스페인에서는 최고급 와인부터 저렴한 와인까지 광범위하게 템프라니요를 사용하고 있다. 포르투갈에서는 강화 와인인 포트$^{Port}$의 재료로도 쓴다.

서늘한 기후와 백악질$^{chalky}$ 토양에서 가장 잘 자라며, '일찍$^{early}$'이란 뜻의 '템프라노$^{temprano}$'에서 유래한 이름처럼 포도 열매가 다른 포도보다 수 주일 정도 빨리 익는다. 타닌이 약하고 알코올 도수가 낮게 나오기 때문에, 와인을 만들 땐 다른 품종과 섞어야 가치가 살아난다. 템프라니요 외에 울 데 예브레$^{Ull\ de\ Llebre}$, 센시벨$^{Cencibel}$, 틴토 델 파이스$^{Tinto\ del\ Pais}$, 틴타 호리즈$^{Tinta\ Roriz}$, 아라고네즈$^{Aragonez}$ 등 다양한 이름으로 불린다.

| 와인미학 | ● 와인의 맛과 품질 |

### 향과 맛

템프라니요 와인은 색이 깊고 딸기, 자두, 블랙베리 같은 과일과 허브, 신선한 담뱃잎, 바닐라, 부드러운 가죽 등의 다양한 풍미가 난다.

### 생산지

**스페인의 리베라 델 두에로**<sup>Ribera del Duero</sup>**에서 최고급 와인이 나오며, 리오하에서는 숙성이 잘 된 고급 레드 와인이 생산된다.** 발데페냐스<sup>Valdepenas</sup>, 라 만차<sup>La Mancha</sup>에서는 오크로 숙성하지 않아 신선하고 과일 향이 강한 스타일의 와인이 만들어진다.

포르투갈에서는 다옹<sup>Dáo</sup>과 도우로<sup>Douro</sup>산 레드 와인에 사용된다. 강화 와인인 포트를 만들 때도 중요한 역할을 한다. 남부의 알렌테주<sup>Alentejo</sup>에서는 과일 향이 풍부한 스타일의 와인을 생산한다.

## TEMPRANILLO 품종정리

| | | |
|---|---|---|
| 기후 | 온화한, 따뜻한 기후 | |
| 포도 재배 특성 | 껍질이 두껍고, 일찍 싹이 트고 일찍 익는다. 곰팡이에 취약하다. | |
| 선호하는 토양 유형 | 석회질, 백악질 | |
| 블렌딩 파트너 | 가르나차, 그라시아노, 카리냥 | |
| 향/풍미 | 중간+ 강도 | |
| | 과일 | 붉은 과일(레드 체리, 라즈베리, 딸기, 레드커런트), 블랙베리, 검은 자두 |
| | 꽃 | 말린 꽃 |
| | 허브 | 담배, 딜 |
| | 향신료 | 정향, 바닐라 |
| | 병숙성 | 가죽, 흙 |
| | 오크 | 사용하지 않거나, 뉴 아메리칸/프렌치 오크, 바닐라, 코코넛 |
| 구조 | · 드라이<br>· 중간+에서 높은 산도<br>· 중간+에서 높은 타닌<br>· 중간에서 높은 알코올<br>· 중간, 중간+에서 무거운 바디 | |
| 타닌 질감 | 견고한 타닌 | |
| 생산지 | 스페인 | |

## 2.2.2.8. NEBBIOLO 네비올로

**특징**

네비올로의 어원은 안개를 뜻하는 '네비아<sup>nebbia</sup>'이다. 피에몬테의 늦가을 언덕을 뒤덮는 짙은 안개를 따라 이름이 만들어졌다. 네비올로는 추위에 강한 품종으로, 높은 산도와 타닌 함량, 알코올을 가진 풀 바디 와인으로 생산된다. 또한, 오크와 친화력이 있어 장기 숙성이 가능하다.

**향과 맛**

**네비올로로 만드는 바롤로<sup>Barolo</sup> 와인은 타닌 함량과 산도, 알코올 도수가 높은 편이다.** 와인에선 농축된 과일 풍미가 난다. 잘 숙성된 바롤로 와인은 장미나 바이올렛 같은 꽃향기, 딸기와 레드 체리 같은 과일 향, 송로버섯, 낙엽 같은 식물성 향, 담배의 타르와 감초, 가죽 같은 향 등 다양한 아로마를 느끼게 해 준다.

**생산지**

이탈리아 북서부 피에몬테의 바롤로와 바르바레스코<sup>Barbaresco</sup>가 유명하다.

●● 2.2.2.   포도 품종 - 적포도

## NEBBIOLO
### 품종정리

| | | |
|---|---|---|
| 기후 | 온화한 기후 | |
| 포도 재배 특성 | 높은 활력을 보이며, 껍질은 두껍다. 일찍 싹이 트고 늦게 숙성(최소한 바르베라보다 2주 후, 돌체토보다는 4주 후)하는 특성이 있다. 노균병엔 취약하나, 다른 곰팡이에 대한 내성은 강하다. | |
| 선호하는 토양 유형 | 석회질 이회토 및 사질토양 | |
| 블렌딩 파트너 | 단일 품종 | |
| 향/풍미 | 강렬한 강도 | |
| | 과일 | 레드커런트, 딸기, 크랜베리, 붉은 자두, 레드 체리 |
| | 꽃 | 제비꽃, 장미 |
| | 허브 | 담배, 나무껍질 |
| | 병숙성 | 젖은 잎, 퇴비, 버섯, 숲 바닥 |
| | 오크 | 뉴트럴 라지 캐스크(Slavonian Oak 및 Chestnut Botti는 바롤로의 전통적인 캐스크로 간주) |
| 구조 | · 드라이<br>· 높은 산도<br>· 높은 타닌<br>· 높은 알코올<br>· 무거운 바디 | |
| 타닌 질감 | 견고하고, 건조한, 거칠고 떫은 타닌 | |
| 생산지 | 이탈리아 피에몬테 | |

## 2.2.2.9. BARBERA 바르베라

**특징**

이탈리아 적포도 품종 중 세 번째로 많이 생산되는 품종이다. 피에몬테 품종으로 알려졌지만, 최근 DNA검사 결과, 품종 기원이 불분명한 것으로 밝혀졌다. 19세기 필록세라 파동 이후, 바르베라는 뿌리 접목을 하면서 아스티 지역의 주요 품종으로 자리 잡았다.

**짙은 루비색을 띠고, 높은 산도와 낮은 타닌 함량을 보인다.** 풍미에서는 라즈베리, 사워 체리, 말린 체리 등 붉은 과실 캐릭터를 지니고, 양질의 햇볕에서 포도가 잘 익었을 때는 블랙베리와 같은 검은 과실 특성도 찾을 수 있다. 오크를 이용해 장기 숙성이 가능한 스타일로도 생산한다.

**생산지**

바르베라는 피에몬테와 롬바르디아 지역에서 주로 생산되는 적포도 품종이다. 네비올로, 돌체토와 함께 피에몬테의 주요 포도 품종으로 분류되며, 바르베라 달바 Barbera d'Alba DOC, 바르베라 다스티 Barbera d'Asti DOCG에서 이를 사용해 뛰어난 품질의 와인을 생산한다.

## 2.2.2.

### BARBERA 품종정리

| | | |
|---|---|---|
| 기후 | 온화한 기후 | |
| 포도 재배 특성 | 중간 정도의 숙성을 보이며, 활력이 넘친다.<br>백분병과 피어스병에 취약하다. | |
| 선호하는 토양 유형 | 석회질 이회토 및 사질 토양 | |
| 블렌딩 파트너 | 크로아티나, 네비올로 | |
| 향/풍미 | 중간+ 강도 | |
| | 과일 | 붉은(사워) 체리, 라즈베리, 블랙베리 |
| | 꽃 | 라벤더 |
| | 허브 | 티, 말린 허브 |
| | 오크 | 뉴트럴 라지 캐스크, 뉴 프렌치 배럴 |
| 구조 | · 드라이<br>· 높은 산도<br>· 중간 타닌<br>· 중간 또는 높은 알코올<br>· 중간 혹은 중간+ 바디 | |
| 타닌 질감 | 부드러운 타닌 | |
| 생산지 | 이탈리아 피에몬테 | |

## 2.2.2. 10. CORVINA 코르비나

**특징**

코르비나는 열매가 늦게 익고 곰팡이에 취약해서 수확 시기에 내리는 비를 조심해야 한다. 또한 나무의 활력이 왕성하기 때문에 수확량을 조절하는 것이 포도의 품질을 좌우한다.

코르비나 100%, 혹은 코르비나가 블렌딩의 주를 이루면, 맑고 투명한 루비색에 사워 체리, 높은 산도, 부드러운 타닌의 가벼운 와인이 만들어진다. 단일 품종보다는 론디넬라Rondinella, 몰리나라Molinara 품종과 블렌딩되어 와인이 만들어진다. 코르비나는 이 세 품종 중 가장 우수한 품종으로 알려져 있다.

**생산지**

코르비나는 이탈리아 북동쪽의 베네토Veneto 지역에서 태어났다. 정식 이름은 '코르비나 베로네제Corvina Veronese'이다. 베네토의 바르돌리노Bardolino, 발폴리첼라Valpolicella 지역에서 주로 생산된다.

**풀 바디에 말린 과실 풍미가 진한 아마로네 델라 발폴리첼라**Amarone della Vapolicella, **당도가 높은 레치오토 델라 발폴리첼라**Recioto della Valpolicella**가 바로 실내에서 건조한 코르비나로 생산하는 와인이다.** 수분이 증발하고 당분과 산이 응축된 포도의 당분을 전부 발효하면 아마로네로 만들어지고, 중간에 발효를 멈추고 당분을 남기면 레치오토로 만들어진다.

## 2.2.2.

포도 품종 - 적포도

### CORVINA 품종정리

|  | |  |
|---|---|---|
| 기후 | | 온화한 기후 |
| 포도 재배 특성 | | 두꺼운 껍질과 작은 베리를 가지며, 높은 활력을 보인다. 곰팡이와 추위에 대한 저항력이 강하다. |
| 선호하는 토양 유형 | | 석회질 이회토 및 사질토양 |
| 블렌딩 파트너 | | 코르비논, 론디넬라, 몰리나라 |
| 향/풍미 | | 중간+ 또는 강렬한 강도 |
| | 과일 | 붉은 과일(레드 체리, 붉은 자두, 라즈베리), 블랙베리 |
| | 꽃 | 장미, 말린 꽃 |
| | 향신료 | 감초, 시나몬 |
| | 오크 | 뉴트럴 라지 캐스크, 뉴 배럴 |
| | 기타 | 타르, 가죽, 담뱃재 |
| 구조 | | · 드라이 또는 오프 드라이<br>· 중간+ 또는 높은 산도<br>· 중간+ 타닌<br>· 중간 또는 높은 알코올<br>· 중간 또는 무거운 바디 |
| 타닌 질감 | | 실키하고 벨벳 같은 타닌 |
| 생산지 | | 이탈리아 베네토 |

## 2.2.2.11. SANGIOVESE 산지오베세

**특징**

이탈리아 중서부 지역의 대표 포도로 높은 산도, 적당한 타닌, 풍부한 과일 향을 갖고 있다. 산지오베세로 만드는 키안티<sup>Chianti</sup> 와인은 석류석처럼 검붉은 빛깔에 균형 잡힌 높은 산도와 적당한 타닌을 지닌 미디엄 바디의 와인으로, 일반 키안티부터 리제르바<sup>Riserva</sup> 같은 최상품에 이르기까지 다양한 품질을 지니고 있다. 또한 키안티 클라시코<sup>Chianti Classico</sup>, 비노 노빌레 디 몬테풀치아노<sup>Vino Nobile di Montepulciano</sup>, 브루넬로 디 몬탈치노<sup>Brunello di Montalcino</sup> 같은 다양한 스타일의 와인으로도 만들어진다. 카베르네 소비뇽 같은 글로벌 품종과 함께 블렌딩해 소위 슈퍼 투스칸<sup>Super-Tuscans</sup>이라 불리는 와인을 만들기도 한다.

**향과 맛**

산지오베세 와인은 높은 산도와 때때로 찻잎의 여운을 느낄 수 있는 떫은 타닌을 지닌 미디엄에서 풀 바디 와인이다. 어린 와인의 풍미는 사워 체리<sup>sour cherry</sup>라는 한마디로 표현할 수 있다. 최상급 와인은 딸기와 레드 체리, 서양 자두 같은 붉은 과일의 풍미에 담배나 허브 같은 풍미가 더해져 복합적인 특성을 보여 준다.

**생산지**

이탈리아 중부와 남부 전역에서 널리 재배하며, 토스카나<sup>Toscana</sup>가 가장 대표적인 고급 와인 생산지이다. 미국, 호주, 남미 등지에서도 재배하지만 생산량은 미미하다.

## SANGIOVESE
### 품종정리

| | | |
|---|---|---|
| 기후 | | 온화한, 따뜻한 기후 |
| 포도 재배 특성 | | 껍질이 얇고 늦게 익으며, 생장력이 좋고 환경에 잘 적응한다. 곰팡이에 민감하다. |
| 선호하는 토양 유형 | | 척박, 석회질, 갈레스트로Galestro(marl-like), 알베레즈Alberese |
| 블렌딩 파트너 | | 카나이올로 네로Canaiolo Nero, 콜로리노Colorino, 카베르네 소비뇽Cabernet Sauvignon, 메를로Merlot |
| 향/풍미 | | 중간+ 강도 |
| | 과일 | 붉은 과일(사워 체리, 라즈베리, 크랜베리, 레드커런트), 블랙체리 |
| | 꽃 | 말린 꽃 |
| | 허브 | 회향, 타임, 로즈마리 |
| | 향신료 | 정향, 커피 |
| | 병숙성 | 가죽, 타르, 동물 |
| | 오크 | 사용하지 않거나, 뉴트럴 라지 캐스크, 뉴 프렌치 오크 |
| 구조 | | · 드라이<br>· 중간+에서 높은 산도<br>· 중간+에서 높은 타닌<br>· 중간에서 높은 알코올<br>· 중간, 중간+에서 무거운 바디 |
| 타닌 질감 | | 촘촘하고, 각지며, 견고하고 드라이한 타닌 |
| 생산지 | | 이탈리아 토스카나 |

## 2.2.2.12. MONTEPULCIANO 몬테풀치아노

**특징**

포도나무의 왕성한 활력으로 대량 생산이 가능하다. 포도 열매는 천천히 익는다. 일반적으로 중간 바디에 낮은 산도, 부드러운 타닌, 짙은 색상, 그리고 검은 과실 풍미의 와인이 만들어진다. 장기 숙성형보다는 일찍 마시는 와인으로 만들어지는데, 오래된 포도나무에서 수확한 몬테풀치아노는 오크통 숙성 후 10년 이상 장기 보관이 가능한 와인으로도 만들어진다.

**생산지**

**몬테풀치아노는 이탈리아 중부의 아브루쪼**Abruzzo**, 마르케**Marche **지역에서 널리 재배되는 적포도 품종이다.** 특히 몬테풀치아노 다브루쪼Montepulciano d'Abruzzo DOC에서 단일 품종, 혹은 블렌딩의 주요 품종으로 양질의 와인을 만들어 낸다. 토스카나의 비노 노빌레 디 몬테풀치아노 DOCG는 산지오베세를 주로 사용하는 지역으로, 몬테풀치아노 품종과 관련이 없다. 몬테풀치아노는 이탈리아 중부뿐만 아니라 남부의 풀리아, 캘리포니아의 로디, 파소 로블레스, 호주, 그리고 뉴질랜드에서도 소량 재배되고 있다.

## MONTEPULCIANO 품종정리

| 기후 | 따뜻한 기후 |
|---|---|
| 포도 재배 특성 | 껍질이 두껍고 늦게 익으며, 생장력이 높고 백분병과 보트리티스에 강하다. |
| 선호하는 토양 유형 | 석회암, 점토 |
| 블렌딩 파트너 | 산지오베세 |

| 향/풍미 | 중간 강도 | |
|---|---|---|
| | 과일 | 검은 과일(블랙체리, 블랙베리, 검은 자두) |
| | 향신료 | 바닐라, 초콜릿 |
| | 병숙성 | 가죽, 타르, 동물 |
| | 오크 | 사용하지 않거나 뉴트럴 라지 캐스크, 뉴 프렌치 오크 |

| 구조 | · 드라이<br>· 중간+에서 높은 산도<br>· 중간+에서 높은 타닌<br>· 중간에서 높은 알코올<br>· 중간, 중간+ 바디 |
|---|---|
| 타닌 질감 | 부드러운 타닌 |
| 생산지 | 이탈리아 아브루쪼 |

## 2.2.2.13. ZINFANDEL/PRIMITIVO 진판델/프리미티보

**특징**

19세기 초 캘리포니아로 건너온 크로아티아 토착 품종으로, 프리미티보 Primitivo와 같은 포도이다. **진판델은 하나의 포도송이에 맺힌 포도알의 익는 속도가 제각기 달라서**, 포도송이가 다 익을 즈음엔 포도알의 10~15%가 건포도처럼 마른 상태가 된다. 수확한 진판델은 당연히 당도가 높고, 이를 발효시켜 만든 와인 또한 알코올 도수가 높다. 발효 후에도 잔당이 남아 있는 경우가 있어 진판델 와인은 **드라이 혹은 오프 드라이하다.**

**향과 맛**

진판델 와인의 풍미는 전적으로 포도가 익은 상태에 따라 좌우되는데, 포도의 당도에 따라 딸기, 라즈베리, 블랙베리, 검은 자두 순으로 풍미가 달라진다. 기후가 서늘하면 라즈베리처럼 붉은 과일 풍미가 우세해진다. 기후가 따뜻하면 블랙베리와 말린 과일, 아니스 anise 풍미가 난다.

**생산지**

캘리포니아 여러 지역에서 생산하며, 소노마 카운티, 로디 Lodi, 산타 크루즈 마운틴 Santa Cruz Mountain 등이 주요 생산지이다.

## ZINFANDEL/PRIMITIVO
### 품종정리

| | | |
|---|---|---|
| **기후** | 따뜻한 기후 | |
| **포도 재배 특성** | 껍질이 얇고 열매가 작다. 중간 정도의 숙성을 보이며, 차등적이며 고르지 못하게 숙성한다. | |
| **선호하는 토양 유형** | 다양 | |
| **블렌딩 파트너** | 카리냥, 그르나슈 | |
| **향/풍미** | 중간에서 강렬한 강도 | |
| | 과일 | 잼/브램블리 베리 과일(라즈베리, 블랙체리, 설탕에 절인 과일, 블랙베리, 카시스), 크랜베리, 무화과 |
| | 비과일 | 후추, 흙 |
| | 오크 | 뉴 아메리칸 오크, 프렌치 오크 또는 혼합 배럴 (바닐라, 코코넛, 초콜릿, 모카, 커피, 캐러멜, 딜, 계피) |
| **구조** | · 드라이<br>· 중간에서 높은 산도<br>· 중간에서 중간+ 타닌<br>· 중간에서 높은 알코올<br>· 중간, 무거운 바디 | |
| **타닌 질감** | 잘 익은 타닌 | |
| **생산지** | 캘리포니아, 이탈리아 풀리아 | |

## 2.2.2.14. PINOTAGE 피노타지

**특징**

남아프리카 공화국을 대표하는 적포도로, 1925년 스텔렌보쉬 대학Stellenbosch University 포도 재배학과의 아브라함 이자크 페롤드Abraham Izak Perold 교수가 생소와 피노 누아를 교배해서 만들었다. 단일 품종 와인이나 블렌딩 와인, 강화 와인이나 레드 스파클링 와인 생산에 사용된다.

**향과 맛**

피노타지 와인은 일반적으로 붉은색 혹은 검은색 베리류 과일의 향이 풍부하고, 미디엄 또는 풀 바디하다. 올드 바인 피노타지는 과일 향 외에 스모크, 흙, 고기 같은 복합적인 풍미를 지닌다.

**생산지**

남아프리카 공화국의 코스탈 지역이 주요 생산지이다.

## PINOTAGE
### 품종정리

| | | |
|---|---|---|
| **기후** | 따뜻한 기후 | |
| **포도 재배 특성** | 껍질이 두껍고, 중간 발아와 중간 정도의 숙성의 특성을 보인다. 곰팡이에 취약하다. | |
| **선호하는 토양 유형** | 수분이 많은 토양 | |
| **블렌딩 파트너** | 카베르네 소비뇽, 메를로, 시라 | |
| **향/풍미** | 중간+ 강도 | |
| | 과일 | 검은 과일(블랙체리, 블랙베리), 무화과 |
| | 향신료 | 정향 |
| | 오크 | 뉴 오크 |
| | 기타 | 바비큐 |
| **구조** | ・드라이<br>・중간에서 중간+ 산도<br>・중간에서 높은 타닌<br>・중간+에서 높은 알코올<br>・중간+ 바디 | |
| **타닌 질감** | 잘 익은, 실크같은, 둥근 타닌 | |
| **생산지** | 남아프리카 공화국 | |

## 2.2.2.15. MALBEC 말벡

**특징**

프랑스 보르도 지역이 원산지이다. **말벡은 진하고 선명한 색감, 적당한 산미, 부드러운 과일 향을 지녀 마시기 무난한 와인을 만들 수 있다.** 카베르네 소비뇽과 마찬가지로 강한 타닌이 있어 프랑스에서는 다른 품종과 블렌딩할 때 주로 쓰인다. '코Cot' 또는 '프레삭Pressac'이라는 별칭으로 불리며, 프랑스 남서부의 카오르Cahors에서는 '오세루아Auxerrois'라고 부른다.

**향과 맛**

타나Tannat 혹은 메를로Merlot 품종과 블렌딩해서 만든 것이 카오르 와인이다. 색상이 짙고 검은 과일 향과 오크 향에 흙냄새가 난다. 보르도 와인보다 세련된 맛은 부족하지만, 느낌은 더 풍부하고 강렬하다. 아르헨티나 멘도사주의 말벡 와인은 좀 더 무거운 바디의 와인을 생산한다. 검은 자두, 블랙체리, 커피, 초콜릿, 바닐라, 바이올렛 꽃 향이 난다.

**생산지**

한때 프랑스의 보르도와 루아르 지방에서 많이 재배했지만, 카베르네 소비뇽이나 메를로에 밀려 거의 사라지고 말았다. 프랑스에서 아직도 많이 재배하고 있는 곳은 남서부 지역으로, 메를로와 타나를 함께 블렌딩한 와인을 만들고 있다. 이 와인은 색이 매우 짙어 '검은 와인black wine'이라 불린다.

반면 칠레와 아르헨티나에서는 매우 번성하고 있다. 특히 아르헨티나에서는 가장 대표적인 포도로 자리 잡았다. 멘도사주는 말벡을 재배하기에 최적의 환경을 갖추었고, 이곳의 말벡 와인은 전 세계적으로 최고 수준이다.

## 2.2.2.

**MALBEC**
품종정리

| | | |
|---|---|---|
| 기후 | 따뜻한 기후 | |
| 포도 재배 특성 | 껍질이 두껍고, 싹이 일찍 트고 일찍 익는다(보르도 품종의 경우). 중간 크기의 느슨한 송이를 가지며, 서리 및 많은 질병에 취약하나 곰팡이에 내성이 강하다. | |
| 선호하는 토양 유형 | 다양 | |
| 블렌딩 파트너 | 카베르네 소비뇽, 카베르네 프랑, 메를로, 프티 베르도 | |
| 향/풍미 | 중간에서 강렬한 강도 | |
| | 과일 | 검은 과일(블루베리, 블랙 체리, 블랙베리, 검은 자두), 붉은 과일(라즈베리 리큐어), 무화과 |
| | 꽃 | 제비꽃 |
| | 허브 | 약간의 녹색 노트 |
| | 향신료 | 초콜릿, 시나몬 |
| | 오크 | 새로운 프렌치 및 / 또는 아메리칸 오크, 바닐라, 초콜릿, 시나몬 |
| 구조 | · 드라이<br>· 중간에서 높은 산도<br>· 중간에서 높은 타닌<br>· 중간에서 높은 알코올<br>· 중간, 무거운 바디 | |
| 타닌 질감 | 잘 익은, 견고한 타닌 | |
| 생산지 | 프랑스 보르도, 카오르, 아르헨티나 | |

## 2.2.2.16. **CARMENERE** 카르메네르

**특징**

카르메네르로 만든 와인은 색상이 진하고 타닌이 많지만, 질감은 매우 부드럽다. 미디엄 혹은 풀 바디의 와인으로 산도와 알코올 도수는 중간 이상이다. 종종 카베르네 소비뇽이나 메를로와 블렌딩된다.

**향과 맛**

블랙베리 같은 검은 과일 향이 풍부하며 후추 같은 매콤한 향신료 향도 있다. 덜 익은 포도로 만들면 톡 쏘는 피망이나 녹색 콩의 풍미가 나며, 고급 와인은 숙성을 통해 초콜릿, 커피, 시가 향 등이 난다.

**생산지**

원산지인 보르도에서는 멸종했으나 **칠레에서 활발하게 재배되고 있다.** 센트럴 밸리 곳곳에서 볼 수 있지만, 가장 우수한 생산지는 카차포알 밸리 Cachapoal Valley이다.

## CARMENERE
품종정리

| | | |
|---|---|---|
| 기후 | 따뜻한 기후 | |
| 포도 재배 특성 | 껍질이 두껍고, 싹이 일찍 트고 늦게 익는다. 쿨뤼르에 취약하나, 곰팡이에 내성이 강하다. | |
| 선호하는 토양 유형 | 점토 | |
| 블렌딩 파트너 | 카베르네 소비뇽, 카베르네 프랑, 메를로, 시라 | |
| 향/풍미 | 중간+ 강도 | |
| | 과일 | 검은 과일(블루베리, 블랙커런트, 블랙체리, 블랙베리, 검은 자두) |
| | 꽃 | 제비꽃 |
| | 식물성 | 피망 |
| | 향신료 | 검은 후추 |
| | 오크 | 뉴 프렌치 및 / 또는 아메리칸 오크, 바닐라, 초콜릿, 시나몬 |
| 구조 | · 드라이<br>· 중간에서 높은 산도<br>· 중간+ 타닌<br>· 높은 알코올<br>· 중간+에서 무거운 바디 | |
| 타닌 질감 | 견고한 타닌 | |
| 생산지 | 칠레 | |

# 2.3. ENVIRONMENT
## 생장 환경

**포도나무**

    포도나무는 여러 해 동안 자라는 다년생 식물로, 햇빛을 많이 필요로 하며 배수가 잘 되는 토양에서 잘 자란다. 주기적인 가지치기를 통해 최적의 생장을 유도하고 고품질의 포도를 생산할 수 있다.

    포도나무는 뿌리와 나무의 주 동체인 밑동(트렁크 trunk), 그리고 옆으로 퍼져 나간 줄기(암 arm 또는 코르동 cordon)로 이루어져 있다. 줄기의 눈(버드 bud)에서 짧은 줄기가 자라나는데, 승마용 장화의 박차(스퍼 spur)와 닮았다고 해서 스퍼라고 한다. 스퍼에서 나온 눈이 싹이 트고 자라면 새 가지(슈트 shoot)가 된다. 이 새 가지에는 포도 잎과 포도송이가 맺히며, 줄기의 끝은 덩굴 형태로 자라난다.

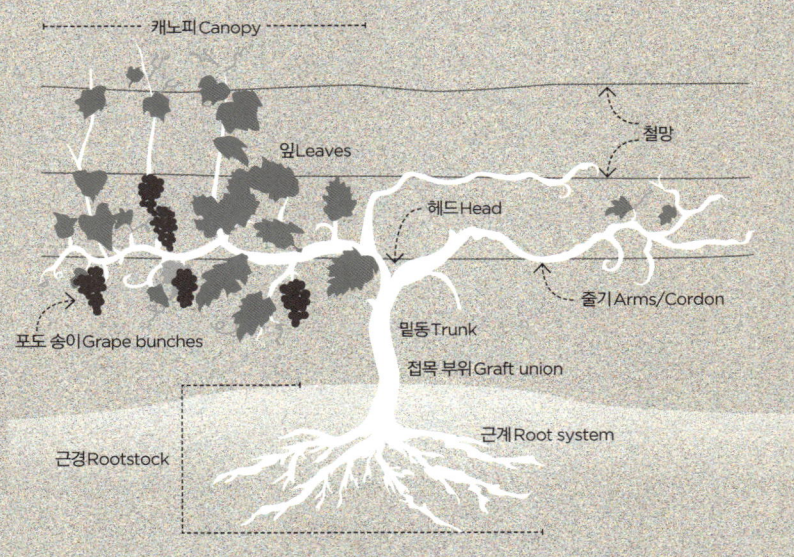

**자연환경**

    포도 재배에 있어 주요 요소들을 쉽게 이해하려면, 포도원의 설립 과정을 살펴보면 된다. 포도원을 설립할 때 가장 중요한 것은 위치를 선정하는 것인데, 이때 고려해야 할 주요 사항은 기후, 위치 조건, 그리고 토양이다.

●● 2.3.　　　　　　　　　　　　　　　　　　　　　　　　생장 환경

**기후**　　　　한 지역이 포도를 기르기에 적합한지, 어떤 품종의 포도가 제일 적합한지는 전적으로 그 지역의 기후에 의해 결정된다고 할 수 있다. 따라서 포도원의 위치를 선정할 때 맨 먼저 고려해야 할 것은 그 지역의 ❶대기후<sup>macroclimate</sup>이다. 기후에는 아래 그림에 나타난 대로 대기후 이외에 ❷중기후<sup>site climate/mesoclimate</sup>와 ❸미세기후<sup>microclimate</sup>가 있다. 중기후는 포도원의 지형과 방향 등에 의해 결정되며, 미세기후는 포도나무 근처의 기후 조건에 따라 결정된다. 특정 해의 날씨는 와인 스타일과 빈티지의 정도, 그해 포도의 성장과 수확 시기를 좌우한다.

**생장 기후 : 대기후** →

한편 포도원 설립을 위해 고려해야 할 기후 요소에는 기온, 일조량, 강수량, 습도, 바람, 서리의 발생 등이 있다.
　　**기온은 기후의 여러 가지 요소 중 가장 중요하다.** 포도가 성장하고 숙성되는 동안 색소, 향기, 맛을 내는 화합물과 타닌 등이 생성되는 화학적 과정이 동반되는데, 이 과정은 기온 10°C에서 시작하여 16~17°C까지 온도에 비례하여 속도가 증가한다. 그리고 그보다 높은 기온에서는 보다 완만한 증가세를 보이며, 22~25°C에서 최대치를 이룬다. 만일 기온이 그보다 높다면 속도는 늘지 않고 정체된다.

광합성Photosynthesis 작용도 기온에 민감하게 반응한다. 광합성은 포도나무가 물과 이산화탄소를 흡수한 후 태양으로부터 받은 에너지를 이용해 포도 잎에서 당분을 합성하는 화학 작용이다. 광합성을 돕는 효소enzyme는 18~33°C 사이에서 가장 활발하게 작용한다. 따라서 이 온도 범위에 있을 때 광합성이 제일 활발하게 진행된다.

포도가 익으면서 산이 감소하는 주요 원인은 사과산이 분해되기 때문이다. 이에 관여하는 효소의 작용 역시 온도에 따라 민감하게 변화한다. 온도가 높으면 효소 작용이 활발해진다. 같은 포도로 만든 와인인데도, 더운 지방에서 만든 와인이 추운 지방의 와인보다 산도가 낮게 나타나는 것도 이 때문이다. 타닌의 성질 역시 기온에 좌우된다. 서늘한 곳에서는 거칠고 날카롭지만, 더운 곳에서는 둥글고 부드러워진다. 결론적으로, 포도가 좋아하는 온도는 너무 덥거나 춥지 않은 중간 온도이다. 실제로 세계의 모든 와인 생산지가 남반구, 북반구의 위도 30~50도 사이에 있는 온대 기후 지역에 분포해 있다.

햇빛은 기온을 올려주는 간접적인 효과는 있으나 포도 열매 안에서 각종 화합물이 생성되는 과정에 직접적인 영향을 주지는 않는다. 그러나 햇빛은 광합성에 필요한 에너지를 제공하므로, 포도의 당도와 산출량에 중대한 영향을 미친다.

### ❷ 중기후 Site climate/Mesoclimate

중기후는 몇 년에서 몇 십 년 동안의 기후 변동으로,
다음과 같은 주요 요소들로 이루어진다.

➡ 생장 기후 : 중기후

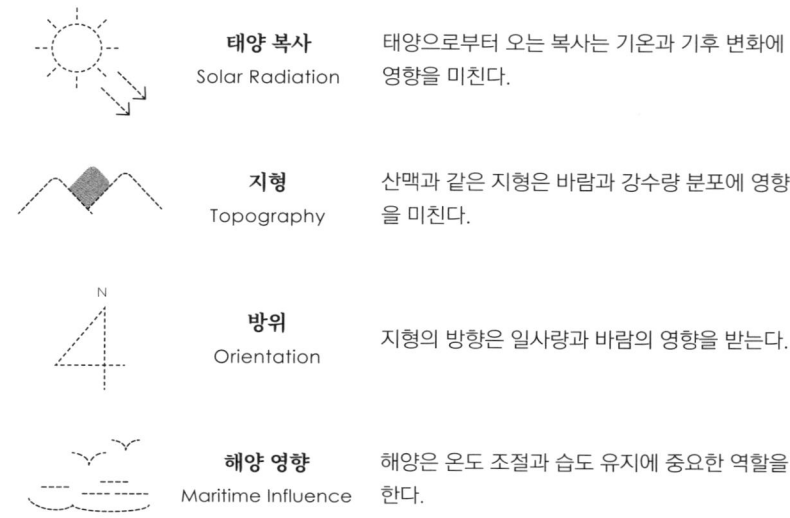

| | 태양 복사 Solar Radiation | 태양으로부터 오는 복사는 기온과 기후 변화에 영향을 미친다. |
| | 지형 Topography | 산맥과 같은 지형은 바람과 강수량 분포에 영향을 미친다. |
| | 방위 Orientation | 지형의 방향은 일사량과 바람의 영향을 받는다. |
| | 해양 영향 Maritime Influence | 해양은 온도 조절과 습도 유지에 중요한 역할을 한다. |

## 2.3. 생장 환경

**포도의 성장에 필요한 일조량은 기온에 따라 다르다.** 다시 말해, 더운 지방에서는 추운 지방보다 포도의 대사 작용에 더 많은 에너지가 사용되기 때문에, 같은 수치의 당도를 얻으려면 더 많은 일조량이 필요하다. 광합성 반응 속도는 햇빛이 강할수록 증가하지만, 제일 밝은 햇빛의 1/3 정도에서 이미 포화 상태가 된다. 뿐만 아니라 강한 햇빛 아래에서 온도와 습도까지 높을 경우 오히려 광합성 반응이 떨어진다. 따라서 강한 햇빛이 반드시 유리하다고 볼 수 없으며, 구름이나 안개가 낀 상태에서도 광합성은 일어날 수 있다.

### ❸ 미세기후 Microclimate

미세기후는 포도밭의 특정 구역이나 개별 포도나무 주변에서 발생하는 지역적이고 단기적인 기후 조건으로, 다음과 같은 요소들로 이루어진다

➡ 생장 기후 : 미세기후

**식물 관리**
Vegetation Management

가지치기 등 포도밭 관리 방법이 기후에 영향을 미친다.

**토양 습도**
Soil Moisture

토양의 습도 상태는 포도나무의 생장에 영향을 미친다.

**뿌리 상태**
Root Condition

뿌리의 건강 상태는 포도나무의 전반적인 생육에 중요한 요소로 나타난다.

**바람**
Wind

바람은 통풍과 병충해 관리에 중요한 역할을 한다.

**포도가 정상적으로 생육하려면 연 700mm정도의 강수량이 필요하다.** 상대 습도가 낮은 곳은 포도 잎에서 수분이 증발하는 속도가 빨라 광합성 작용이 활발하게 일어날 수 없다. 이런 경우, 인공적으로 물을 공급해 주기도 한다. 반대로 인공 급수의 정도가 심할 경우, 포도나무의 뿌리가 땅속 깊숙이 자라지 않아 포도나무의 성장에 필요한 광물질의 섭취를 저해할 수 있다. 그래서 대부분의 유럽 국가에서는 인공 급수를 제한하고 있다. 앞의 경우와 달리 강수량이 많아 상대 습도가 높고 수분의 증발 속도가 느린 곳에서는 수분 부족의 문제는 없지만, 곰팡이 관련 병해를 조심해야 한다.

**적당한 속도의 바람은 비가 온 후 포도 잎을 빨리 마르게 해서 곰팡이 관련 병해가 발생하는 것을 방지해 준다.** 그러나 바람이 너무 세면 나무의 성장을 저해하므로 바람막이가 필요하다. 바다나 강 또는 호수와 같은 큰 부피의 물은 기온의 급격한 변화를 막아주므로 포도 생육에 유리한 환경을 조성해 준다.

일단 포도 재배에 적합한 지역으로 판단되면, 포도원 설립 후보지의 중기후를 검토한다. **기후가 같은 지역이라도 북반구에서는 남향, 남반구에서는 북향의 완만한 경사지가 햇빛을 더 많이 받을 수 있을 뿐만 아니라 배수와 통풍이 좋아 포도 재배에 유리하다.** 그러나 경사가 심하면 기계 사용이 힘들어 포도원 관리 비용이 늘어나는 단점이 있다. 경사지의 제일 아래쪽은 낮은 온도의 공기가 모이기 때문에 이른 봄에 서리가 내릴 확률이 높다. 서리는 봄에 돋아나는 새싹을 얼어 죽게 해 한 해 포도 농사를 망칠 수도 있으므로 이런 지역은 피해야 한다.

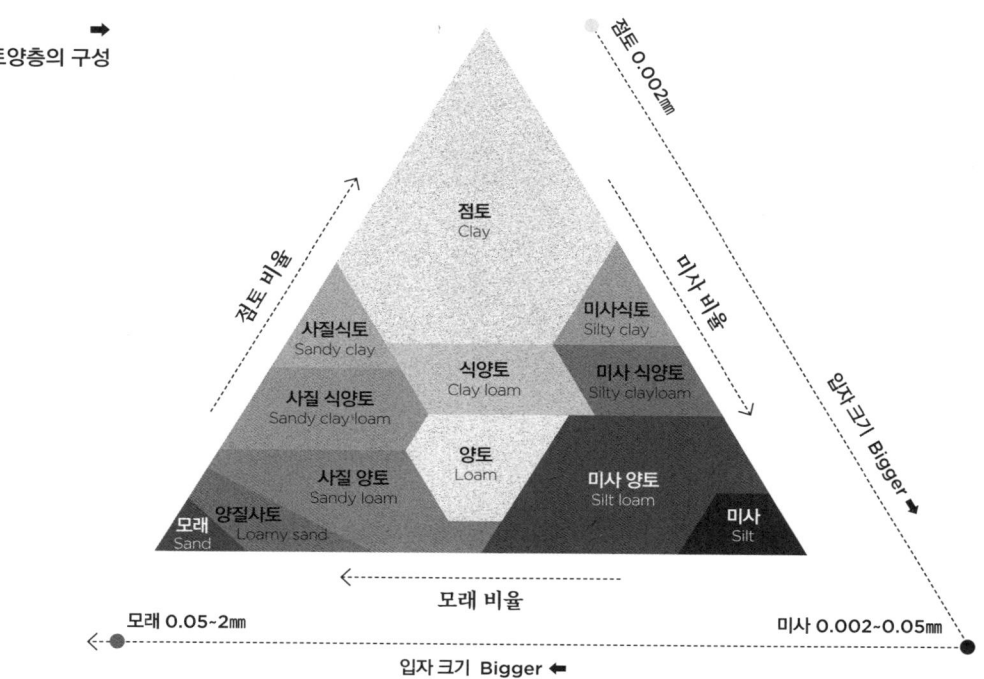

## ●● 2.3. 생장 환경

**토양**

**포도원 후보지의 기후 조건이 적합하다면 그곳의 토양이 포도 재배에 적합한지 살펴본다.** 포도나무는 필요한 물과 영양분을 뿌리를 통해 토양으로부터 공급받는다. 좋은 흙은 모래와 옥토, 진흙이 균형을 잘 이룬 것이다. 이런 흙은 공기가 잘 통하고 배수가 잘되며 동시에 함수량도 높다. 포도나무는 땅속 1.8m 정도까지 깊이 뿌리를 내리는 식물이다. 따라서 암반층이 나오기 전까지 토양층이 적당히 깊어야 나무가 제대로 뿌리내릴 수 있다.

또한, 배수가 원활해 뿌리 깊은 곳까지 수분이 공급되어야 바람직하다. 배수가 잘되는 흙은 땅의 온도도 상대적으로 높아 포도나무의 성장에 도움을 준다. 이러한 조건을 만족하는 흙은 사질 양토(샌디 로움 sandy loam)와 점질 양토(로움 클레이 loam clay) 사이의 각종 토양이다. 사질 양토는 모래 75%, 토사 실트 silt 10%, 진흙 10% 정도로 구성돼 있으며, 점질 양토는 모래 55%, 토사 10%, 진흙 35% 정도로 이루어져 있다. 진흙과 침적토는 배수와 통기성이 나빠 포도 생육에 부적합하다.

**포도나무의 성장은 과실 성장과 식물 성장이라는 두 가지 측면으로 나누어 볼 수 있다.** 좋은 품질의 포도를 얻기 위해서는 과실과 식물 성장의 균형이 중요하다. 만약 과실 성장이 식물 성장을 압도하면, 당분 공급을 필요로 하는 열매의 양은 많고 광합성으로 당분을 공급해 줄 포도 잎은 부족해 포도의 품질이 나빠지게 된다. 반대의 경우에는 광합성으로 만들어진 당분이 잎과 줄기 등의 성장에 과도하게 쓰여 미처 포도 열매에는 충분히 공급되지 못하는 결과가 벌어진다. 뿐만 아니라, 잎이 우거져 그늘을 만들고 통풍을 나쁘게 한다.

다른 농작물이 잘 자라는 비옥한 토양 역시 포도 재배에는 적합하지 않다. 이는 토양의 각종 영양분이 식물 성장을 촉진하기 때문이다. 최고의 와인이 나오는 마법의 흙이 존재하는가에 대한 논쟁이 오랫동안 있어 왔지만, 아직 결론이 나지 않았다. 토양 성분의 역할을 믿는 편인 구대륙 old world에서는 최고의 와인은 석회질 토양에서 나온다고 생각한다. 그러나 미국과 호주 등 신대륙 new world 와인 생산국들은 의견이 다르다. 그들은 토양의 물리적 구조와 깊이가 포도 재배에 적합한 배수와 함수 조건과 더불어 뿌리가 잘 자라게 하는 여건을 제공해 준다고 본다. 반면 석회질 토양의 칼슘과 같은 성분이 특별한 역할을 한다고는 생각하지 않는다.

포도원 입지 선정의 좋은 예로 마가렛 리버 Margaret River의 경우를 들 수 있다. 1965년 호주의 농업 학자 존 글래드스톤 John Gladstones은 양조용 포도를 재배할 새로운 유망지로 호주 서쪽 끝에 위치한 마가렛 리버 지역을 추천했다. 마가렛 리버 지역은 여름엔 따뜻하고 건조하며, 겨울엔 비가 많이 오는 지중해성 기후 지대이다. 또 인근의 인도양과 동쪽에서 흐르는 마가렛강이 기온의 급격한 변화를 완화해 주는 역할을 한다. 이러한 지리적 환경과 포도가 자라는 계절의 기온이 프랑스 보르도와 매우 비슷하다. 또한, 포도 숙성기에 서리와 비, 우박 등의 발생 빈도가 적은 것도 유리한 조건이다. 한 가지 단점은 겨울철 강수량이 비교적 많은 것이지만, 토양의 배수성이 좋아 큰 문제가 되지 않을 것이라 판단했다.

이 같은 입지 조건을 바탕으로 1970년대 초반 쿨렌Cullen, 쿨리티Culity, 패널Pannell, 세 사람은 마가렛 리버 지역에 포도원을 개척하기 시작했다. 예상대로 마

## BORDEAUX
보르도

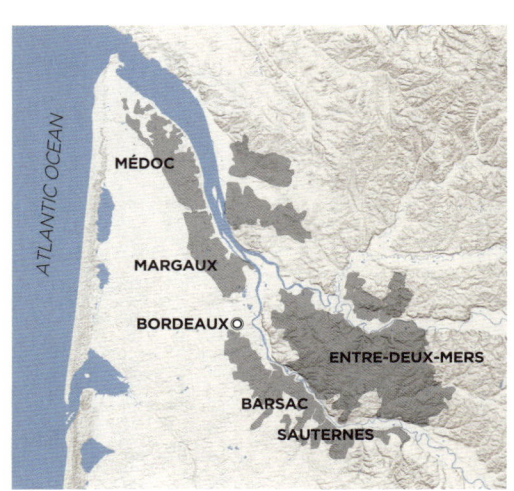

## MARGARET RIVER
마가렛 리버

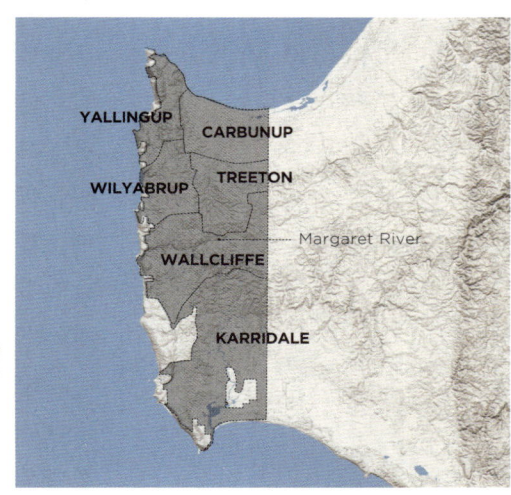

## 2.3. 생장 환경

가렛 리버에서의 와인 생산은 대성공을 거두었고, 40년이 지난 현재 이 지역은 프리미엄급 와인을 생산하는 세계 유수의 와인 생산지 중 하나로 자리잡고 있다.

**테루아**
Terroir

포도 생산 지역을 이야기할 때 흔히 '테루아Terroir'라는 단어를 쓴다. **테루아는 포도원이 위치한 지역의 포괄적인 자연환경을 뜻한다.** 프랑스어로 '흙'을 의미하는 어원 '테르Terre'에서 온 말이다. 이 단어만 보아도 전 개념의 중심에 토양이 있음을 알 수 있다. 아울러 포도원의 지형, 대기후와 중기후, 미세기후, 그리고 이 모든 요소의 상호작용이 테루아의 개념에 포함된다. 프랑스의 와인 품질 인증 시스템인 아펠라시옹 콩트롤레Appellation Controlée는 이러한 테루아 개념을 바탕으로 탄생했다고 할 수 있다.

테루아에는 포도 재배나 와인 제조 기법 등 인위적인 요소는 포함되어 있지 않다. 그러나 과학 기술의 발전에 따라 현대의 와인은 인위적인 요소를 무시할 수 없을 정도로 진화해 왔다. 그러므로 테루아의 현대적 해석은 포도나무의 건강과 포도의 숙성, 와인 제조에 관련된 기후, 토양, 재배 방법의 종합적인 상호작용이라 할 수 있다.

**포도 품종 선택** Grape Variety Selection

포도원 입지 선정이 끝나면 포도 품종을 선택한다. **포도는 품종에 따라 익는 시간이 다르다.** 예를 들면 샤르도네, 피노 누아 등은 익는 기간이 짧고, 리슬링과 카베르네 소비뇽 등은 중간, 그리고 그르나슈와 네비올로와 같은 포도는 더 긴 기간이 필요하다. 포도가 성장하기 위해서는 기온이 10℃ 이상 되어야 하므로, 포도원이 위치한 지역의 봄과 여름의 길이를 고려해 그 기간에 충분히 익을 수 있는 포도 품종을 선택한다. 프랑스의 북쪽인 부르고뉴(버건디) 지방에서는 샤르도네와 피노 누아를, 제일 남쪽인 론 밸리 남부에서는 그르나슈를 주로 재배한다. 그리고 그 중간 지역인 보르도에서는 대부분 카베르네 소비뇽을 재배한다. 이는 기후와 포도 품종의 상관관계를 잘 보여 주는 예이다.

반대로, 목표로 하는 와인과 이에 쓸 포도 및 와인 등급을 먼저 정하고, 그것에 맞춰 알맞은 입지를 찾는 방법도 가능하다. 예를 들어 피노 누아로 프랑스 부르고뉴의 고급 와인에 필적하는 와인을 만들겠다고 목표를 세웠다면, 기후가 서늘해 피노 누아가 잘 자라는 지역을 찾는다. 이에 적합한 신대륙의 후보지로는 뉴질랜드의 센트럴 오타고, 호주의 야라 밸리와 태즈메이니아, 그리고 미국의 오리건주 등이 있다.

> **포도 재배와 수확**
>
> **포도 재배는 와인의 품질을 좌우하는 첫걸음이다.** 포도 품종의 선택부터 포도원의 설계, 계절에 따른 세심한 관리와 수확, 자연과의 조화까지, 포도 재배 과정은 자연과 인간이 함께 만들어가는 정교한 협업의 과정이다.

와인미학　　●　와인의 맛과 품질

## 포도원 설계 Vineyard Establishment

선정된 입지에 들어설 포도원을 설계한다. 아래의 그림에는 솔레이 와이너리Soleil Winery라는 이름을 가진 가상의 소규모 포도원/와이너리가 있다. 우선 빈야드Vineyard와 와이너리Winery를 명확히 구분할 필요가 있다. 전자는 포도를 기르는 포도원이고, 후자는 와인 양조장이다. 포도원과 와인 양조장이 함께 있는 곳도 많지만, 꼭 그럴 필요는 없다.

SOLEIL WINERY →

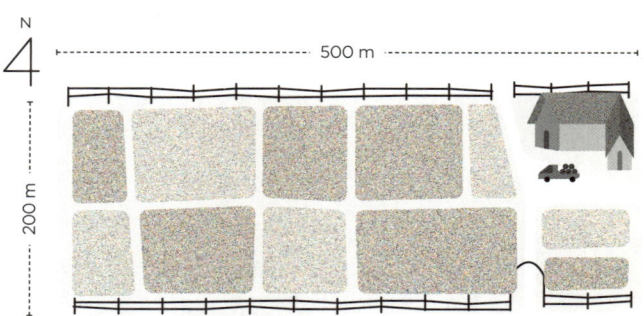

솔레이 와이너리는 동-서 방향으로 500m, 남-북 방향으로 200m 길이쯤 되는 총면적 10헥타르hectare의 소규모 포도원이다. 이 포도원은 북반구의 지중해성 기후대에 위치하고, 북쪽에서 남쪽으로 내려가면서 완만한 경사를 이루어 대기후와 중기후가 와인 재배에 적합하다. 총면적 중 동북쪽 구석에 있는 100m×100m의 면적은 와인 제조 및 저장, 각종 기계 장비류를 두는 장소로 사용한다. 그리고 나머지 면적에서 각종 장비가 지나다닐 길을 빼고 나면, 포도를 심을 수 있는 순수 면적은 8.5헥타르이다.

## 포도 산출량

이 면적에서 어느 정도의 포도를 수확할 것인지 정한다. **포도 산출량은 단위 면적당 산출되는 포도의 무게로 표시하는데 톤/헥타르의 단위를 많이 쓴다.** 와인의 품질은 일반적으로 포도 산출량에 반비례한다. 포도 수확량이 많을수록 와인의 품질은 떨어진다는 뜻이다. 이론적인 최대 산출량은 30톤/헥타르이지만, 고급 와인일 경우 산출량을 10톤/헥타르 이내로 하는 것이 보통이다. 프랑스 보르도Bordeaux에서는 최고급 와인을 만들기 위해 심지어 4톤/헥타르 이내로 하는 경우도 흔하다. 그러나 산출량이 적다고 무조건 양질의 포도를 얻을 수 있는 것

## ●● 2.3. 생장 환경

은 아니다. 예를 들어 포도밭에 공급되는 수분이 부족할 경우에도 포도송이 수와 포도 크기가 줄어든다. 자연히 전체 산출량도 적어지겠지만, 포도나무의 상태가 건강하지 않아 양질의 포도를 거대할 수 없다.

**식재 밀도**

**포도 산출량에 기본적으로 영향을 주는 것은 포도밭의 식재 밀도이다.** 남반구에서는 일반적으로 북쪽을 향해 포도나무를 줄지어 심는다. 이때 식재 밀도는 인접한 나무 사이의 거리와 앞뒤의 줄 간격으로 표시한다. 미국과 호주 등 신대륙에서는 인접한 포도나무 간의 거리를 1.8m, 줄 간격을 3m로 하는 경우가 많은데, 이 경우 1헥타르에 1,850그루 정도의 포도나무가 자라게 된다.

반면 프랑스의 보르도와 부르고뉴 같은 구대륙 포도원에서는 같은 면적에 10,000그루의 포도나무를 심는 경우도 있다. 구대륙의 경우 단위 면적에 많은 포도나무를 심으면 한 그루당 산출량은 감소하지만, 각각의 나무들이 제한된 수분과 영양분을 놓고 경쟁하면서 포도의 질이 향상되고 총산출량도 늘어난다고 생각한다.

그러나 신대륙 전문가들은 반대의 의견을 내놓는다. 포도나무 사이의 간격을 충분히 띄어주는 것이 포도나무로 하여금 수분과 영양분, 햇빛을 충분히 받도록 해 주고, 결과적으로 총산출량과 질을 향상시킨다고 주장한다. 포도나무의 열 간격이 넓으면 나무 사이로 기계가 다닐 수 있어 기계 수확도 가능해진다. 최고급 와인은 아직도 손 수확을 하지만, 기계 수확은 비용을 절감시키고 야간 수확도 가능하다는 이점이 있다. 포도는 수확하는 순간부터 산화하기 시작하는데, 이는 특히 화이트 와인에 나쁜 영향을 미친다. 이 때문에 산화를 최소화하기 위해 기온이 낮은 야간에 수확하기도 한다.

**포도원의 사계** Vineyard Cycle

포도나무는 계절마다 세심한 관리가 필요하다. 포도원의 1년 동안 어떤 일들이 일어날까? 포도나무의 생장 주기에는 발아, 개화, 과실 형성, 그리고 휴면의 네 가지 주요 단계가 있다. 봄이 되면 포도나무는 발아하여 새로운 잎과 가지를 형성하고, 여름에는 꽃이 피고 수정이 이루어져 포도 송이가 형성된다. 가을에는 포도가 익어 수확할 준비가 되며, 겨울에는 나무가 휴면 상태에 들어가 다음 해를 준비한다. 아래 설명은 북반구를 기준으로 작성되었으며, 남반구의 경우 계절이 반대이므로 6개월을 더해 생각하면 된다.

와인미학　　　　　● 와인의 맛과 품질

## ↓ 포도원의 사계

**1~2월**

**가지치기** pruning를 통해 새해에 돋아날 싹의 개수를 조절한다. 가지치기는 나무의 구조를 개선하고, 과도한 성장을 방지하며, 햇빛과 공기가 나무 전체에 고르게 퍼지도록 돕는다. 이 작업은 포도의 품질과 수확량에 큰 영향을 미친다.

**3~4월**

가지치기를 마치고 포도나무가 휴면에서 깨어나기 시작한다. 기온이 오르면서 나무의 수액이 움직이기 시작하고, 나무는 서서히 활동을 재개한다.

봄이 되면 휴면을 마친 포도나무의 눈에서 **싹이 트기 시작**한다. 이 시기의 새싹은 서리의 피해에 매우 약하므로 잘 보호해야 한다. 서리 피해를 방지하기 위해 농가에서는 다양한 방법을 사용한다. 예를 들어, 물을 뿌리거나, 히터를 사용하거나, 바람막이를 설치할 수 있다.

**5~6월**

싹에서 **줄기가 자라나고 잎이 나오기 시작**한다. 이때는 병충해 예방을 위한 방제 작업이 필요하다. 또한, 나무의 생장을 돕기 위해 비료를 주기도 한다.

포도나무에 **꽃이 피고 열매가 맺히기 시작**한다. 포도꽃은 작은 꽃들이 모여서 송이를 이루며, 바람이나 곤충에 의해 수분이 이루어진다. 이 시기에는 과실의 성장을 돕기 위해 적절한 물과 영양분을 공급해야 한다.

**7월**

줄기 끝을 잘라 영양분이 포도 열매로 가게 하고, 지나치게 많은 포도송이는 속아낸다. 잎은 계속 자라고 포도송이는 아직 매우 작다. 이 시기의 가지치기 작업은 포도의 품질을 높이기 위해 중요하다. 또한, 포도송이가 병에 걸리지 않도록 주의해야 한다.

**8월**

**포도의 색깔이 바뀌면서 익기 시작한다.** 이를 **베레종** Veraison이라고 부르는데, 이후 열매의 크기가 커지면서 **수분 함량과 당분이 증가하고 산도는 낮아진다.** 포도 특유의 향기와 맛이 생기며, 이러한 산, 향기, 맛과 페놀 성분이 와인의 개성을 결정한다. 이 시기에는 포도의 성숙도를 주의 깊게 모니터링해야 한다.

**9월**

포도가 잘 익어서 당분, 산, 페놀 성분이 최적의 상태가 되면 수확한다. **수확 시기**는 포도의 품질을 결정짓는 중요한 요소이며, 최적의 수확 시기를 놓치지 않기 위해 정기적으로 샘플을 테스트한다. 수확된 포도는 즉시 와인 양조장으로 옮겨져 가공을 시작한다.

**10월**

포도 잎의 색깔이 변하기 시작하고 첫 서리가 내리면 잎이 떨어진다. 이 시기는 포도나무가 다음 휴면기를 준비하는 과정으로, 나무의 에너지를 보존하기 위해 모든 잎이 떨어진다. 이 시기에는 포도원을 정리하고, 다음 해를 준비하는 작업을 시작한다.

**11~12월**

포도나무가 **휴면기**에 들어간다. 이 시기에는 나무가 에너지를 절약하고 다음 해를 준비한다. 잎이 모두 떨어지고, 나무는 외부 환경으로부터 자신을 보호하기 위해 생장 활동을 멈춘다.

## 2.3.

**가지치기** Pruning

**포도를 재배할 때 미리 산출량을 조절할 수 있는 가장 효과적인 방법은 겨울철에 하는 가지치기(프루닝pruning)이다.** 가지치기와 다음에 다루어질 격자 구조물(트렐리스trellis)은 포도 재배에서 제일 중요한 부분이다.

포도나무에 왜 가지치기가 필요할까? 가령 첫해에 세 개의 눈이 있는 포도나무를 가지치기 없이 그대로 키운다고 생각해 보자. 세 개의 눈에서 가지가 자라고, 자라난 가지마다 다시 세 개의 눈이 각각 생긴다고 가정해 보자. 2년 차에는 세 개의 가지와 아홉 개의 눈이 보일 것이다. 3년 차에는 아홉 개의 가지, 스물일곱 개의 눈, 그리고 4년 차에는 스물일곱 개의 가지와 여든한 개의 눈이 생긴다. 삽시간에 모두 엉망이 된다. 가지치기를 하지 않으면 포도나무는 수많은 가지, 줄기, 잎, 덩굴, 열매가 서로 뒤얽혀 대혼란의 극치를 이룰 것이다. 현실적으로 가지 하나에 세 개보다 더 많은 눈이 생기므로, 실제 상황은 그림보다 훨씬 더 심각할 것이다. 따라서 해마다 수확을 끝낸 겨울철에는 다음 해 포도 농사를 위해 가지치기를 해야 한다.

가지치기는 두 가지 방법이 있다. 케인cane 가지치기와 스퍼spur 가지치기이다.

**대체 줄기 가지치기**
Cane Pruning

대체 줄기 가지치기란 다가올 봄에 꽃이 피고 열매를 맺을 눈이 케인(1 year old wood)에 달리게 하는 방법이다. 케인은 줄기 또는 긴 가지를 말한다. 케인 방식에서는 한 개나 여러 개의 긴 가지cane를 남기고, 가지마다 눈bud을 15개 정도까지 남겨 둔다. 보통 그림처럼⬇ 그 전해에 자란 가지 중 두 개만 남기고, 나머지는 가지치기로 제거한다. 또한, 짧은 가지인 스퍼를 한 개 남겨 놓는데, 이것은 다음 해의 케인으로 쓰기 위해서이다.

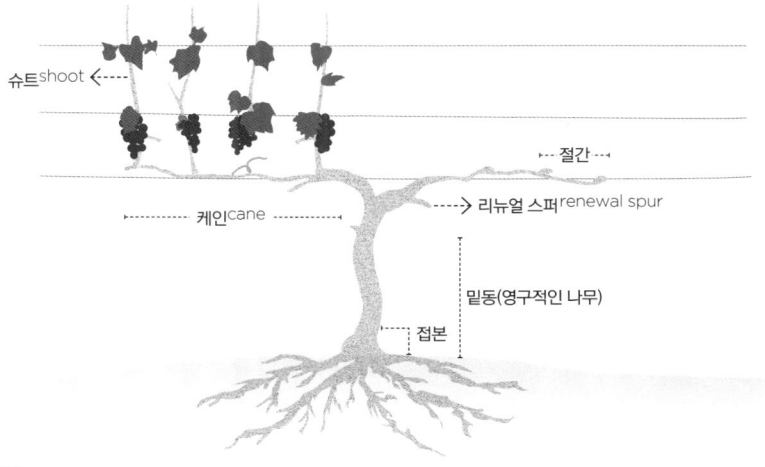

케인 방식은 나무 부분을 많이 잘라내면서 그 안에 저장된 에너지원인 탄수화물도 함께 제거하게 되므로, 식물 성장을 억제하는 효과가 있다. 소량의 수확량을 원하거나 산출량을 강력히 제한해야 하는 지역과 서늘한 지역에서 보편적으로 사용한다.

### 단과지 가지치기
Spur Pruning

단과지 가지치기는 열매를 맺을 눈이 케인이 아니라 스퍼에 달리게 한다는 점에서 케인 방식과 차이가 있다. 한두 개의 케인을 남기는 대신 다수의 스퍼를 남긴다. 각 스퍼에는 두세 개의 눈이 남도록 한다. 햇빛이 풍부하고 일조량이 균일하며, 관개가 가능한 따뜻한 지역에서 보편적으로 사용한다.

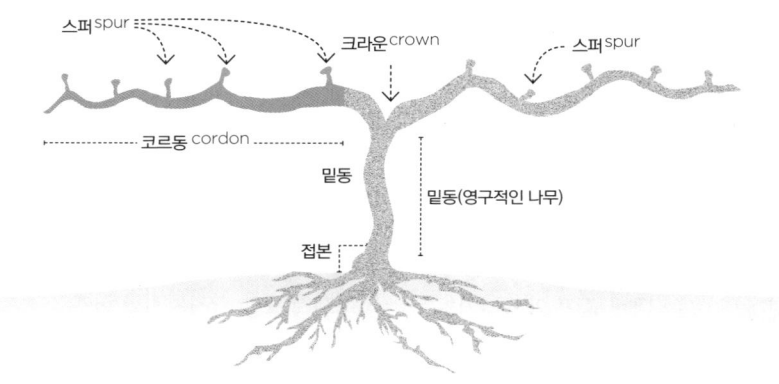

### 캐노피 관리
Canopy Management

캐노피는 포도나무의 지상 부분을 의미한다. 포도 재배에는 앞서 언급한 대기후와 중기후 이외에 제3의 기후인 미세기후가 중요한 역할을 한다. 미세기후란 인간이 통제할 수 있는 캐노피의 기후 조건을 뜻한다. 다시 말해, 포도 잎과 과실 근처의 기후 조건이다. 대기후와 중기후는 인간의 통제가 불가능하지만, 미세기후를 조정함으로써 포도와 와인의 특징을 조절할 수 있다.

포도나무 주변에 기둥과 철사 줄을 설치하고 포도 줄기와 넝쿨이 철사를 따라 성장하도록 유도한다. 이 방식으로 나무의 형태를 잡아 준다. 이 같은 구조물을 트렐리스 시스템trellis system이라고 한다. 트렐리스 시스템은 포도 잎이 최대한 햇빛을 많이 받게 해 광합성을 극대화시킨다. 또한, 통풍에도 도움을 주어 습도가 높을 때 발생하기 쉬운 흰가루병이나 노균병 등 곰팡이로 인한 피해를 막아 준다. 여러 형태의 트렐리스 시스템이 고안되어 있으므로, 기후와 포도 품종에 따라 가장 적합한 방법을 선택할 필요가 있다.

●● 2.3. 생장 환경

일반적인 포도나무 트레이닝 방법 ➡

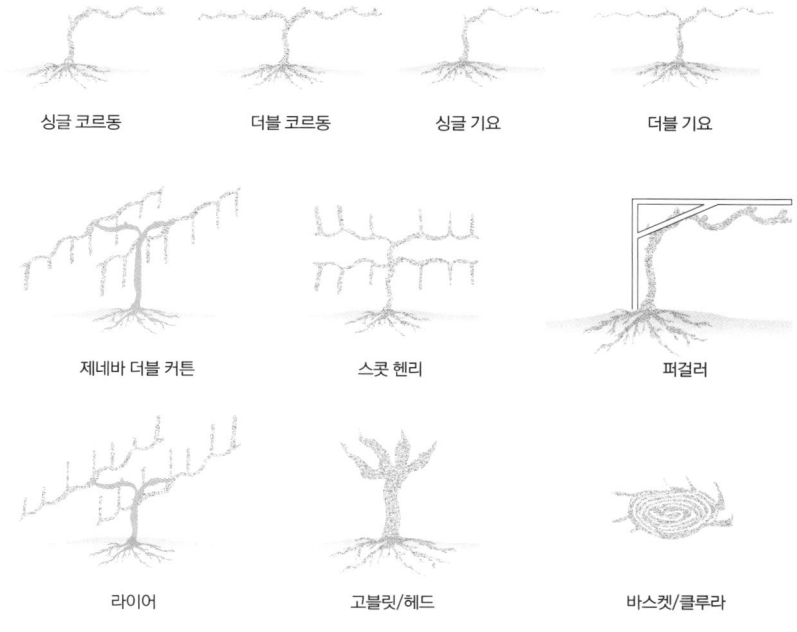

## 병충해 대책
### Managing Vineyard Pests and Diseases

**곰팡이**
*Mildew*

곰팡이에 의한 것으로, 흰가루병powdery mildew과 노균병downy mildew 두 가지가 자주 발생한다. 흰색 포자에 의해 생기는 흰가루병은 따뜻한 응달에서 빈번히 발생한다. 포도나무의 지상 부분 어디든지 일어날 수 있고, 나무의 순이나 열매에 생길 경우 정상적인 포도 성장이 어렵다. 이 병은 황sulfur을 살포해 방지할 수 있다.

곰팡이가 솜털처럼 자라나는 노균병은 포도 잎의 색을 변하게 하거나 떨어지게 만들어 광합성을 저해한다. 노균병은 습한 조건에서 잘 발생한다. 이 병은 구리copper기반의 살포제로 방지할 수 있다. 포도에서 발생하는 또 다른 병으로 귀부(노블 롯noble rot)가 있는데, 이는 스위트 와인 편에서 자세히 설명한다.

**필록세라**
*Phylloxera*

필록세라Phylloxera는 포도나무에 피해를 주는 해충 중에서 가장 유명하다. 진딧물과의 벌레로, 포도나무 뿌리를 갉아 먹어 나무를 말라 죽게 한다. 원산지는 북아메리카 대륙으로, 현재 전 세계 거의 모든 지역의 포도원에서 필록세라가 발견되고 있다.

**필록세라는 와인 역사상 가장 유명한 사건 중 하나로 특히 악명을 떨쳤다.**
1800년대 후반 서유럽에 있는 거의 모든 지역 포도밭들이 초토화된 일이 있다. 바로, 북아메리카에서 유럽으로 들여온 포도나무들에 붙어서 따라 들어온 필록세라 때문이었다. 다행히 북아메리카 원산의 포도나무들은 태생적으로 필록세라에 대한 저항력을 갖고 있다는 점에 착안해, 유럽 원산의 포도나무에 북아메리카 포도나무의 뿌리를 접붙임으로써 문제를 해결하였다.

1990년대 미국 캘리포니아에서도 또 한 차례 필록세라가 창궐했다. 당시 피해를 당한 포도원들 역시 결국에는 뿌리를 접붙인 새로운 포도나무들로 모조리 갈아 심는 것으로 겨우 사태를 멈출 수 있었다. 필록세라를 방지하기 위해 호주에서는 와인 생산지 간 포도나무의 이동을 금지했다. 필록세라는 흙이 묻은 신발이나 옷으로도 전파될 수 있어, 외부인이 포도원을 방문할 때에는 보호복과 보호 덧신을 착용하게 하는 포도원들도 있다.

## 새, 곤충 & 동물

새와 곤충, 동물 등은 포도에서 자라나는 새순과 싹, 잎을 먹어 치우거나 손상시킨다. 특히 수확기에는 그 피해가 더 커질 수 있다. 이 때문에 포도 재배자들은 법으로 허용된 범위 안에서 방제 활동을 하고, 포도나무에 그물을 씌워 새와 동물의 침입을 막기도 한다.

가장 바람직한 대책은 해충의 박멸보다 그 개체 수를 일정한 수준 이하로 관리하는 것이다. 생태계의 먹이 사슬에는 해충을 먹고 사는 천적이나 벌레들이 존재하는데, 만약 어떤 해충이 완전히 박멸된다면 생태계의 질서가 파괴되어 예기치 못한 더 큰 피해가 올 수 있기 때문이다.

## 유기농 포도 재배
Organic Viticulture

환경 보호와 건강에 대한 인식이 날로 높아지면서 다른 농업 분야와 마찬가지로 포도 재배에도 유기농법을 채택하는 곳이 늘고 있다. 유기농 포도 재배의 목표는 농사에 필요한 보조 재료를 자연에서 구하고 투입량도 최소화해 포도나무와 자연 사이의 균형을 맞추는 것이다. 따라서 인공적으로 합성된 비료, 곰팡이 제거제, 제초제와 살충제, 그리고 유전자 변형으로 만든 물질들은 사용할 수 없다.

유기농법은 토양의 건강을 중요하게 생각한다. 화학 비료 대신 퇴비를 쓰면 토양에 양분이 형성되어 생물과 미생물의 생태계가 풍부하고 다양해진다. 그리고 포도나무 열 사이에 잔디 같은 식물을 자라게 하면 잡초를 방지하고 토양을

## ●● 2.3. 생장 환경

보호한다. 이와 같은 방법을 간작$^{cover\ crop}$이라 부른다. 퇴비와 간작은 토양에 부식물질이 많이 생기도록 도와줘 영양분과 수분을 많이 함유한 토양이 되게 한다. 부식물질은 뿌리와 공생 관계에 있는 균류의 성장도 촉진시킨다. 이들은 포도나무가 뿌리를 깊이 내리고 건강하게 자라도록 돕는다.

유기농법은 치료보다 예방을 중요하게 생각한다. 예를 들어 통풍이 잘 되도록 캐노피를 조절하면 흰가루병이나 노균병 같은 곰팡이병이 생기는 것을 사전에 방지할 수 있어 곰팡이 제거제를 쓰지 않아도 된다.

### 생체 역학 포도 재배
Biodynamic Viticulture

**생체 역학 포도 재배도 유기농 포도 재배와 같이 화학 약품을 최대한 줄이고 포도나무가 스스로 자랄 수 있도록 도와주는 재배 시스템이다.** 생물 역학 재배자들은 품질 좋은 거름과 퇴비를 만들기 위해 기초 작업에 많은 노력을 기울인다. 그래서 이들이 만드는 퇴비는 일반 퇴비보다 부식토 함량이 훨씬 높다. 또한, 포도원에 해를 끼치는 잡초의 씨와 멧돼지, 토끼 등의 동물 사체를 태워 그 재를 밭에 뿌리는 등 특별한 방법을 사용하기도 한다. 사람들에 따르면, 이는 '다시는 여기로 돌아오지 말라'는 메시지를 전달하는 것이다.

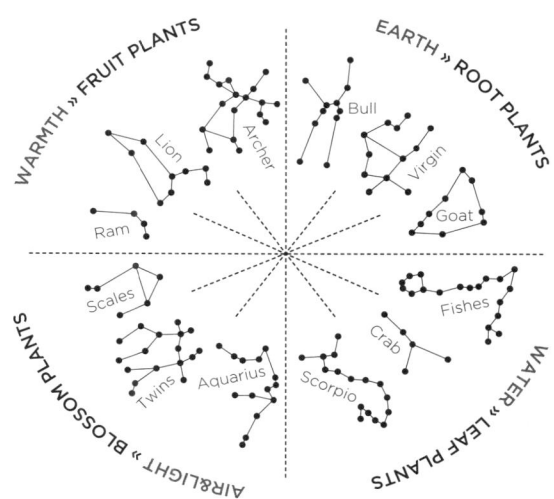

**\* 부식토 형성을 돕는 조제법**

가을에 소똥을 가득 채워 넣은 소뿔을 지면으로부터 40~60cm 깊이로 묻고 겨우내 부패시킨다. 잘게 부순 석영 역시 소뿔에 넣은 후 봄에 땅속에 묻었다가 가을에 꺼낸다. 이것을 소똥과 함께 섞을 수도 있지만, 대개는 석영만 따로 쓴다. 두 가지를 섞은 것을 비가 많이 오는 철에 포도밭 전체에 뿌려 주면, 곰팡이로 인한 질병을 예방할 수 있다. 해충이나 들쥐 등에 대한 처치는 조금 더 복잡하다. 예를 들어 들쥐를 없애려면 금성이 전갈 자리에 올 때 들쥐 가죽을 태운 재를 밭 곳곳에 뿌리면 된다.

**생체 역학 포도 재배자와 양조자들은 태양, 달, 지구와 별의 리듬을 주시함으로써 포도원과 양조장의 작업을 최적화할 수 있다고 확신한다.** 퇴비를 쓰는 이유도 퇴비의 화학적인 성분 때문이 아니라 그 안에 담긴 생명력과 생태계의 상호 처리 과정으로 설명한다. 따라서 포도원마다 생물 역학 달력을 만들어 특정 작업을 하기에 가장 적합한 날을 선정해 두고 이를 따르고 있다. 예를 들어 쟁기질은 달이 지구 앞에 설 때 하는 것이 좋고, 달이 내려올 때 와인을 랙킹racking하면 와인이 흐려지는 현상을 막을 수 있다고 믿는다.

## 포도의 수확

### 수확의 타이밍
Optimum Harvesting Time

➡ 과실의 성숙에 따른 성분변화

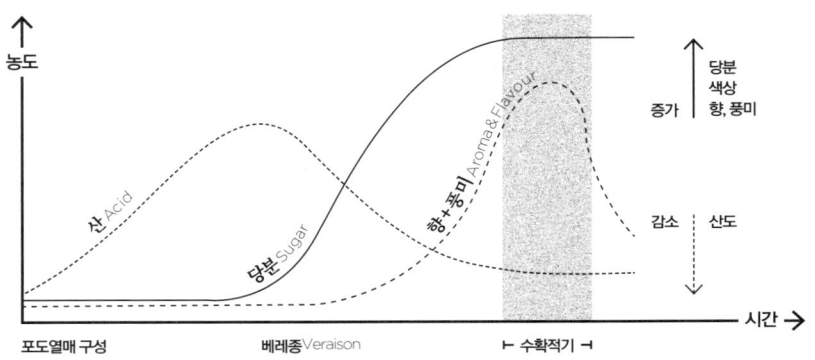

**포도 재배와 와인 양조에서 가장 중요한 결정 중 하나는 수확 시기를 정하는 것이다.** 베레종 이후 포도원에서는 포도의 당도와 산도를 정기적으로 측정하여 도표를 그리는데, 그 모습은 위의 그래프와 같다.

당도는 포도에서 얻은 주스를 비중계hydrometer나 굴절계refractometer를 사용해서 측정한다. 당도의 단위는 브릭스Brix, 보메Baumé, 웩슬레Oechsle 등이 있는데, 신대륙에서는 브릭스를 많이 쓰고 있다. 브릭스는 포도 주스 안에 든 용질의 퍼센티지를 가리킨다. 1브릭스는 약 1/18g의 당분에 해당한다. 오른쪽 ➡ 페이지의 표에서 브릭스와 와인의 기대 알코올 성분 간의 관계를 볼 수 있다. 잘 익은 포도는 당분이 90% 정도이며, 최적의 상태는 포도 품종과 재배 지역에 따라 차이가 있으나 22~24브릭스 정도라고 할 수 있다.

산도는 주석산 환산치 TA<sup>Titratable Acidity</sup>와 페하 pH<sup>potential of Hydrogen</sup>로 측정한다. 수확 시 TA 최적치는 레드 와인 0.6~0.8%, 화이트 와인 0.65~0.85%

이다. pH의 최적치는 레드 와인 3.4, 화이트 와인 3.1~3.2 정도다. 그런데, 왜 굳이 두 가지 척도로 와인 산도를 재는 걸까? pH는 용액 내의 자유 수소(H+) 이온의 농도를 나타내는데, 이온 농도가 높을수록 pH 값이 낮아진다. 그리고 산은 와인이나 물과 같은 용액 안에 존재할 때 그 일부는 자유 수소 이온, 나머지는 음이온으로 분해되는데, 황산과 같은 강산은 거의 전체가 분해되고 식초 성분인 초산 등의 약산은 1% 정도만 분해된다. 그러므로 TA는 와인 안에 존재하는 산의 총량을 나타내고, pH는 어떤 종류의 산이 존재하는지, 즉 강산과 약산이 어느 정도 들어 있는지를 보여 주는 척도다.

최근 연구 결과에 의하면 분해된 산과 그 10배의 미분해 산이 서로 비슷한 정도의 신맛을 느끼게 한다고 한다. 그런데 와인 안에는 미분해 산이 분해된 산의 100배 정도 존재한다. 와인의 신맛에 관해서는 pH보다 TA가 더 정확한 척도라고 할 수 있다. 이는 pH가 대표하는 분해된 산이 신맛에 이바지하는 정도가 미미하기 때문이다.

➡ 머스트의 당도, 비중계의 측정치와 발효 후 알코올 성분의 상관관계

| 브릭스 Brix | 당분량 g/l | 비중치 | 알코올 % |
| --- | --- | --- | --- |
| 14.0 | 145 | 1,055 | 7.6 |
| 15.0 | 157 | 1,059 | 8.2 |
| 16.0 | 168 | 1,063 | 8.8 |
| 17.0 | 178 | 1,068 | 9.4 |
| 18.0 | 188 | 1,072 | 10.0 |
| 19.0 | 201 | 1,076 | 10.6 |
| 20.0 | 213 | 1,081 | 11.2 |
| 21.0 | 223 | 1,085 | 12.0 |
| 22.0 | 234 | 1,090 | 12.7 |
| 23.0 | 245 | 1,095 | 13.1 |
| 24.0 | 256 | 1,099 | 14.0 |
| 25.0 | 267 | 1,104 | 14.8 |

참고서적 Philip Jackisch, Modern Winemaking, Cornell University Press, 1985

한편, pH는 와인의 생물학적, 화학적 안정성과 관련이 있다. pH가 낮을수록 강산이 더 많이 존재하여 와인이 박테리아에 의해 상하거나 산화되는 것을 막는다. TA 값이 적정 수준이라도 pH가 높을 수 있다(레드 와인과 화이트 와인 각각 3.5, 3.3 이상). 이는 포도가 과도하게 익었거나 포도나무를 심은 땅의 칼륨 Potassium 함량이 과도하여 상대적으로 강산의 함량이 낮기 때문이다. 이 경우엔 와인이 상하는 것을 막기 위해 주석산을 넣어줄 필요가 있다.

앞서 언급한 세 가지 지수가 의미하듯, 일반적으로는 포도의 당분과 산도가 원하는 수치 영역에 들어오면 성숙했다고 판단할 수 있다. 그러나 수확을 결정할 때 한 가지 더 고려해야 할 것이 있다. 바로 페놀 phenol 물질의 성숙도. 당도/산도의 성숙과 페놀 물질의 성숙은 거의 같은 시기에 일어나지만, 더운 지방에서는 당도의 성숙이 훨씬 먼저 일어날 수 있다. 이럴 경우 와인을 숙성시켰을 때 문제가 될 수 있다. 타닌과 같은 페놀 물질이 포도 상태에서 충분히 성숙한 뒤, 이것으로 만든 와인은 오래 보관하면 할수록 타닌이 부드러워지면서 잘 숙성된다. 그러나 성숙하지 않은 타닌은 몇 년이 지나도 변화가 없으므로, 미성숙한 포도로 만든 와인은 마시기 힘든 상태로 남게 된다.

페놀 성숙 여부를 판단하는 가장 간단한 방법은 포도씨를 먹어보는 것이다. 가령 아무리 포도가 달더라도 포도씨가 떫으면 페놀 성숙이 불충분한 것이다. 잘 익은 포도씨는 아몬드 같은 맛이 난다. 최근에는 당분이 원하는 값에 다다랐어도 완전한 페놀 성숙을 위해 수확을 지연시키는 경향이 있다. 이 경우에는 당분이 많아져 와인의 알코올 도수가 올라가는 부작용이 생길 수 있다.

지금까지 언급된 모든 조건 외에도 수확 시기를 결정짓는 또 하나의 큰 변수는 바로 날씨다. 예를 들어, 수확 최적 조건이 일주일 남은 상태에서 큰 비가 온다는 예보가 있다면, 포도원 주인은 중대한 결단을 내려야 한다. 비가 오면 포도 열매가 물에 불어 맛이 엷어진다. 심지어 껍질이 터져 열매가 상하고 미생물이 침투할 수도 있다. 이러한 경우, 가장 좋은 수확 시기를 기다리는 것보다 비가 오기 전에 수확하는 것이 더 나은 결정이 될 수도 있다.

| 테이스팅 실습 07 | 포도 재배와 와인 |

**와인**

vs.
- 프랑스 루아르 밸리 상세르 / 푸이-퓌메 (품종 : 소비뇽 블랑)
- 뉴질랜드 말버러 소비뇽 블랑

- 프랑스 북부 론 크로즈-에르미타주 (품종 : 시라)
- 남호주 바로사 밸리 쉬라즈

**테이스팅 포인트**

**재배환경 비교**
소비뇽 블랑 vs. 시라

환경이 와인의 맛과 스타일에 미치는 영향을 알아본다.

**Q** 루아르 밸리와 말버러 지역에서 생산된 소비뇽 블랑 와인의 공통점과 다른 점은 무엇인가?

**Q** 두 소비뇽 블랑 와인 중 자몽, 녹색 피망, 패션프루트 같은 좀 더 강렬한 풍미를 가진 와인은?

**Q** 쉬라즈와 크로즈-에르미타주 와인의 색과 풍미는 어떻게 다른가?

**Q** 쉬라즈와 크로즈-에르미타주 와인 중 좀 더 높은 알코올, 무거운 바디의 와인은?

# 2.4. WINE MAKING
## 와인 양조

와인을 만드는 과정을 이해하는 것은 와인에 대한 지식을 넓히는 데 빼놓을 수 없는 핵심 중 하나이다. 와인 양조는 포도 재배와 마찬가지로 와인을 배우려는 사람들에게도 접근하기 힘든 주제이다. 와인은 포도라는 농산물을 가공해서 만든 제품이다. 와인을 만드는 양조 과정은 생각보다 복잡하지 않다.

### 와인 양조의 포괄적 의미
Comprehensive Meaning of Winemaking

'와인은 포도밭에서 만들어진다. 따라서 와인 양조자의 주 임무는 인위적인 개입을 최소화하여 자연이 만들어 준 훌륭한 포도의 맛을 와인병까지 연결하는 것이다.' 수백 년 동안 진리처럼 내려온 말이다. 그러나 이젠 이 말에 동의하지 않는 와인 제조자들이 많아졌다.

인류가 와인을 만들어 마신 것은 역사를 기록하기 시작한 것보다 오래되었지만, 19세기 중반에 와서야 비로소 와인 제조의 기본 원리, 즉 포도 안의 당분이 효모에 의해서 알코올로 바뀌는 발효 과정을 이해하게 되었다. 특히 지난 50년간엔 와인 제조 기술이 눈부시게 발전하면서 와인의 품질을 결정하는 요소로 기후, 날씨, 입지 조건 등 자연의 선물 외에 인간의 역할이 매우 중요하게 부각되었다.

와인 양조는 넓은 의미에서 포도를 '재배'하는 것으로부터 시작한다. 좋은 포도를 얻는 것은 와인 제조에 있어 제일 중요한 일이다. 그다음 과정은 효모 같은 미생물의 도움으로 포도의 성분인 당분을 와인 성분인 알코올로 바꾸는 '발효'다. 발효가 끝난 와인은 생명이 다한 효모를 포함해 그 안에 부유하는 각종 입자들로 인해 매우 혼탁한 상태가 된다. 이런 고체 입자들은 중력을 이용해 바닥으로 가라앉혀 와인을 맑게 만든다. 마지막 과정은 와인이 '숙성'되는 단계다. 와인 안의 각종 성분이 서로 반응하거나 산소와 반응해 새로운 성분이 생긴다. 또한, 오크 나무의 성분이 와인으로 녹아들어 와인의 맛과 향을 바꾼다.

정리하자면, 와인은 포도 재배(생물학적) → 발효(미생물학적) → 정화(물리적) → 숙성(화학적) 과정을 통해 만들어지는 것이다.

## 2.4. 와인 양조

**와인 양조용 포도** Wine Grape

와인 양조용 포도는 구형 또는 타원형이다. 식용 포도보다 알이 작고, 포도 알 하나의 무게는 약 1~2g 정도이다. 포도 알을 반으로 갈라 보면 껍질, 과육, 씨로 이루어져 있는 것을 볼 수 있다. 포도의 대부분은 과육으로, 당분과 산 등 와인의 특성을 결정짓는 주요 성분을 포함하고 있다.

**당분은 발효 과정을 통해 알코올로 전환되어 와인에 바디와 부드러움, 그리고 따뜻한 느낌을 준다. 반면, 산은 신선하고 상큼한 느낌을 낸다.** 청포도의 껍질은 옅은 노란색이나 연두색을 띠며, 적포도의 껍질은 짙은 보라색이다.

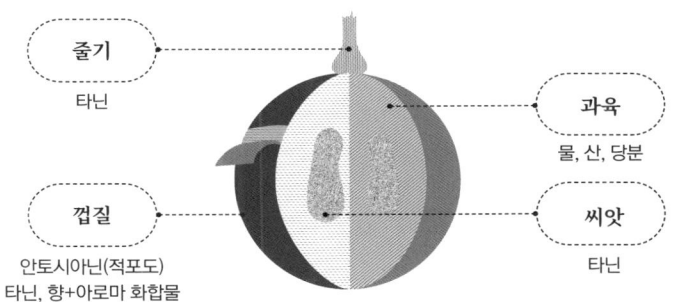

포도의 즙은 청포도나 적포도 모두 옅은 회색을 띤다. 포도 껍질의 두께는 약 3~8 마이크로미터(3~8/1000mm)로, 포도 열매의 무게 중 5~12%를 차지한다. 껍질은 외부에서 침입하는 미생물이나 곰팡이를 막아주고 포도에서 수분이 빠져나가는 것을 방지해 준다. 포도 껍질에는 색소와 타닌, 맛을 내는 화합물인 페놀$^{phenol}$ 물질이 함유되어 있다. 색소로는 노란색의 카로티노이드$^{carotenoid}$와 붉은색과 파란색의 안토시아닌$^{anthocyanin}$ 등이 포함되어 있다. 페놀 물질은 와인을 마셨을 때 입안에서 느껴지는 질감과 무게감에 영향을 준다. 특히 와인의 쓰고 떫은 맛과 입을 마르게 하는 듯한 느낌은 타닌 때문이다. 페놀 화합물의 양은 매우 적어서 포도송이 하나에 수 밀리그램 정도에 불과하지만, 레드 와인의 특성을 이루는 데 중요한 역할을 한다.

열매 하나에 1~4개 정도 들어 있는 포도씨는 와인 양조에 중요한 역할을 하지 않지만, 내부에 매우 쓴 타닌을 함유하고 있기 때문에 와인 양조 과정 중 씨가 부서지지 않도록 특히 주의해야 한다.

와인미학  ● 와인의 맛과 품질

## 포도 머스트와 와인의 성분
Grape Must & Constituents of Wine

와인 양조는 잘 익은 포도알을 따서 으깨는 작업으로부터 시작된다. 이렇게 으깨진 상태의 포도를 머스트$^{must}$라고 한다.

머스트의 성분

| 물질 | 머스트(%) | 와인(%) |
|---|---|---|
| 머스트와 와인의 성분 | | |
| 물 | 70-85 | 80-90 |
| 탄수화물(당) | 12-25 | 0.1-0.3 |
| 알코올 | 0.0 | 8.8-15 |
| 유기산 | 0.3-1.5 | 0.3-1.1 |
| 페놀 화합물 | 0.05-0.15 | 0.05-0.35 |
| 질화 화합물 | 0.03-0.17 | 0.01-0.09 |
| 카르보닐 화합물 | 0.0 | 0.001-0.05 |
| 무기 화합물 | 0.3-0.5 | 0.15-0.4 |

알코올 발효

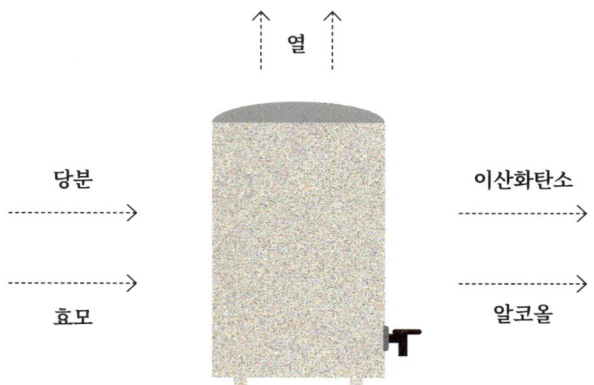

## ●● 2.4. 와인 양조

표에서 알 수 있듯 머스트에 녹아 있는 고체 성분의 90% 이상은 당분이다. 효모라는 미생물이 바로 이 당분을 알코올로 바꾸는 발효 과정을 통해 비로소 와인이 된다. 발효는 다음과 같이 설명할 수 있다. 포도의 당은 주로 포도당(글루코스 glucose)과 과당(프럭토스 fructose)으로, 그 비율은 0.7:1에서 1.5:1 사이의 값을 갖는다. 과당은 포도당보다 두 배가량 더 달고, 설탕인 자당(수크로스 sucrose)에 비해 1.5배 더 달다.

산은 와인이 신선하고 산뜻한 맛을 갖도록 해 준다. 포도 내부의 산은 주로 주석산(타르타르 애시드 tartaric acid)과 사과산(맬릭 애시드 marlic acid)이다. 이 두 가지 산은 모두 포도의 성장 과정 초기에 생성되어 베레종 véraison 때 최고치에 달했다가 포도가 익어가면서 줄어든다.

산도는 정량적으로 표시하기 위해 주석산 환산치를 사용한다. 이것은 포도가 함유한 각종 산을 주석산으로 환산한 값으로, 1리터의 와인 주스는 3g~15g의 주석산 환산치를 포함하고 있다. 산도를 나타내는 또 하나의 척도는 페하 pH potential of Hydrogen이다. pH값이 7이면 중성이고, 그보다 낮으면 산성을 나타낸다. 숫자가 작을수록 산도가 강하다. 와인 주스의 pH는 일반적으로 2.7~4.4이다.

---

**레드 와인 양조 과정**
Red Winemaking

앞장에서 언급했듯이 당분, 산, 타닌 같은 각종 포도 성분의 수치와 날씨를 고려하여 포도 수확 시기를 결정한다. 수확은 사람의 손으로 하거나 기계로 한다. 사람의 손으로 하는 경우에는 인간의 판단으로 병들었거나 성숙하지 않은 포도를 선별해서 수확할 수 있지만, 비용이 많이 든다. 반면, 기계 수확은 속도가 빠르고 비용도 적게 들며, 기온이 낮은 밤에도 작업을 할 수 있어 수확된 포도의 산화 작용을 줄일 수 있다. 기계 수확과 손 수확 모두 고품질 와인 생산에 사용된다.

❶ 포도수확과 으깨기

우선 수확된 포도를 으깨는 과정이 필요하다. 과거에는 커다란 용기에 포도를 담은 뒤, 그 안에 사람들이 들어가 맨발로 밟아 으깼으나, 요즘은 분쇄기 crusher에서 롤러를 통과시켜 으깬다. 줄기는 제거하는 것이 일반적이지만, 때에 따라서는 타닌을 넣어주기 위해 남기는 경우도 있다. **레드 와인은 이렇게 만든 와인 주스, 포도 과육, 껍질, 씨 등의 혼합물인 머스트를 발효시켜 제조한다.**

## ❷ 머스트의 성분 조절

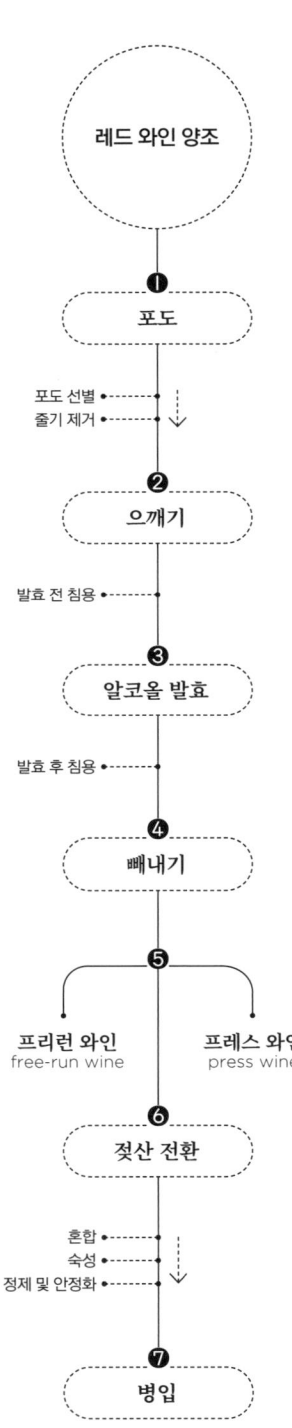

포도가 머스트가 되는 순간부터 원치 않는 효모의 작용과 박테리아의 성장, 그리고 산화가 일어날 수 있다. 포도 껍질에는 야생 효모가 많이 존재하는데, 당분이 풍부한 머스트에서 바로 증식을 시작한다.

일부 와이너리에서는 야생 효모로 발효하지만, 다음과 같은 이유로 주의가 필요하다. 우선, 대부분의 야생 효모는 낮은 알코올 도수(4~6%)에서 죽기 때문에 당분을 완전히 발효시키기 어렵다. 또한, 야생 효모 중에는 식초 맛, 쓴맛, 썩은 달걀 맛 등 와인에 좋지 않은 맛을 나게 하는 것도 있다. 그러나 자연 효모는 와인에 지역의 고유한 특성을 반영하여 복합적인 맛을 부여하고, 다양한 효모가 작용해 와인의 개성을 돋보이게 한다.

반면, 배양 효모는 발효 속도가 빠르고 결과가 일관적이며, 발효 실패의 위험이 적다. 배양 효모는 특정한 맛과 향을 부여하도록 개발되어 와인의 품질을 일정하게 유지할 수 있다. 따라서 많은 와이너리에서는 포도를 으깨고 난 후 머스트에 이산화황($SO_2$)을 넣어 야생 효모와 박테리아를 죽이고 머스트의 산화를 방지한 후 배양 효모를 넣는다. 이산화황은 발효가 완료된 와인에도 넣는다. 이때는 산화 방지와 더불어 혹시 남아 있을지 모를 효모와 박테리아를 무력화시키기 위해서다. 그러나 너무 많은 양의 이산화황을 쓰면 와인의 맛에 좋지 않은 영향을 줄 수 있고, 인체에도 유해할 수 있으므로 필요한 최소량만 넣어야 한다.

**머스트의 당도, TA, pH 등을 측정하고, 필요하다면 성분을 조절해야 한다.** 추운 지방에서 수확한 포도는 상대적으로 당분이 낮을 수 있고, 이에 따라 발효 후 알코올 성분도 낮을 수 있다. 알코올 성분이 낮으면 와인 보관에 문제가 되고 맛에도 영향이 생기므로, 설탕을 첨가해 알코올 성분을 올려 줄 필요가 있다. **이와 같은 가당 작업을 챕털리제이션**chaptalisation**이라고도 부른다.** 가당의 허용 여부는 나라마다 다르다.

산도도 기후에 따라 너무 낮거나 높을 수 있으므로, 각각 가산이나 감산을 하기도 한다. 가산할 때는 주석산 분말을 첨가하는데, 프랑스에서는 더운 지방에서만 허용되고 신대륙에서는 보편적으로 사용된다. 추운 지방의 포도는 산이 과도하게 많은 경향이 있는데, 이럴 경우 감산을 한다. 감산할 때는 중탄산칼륨potassium bicarbonate을 사용한다.

그 밖에 타닌이 부족할 때엔 포도 줄기나 타닌 분말을 넣어서 보충해 주기도 한다.

●● 2.4. 와인 양조

❸ **알코올 발효**

머스트를 스테인리스 스틸 탱크에 넣어 알코올 발효를 한다. 경우에 따라, 오크통이나 수지를 바른 콘크리트 용기를 쓰기도 한다. 먼저 머스트 안의 자연산 효모를 죽인 다음, 와인 제조용 배양 효모를 넣고 발효한다. 머스트의 당분은 발효 과정을 거쳐 알코올로 바뀌며, 이때 부산물로 이산화탄소와 열이 나온다. 머스트의 당분을 완전히 발효시켜야 하므로, 사용하는 효모는 알코올 성분이 15% 이상 될 때까지 죽지 않고 활동할 수 있어야 한다. 또한, 이산화황이 있는 상태에서도 쉽게 죽지 않아야 하며, 황화수소를 발생시켜서도 안 된다. **활동을 마친 효모는 미색 분말 형태로 바닥에 가라앉는데, 이를 리lees라고 한다.** 리가 확실히 용기 바닥에 형성되고 와인 안에 떠다니지 않아야 맑은 와인을 얻을 수 있다. 이러한 점 또한 효모가 가져야 할 중요한 특성 중 하나이다.

효모를 넣고 12~24시간이 지나면 이산화탄소 방울이 보이기 시작하면서 점차 발효 반응이 강해진다. 이 과정을 1차 발효라고 한다. 발효 과정에 필요한 시간은 효모의 종류와 온도에 따라 차이가 크다. 중간 정도의 발효 속도를 내는 효모를 사용했을 때, 10°C에서는 3~4주 걸리지만 30°C에서는 사흘이면 끝난다.

**레드 와인의 최적 발효 온도는 일반적으로 25~30°C인데, 발효 시 발생하는 열 때문에 머스트의 온도는 점차 올라간다.** 발효 온도가 높을수록 껍질로부터 색소를 더 많이 뽑아낼 수 있어 레드 와인의 색깔은 좋아지지만, 신선한 과일 맛을 잃을 수 있다. 반대로, 온도가 너무 낮으면 와인의 색이 연해지는 문제가 발생한다. 따라서 발효 중 적절한 온도로 머스트를 유지해 주기 위해 발효 탱크 주위에 파이프를 두르고 찬물이나 더운물을 순환시킨다. 발효 과정 중 온도 조절은 현대 와인 제조 기술의 발전을 보여 주는 대표적인 사례 중 하나이다.

발효 중에는 포도 껍질과 과육 등의 고형물이 표면으로 떠올라 캡cap이라 부르는 막을 형성하게 된다. 캡을 그냥 두면 포도 껍질의 색소와 타닌이 제대로 침출되지 않는다. 또한, 표면이 건조해지면서 해로운 박테리아나 곰팡이가 번식할 위험이 있다. 따라서 캡과 그 아래에서 발효 중인 와인 주스를 접촉시켜야 하는데, 이를 위해 가장 많이 쓰는 방법은 펌프를 써서 와인 주스를 발효 탱크 바닥으로부터 캡 위쪽으로 순환시키는 것이다. 이를 **펌핑 오버**pumping over라고 부른다. 고전적인 방법은 사람이 도구를 써서 캡을 아래로 눌러줘 캡의 고형물이 와인 주스에 젖게 하는 것으로, **펀칭 다운**punching down이라 한다. 펌핑 오버나 펀칭 다운을 하면, 머스트로 공기가 들어가 효모의 활동에 도움을 주고 좋지 않은 냄새를 가진 가스도 방출된다. 발효 도중 색소의 추출은 비교적 조기에 끝나지만, 타닌의 추출은 발효 과정 후반까지 계속된다. 포도 껍질로부터 타닌을 어느 정도 뽑아낼 것인가 하는 것은 와인의 성격을 결정짓는 가장 중요한 단계 중 하나다. 이 단계를 껍질 접촉(스킨 콘택트skin contact)이라고 한다.

같은 지역에서 같은 카베르네 소비뇽 포도로 만든 와인이라도 어떤 와인은 1~2년 이내에 마시는 게 좋고, 어떤 와인은 10년을 기다려야 잘 숙성되어 마시기 좋은 상태가 된다. 그 이유는 바로 **껍질 접촉 기간**에 달려 있다. 껍질 접촉 기간을 10일 이상 길게 둔 와인에는 타닌이 다량 함유되어 숙성에도 여러 해가 걸리고, 껍질 접촉 기간을 1주일 이내로 짧게 한 와인은 타닌의 함량이 낮아 바로 즐길 수 있는 와인이 되는 것이다. 또한, 껍질 접촉을 1~2일 정도로 아주 짧게 하면, 엷은 색을 띠고 타닌 성분이 거의 없는 로제 와인이 된다.

➡ **펌핑오버 vs. 펀칭다운**

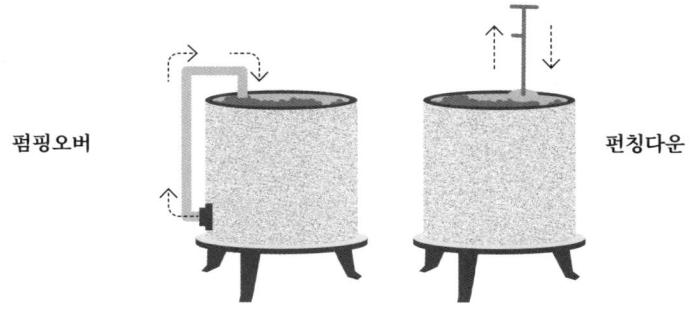

발효 중 매일 평균 3번 실행

❹ **고형 성분의 분리**

원하는 만큼 껍질 접촉이 되었으면, 머스트의 고형 성분을 제거해야 한다. 먼저 머스트에 아무런 압력을 가하지 않아도 흘러나오는 와인이 있다. 이를 프리런free-run이라고 하며, 오크나 스테인리스 스틸 탱크로 옮겨 놓는다. 그리고 남은 머스트를 와인 프레스로 눌러 짜낸 것을 압착된(프레스press) 와인이라고 한다. 압착된 와인은 와인 프레스의 압력이 증가할수록 타닌이 많이 포함되어 더 강한 맛을 갖게 된다. 만드는 와인의 스타일에 따라 프리런만 쓰거나 압착된 와인을 프리런과 섞기도 한다. 껍질 접촉 시간보다 발효 시간이 더 길면, 새 용기에서 계속 발효를 시킨다. 껍질 접촉 시간이 발효 시간보다 긴 경우엔 프리런과 압착된 와인을 얻었을 때 이미 발효가 끝난 상태가 된다.

<u>프랑스의 보졸레Beaujolais 지방에서는 탄산 침용(카보닉 마세레이션carbonic maceration)과 부분 탄산 침용(세미 카보닉 마세레이션semi carbonic maceration)</u>

## ●● 2.4. 와인 양조

**이라고 불리는 방법으로 발효하여 와인을 생산한다.** 보졸레에서 수확한 가메 Gamay 포도를 송이째 이산화탄소로 채운 용기에 넣어 두면, 포도 자체에 있는 효소에 의해 발효가 일어나면서 1~2%의 알코올과 함께 체리와 딸기 향 같은 독특한 향기가 생성된다. 탄산 침용법을 2~3주간 진행한 뒤 통상적인 방법대로 포도를 으깨고 이스트 발효를 하면서 짧은 껍질 접촉을 해 준다. 이렇게 생산된 와인은 가벼운 바디에 과일 맛이 있어 제조 후 바로 마실 수 있다.

↓ 탄산침용

❺ 젖산 전환

1차 발효가 끝난 후에는 **2차 발효라고도 부르는 젖산 전환**(말로락틱 컨벌전 Malolactic Conversion)을 시킨다. 젖산 전환 과정은 젖산균이 사과산(말릭 애시드 malic acid)을 젖산(락틱 애시드 lactic acid)으로 바꿔줘 풋사과에서 느껴지는 것 같은 **날카로운 신맛을 부드러운 신맛으로 변하게 한다**. 젖산 전환은 와인의 산도를 감소시키는 반면 바디를 강화하며, 더욱 부드럽고 균형 잡힌 팔레트를 얻게 해준다. 추운 지방에서 자란 포도는 사과산의 함량이 높아 신맛이 강한데, 이럴 경우 젖산 전환은 특히 효과적이다.

오늘날 레드 와인을 오래 숙성시키지 않고 바로 마실 수 있게 된 것은 20세기 중반에 젖산 전환의 과학적인 원리를 터득해 인공적으로 이를 발생시킬 수 있게 된 덕분이다. 젖산 전환의 도움으로 오래 숙성하지 않아도 와인의 산도를 낮추고 미묘한 풍미를 추가할 수 있게 된 것이다. 레드 와인 대부분이 젖산 전환을 거치지만, 날카롭고 상큼한 신맛이 특징인 와인이라면 이 과정을 피해야 한다. 온도가 낮거나 이산화황의 농도가 높으면 젖산균의 증식이 억제되므로, 젖산 전환을 원치 않을 때는 1차 발효 후에 온도를 낮추거나 이산화황의 농도를 높여 준다.

2차 발효까지 끝나면 이산화탄소가 더 발생하지 않고, 죽은 이스트들은 중력에 의해 바닥에 가라앉아 찌꺼기를 형성한다. 이때 윗부분의 맑은 와인만 따라서 새 용기에 넣어 준다. 이를 랙킹$^{racking}$이라고 한다.

## ❻ 숙성

현대의 와인은 대부분 숙성을 오래 하지 않고 시장에 나온다. 그러나 고급 와인, 특히 레드 와인은 숙성 과정을 통해 타닌의 강한 맛이 부드럽게 변하면서 보다 마시기 좋은 와인이 된다. **긴 숙성 기간을 통해 좋은 맛과 향이 나는 와인이 되려면, 타닌과 산, 알코올의 함량이 높아야 한다.** 숙성의 효과는 크게 세 가지이다.

**첫 번째는 오크통 같은 숙성 용기에 의한 효과이다.** 대부분의 레드 와인은 수개월에서 18개월까지 오크통에서 숙성된다. 오크통은 내부를 불에 그을려서 쓴다. 이렇게 하면 숙성되는 동안 오크 내벽에서 타닌과 여러 가지 풍미를 내는 화합물이 배어 나와 와인의 맛이 더욱 풍부해진다. 레드 와인은 오크 숙성을 통해 토스트, 커피, 그을린 나무 향, 초콜릿 등의 풍미가 강해진다. 오크통은 대부분 프랑스와 미국산 참나무를 이용해서 만든다. 미국산 오크는 향기롭고 달콤한 바닐라와 코코넛, 몰트의 맛이 나게 해 주고, 비교적 강한 타닌이 배어 나온다. 프랑스 오크는 토스트, 향신료와 아몬드 풍미와 함께 대체로 더 풍부한 맛과 섬세한 타닌을 더해 준다. 가격은 미국 오크보다 훨씬 비싸다.

**두 번째는 산소에 의한 와인 안의 화학 반응이다.** 오크통에서 숙성되는 동안 와인은 아주 느리게 오크통의 미세한 기공을 통해 증발하고, 반대로 미량의 산소가 통 안으로 들어와 산화 반응이 일어난다. 이러한 미세 산화 반응은 오크통에서 숙성된 샤르도네 와인과 보르도 레드 와인에서 맛볼 수 있는 복잡한 풍미를 준다.

**세 번째는 와인을 병에 담은 후에 일어나는 맛의 변화**인데, ❾ 병입$^{bottling}$ 부분에서 설명한다.

## 2.4. 와인 양조

**발효 및 숙성 용기**

다양한 종류의 와인 발효 및 숙성 용기가 있으며, 각 용기는 고유한 재질과 특징을 가지고 있어 와인의 풍미와 질감에 다양한 영향을 미친다. 양조자는 이러한 용기들을 신중히 선택하여, 와인의 완성된 맛과 질감을 극대화한다.

| | | |
|---|---|---|
| **탱크** Tank — 스테인리스 스틸 | | 와인에 새로운 풍미를 더하지 않음. 스테인리스 스틸 탱크는 온도 조절이 용이하고, 위생적이며, 와인의 본연의 맛을 유지하는 데 도움을 준다. 현대 와인 제조에서 흔히 사용된다. |
| **암포라** Amphora — 점토 | | 독특한 질감을 제공하며, 고대 방식으로 와인을 발효 및 숙성한다. 암포라는 자연스러운 미세 산화를 허용하여 와인에 독특한 풍미와 질감을 더한다. |
| **에그** Egg — 콘크리트 | | 부드럽고 독특한 질감을 줌. 에그 형태의 콘크리트 용기는 발효 중 와인의 산소 접촉을 적절히 조절하여 부드러운 질감을 만들어내고, 와인의 미세한 발효를 돕는다. 콘크리트는 열을 일정하게 유지해주는 장점도 있다. |
| **배럴** Barrel — 오크 및 다양한 나무 | | 발효와 숙성 모두에 사용될 수 있으며, 와인에 진한 과일향과 바닐라 향을 더함. 오크 배럴은 와인에 미묘한 나무 향과 풍미를 더해주며, 공기가 적절히 통하게 하여 와인의 복합적인 맛을 형성하는 데 도움을 준다. 또한, 오크는 와인의 질감을 부드럽게 하고, 타닌을 안정화시킨다. |
| **캐스크** Cask — 오크 및 다양한 나무 | | 와인의 풍미에 영향을 미치며, 다양한 용량(100~10,000리터)으로 제공된다. 캐스크는 와인의 저장 및 숙성에 사용되며, 재질과 크기에 따라 와인의 맛과 향이 달라진다. |

❼ 청징과 안정화

와인이 오크통의 기공을 통해 증발하면서 그만큼 통 안에 빈 공간이 생긴다. 이 때문에 6개월에 한 번씩은 새로운 와인을 보충해 오크통을 가득 채우는데, 이때 랙킹을 통해 바닥의 찌꺼기$^{lees}$로부터 와인을 분리한다. 와인의 숙성을 마치고 마지막 랙킹을 하기 전에 청징을 해 준다.

소비자가 와인을 구매하면 바로 소비하지 않고 오랜 기간 저장한 뒤 마실 때도 있다. 소비자들은 와인을 따서 잔에 따르는 순간, 항상 맑고 투명한 와인을 기대한다. 따라서 **와인을 병에 담기 전에 와인 안에 존재하는 고형 성분을 모두 제거해서 맑은 와인으로 만든다.** 대부분의 고형 성분은 중력에 의해 가라앉게 되고, 랙킹을 통해 와인으로부터 분리할 수 있다. 하지만 펙틴$^{pectin}$, 단백질과 각종 금속 화합물 등의 입자들은 매우 미세해서 잘 가라앉지 않는다.

이런 **미세 입자들을 제거하기 위한 과정을 청징(파이닝$^{fining}$)이라고 한다.** 청징을 위한 물질을 와인에 넣어 주면, 이 물질이 미세입자들과 결합하여 바닥에 가라앉는다. 청징에 쓰이는 물질은 달걀흰자, 젤라틴과 같은 동물성 단백질과 벤토나이트$^{bentonite}$라는 미세한 진흙 등이 있다. 청징의 주목적은 와인을 투명하게 해 주는 것이지만, 와인 안의 다른 물질에도 영향을 줄 수 있다. 예를 들면, 달걀흰자와 젤라틴이 타닌의 강한 성질을 줄여 줘서 와인 맛을 부드럽게 해 주는 경우이다.

랙킹과 청징을 통해 출하 전에 투명하게 만들어 병입한 와인은 과연 완벽한 걸까? 그렇지 않다. 와인이 병에 있는 동안 화학적 변화로 인해 새로운 고형물이 생길 수 있기 때문이다. 제일 흔히 생기는 고형물은 타르타르산 수소 칼륨$^{potassium\ bitartrate}$(KC4H5O6)의 결정으로, 타르타르 크림이라고도 불린다. 이 침전물은 인체와 와인에 해가 없고, 장기 숙성된 와인에선 어느 정도 용인된다. 와인에 녹아 있는 고형 성분의 함량은 온도가 낮을수록 적어지기 때문에, 와인의 온도를 낮춰 타르타르 결정을 침전시킨다. 이 과정을 저온 안정화$^{cold\ stabilsation}$라고 하는데, 이를 통해 산도는 조금 감소하고 와인은 더 부드러워진다.

만약 병입된 와인에 남아 있는 효모나 박테리아가 병 안에서 활동하면, 와인에 식초 맛이 나는 등의 문제가 생길 수 있다. 따라서 미생물을 완전히 제거해 줄 필요가 있으며, 이를 미생물 안정화라고 부른다. **와인에 이산화황을 넣거나 여과(필터$^{Filter}$)하는 방법으로 미생물을 제거할 수 있다.** 그러나 여과는 와인을 맑게 해 주기도 하지만, 와인의 풍미를 돕는 물질도 함께 제거해 와인의 품질을 떨어뜨릴 수도 있다. 이러한 이유로 와인 제조자에 따라서 아주 약하게 여과하거나 아예 하지 않는 경우도 있다.

## ●● 2.4. 와인 양조

**❽ 블렌딩**

프랑스 부르고뉴처럼 피노 누아 한 품종만으로 레드 와인을 만들기도 하지만, 보르도처럼 두세 종류 이상의 포도로 양조한 와인을 섞어서 레드 와인을 만드는 경우도 많다. **와인을 블렌딩**blending**하는 이유는 품종별 와인이 가진 맛의 장점을 살려 최종 상품의 맛을 극대화하려는 것이다.**

같은 브랜드의 와인일지라도 매년 블렌딩 비율을 일정하게 하는 것이 아니라 빈티지마다 그해 수확된 각각의 포도로 양조한 와인의 맛을 본 뒤 그 비율을 결정한다. 따라서 매해 각 포도 품종별 와인의 맛이 블렌딩 비율에 영향을 준다. 아울러, 보르도처럼 날씨가 불안정한 지역인 경우, 한 종류의 포도로 와인을 만드는 것은 위험도가 크므로, 와인 제조의 위험도를 줄인다는 측면에서도 블렌딩의 의미가 크다.

**❾ 병입**

안정화와 블렌딩이 끝난 와인을 병에 담는다. 병입bottling 직후 얼마간 와인의 향과 맛이 제대로 나지 않는 기간이 있는데, 이를 보틀 시크니스bottle sickness나 보틀 쇼크bottle shock라고 부른다. 보틀 쇼크의 원인은 병입할 때 와인이 산소에 노출되면서 일어나는 산화 반응이라고 알려져 있다. 보틀 쇼크는 노출된 산소가 와인에 용해되거나 산화 반응이 완료돼 와인이 안정화되면 끝나게 되는데, 요즘엔 이를 최소화하기 위해 병입할 때 불활성 가스를 쓰기도 한다.

와인병의 마개로는 포르투갈에서 주로 자라는 코르크 나무의 껍질을 잘라 만든 코르크cork 마개를 가장 많이 사용한다. 코르크 마개는 병 안의 기밀성을 장기간 훌륭하게 유지해 줄 뿐만 아니라 미세한 기공을 통해 아주 미량의 산소를 와인에 공급해 준다. 이 때문에 병 안의 와인은 미세한 산화 반응을 일으키며 병 속에서 장기 숙성하게 된다. 병 속에서 장기 숙성하는 동안, 와인 속의 타닌과 색소 같은 페놀 화합물들은 서로 결합하여 병 바닥에 침전된다. 이에 따라 타닌의 맛이 부드러워지고, 진한 보라색에 가깝던 와인의 색상도 연한 벽돌색으로 변하게 된다.

**병입된 와인을 제대로 숙성시키기 위해선 12~13°C 정도로 온도가 일정하게 유지되는 어두운 장소에 보관해야 한다.** 또한, 병을 옆으로 눕혀 코르크가 와인에 늘 젖은 상태로 있게 해 두어야 한다. 코르크 속에 곰팡이가 있는 경우가 있는데, 이 곰팡이가 코르크 마개를 만들 때 사용되는 화학 약품과 반응하면 트리클로로아니솔(TCA trichloroanisole)이라는 물질이 생성된다.

TCA가 발생한 코르크 마개가 와인과 닿게 되면, TCA는 와인 속으로 확산해 들어간다. TCA의 영향을 받은 와인은 '그늘지고 습기가 찬 방에서 나는 곰팡이'나 '젖은 골판지나 신문지' 등으로 표현되는 냄새가 나며, 이 냄새는 와인 고유의 향과 맛을 가려 버린다. 이런 불량 코르크 마개로 인한 와인의 결함률이 5%나 된다.

코르크를 대체할 마개를 만들기 위해 여러 가지 소재가 시도되고 있다. 그 중 플라스틱으로 만든 인조 코르크는 장기 숙성이 필요치 않은 와인에 쓰이며, 가격이 저렴하다. 그러나 장기간 사용하면 열화되어 와인이 과도하게 산화되는 문제가 있다. 뉴질랜드나 호주 등 신대륙에서는 스크류 캡screw-cap을 사용한 와인이 점차 늘고 있다. 스크류 캡은 소주병 마개와 같은 형태로 되어 있어 기밀성이 우수하고, 산소의 침투를 철저하게 차단할 수 있어 와인의 신선함을 유지하기에 좋다. 그러나 스크류 캡은 와인의 미세 산화 반응이 일어나기 힘들어 일부 전문가들은 장기 숙성 와인에는 적합하지 않다고 주장하기도 한다.

## 화이트 와인 양조 과정
White Winemaking

화이트 와인의 제조법은 레드 와인과의 차이점을 중심으로 설명한다. **화이트 와인은 포도 수확부터 병입까지 모든 과정에서 산화를 방지하는 데 가장 유의해야 한다.** 산화가 일어나면 과일 맛과 향기가 줄어들고 와인의 색이 짙게 변해, 화이트 와인의 생명이나 다름없는 과일 풍미와 엷고 투명한 색깔을 잃어버리기 때문이다. 따라서 포도를 기계로 수확하는 경우에도 기온이 낮은 밤에 작업하고, 포도를 으깨어 얻은 머스트 또한 차게 보관해서 산화를 최소화한다.

화이트 와인은 <u>발효 전 머스트에서 와인 주스를 분리하는데, 일반적으로 프리런이나 머스트를 와인 프레스에서 약한 압력으로 눌러 얻은 주스만 사용한다.</u> 이렇게 해서 얻은 포도 주스는 그 안에 아직 남은 작은 입자들이 모두 바닥에 가라앉아 주스가 맑아지도록 시간을 준 다음, 효모를 넣고 발효를 시작한다. 일반적으로 온도 조절이 가능한 스테인리스 스틸 탱크나 온도가 낮은 방에 설치된 오크통에 와인 주스를 담고, 레드 와인보다 낮은 12~22°C 정도의 온도에서 2-4주간 발효시켜 신선한 과일 풍미를 얻는다.

1차 발효가 끝나면 와인을 스테인리스 스틸 탱크나 오크통으로 옮긴다. 발효가 끝난 와인에서 이스트 찌꺼기를 바로 분리하지 않고 놓아두면 와인의 맛이 더 풍부해지는데, 샤르도네처럼 풍부한 맛이 요구되는 와인은 이런 방법을 쓴다. 이 과정에서 와인은 주기적으로 저어지며, 효모 찌꺼기(리즈lees)가 와인에 풍미와 질감을 더한다.

## 2.4. 와인 양조

**화이트 와인은 레드 와인에 비해 젖산 전환을 거치는 경우가 적다.** 샤르도네 와인에는 젖산 전환을 많이 적용하지만, 리슬링처럼 바디가 가볍고 신선한 과일 맛과 상큼한 산도가 중요한 화이트 와인에서는 오히려 역효과가 나므로 젖산 전환이 일어나지 않도록 한다.

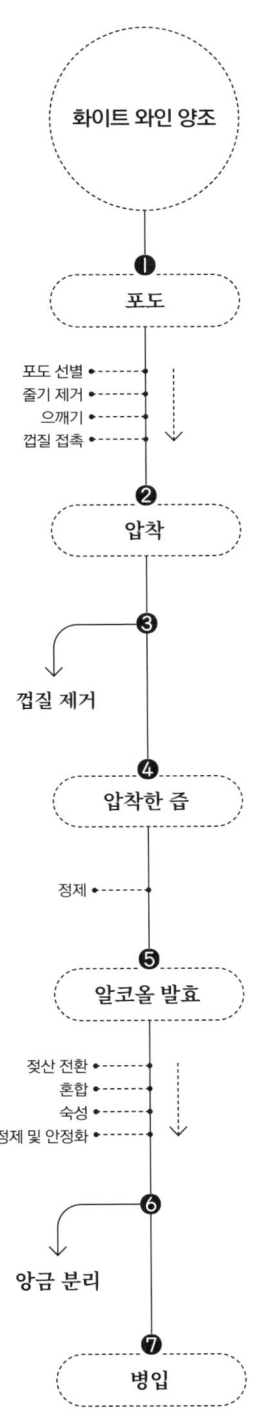

↓ 젖산 전환

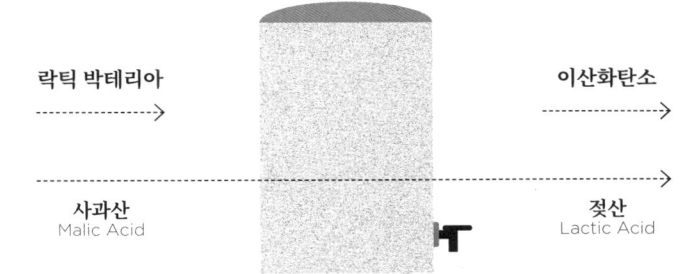

**젖산 전환 후 변화**
· 산도가 감소하고 부드러워진다.
· 크림같은 질감과 버터의 풍미가 나타난다.

과일 맛 위주의 화이트 와인은 오크통에서 숙성하지 않는다. 하지만 일부 화이트 와인은 오크통에서 숙성하면 독특한 맛과 향을 얻을 수 있다.

만약 화이트 와인병 바닥에 침전물이 있으면 소비자들의 시선엔 레드 와인보다 더 부정적인 인상으로 비칠 수 있으므로, 화이트 와인은 레드 와인보다 훨씬 강도 높은 안정화와 청징의 과정이 필요하다. 또한, 주석산 결정을 제거하기 위해 저온 안정화 과정을 거친다.

## 테이스팅 실습 08

### 와인 양조와 와인

**와인**

vs.
- **쉬르 리한 드라이 화이트** 프랑스 루아르의 뮈스카데 드 세브르 에 멘 쉬르 리 (믈롱 블랑)
- **오크 숙성한 드라이 화이트** 호주 혹은 캘리포니아 (샤르도네), 남아프리카 공화국 (슈냉 블랑)
- **프랑스 보졸레 빌라주** (가메)
- **캘리포니아 혹은 칠레 마이포 밸리** (카베르네 소비뇽)

### 테이스팅 포인트

**와인 양조법 비교**

와인의 양조 방법이 와인의 스타일에 어떤 영향을 미치는지 알아본다. 와인의 구조감과 풍미의 정도가 어떻게 다른지 비교해 본다. 바디가 가벼운 와인과 무거운 와인을 비교해, 각 와인이 갖는 특성을 이해한다.

**Q** 화이트 와인 중 1차, 2차, 3차 향과 풍미를 가진 풀 바디 와인은?

**Q** 화이트 와인 중 시트러스와 녹색 과일의 풍미에 빵 반죽 같은 풍미가 더해진 것은?

**Q** 레드 와인 중 부분 탄산 침용에 의해 만들어진 와인은? 그 와인의 대표적 풍미는 무엇인가?

**Q** 레드 와인 중 오크의 풍미가 있는 와인은? 그 와인의 대표적 풍미는 무엇인가?

## 로제 와인 양조 과정
Rosé Winemaking

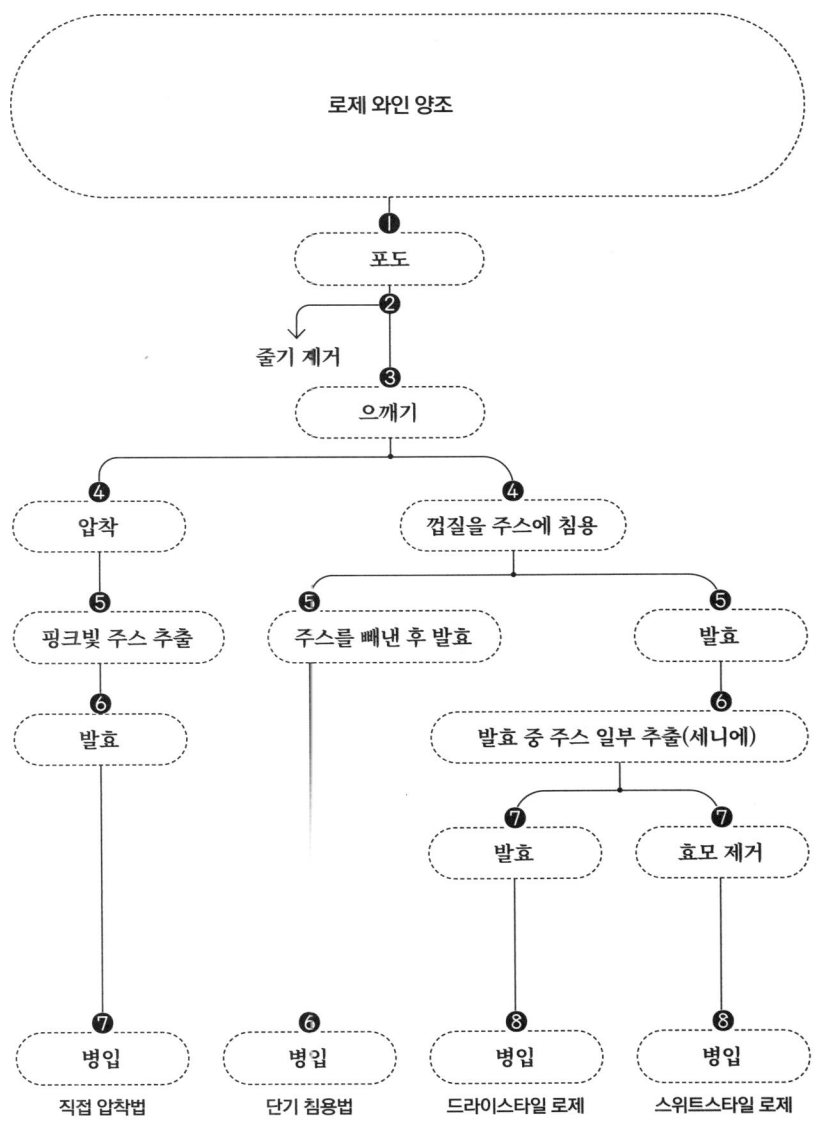

로제 와인은 레드 와인과 화이트 와인의 중간 색에 가까운 분홍빛 와인이다. 생산 방법과 침용 기간에 따라 로제 와인의 색은 핑크부터 연어, 오렌지까지 크게 달라질 수 있다. 로제 와인은 기본적으로 맛이 달지 않으며, 와인 생산자에 따라서 조금씩 다르지만, 레드 와인과 화이트 와인의 특징을 모두 갖고 있다. 로제 와인을 만드는 방법으로는 직접 압착, 껍질 단기 침용, 발효 중 빼내기, 그리고 블렌딩 등 네 가지가 있다.

| | |
|---|---|
| **직접 압착법** | 직접 압착은 <u>적포도를 으깨서 압착해 색을 추출하는 방법</u>이다. 천천히 눌러 흘러내린 핑크색을 띤 주스만 바로 발효한다. |
| **단기 침용법** | 껍질 단기 침용은 일반적으로 로제 와인 양조에서 가장 많이 사용하고 있는 방법으로, <u>으깨진 적포도를 발효 전 짧은 시간 동안 껍질과 접촉</u>시키는 것이다. 원하는 색의 추출에 따라, 적게는 수 시간에서 많게는 수일 동안 이를 진행해 의도적으로 로제를 만들 수 있다. 때때로 포도는 즉시 압착되어 프랑스의 뱅 그리 Vin Gris(회색 와인) 또는 캘리포니아에서 블러쉬Blush라 불리는 좀 더 밝은 색의 로제 와인으로 만들어지기도 한다. |
| **발효 중 빼내기** | 또한, <u>레드 와인을 발효하는 중에 주스를 빼내는 블리딩Bleeding 방식</u>으로 만들기도 한다. 이는 껍질 단기 침용 방법의 다른 유형으로, 세니에saignée(프랑스어 'saigner'는 '피가 나다'를 의미)라고 부른다. 간혹 레드 와인의 색상과 구조를 좋게 하고 좀 더 농축미 있는 와인을 만들기 위해, 양조자는 초기 발효 단계에서 소량의 주스를 덜어 내고 와인을 만든다. 이렇게 덜어 낸 주스를 화이트 와인처럼 발효시켜 만든 것이 세녜 로제이다. 전형적인 예로는 상세르 로제Sancerre Rosé를 들 수 있다. 껍질이 얇은 피노 누아로 상세르 레드 와인을 생산하면서 와인의 색상과 타닌 수준을 높이려는 과정에서 만들어진 부산물이라 할 수 있다. |
| **블렌딩** | 마지막, 가장 단순한 방법이다. <u>레드 와인과 화이트 와인을 함께 블렌딩</u>하여 만드는 것이다. 하지만 이 방법은 유럽에서 쓸 수 없다. 이곳의 로제 와인은 항상 적포도로 만든다. 상파뉴의 샴페인만 예외로 둔 채, 유럽에서는 화이트 와인과 레드 와인을 섞는 것을 법으로 금하고 있다. |

프랑스에서는 주로 남부 지역에서 로제 와인이 많이 생산된다. 드라이하고 세이버리한 풍미가 있는 로제 와인은 프로방스와 론 남부의 타벨Tavel 및 리락Lirac에서 만들어진다. 프랑스의 루아르 밸리에서는 오프 드라이 로제 당주와 중간 드라이부터 중간 스위트 스타일의 카베르네 당주가 대량 생산되고 있다. 이탈리아와 스페인에서도 국가 전역에 걸쳐 드라이하거나 스위트한 로제 와인을 생산하고 있다. 아르헨티나의 말벡, 남아프리카의 피노타지 또는 칠레 쉬라즈로 만든 다양한 로제 와인과 함께 캘리포니아 블러쉬 와인도 시장에서 찾아볼 수 있다.

## 2.4. 와인 양조

### 스위트 와인 양조 과정
Sweet Winemaking

스위트 와인은 와인 속에 당분이 남아 있어 단맛이 나는 와인이다. 스위트 와인을 만드는 방법으로는 다음 세 가지가 있다.

**인위적으로 발효 중지 후 효모 제거**

이 방법에서는 먼저, 와인의 당도가 원하는 값에 이르렀을 때 랙킹 혹은 원심 분리로 이스트 침전물과 와인을 분리한다. **이스트 침전물과 분리된 와인을 필터에 통과시켜 효모를 걸러내고 발효를 중단한다.** 이 같은 방법으로 만드는 스위트 와인으로는 이탈리아의 아스티와 모스카토 다스티가 있다. 값싼 스위트 와인의 경우, 이산화황을 첨가해 효모를 죽이는 방법을 쓰기도 한다.

**발효 중 주정 강화**

**높은 알코올을 첨가해도 효모가 죽어서 발효가 중단된다.** 주정 강화로 만드는 스위트 와인에는 뮈스카Muscat 품종이 주로 사용되며, 그리스에서 포르투갈에 이르기까지 지중해 연안에서 광범위하게 만들어진다. 그중 프랑스 남부에서 생산되는 것을 뱅 두 나튀렐(VDNVin Doux Naturel)이라고 하며, 론Rhone 지역의 뮈스카 드 봄-드-베니스Muscat de Beaumes-de-Venise, 랑그독Languedoc의 뮈스카 드 생 장 드 미네르부아Muscat de Saint Jean de Minervois, 루시용Roussillon의 뮈스카 드 리브잘트Muscat de Rivesaltes 등이 여기에 속한다. 이 와인들은 숙성시키지 않으며, 과일 맛이 최고조일 때인 발매 직후에 마시는 것이 좋다. 모스카텔 데 발렌시아Moscatel de Valencia는 스페인에서 주정 강화로 생산되는 저렴한 스위트 와인이다.

신대륙에서도 주정 강화 스위트 와인을 만든다. 그중 유명한 것이 호주 빅토리아주 북부의 더운 지역인 루더글렌Rutherglen에서 생산하는 루더글렌 뮈스카Rutherglen Muscat이다. 와인을 솔레라(셰리 부분 참조) 시스템에서 숙성시키므로, 산화에 의한 숙성과 수분의 증발로 와인이 더욱 진해지면서 강렬하고 풀 바디하며 끈끈한 스위트 와인이 된다. 루더글렌 뮈스카는 말린 과일과 익힌 과일 향, 캐러멜, 토피, 견과류, 커피 등의 풍미가 다양하고 풍부하다. 이 밖에 포트 와인도 스위트 와인에 해당하는데, 주정 강화 와인 부분에 설명되어 있다.

**수확 후 포도 건조**

수분이 탈수되어 당분이 높아진 포도를 발효시키면, 알코올 성분이 10% 정도 되었을 때 효모가 죽고 발효가 멈추면서 와인에 당분이 남게 된다. **포도의 당분을 높이는 한 가지 방법은 수확을 늦추거나 수확한 포도를 건조하는 것이다.** 이 과정에서 포도는 수분을 잃고 건포도처럼 쪼그라들면서 당분 함량이 올라간다. 이 방법을 이탈리아에서는 파시토Passito라고 부른다.

| 귀부병 | **탈수된 포도를 얻는 또 다른 방법은 귀부$^{noble\ rot}$라 불리는 것이다.** 귀부는 보트리티스 시네레아$^{Botrytis\ cinerea}$라는 진균에 의해 발생한다. 포도의 수확을 앞두고 대기 중의 습도가 90% 이상인 상태가 24시간 이상 계속되면, 보트리티스 진균의 포자가 포도의 껍질뿐만 아니라 껍질을 뚫고 안쪽에서도 자라기 시작한다. 이후 습도가 60% 이하로 낮아지고 기온이 20~25℃ 정도로 유지되면, 보트리티스가 계속 자라면서 포도알의 수분이 빠져나간다. 이 과정을 통해 보트리티스에 의해 독특한 맛을 띠는, 세계적으로 유명한 디저트 와인을 얻을 수 있다.

귀부된 세미용으로 만든 프랑스의 소테른$^{Sauternes}$과 호주의 보트리티스 세미용, 귀부된 리슬링으로 만든 독일의 베렌아우슬레제$^{Beerenauslese}$와 트로켄베렌아우슬레제$^{Trockenbeerenauslese}$, 역시 귀부된 푸르민트$^{Furmint}$로 만든 헝가리의 토카이 아수$^{Tokaji\ Aszú}$가 여기에 해당한다.

그러나 귀부가 생긴 후에도 습도가 계속 높으면, 포도가 터지면서 흘러나온 주스에 보트리티스 이외의 각종 효모, 박테리아, 곰팡이들이 번식하면서 곰팡이와 식초 냄새가 나는 결함 있는 와인이 된다. 귀부의 발생은 포도나무마다 일정하지 않으므로, 몇 차례에 걸쳐 눈으로 확인해가며 손으로 수확해야 한다. 보트리티스 포자를 포도에 분사해서 직접 귀부 발생을 유도하는 포도원도 있다. 당분이 매우 높은 머스트에서는 효모의 작용이 활발하지 못하므로, 귀부가 발생한 포도는 발효 속도가 늦다. 또한, 당분이 높은 주스는 맑은 와인을 얻기 어려우므로, 랙킹과 청징을 강화해서 부유물을 확실히 제거해야 한다.

| 나무에 달린 상태에서 포도 동결 | 겨울철 날씨를 이용해 포도를 탈수시키기도 한다. 독일과 오스트리아, 캐나다처럼 추운 지방의 경우, **겨울이 올 때까지 포도를 수확하지 않고 놔두면 포도 안의 수분이 얼게 되고, 이 포도를 압착하여 얻은 주스는 당분이 매우 높다.** 이 주스로 만든 스위트 와인을 아이스와인$^{Ice\ Wine}$이라고 하는데, 풍부한 당분과 높은 산도가 잘 조화되어 상쾌한 느낌을 준다.

| 드라이 와인에 당 성분 추가 | 독일과 같은 나라에서는 발효가 끝난 드라이 화이트 와인에 발효하지 않은 와인 주스인 쉬스레제르베$^{Süssreserve}$를 첨가하여 스위트 와인을 만들기도 한다. 스위트 와인을 대량 생산하는 신대륙에서는 단맛을 첨가할 때 와인 주스에서 순수 당분 용액만 추출해서 농축한 포도즙인 RCGM$^{rectified\ concentrated\ grape\ must}$을 주로 사용한다.

### 테이스팅 실습 09

**스위트 와인**

**와인**

vs.
- 소테른 (또는 토카이 아수)
- 리슬링 아이스 와인 (독일 또는 캐나다)
- 뮈스카 드 봄-드-베니스

**테이스팅 포인트**

스위트 와인 비교

세미용, 리슬링, 뮈스카 등 다양한 품종으로 만든 스위트 와인을 테이스팅해 본다. 포도 재배와 와인 양조 방법에 따라서 스위트 와인의 당도와 스타일은 다양하다. 와인의 색, 향, 맛을 통해 품종적 특성과 와인 스타일을 알아보고, 스타일별 와인의 품질을 비교해 본다.

**Q** 가장 높은 알코올을 가진 와인은?

**Q** 꿀과 오렌지 껍질, 살구, 바닐라, 토스트, 견과류의 복합적이면서 농축된 풍미를 가지며, 높은 산도와 당분이 조화를 잘 이룬 풀 바디 와인은?

**Q** 레몬색을 띤, 주로 1차 향을 가진 와인으로 장미, 아카시아, 복숭아, 잘 익은 포도의 풍미가 강렬하며, 낮은 산도로 인해 더 달게 느껴지는 와인은?

**Q** 꿀, 향기로운 꽃과 레몬, 자몽, 복숭아, 파인애플 등의 강렬하면서 신선한 풍미와 높은 산도가 인상적인, 대체로 낮은 알코올을 가진 와인은?

와인미학 ● 와인의 맛과 품질

## 스파클링 와인 양조 과정
Sparkling Winemaking

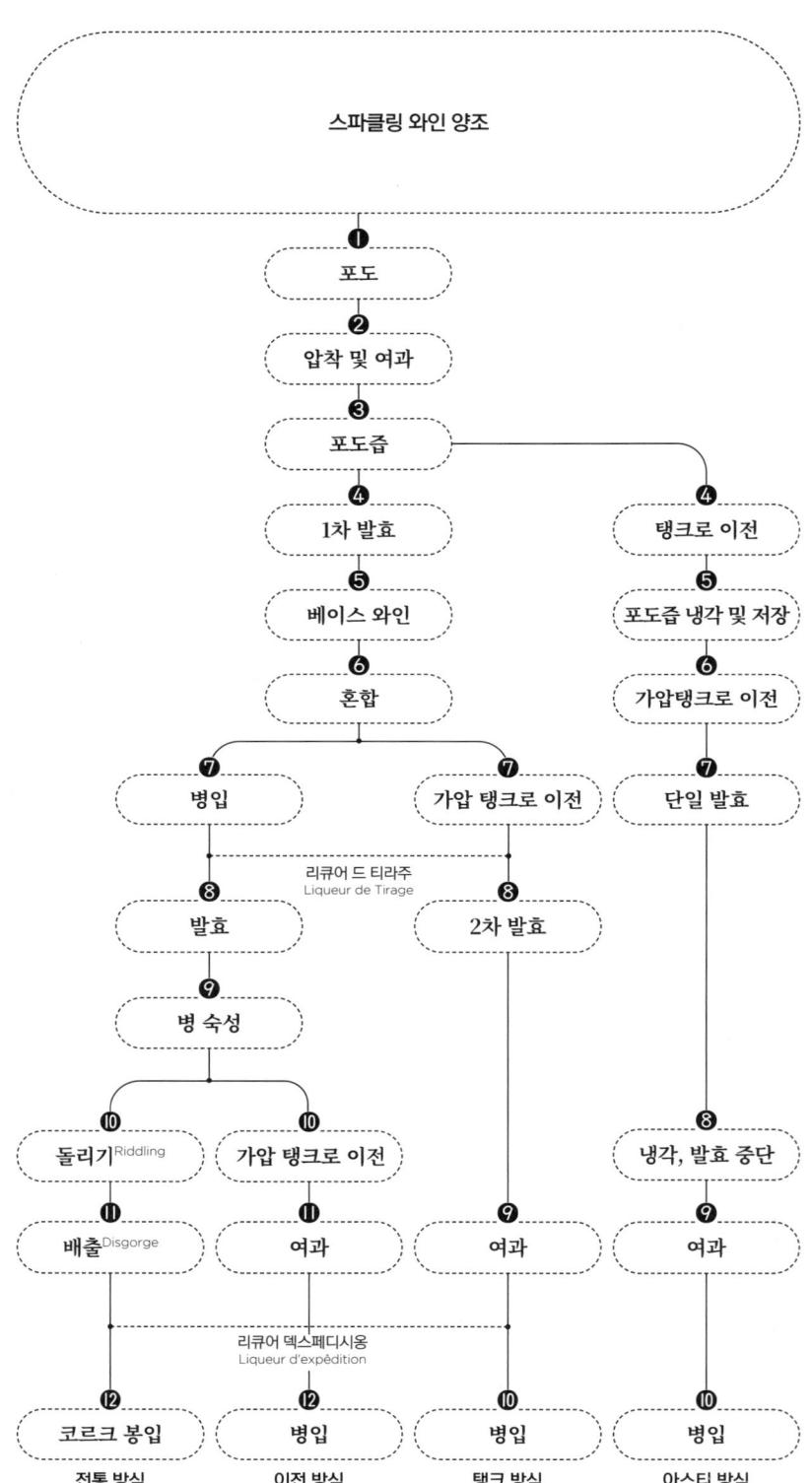

## 2.4. 와인 양조

스파클링 와인은 이산화탄소가 들어 있는 와인으로, 발포성 와인이라고도 한다. **스파클링 와인 중 프랑스 샹파뉴에서 만든 것만 샴페인이라 부르고, 그 외의 지역에서 생산되는 것은 스파클링 와인으로 통칭한다.** 예전에는 미국과 호주, 뉴질랜드 등에서 생산되는 스파클링 와인도 샴페인이라 불렸으나, 현재는 유럽 연합의 결정에 따라 프랑스 샹파뉴 지역에서 나오는 와인만 샴페인이라는 이름을 사용할 수 있다.

이미 만들어진 와인을 병이나 발효조 속에 넣고 당과 이스트를 첨가하면 이산화탄소가 발생되는데, 이것을 2차 발효라고 한다. 샹파뉴 지방에서 사용하는 방법인 샴페인 방식 Méthode Champenoise은 각각의 병에서 2차 발효를 시킨 뒤 여러 해 동안 숙성하게 하므로 생산비가 매우 비싸다. 샴페인 방식보다 저렴한 이전 방식, 탱크 방식, 탄산 방식 등으로도 스파클링 와인을 만들 수 있다.

### 샴페인 방식
Méthode Champenoise

프랑스 샹파뉴 지역에서 개발된 방법으로, 전통 방식 Méthode Traditionelle 또는 병 발효 Bottle Fermentation 방식이라 부르기도 한다. **와인을 유리병에 담고 설탕과 효모를 넣어 2차 발효가 일어나게 한다.** 병 안에서 발생하는 이산화탄소는 단단한 마개 때문에 밖으로 방출되지 못한 채 와인 속으로 녹아들게 된다.

샹파뉴 지역에서는 샤르도네에 피노 누아와 뫼니에 Meunier 같은 적포도를 섞어서 과일 맛의 균형을 더 좋게 하는데, 보통 사용되는 포도의 2/3가 적포도이다. 포도는 18.5~19브릭스에서 수확하며, 으깨지 않고 약한 힘으로 살짝 압착해 준다. 이렇게 해야 머스트에 섞여 들어가는 색소와 타닌을 줄일 수 있기 때문이다. 발효는 15~20°C에서 이루어지며, 바람직한 알코올 성분은 10.5~11%로 일반 와인보다 약간 낮다. 각각의 포도를 발효시켜 얻은 와인을 8~18개월간 숙성시키는데, 이 과정에서 수차례 랙킹을 하고 마지막으로 청징을 해서 맑은 와인을 준비한다.

2차 발효 직전에 블렌딩 blending 하면서 각각 준비한 와인을 섞게 된다. 많은 종류의 블렌딩 조합을 맛보며 각 와인의 비율을 결정한다. 이때 변함없는 와인 품질을 얻기 위해 다른 해의 와인이나 샹파뉴 지역 다른 마을의 와인도 섞는다. 그래서 샴페인의 80% 이상이 포도 생산 연도를 표시하지 않는 넌 빈티지 Non Vintage 와인이다. 혼합한 와인을 단단한 유리병에 담고 설탕 시럽과 효모를 첨가하는데, 이때 효모는 알코올과 고압의 환경 아래에서도 활동할 수 있는 특별한 종류를 사용한다. 발효가 끝나면 수년간 숙성한다. 이 기간에 일어나는 효모의 자가 분해 Yeast Autolysis는 샴페인의 독특한 맛과 품질에 영향을 준다.

NV 샴페인의 경우 최소 15개월(12개월 리즈 에이징 lees ageing), 빈티지의 경우 최소 36개월 숙성을 진행해야 한다. **이후 효모 찌꺼기를 제거해야 하는데 이때 쓰는 방법을 리들링 Riddling이라고 한다.** 샴페인 병들을 특수한 선반에 마개가 아래로 향하도록 꽂아 놓는다. 리들링을 시작할 때는 병마개를 약간만 아래로 향하게 하지만, 점차 각도를 급하게 하여 거의 수직이 되도록 한다. 그러면 효모가 마개 쪽으로 쌓이게 되며, 이 과정을 돕기 위해 샴페인 병을 정기적으로 회전시킨다. 효모가 전부 쌓였다고 판단되면, 마개 근처의 병목을 차갑게 얼린다. 그 후 뚜껑을 열면 병 내부의 압력 때문에 얼어붙은 효모와 와인의 일부가 밖으로 방출된다. 이 과정을 디스고르주 Disgorge라고 한다.

디스고르주 때문에 생긴 공간은 와인과 50~60%의 설탕 혼합물로 채운다. 이 혼합물에 들어간 설탕량을 도사지 Dosage라 부르며, 혼합물은 리큐어 덱스페디시옹 Liqueur d'expédition이라 한다. **도사지 양에 따라 최종 와인의 당분 함량이 결정된다.** 드라이한 경우를 브뤼 Brut라 하고, 1리터당 0~12g 설탕이 함유되어 있다. 단맛이 더 강한 와인은 섹 Sec과 드미-섹 Demi-Sec으로 분류한다. 설탕 함량이 각각 17~32g, 32~50g이다.

혼합물을 주입한 후 코르크로 마개를 하고 철사를 단단히 조인다. 높은 압력에도 마개가 빠지는 일이 없도록 한다. 완성된 와인은 추가로 숙성한 후 출하한다.

같은 샴페인 방식으로 만들더라도 샹파뉴가 아닌 지역에서 만든 와인은 샴페인이란 이름을 붙일 수 없다. 그래서 **프랑스에서는 샹파뉴가 아닌 곳에서 만든 와인을 크레망 Crémant이라고 부르며, 스페인에서는 카바 Cava라고 한다.** 지난 수십 년간 크레망을 생산하는 지역이 많아지고 있으며 생산량도 증가했다. 알자스 Alsace, 부르고뉴 Bourgogne 및 루아르 밸리 Loire Valley를 포함한 프랑스의 8개 지역에서 크레망을 생산한다. 최소 12개월(병 발효 9개월 포함)간 숙성해야 하며, 해당 지역의 전형적인 품종 사용을 허용한다.

스페인의 전통 방식 스파클링 와인을 뜻하는 카바는 19세기 후반부터 스페인 북동부 카탈루냐에 있는 바르셀로나 시 또는 그 근처에서 주로 만들어졌다. 전통적으로 카바 와인 생산에는 마카베오 Macabeo, 자렐로 Xarel-lo 및 파레야다 Parellada, 3 종류의 토착 품종이 사용된다. 블렌딩에 샤르도네 품종이 점점 더 많이 사용되는 추세지만, 전통 품종만을 고집하는 생산자도 있다. 프란치아코르타 Franciacorta는 이탈리아 중부 롬바르디아주에 위치한 생산지이다. 주로 샤르도네와 피노 누아를 사용하여 전통 방식의 스파클링 와인을 만든다. 잘 익은 사과와 복숭아, 비스킷과 같은 효모 자가 분해 향이 돋보이는 와인으로. 샴페인과 견줄 만한 품질로 알려져 있다.

**이전 방식**
Transfer Method

2차 발효와 병 숙성까지는 샴페인 방법과 같지만, 죽은 효모를 제거하는 방식이 다르다. 병 속의 내용물 전체를 가압 용기에 따르고 청징fining 과정을 거쳐 앙금을 제거한 후 새로운 병에 담는다. 원하면 리큐어 덱스페디시옹을 병입 전에 첨가할 수 있다.

이전 방식은 샴페인 방법보다 간단하게 앙금을 제거할 수 있고 와인도 절약할 수 있다. 따라서 전통 방식보다 저렴한 가격으로 생산이 가능하다. 이 방식으로 만든 와인은 라벨에 '병입 발효Bottle Fermented'라고 표기되어 있다.

**탱크 또는 샤르마 방식**
Tank Method / Charmat Method

이 방식은 대형 스테인리스 스틸 탱크에서 2차 발효를 하고, 온도를 낮춰 주석산 화합물을 침전시킨 후 필터나 원심 분리기를 사용하여 효모를 제거한 다음 병입하는 것이다. 생산비를 많이 줄일 수 있지만, 효모와 함께 오래 숙성하지 못하므로 효모 자가 분해 풍미를 기대할 수는 없다.

그러나 신선하고 과일 풍미가 나는 스파클링 와인 생산에는 적합하다. <u>대표적인 와인으로 독일의 젝트Sekt, 이탈리아의 스푸만테Spumante와 프로세코Prosecco가 있다.</u>

주로 프로세코 DOCDenominazione di Origine Controllata지역과 코넬리아노 발도비아데네Conegliano-Valdobbiadene DOCGDenominazione di Origine Controllata e Garantita 산지에서 생산된다.

젝트Sekt는 포도 품종이나 빈티지에 대한 언급이 없는 탱크 방식의 스파클링 와인이다. 일반적으로 남부 유럽 일대에서 저렴하게 공급된다. 이 와인은 가벼운 강도의 과일 풍미가 있으며, 자가 분해 향은 없다.

도이처 젝트Deutscher Sekt는 독일에서 생산된 포도로 만들어야 한다. 탱크 방식 또는 전통 방식 모두를 사용할 수 있으며, 빈티지 또는 넌 빈티지로 생산된다. 하나의 품종(단일 품종으로 표시되는 경우 해당 품종의 최소 85%)을 사용하거나 여러 품종을 블렌딩하여 만들 수 있다. 이 경우 포도는 독일 여러 지역에서 생산될 수 있으나, 와인 라벨에 원산지를 표시할 수 없다.

## 변형된 탱크 방식 또는 아스티 방식
Tank Method / Asti Method

**아스티 방식은 6~8% abv 저알콜의 단맛이 나는 스파클링 와인을 생산하기 위해 고안된 변형된 탱크 방식이다.** 이 방식에서는 베이스 와인을 만들어 사용하는 대신, 여과 후 냉장 상태로 보관 중인 발효하지 않은 모스카토 비앙코 Muscat Blanc à Petit Grains 포도 주스를 이용한다. 압력을 견딜 수 있는 온도 조절 탱크에서 단일 발효를 통해 스파클링 와인으로 만들어진다. 초반의 발효 과정에서 발생하는 $CO_2$는 탱크의 밸브를 통해 방출한다. 알코올이 5.5%에 이르면, 탱크의 밸브를 닫아 $CO_2$를 저장하며 발효를 계속한다. 이후 원하는 잔류 당도 수준과 압력에 도달하면, 와인을 빠르게 냉각시켜 발효를 중단하고, 압력을 가한 상태에서 여과해 효모를 제거한다. 이렇게 만들어진 와인은 오렌지꽃, 포도, 복숭아의 신선하고 뚜렷한 향과 풍미를 가지고 있다. 이탈리아 피에몬테의 아스티 Asti DOCG(Asti Spumante라고도 함)는 일반적으로 모스카토 다스티보다 알코올 도수가 조금 높고 완전한 스파클링 와인이다. 모스카토 다스티 Moscato d'Asti DOCG는 알코올 도수가 낮고 압력이 낮으며 일반적으로 아스티 Asti DOCG 보다 더 달다.

## 탄산 주입 방식
Carbonation

**발효를 통해 이산화탄소를 발생시키는 것이 아니라 탄산 가스를 주입해서 와인에 이산화탄소가 녹아들게 한다.** 마치 탄산음료를 만드는 것과 같은 방식이다. 값싸게 스파클링 와인을 만들 수 있지만, 와인을 잔에 따르면 샴페인 방식으로 만든 것과 큰 차이를 보인다. 샴페인 방식의 스파클링 와인은 아주 미세한 이산화탄소 방울들이 오랫동안 올라오는 것을 볼 수 있지만, 탄산 주입 방식으로 만든 것은 큰 방울들이 생겼다가 짧은 시간에 와인에서 빠져 나가 버린다. 이러한 차이가 나는 이유는 발효 방식을 썼을 경우 이산화탄소와 단백질의 결합이 있기 때문으로 추정된다.

테이스팅 실습 ⓘ⓪ 　　　스파클링 와인

와인

　　　　　　　　┌─── 프로세코
　　　　　　　　│　　스페인 카바 브뤼 NV
　　　　　vs.　│
　　　　　　　　│　　샴페인 브뤼 NV
　　　　　　　　└─── 아스티

테이스팅 포인트

스파클링 와인 비교

다양한 양조 방식으로 만든 스파클링 와인의 스타일과 품질을 살펴본다. 효모 자가 분해 풍미가 있는지, 거품의 크기와 지속성, 텍스처를 비교하고, 이들이 품질에 어떤 영향을 미치는지 살펴본다.

**Q** 금색을 띠며 비스킷, 브리오슈, 페이스트리 같은 효모의 자가 분해 풍미가 두드러진 풀 바디 스파클링 와인은?

**Q** 꽃 향과 시트러스, 잘 익은 포도의 진한 풍미가 있고, 알코올이 낮은 스위트 스파클링 와인은?

**Q** 레몬 향과 사과, 배 등의 과일과 고무, 연기의 풍미가 더해진 중간 산도의 부드러운 질감을 가진 스파클링 와인은?

**Q** 레몬, 라임, 사과, 배의 과일 향에 톡톡 쏘는 거품과 산뜻한 산도를 가진 가벼운 바디의 스파클링 와인은?

**Q** 가장 큰 거품을 가진 와인은? 가장 작은 거품을 가진 와인은?

**Q** 가장 힘찬 거품을 가진 와인은? 거품이 가장 빨리 사라진 와인은?

**Q** 가장 높은 산도를 가진 와인은?

**Q** 가장 품질이 높은 스파클링 와인은?

## 주정 강화 와인 양조 과정
Fortified Winemaking

**주정 강화 와인은 브랜디를 넣어서 알코올 도수를 높인 와인이다.** 셰리$^{Sherry}$와 포트$^{Port}$가 대표적이다. 포트는 발효 도중에 브랜디를 넣어서 효모의 작용을 멈추게 한다. 이에 따라 남은 잔당 때문에 포트는 단맛을 갖게 된다. 한편 셰리는 발효가 완전히 끝난, 매우 드라이한 와인에 알코올을 첨가한다.

### ❶ 셰리 Sherry

**SPAIN JEREZ** 스페인 헤레즈

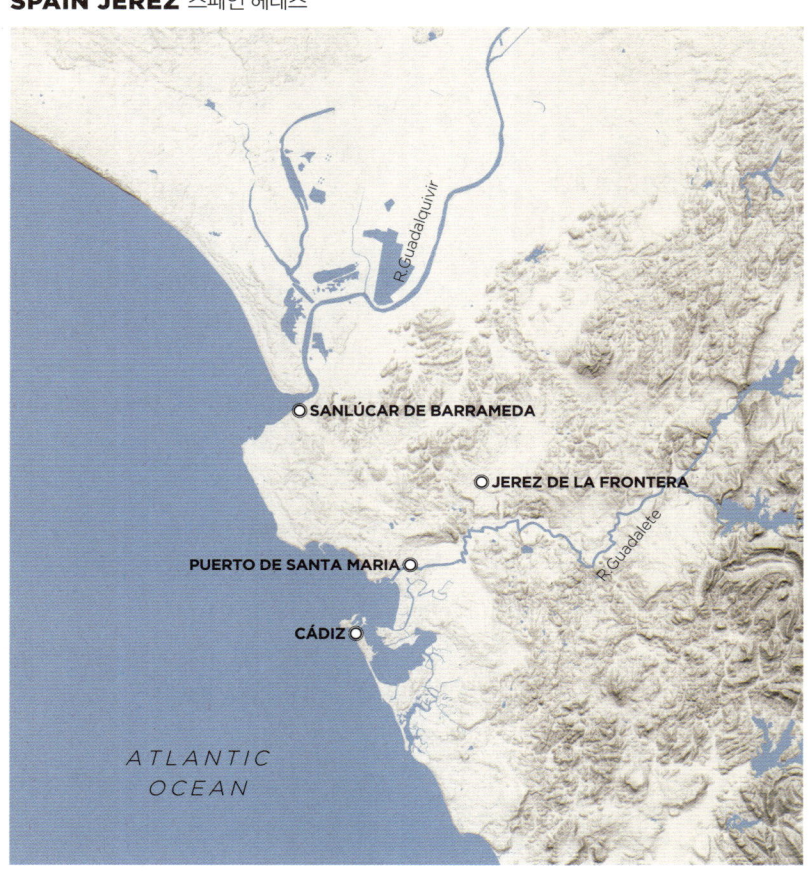

주산지는 스페인의 헤레즈$^{Jerez}$이다. 셰리의 특징적인 맛은 와인을 효모$^{flor}$ 층 아래에서 산소 접촉 없이 숙성하는 생물학적 숙성 혹은 의도적으로 산화시키는 산화 숙성, 그리고 솔레라$^{Solera}$ 시스템이라는 독특한 와인의 혼합과 숙성 방법에서 나온다.

## 셰리 와인 양조 과정
Sherry Winemaking

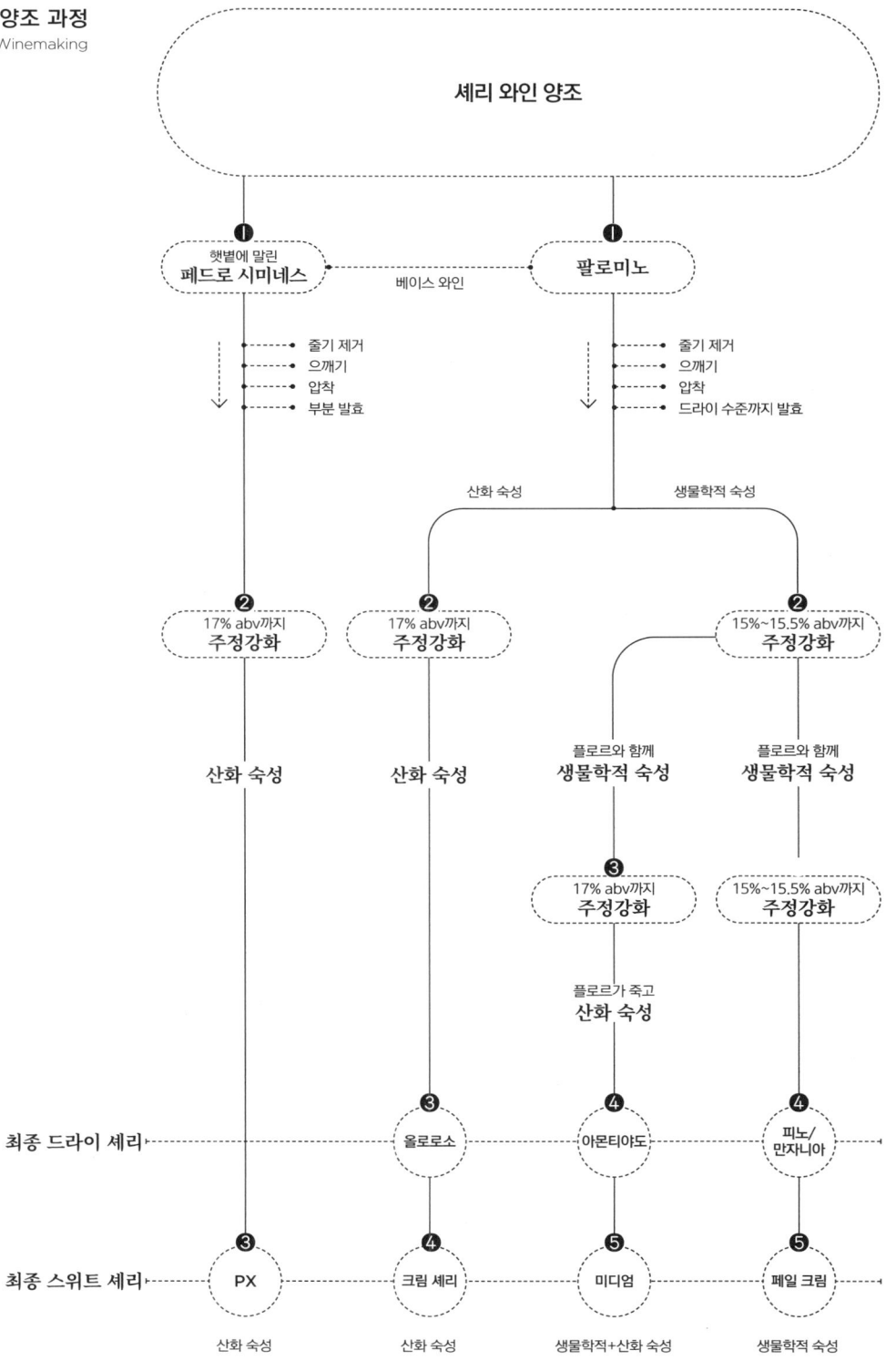

**셰리에는 기본적으로 세 종류가 있는데, 피노Fino, 아몬티야도Amontillado, 올로로소Oloroso이다.** 생물학적 숙성을 한 피노는 연한 레몬색을 띠고, 아몬드와 빵, 이스트의 맛과 향을 갖고 있다. 이는 아래에서 설명하는 플로르flor 효모의 영향 때문이다. 아몬티야도는 오래 숙성한 피노라고 할 수 있다. 숙성 초기에는 피노와 같이 플로르와 함께 숙성하고, 후반부에는 올로로소처럼 산화 숙성을 한다. 다시 말해, 생물학적 숙성과 산화적인 숙성의 복합적인 형태라 할 수 있다. 호박색amber을 띠고 알코올 성분이 더 높으며, 맛도 더 강하다. 산화적 숙성을 하는 올로로소는 플로르 효모 없이 만들어지며, 호박색이고 알코올은 18~20% 정도이다.

### 생물학적 숙성

셰리에 주로 사용되는 포도는 팔로미노Palomino라는 청포도로, 헤레즈 재배량의 95%를 차지한다. 피노와 아몬티야도를 만들기 위해서는 먼저 포도를 가볍게 압착해서 얻은 주스를 발효시킨다. 그렇게 만들어진 알코올 11~12%의 매우 드라이한 와인에 주정을 첨가해 알코올을 15% 정도로 올려 준다. 와인에서 이스트 침전물을 제거한 후 오크통으로 옮기는데, 헤레즈 지방의 특산 효모가 자랄 수 있도록 통의 90% 정도만 채운 뒤 저장한다. 그러면 공기와 접하는 와인 표면에 효모막이 형성된다. 이를 플로르flor 효모라고 부른다.

**'플로르'는 스페인어로 '꽃'을 뜻한다. 와인 표면에서 효모가 자라는 모습이 마치 꽃과 같다고 해서 나온 이름이다.** 표면에 생긴 플로르 효모는 보호막 역할을 하여 와인의 산화를 극도로 억제해 피노 셰리의 미묘한 색깔과 맛을 유지시킨다. 또한, 플로르 효모가 성장하면서 아세트알데히드acetaldehyde가 생성되고 산이 줄어들어 피노 특유의 맛이 나게 된다. 이처럼 1년~수년간 저장된 와인 중 플로르 효모가 잘 발달한 통들만 골라 솔레라 시스템으로 옮겨 준다.

### 솔레라 시스템

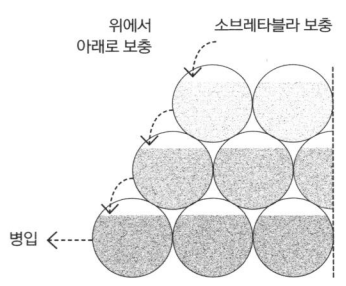

솔레라는 왼쪽 그림에서 보듯이 600리터(500리터의 와인을 채운)짜리 오크통을 3~5단 정도로 피라미드처럼 쌓아 놓은 형태로, 제일 어린 셰리 와인을 제일 윗단에 넣어 준다. 1년에 한두 번 정도 제일 아랫단에서 통의 1/3 이하로 와인을 뽑아(사카saca) 병입해서 출하하고, 여기에 생겨난 공간에 제2단에 있던 여러 통의 와인을 조금씩 옮겨서 채운다(로치오rocio).

이처럼 오랜 시간에 걸쳐 차례로 상단에서 하단으로 옮겨진 와인은 여러 통으로 나뉘어 섞이게 된다. 솔레라 시스템은 새 와인이 공급되면서 플로르 효모의 성장이 촉진되고, 여러 해의 와인이 섞이면서 시트러스나 아몬드, 빵 등의 다양한 풍미가 생기며, 일정한 품질과 맛을 유지할 수 있다는 이점이 있다. 최종 출하되는 피노 셰리의 평균 나이는 솔레라 단수와 제일 아랫단에서 얼마나 추출하여 병입하는지에 달려 있다. 4단 솔레라에 매년 25%를 뽑아 쓴다면, 병입할 때 와인 나이는 평균 7년이 된다.

알코올 15% 정도로 주정 강화된 피노 셰리에 생긴 플로르 효모는 날씨가 시원하고 비교적 습기가 높은 곳에서 더 잘 자란다. 이 때문에 헤레즈의 해안 지역에서는 내륙보다 더 두꺼운 플로르 효모 층이 생겨나 층 아래의 와인이 더 잘 보호되기 때문에, 보다 신선하고 미묘한 풍미를 가진 와인을 얻을 수 있다. 특히 헤레즈의 서북쪽에 위치한 항구인 산루카 데 바라메다$^{Sanlúcar\ de\ Barrameda}$에서 만드는 피노 셰리는 만자니야$^{Manzanilla}$라는 별도의 이름으로 부른다.

**산화 숙성**

아몬티야도를 만드는 방법은 처음에는 피노와 같다. 여러 해 동안 피노 솔레라에서 저장되어 있던 와인을 꺼내 다시 주정을 첨가해 알코올을 16~17%로 맞추고, 아몬티야도 전용의 솔레라로 옮겨 준다. 알코올이 **16% 이상 되면 플로르 효모가 죽기 때문에 더 이상은 플로르 효모 층이 생기지 않는다.** 이에 따라 와인에 산화가 일어나 아몬티야도 특유의 깊은 호박색과 견과류의 깊은 풍미를 갖게 된다.

**올로로소는 플로르 효모의 영향을 받지 않는 셰리이다.** 발효 후 주정으로 알코올 성분을 16~17%로 올려 플로르 효모가 자라지 못하게 한다. 올로로소 셰리는 피노용 포도 주스를 얻기 위해 압착한 포도를 다시 한번 강하게 압착해서 얻은 주스를 발효시킨 것과, 피노를 만드는 도중 플로르 효모가 제대로 생기지 않은 와인으로 만든 것이 있다. 올로로소는 솔레라에 10~30년간 저장하는데, 오래 저장할수록 짙은 호박색에 말린 과일, 볶은 견과류, 커피 등 더 강렬하고 복합적인 풍미를 지니게 된다.

**스위트 셰리**

출하하기 전에 햇볕에 말린 페드로 시미네스$^{Pedro\ Ximenéz}$ 혹은 뮈스카$^{Muscat}$ 포도로 만든 일부 발효한 와인에 주정 강화하여 스위트 셰리를 만들기도 한다. 또한 이 두 품종의 스위트 셰리를 압착한 포도 머스트 농축액 RCGM$^{Rectified\ Concentrated\ Grape\ Must}$을 드라이한 셰리에 첨가하여 페일 크림, 미디엄 셰리, 크림 셰리와 같은 스위트 셰리를 만든다.

❷ 포트 Port

포트 와인은 포르투갈 도우로 Douro 지방의 특산 와인이다. 포트는 1670년대부터 영국으로 수출되었는데, 19세기부터 장거리 여행에서 변질하지 않도록 브랜디로 알코올을 강화한 것이 오늘날 마시는 포트의 원조가 되었다. 도우로 지방에서는 약 85종의 포도가 재배되고, 그중 많은 종류가 포트를 만드는 데 쓰인다. 대부분 레드 와인으로 만들지만, 화이트 와인으로 만드는 포트도 있다.

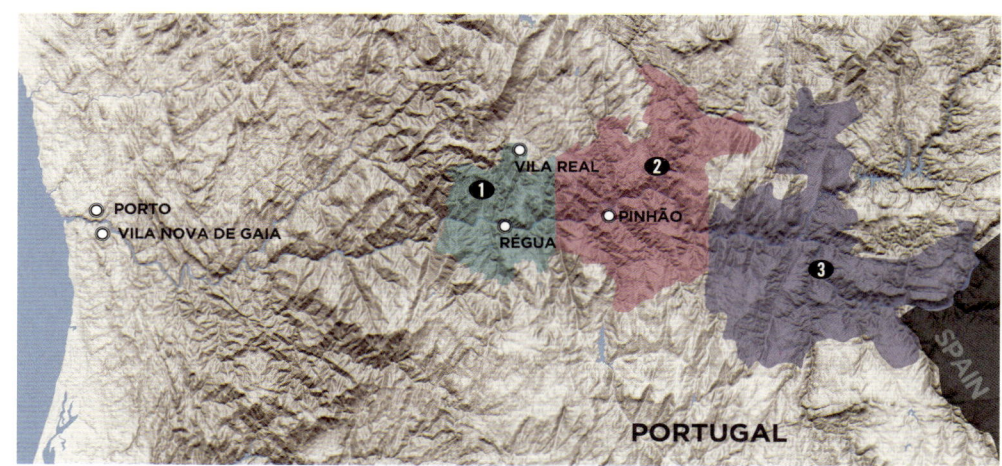

DOURO VALLEY
도우로 밸리

❶ BAIXO CORGO
❷ CIMA CORGO
❸ DOURO SUPERIOR

발효가 진행되어 알코올 성분이 4~6%가 되면 브랜디를 첨가해 알코올 성분을 약 20%까지 올려 준다. 그러면 이스트가 죽고 9~11% 정도의 당분이 남는다. 포트는 숙성 방식에 따라 오래된 초대형 혹은 소형 오크통 숙성 포트와 병 숙성 포트의 두 종류가 있다. 모든 포트는 오크통에서 기본적으로 2년 정도 숙성 과정을 거친 후 스타일이 정해진다. 오크통에서 숙성한 포트는 병입 전 청징과 여과 과정을 거치므로 병입 후 침전물이 생기지 않아 디캔팅 없이 바로 마실 수 있다.

**루비 포트**

이 중 루비 Ruby 포트는 3년 이하의 숙성 과정을 거친, 색이 짙고 과일 풍미가 진한 어린 와인이다. 넌 빈티지 Non-Vintage 의 어린 와인들을 혼합해서 만든다. 레이트 바틀드 빈티지 LBV Late Bottled Vintage 포트는 오크통에서 4~6년간 숙성한 후 병입하는 단일 빈티지의 루비 포트이다. 높은 타닌과 검은 과일 향이 진한 풀 바디 와인으로, 이 또한 디캔팅 없이 바로 마실 수 있다.

**토니 포트**

루비 포트와 달리 소형 오크통에서 숙성하는 토니 Tawny 포트는 색이 더 연하고 더 섬세한 풍미를 가진 와인이다. 스타일도 다양하다. 가장 어리고 가벼운 스타일의 토니 포트는 마치 색이 연한 루비 포트와 비슷하다. 연수가 명시된 토니Aged Tawny 포트는 라벨에 10, 20, 30, 40년 이상으로 숙성 연수가 표기되고, 이때 연수를 표기한 와인은 그 해의 전형적인 와인 특성을 일관되게 반영해야 한다. 리저브 토니 포트는 최소 7년 이상 오크통에서 숙성시킨 것이며, 콜레이타Colheita는 단일 빈티지의 토니 포트 와인으로, 오크통에서 최소 8년 이상 숙성시킨 것이다. 이 와인들은 주로 550리터 용량의 파이프pipe라 부르는 전통 오크통에서 산화 숙성을 거치면서 견과류와 커피, 초콜릿, 캐러멜 등의 복합적인 풍미가 난다.

➡ 레드 포트 스타일

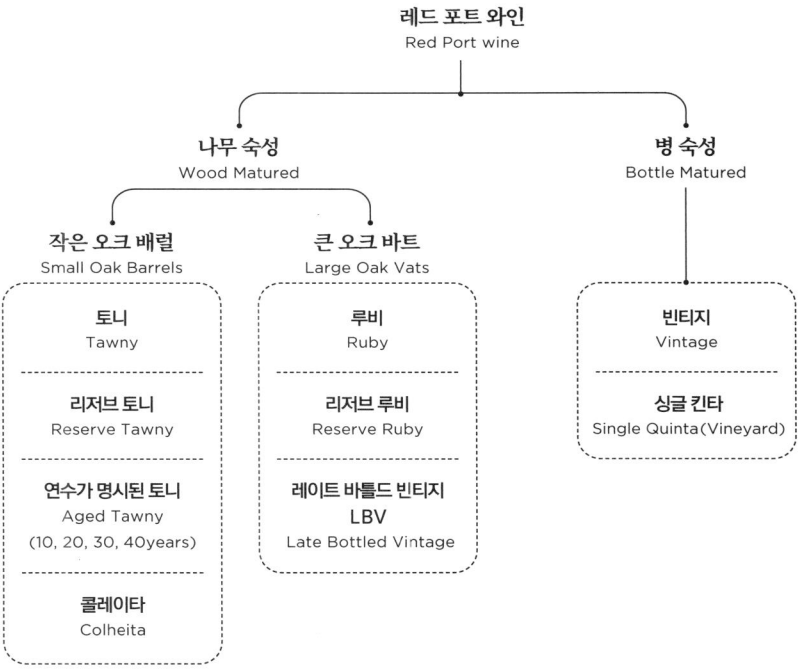

**빈티지 포트**

병 숙성 포트로 알려진 빈티지 포트Vintage Port는 제일 비싼 최고의 포트이다. 초대형 오크통에서 2~3년간 숙성한 단일 빈티지의 와인으로 만드는데, 해마다 만드는 것이 아니고 포도 품질이 좋은 해에만 생산한다. 킨타Quinta는 단일 사유지에서 생산한 포트 와인이다. 빈티지 포트는 청징을 하지 않고 병입하기 때문에 병입 후 병 바닥에 많은 침전물이 생긴다. 이를 크러스트Crust라고 부른다. 따라서 반드시 디캔팅을 하고 마셔야 한다. 빈티지 포트는 병에서 계속 맛이 발전하므로, 빈티지로부터 15년~30년 후에 마시는 것이 좋다.

### ❸ 그 밖의 주정 강화 와인

세계 각지에서는 다양한 스타일과 개성을 지닌 주정강화 와인이 생산되고 있다. 말라가Málaga, 마르살라Marsala, 그리고 리파소Ripasso 같은 와인들은 각 지역의 전통과 환경을 반영한 독특한 특징을 보여준다. 이들 중 마데이라Madeira와 뱅 두 나튀렐Vin Doux Naturel은 그 고유한 매력으로 잘 알려져 있다.

**마데이라Madeira**

드라이부터 스위트 와인까지 다양한 스타일이 있다. 주요 포도 품종은 세르시알Sercial, 베르델호Verdelho, 부알Bual(또는 보알Boal), 말바시아Malvasia(또는 맘지Malmsey) 등 청포도 품종으로, 생산량은 적은 편이다. 섬 전체 생산량의 85%를 차지하는 품종은 적포도인 틴타 네그라 몰Tinta Negra Mole이다. 포도 품종이 라벨에 표기되기 위해서는 빈티지 와인의 경우 100% 단일 포도 품종을 사용해야 하고, 넌 빈티지 와인에는 85% 이상 사용되어야 한다.

마르살라, 포트, 셰리 등 다른 주정 강화 와인과 마찬가지로, 마데이라는 96%의 증류주(보통 브랜디)로 18-20% abv에 이르기까지 주정 강화한다.

이때 생산자는 원하는 와인 스타일에 맞춰 원하는 시점에서 주정을 강화한다. 발효를 중단하여 잔당을 남기거나, 완전히 발효를 끝낸 후 주정 강화하여 드라이한 와인을 생산한다.

**· 독특한 숙성 과정**

마데이라는 다른 주정 강화 와인과 차별화된 독특한 숙성 과정을 거친다. 보통 와인 생산자는 와인이 가열되는 것을 선호하지 않지만, **마데이라 와인의 경우 의도적으로 가열 방식을 사용한다.** 와인을 가열하는 한 가지 방법은 에스투파젬estufagem으로, 와인을 스테인리스 스틸로 만들어진 큰 용기에 담은 후 탱크 안의 뱀파이어 코일을 통해 뜨거운 물을 순환시켜 와인을 데운다. 여기에서 와인은 45~50°C의 온도로 가열돼 3개월 이상 보관된다. 에스투파젬 과정이 완료되면, 와인은 최소 90일 동안 휴식기를 거친 후 숙성을 위해 통으로 옮겨진다. 에스투파젬 와인은 수확 후 2년이 지나야 출시될 수 있다. 마데이라를 가열하는 다른 방법은 칸테이로canteiros 방식으로, 칸테이로라는 나무 받침대 위에 나무통을 올려놓는 것에서 유래한 말이다. 나무통에서 산화 숙성하는 동안 공기 순환에 의해 훨씬 느리게 숙성되면서, 아주 농축되고 강렬한 풍미를 갖게 된다. 칸테이로 방식은 최소 3년 이상 숙성하며, 주로 최고급 와인을 만드는 데 사용된다.

●● 2.4. 와인 양조

마데이라 와인은 사용된 포도 품종에 따라 와인의 스타일이 결정된다.

- **세르시알** : 드라이Seco 또는 엑스트라 드라이Extra Seco / 연한 색 / 가장 신선한 스타일
- **베르델호** : 미디엄 드라이Meio Seco / 금색 / 약간 캐러멜 풍미가 나며, 스파이시하고 스모키한 스타일
- **부알** : 미디엄 스위트Meio Dulce / 호박색 / 탄 캐러멜, 커피, 카카오, 건포도의 풍미가 있는 중간 정도의 달콤한 스타일
- **말바시아** : 스위트Dulce / 깊은 호박색 / 진한 초콜릿 향이 나는 가장 달콤한 스타일

**뱅 두 나튀렐**VDN

뱅 두 나튀렐(VDNVins Doux Naturel)은 **발효 중간에 증류주를 첨가하여 달게 만든 프랑스 주정 강화 와인이다.** 대표적인 생산지는 남부 론Southern Rhone, 그리고 남부 프랑스의 랑그독Languedoc과 루시용Roussillon이다. 생산량의 약 80%가 루시용에서 나온다. 대부분의 뱅 두 나튀렐은 뮈스카Muscat 또는 그르나슈Grenache로 만들어진다. 포도 품종, 생산 지역, 양조 및 숙성 방법 등에 따라 연한 레몬에서 호박색, 갈색의 다양한 색상과 신선한 과일 풍미부터 캐러멜 풍미를 지닌 주정 강화 와인이 생산된다. 대표적인 뱅 두 나튀렐인 남부 론의 뮈스카 드 봄 드 베니스Muscat de Beaume de Venise AOP는 숙성하지 않은 주정 강화 와인이다. 루시용의 뮈스카 드 리브잘트Muscat de Rivesaltes AOP, 바뉼Banyuls과 모리Maury는 숙성하지 않은 와인부터 숙성한 와인까지 다양한 스타일로 생산된다.

이 밖에도 호주에서 생산하는 주정 강화 와인 중 가장 잘 알려진 루더글렌 뮈스카Rutherglen Muscat는 숙성하여 말린 과일과 익힌 과일 향, 캐러멜, 커피 등의 다양한 풍미를 보여 준다.

## 테이스팅 실습 ⑪

### 주정 강화 와인

**와인**

vs.
- 피노 셰리 또는 만자니아 셰리
- 아몬티야도 셰리
- 토니 포트
- LBV 포트

**테이스팅 포인트**

○

주정강화 와인 비교

15-20%의 알코올을 가진 주정 강화 와인은 양조 방법에 따라 다양한 특성이 있다. 양조 방법은 와인의 스타일과 품질에도 영향을 미치는데, 시음을 통해 스타일별 와인의 차이점을 알아본다.

**Q** 연한 갈색빛을 띠고, 검은 과일과 커피, 캐러멜의 풍미를 가진 미디엄 바디의 스위트 와인은?

**Q** 연한 레몬색의 시트러스와 빵의 풍미를 가진 라이트 바디의 드라이 와인은?

**Q** 진한 검은 자두 향과 오크 숙성의 복합적인 풍미가 있으며, 구조감이 좋은 풀 바디 스위트 와인은?

**Q** 갈색이나 호박색을 띠고, 아몬드와 효모의 풍미가 잘 어우러진 풀 바디의 드라이 혹은 오프 드라이 와인은?

## 2.4. 와인 양조

**비간섭주의 와인**

### 유기농 와인
### Organic Wine

**유기농 와인 양조법은 인증된 유기농 포도로 와인을 만들고, 양조 과정 중 특정 방법을 제한하는 규칙을 준수한다.** 유기농 양조법은 배양 효모 및 효모 영양소, 타닌 첨가를 포함하여 기존의 포도주 양조에 사용되는 많은 일반적인 첨가제 및 공정을 허용한다. 유기농 인증 기관 ECOCERT는 허용된 첨가제 및 공정의 전체 목록을 발행한다. $SO_2$ 첨가와 관련된 유기농 와인에 대한 규칙은 국가마다 다르다. 유기농 인증은 협회(예: Organic Winegrowers New Zealand)에서 발급하거나 국가 수준(미국 농무부, USDA) 또는 EU에서 결정한다.

### 바이오다이내믹 와인
### Biodynamic Wine

바이오다이내믹 와인으로 인증받기 위해서는 **인증된 바이오다이내믹 재배 포도로 만들어야 한다.** 바이오다이내믹 와인 생산자는 인증 기관에서 요구하거나 권장하는 특정 프로세스를 따른다. 디미터 인터내셔날$^{Demeter\ International}$은 주요 인증 기관이며 여기서 글로벌 표준을 설정한다. 하지만 각 국가별로 자체 Demeter 인증 기관을 통해 자국의 표준과 사양을 결정할 수 있다. 예를 들어 영국의 디미터 인증 바이오다이내믹 와인의 경우 천연 효모가 권장되지만 유기농 효모 또는 때에 따라서는 상업용 효모를 사용할 수 있다. 또한 전체 머스트를 농축해 알코올 도수를 높이는 등의 조치를 금지한다. 미국에서 디미터 인증을 받은 바이오다이내믹 와인의 경우 천연 효모를 사용해야 하지만, 발효가 고착된 경우 특정 종류의 상업용 효모를 사용할 수 있으며, 이후에는 사례별로만 사용할 수 있다.

### 내추럴 와인
### Natural Wine

내추럴 와인에 대해 널리 합의된 정의는 아직 없지만, **일반적으로 가능한 한 최소한의 조작으로 만든 와인을 말한다.** 이를 종종 비간섭주의 와인이라고도 한다. 내추럴 와인 생산자들은 과거 장인 방식의 와인 양조를 선호하고, 현대적 개입을 거부한다. 일반적으로 자연 효모를 이용해 발효하며, $SO_2$를 완전히 사용하지 않거나 극소량만을 첨가(종종 병입 시)한다. 대부분의 내추럴 와인 생산자는 인증 여부와 관계없이 유기농 또는 바이오다이나믹 방식으로 재배된 포도를 사용해야 한다고 주장한다. 국가적으로 인정된 최초의 인증은 프랑스의 뱅 메쏘드 나튀르$^{Vin\ méthode\ nature}$이다. 이 밖에도 이탈리아의 빈나뚜르$^{VinNatur}$와 프랑스의 라소시아시옹 데 뱅 나튀렐$^{L'Association\ des\ Vins\ Naturels}$ 등 독자적으로 운영하는 협회가 있다.

© NICOLAS SPEHLER

세계의 주요 와인 생산지

# WINES OF THE WORLD

# 3.1. UNDERSTANDING WINE LABELS 와인 라벨의 이해

생산지의 기후와 토양을 포함한 여러 환경적 요소는 포도 품종이나 와인 양조 방법 등과 함께 와인의 품질과 스타일을 좌우하는 중요한 요인이다. 기후와 토양에 따라 재배하는 포도의 종류가 달라지고, 같은 품종의 포도라도 생육 환경에 따라 특성과 품질에 차이가 난다.

와인을 둘러싼 역사적, 기술적 배경과 와인 생산자들의 가치관 또한 와인의 스타일에 큰 영향을 미친다. 따라서 와인 생산지의 자연환경과 생산자들의 배경을 파악하고, 이에 따라 와인의 특성을 알아가는 것은 다양한 와인의 세계를 빠르게 이해할 수 있는 좋은 방법이다.

### 와인 라벨의 의미
Wine Label

와인을 볼 때 가장 먼저 눈에 띄는 것은 아마도 와인병에 붙어있는 라벨일 것이다. **와인 라벨은 한 와인에 관한 주요 정보를 종합하고 축약한 설명서이다.** 와인 구매자의 입장에서는 라벨이 특정 와인에 대해 알 수 있는 가장 직접적인 정보원이고, 생산자에게는 정보의 전달 수단이자 중요한 마케팅 도구다. 그러나 초보자뿐만 아니라 와인 애호가에게도 라벨에 담긴 여러 정보와 용어 모두 완벽하게 이해하기는 쉽지 않다. 오죽하면 세계적인 와인 평론가 마이클 브로드 벤트가 '와인 라벨을 읽는 것은 50년의 와인 경험과 맞먹는다.'라고 이야기했을까. 국제적인 라벨링 표준이 있어 세계의 모든 와인 생산자가 이를 따른다면 좋겠지만, 현실은 그렇지 않다.

와인 라벨을 읽고 그 와인에 대해 어느 정도 이해할 수 있으려면, 먼저 국가별 라벨링 규칙과 사용되는 용어의 의미를 아는 것이 필요하다.

● ● ● 3.1.                                  와인라벨의 이해

### 라벨에 적힌 정보
Label Information

와인 라벨에는 크게 네 가지 주요 정보가 실린다. **와인이 어디에서 생산되었는가, 어떤 품종이 사용되었는가, 생산자의 이름과 포도가 수확된 해.**

이 정보들은 나라별 혹은 지역별로도 다르게 표기될 수 있다. 보통 신대륙의 와인 라벨이 포도 품종에 따라 구분되는 반면, 구대륙에서는 포도가 생산된 지역이 우선한다. 또한 신대륙 와인에서는 생산자의 명성을 제외하고는 별도의 품질 기준이 드러나지 않는 반면, 구대륙에서는 와인 라벨에 반드시 품질 등급을 표기하게 되어 있다.

일반적으로 와인 라벨에 적힌 정보는 다음과 같다.

**❶ 생산자 회사(와이너리)의 이름, 브랜드**

샤토$^{Château}$나 도멘$^{Domaine}$ 혹은 포도원$^{Estate}$이나 큰 회사의 이름이 브랜드명으로 표기된다. 대형 슈퍼마켓이나 와인 수입사 등 와인 구입자의 자체 이름이 브랜드$^{BOB:Bring\ Own\ Brand}$로 표기되는 경우도 있다.

**❷ 품종**

신대륙 국가의 와인 라벨에서는 포도 품종(들)이 표기된다. 구대륙의 경우에는 포도 품종을 표기하지 않는 것이 일반적이나 일부 뱅 드 프랑스$^{Vin\ de\ France}$ 또는 VCE$^{Vin\ de\ la\ Communauté\ Européenne}$라는 문구를 표기한 와인일 경우에는 포도 품종(들)이 표기된다.

**❸ 빈티지**

와인 라벨에는 어느 해에 수확된 포도로 만들어진 와인인가를 나타내는 빈티지가 표기된다. 프랑스 와인의 라벨에 쓰여 있는 밀레지메$^{Millésime}$, 방당주$^{Vendange}$ 혹은 레콜트$^{Récolte}$는 빈티지를 의미한다. 이탈리아 와인은 벤데미아$^{Vendemmia}$ 또는 아나타$^{Annata}$라고 표기한다.

**❹ 와인 등급**

와인 등급을 적용하는 유럽 와인들의 라벨에는 와인 등급이 표시된다. 유럽의 와인 생산국들은 대부분 EU가 법으로 정한 원산지 표시 제한(프랑스의 경우 AOP$^{Appellation\ d'Origine\ Protégée}$라 부른다)을 각 등급에 맞게 라벨에 표시하게 되어 있다. 이것은 해당 지역에서 생산되지 않은 와인을 마치 그곳에서 생산한 것처럼 속이는 행위를 방지하기 위한 것으로, 오늘날 유럽 와인 생산국의 와인을 지탱하는 체계라 할 수 있다. 크게 원산지의 명칭으로 보호받는 PDO$^{Protected\ Designation\ of\ Origin}$와인과 지리적인 표시로 보호받는 PGI$^{Protected\ Geographical\ Indication}$ 와인으로 나뉜다.

다음은 유럽의 대표적인 와인 생산 국가에서 사용하는 와인 등급 표기이다.

| | 원산지 명칭 보호 (PDO) | PDO 관련 전통용어 | 지리적 표시 (PGI) | PGI 관련 전통용어 |
|---|---|---|---|---|
| FRANCE | AOP : Appellation d'origine Protégée | AOC : Appellation d'origine Contrôlée | IGP : Indication Géographique Protégée | Vin de pays |
| ITALY | DOP : Denominazione di Origine Protetta | DOC : Denominazione di Origine Controllata DOCG : Denominazione di Origine Controllata e Garantita | IGP : Indicacion Geografica Progegida | IGT : Indicazione Geografica Tipica |
| SPAIN | DOP : Denominación de Origen Protegida | DO : Denominación de Origen DOCa : Denominación de Origen Calificada | IGP : Indicación Geográfica Protegida | Vino de la Tierra |
| GERMANY | g.U. : Geschützte Ursprungs-sbezeichnung | Prädikatswein Qualitätswein | g.g.A : Geschützte Geografische Angabe | Landwein |

❺ **알코올 함량, 와인의 용량**

와인 라벨의 앞면 혹은 뒷면에는 와인에 함유된 알코올 도수(% abv)와 용량(㎖)을 향상 표기한다.

❻ **스타일과 생산 기술**

와인 라벨에는 종종 와인의 스타일이나 특별한 생산 기술이 표기되기도 한다. <u>와인을 스테인리스 스틸 탱크에서 발효했는지, 오크 처리를 했는지, 그렇다면 어떤 오크통을 사용했는지 등이 적힌다.</u>

독일 와인에서 볼 수 있는 슈패틀레제$^{Spätlese}$라는 표기는 '늦게 수확했다'는 뜻으로, 와인의 당도가 높을 것이라는 사실을 알려 준다. 스페인 와인은 배럴이나 병에서의 숙성 기간을 표시하는데, 2년 이상은 크리안자$^{Crianza}$, 3년 이상은 레제르바$^{Reserva}$, 최소 5년 이상은 그란 레제르바$^{Gran\ Reserva}$로 구분한다. 당연히 오래 숙성된 그란 레제르바 와인이 가장 비싸다. 간혹 신대륙에서 쓰는 '레제르바$^{Reserva}$'란 표현과 스페인 와인의 숙성 정도를 나타내는 레제르바가 혼동될 경우가 있다. 신대륙 와인에서 볼 수 있는 레제르바$^{Reserva}$란 표현은 와인 생산자가 만든 와인 중 품질이 좋은 제품이라는 것을 강조하기 위해 사용하는 경우가 많다.

●● 3.1. 　　　　　　　　　　　　　　　　　　와인라벨의 이해

스파클링 와인의 경우, 한 해에 수확된 포도로만 만든 와인일 때에는 해당 년도 빈티지$^{Vintage}$가 병에 명시된다. 이런 스파클링 와인은 최상의 해에만 만들어진다. 이와 달리 여러 빈티지의 와인이 블렌딩된 경우에는 넌-빈티지$^{Non-Vintage}$(NV)라고 표시된다. 널리 쓰이는 용어 중 브뤼$^{Brut}$라는 표현은 드라이하다는 뜻이고, 드미-섹$^{Demi-Sec}$은 미디엄 드라이 즉 약간 스위트하다는 의미이다.

## 와인 라벨 읽기
Label Reading

블랑 드 블랑$^{Blanc\ de\ Blancs}$은 100% 샤르도네로 만들어진 스파클링 와인이고, 블랑 드 누아$^{Blanc\ de\ Noirs}$는 피노 누아나 뫼니에 같은 적포도 품종으로 만들었다는 뜻이다. 샴페인 메소드$^{Champagne\ Method}$ 혹은 메소드 트라디시오넬$^{Methode\ Traditonnelle}$이라는 표시가 있다면, 샴페인 지방에서 만들지는 않았지만 샴페인과 같은 전통 방식으로 생산되었다는 뜻이다.

**라벨 읽기 예시 ⬇**

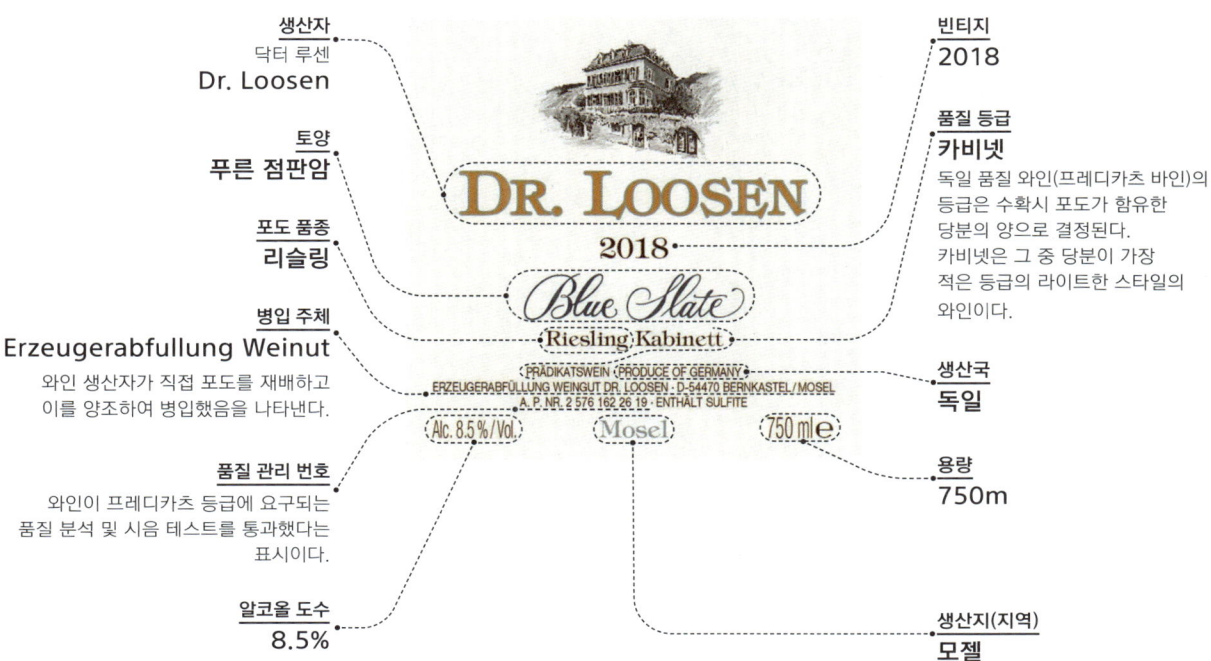

- **생산자**: 모엣&샹동 Moët&Chandon
- **생산지**: 샴페인 — 프랑스 북부의 상파뉴라는 제한된 지역에서 생산된 AOP 스파클링 와인이다.
- **빈티지**: 2013
- **알코올 도수**: 12.5%
- **와인 스타일(종류)**: 로제 스파클링 와인
- **와인 스타일(당도)**: 엑스트라 브뤼 와인 — 1리터당 설탕 함량이 0~6g인 드라이한 스타일이다.
- **용량**: 750ml

- **생산자**: 루피노 Ruffino
- **와인명**: 리제르바 두칼레
- **생산지**: 키안티 클라시코 — 키안티 지역내에서도 최고의 산지에서 생산된 와인임을 나타낸다.
- **와인 등급**: 이탈리아의 품질 등급 중 가장 상위 레벨의 DOCG 와인

- **생산자**: 마르께스 데 리스칼 Marques de Riscal
- **생산지**: 리오하
- **와인 등급**: 스페인 품질 등급 중
- **알코올 도수**: 13.5%
- **숙성도**: 레제르바 와인 — 법으로 정한 최소 숙성 기간인 3년을 채운 후 판매된다. 또한 숙성기간 중 작은 오크통에서 최소 1년의 숙성기간을 거쳐야 한다.
- **용량**: 750ml
- **생산국**: 스페인

- **생산자** 다렌베르그 d'Arenberg
- **생산지** 맥라렌 베일
  남호주 애들레이드 남쪽 해안을 포함하는 플루리어 존에 속한 지역이다.
- **빈티지** 2017
- **와인명** 더 코퍼마인 로드 The Coppermine Road
- **포도 품종** 카베르네 소비뇽

- **생산자** 실버 오크 Silver Oak
- **빈티지** 2018
- **포도 품종** 카베르네 소비뇽
- **생산지** 나파 밸리

그림 ▼ 피터 도이그(스코틀랜드 화가)

- **와인명** 샤토 무통 로쉴드 Mouton Rothschild
- **빈티지** 2020
- **병입 주체** Bottled in Château
  샤토에서 직접 병입했음을 나타낸다.
- **생산지** 프랑스 보르도 지방의 오-메독 지역에 있는 **포이약**
- **생산자** 바롱 필립 드 로쉴드

# 3.2. FRANCE

프랑스는 지난 수 세기 동안 와인의 중심지였다. 전 세계적으로 와인 양조에 사용되는 포도 품종의 대부분이 프랑스에서 퍼져 나간 것이며, 많은 생산자가 프랑스 와인의 영향을 직간접적으로 받고 있다. 프랑스 와인이 이처럼 와인의 세계에서 지배적인 입지를 차지한 것은 와인 생산에 적합한 축복받은 환경 외에도 좋은 와인을 만들기 위해 끊임없이 노력해 온 와인 생산자들의 열정, 그리고 이를 뒷받침한 프랑스 정부의 정책 덕분이다.

● 세계의 주요 와인 생산 지역

## 지리적 요소

프랑스는 서쪽으로 대서양, 남쪽으로 지중해와 접해 있고, 북서쪽은 평야와 구릉 지대, 남동쪽은 쥐라Jura, 알프스Alps, 남서쪽은 중앙 고원, 피레네Pyrénées 등의 산악 지대로 이어진다. 넓은 영토는 주변의 바다와 산맥의 영향 때문에 지역별로 기후 차이가 크다. 남동부는 지중해성 기후, 서부는 해양성 기후, 내륙 지역은 대륙성 기후가 나타난다. 서로 다른 기후대가 인접한 기후대에 영향을 주면서 날씨가 매년 달라지는 일도 많다. 예를 들어 지중해성 기후대가 확장하면 비가 오지 않아 가물게 되고, 대륙성 기후대가 커지면 보르도까지 냉해를 입을 수 있다. 이러한 날씨 변화는 해마다 포도 작황에 큰 영향을 주기 때문에 프랑스 와인에서 빈티지vintage는 매우 중요하다. 토양은 모래와 자갈이 많고 곳곳에 대규모 석회암 지대가 있어서 유럽종 포도 재배에 이상적이다.

## 역사적 배경

프랑스는 로마 제국의 와인 문화를 적극적으로 받아들여 일찍부터 전국 곳곳에서 포도를 재배하고 와인을 만들었다. 1152년 보르도가 속한 아키텐Aquitaine과 가스코뉴Gascogne의 영주인 엘레아노르Eleanor가 프랑스 왕과 이혼하고 영국 왕과 결혼하면서 보르도 와인은 영국으로 수출되기 시작했고, 오늘날까지 계속 이어지고 있다. 중세 이후 절대 왕정 체제가 들어서면서 부르고뉴Bourgogne 와인이 왕족과 귀족들에게 큰 인기를 끌었다.

1855년 파리에서 열린 제2회 만국 박람회 때에 보르도 상공 회의소는 나폴레옹 3세의 명을 받들어, 당시 높은 평가를 받고 있던 지롱드Gironde 강과 가론Garonne 강 좌안 지역의 레드 와인 61종과 화이트 와인 27종을 그랑 크뤼 클라세 Grand Cru Classé로 선정했다. 이 와인들은 지금도 최고 등급의 보르도 와인으로 인정 받고 있다.

19세기 중반에는 미국에서 건너온 포도나무에 숨어 있던 포도뿌리혹벌레 필록세라Phylloxera가 프랑스 전역에 퍼져 와인 산업에 막대한 손해를 입혔다. 필록세라 피해는 뿌리 부분에 미국종 포도나무를 접붙이는 방식으로 결국 진압되었다. 한편, 1914년 제1차 세계 대전이 발발한 뒤 부족한 수요를 충당하기 위해 생산량에만 집중하면서 와인 품질이 나빠지자 소비자들이 등을 돌리기 시작했다. 와인 산업이 위태롭게 되자 프랑스 정부는 1935년 와인의 품질을 보증하는 최초의 현대적 와인법인 AOCAppellation d'Origine Contrôlée 원산지 명칭 통제법을 제정했다. 또한 INAO^(Institut National des Appellations d'Origine)를 통해 국가 차원에서 전국의 와인을 관리하기 시작했다. 이후 프랑스 와인은 세계에서 가장 뛰어난 와인으로 거듭났고, AOC 법은 유럽 각국의 와인법에 큰 영향을 미치게 되었다.

## 프랑스 와인 라벨 법
Wine Labeling Law and Hierachy of French Wines

### ❶ AOC법(구 와인법)

AOC법은 와인 양조에 쓰는 포도를 수확한 '지역^(origine)'의 '명칭^(appellation)'을 통해 와인의 품질을 '관리^(controlée)'하는 규정으로, 지역마다 품종, 수확량, 양조법 등을 엄격하고 세세하게 통제한다. 프랑스 와인은 등급에 따라 QWPSR^(Quality Wines Produced in a Specified Region) 와인(특정 지역에서 생산된 퀄리티 와인)과 대중적인 테이블 와인^(Table Wine)으로 나뉘며, 와인 색상에 따라 레드 와인인 루즈^(Rouge), 화이트 와인인 블랑^(Blanc), 중간색을 지닌 로제^(Rose) 와인으로 구분된다.

### 테이블 와인

· **뱅 드 타블**^(Vin de Table)
프랑스 전역에서 수확한 포도로 만든 와인에 붙는 등급으로, 품종 제한이 없다. 지역, 포도 품종, 빈티지를 라벨에 표시하지 않아도 된다. 알코올 도수가 낮아도 가당^(chaptalisation) 할 수 없다.

· **뱅 드 페이**^(Vin de Pays)
뱅 드 타블을 다시 고품질과 저품질로 나눌 필요가 있어 1979년에 제정한 등급이다. 뱅 드 페이로 지정된 지역에서 재배가 허용된 포도만 사용해야 하며, 지역별로 정해진 최소 알코올 수치를 넘겨야 한다.

### 특정 지역에서 생산한 퀄리티 와인
(QWPSR 와인)

· **VDQS**^(Vins Délimités de Qualité Supérieure) (뱅 데리미테 드 칼리테 쉬페리외르)
AOC로 승급하기 전 단계로, AOC에 비해 규정이 덜 엄격하다. 현재는 사용되지 않는 등급이다.

· **AOC**^(Appellation d'Origine Cntrolee)(아펠라시옹 도리진 콩트롤레)
기본적으로 아래 6가지 관리 기준을 통과해야 한다. 지역별로 AOC등급 안에 더 세부적인 등급을 가진 경우도 있다.

- 와인에 쓰인 포도는 지정된 지역에서 재배했는가?
- 와인에 쓰인 포도는 지역별로 정해진 포도 품종을 사용한 것인가?
- 포도는 규정에 따른 방법으로 재배했는가?
- 1헥타르당 포도 수확량은 규정에 정해진 양을 넘지 않았는가?
- 숙성을 포함한 양조 기술은 허용된 것인가?
- 가당을 하지 않고도 와인에 알코올이 최소 기준 이상으로 들어 있는가?

### ❷ AOP법(신 와인법)

2009년 8월 1일 EU국가들의 와인에 대한 지리적 표시를 보호하고, 와인 라벨 표기를 새롭게 규정하기 위한 법령이 채택되었다. 이 법령은 QWPSR와인과 테이블 와인으로 분류하던 기존의 규정을 바꿔서 PDO$^{Protected\ Designation\ Of\ Origin}$(원산지의 명칭으로 보호받는) 와인과 PGI$^{Protected\ Geographical\ Indication}$(지리적인 표시로 보호받는) 와인으로 나누었다. 유럽 각국은 이 법령에 따라 자국의 와인법을 수정했고, 프랑스도 2009년 빈티지부터 AOC를 대신하여 AOP법을 적용하고 있다. AOP법은 과거의 AOC에 해당하는 AOP$^{Appellation\ d'Origine\ Protégée}$(아펠라시옹 도리진 프로테제)와 뱅 드 페이에 해당하는 IGP$^{Indication\ Géographique\ Protégée}$(앵디카시옹 제오그라픽 프로테제), 뱅 드 타블에 해당하는 뱅 드 프랑스$^{Vin\ de\ France}$로 구성된다.

**뱅 드 프랑스**
*Vin de France*

수확량, 품종, 재배법에 제한이 없으며, 품종과 빈티지 표시를 허용한다. 'Product Of France' 또는 'VCE$^{Vin\ de\ la\ Communauté\ Européenne}$'라는 문구를 표기해야 하며, VCE의 경우 다른 EU국가에서 생산한 다른 품종의 와인을 섞는 것도 가능하다. 이처럼 파격적인 조건을 부여한 이유는 최대한의 자유를 허용해 프랑스 와인의 시장 경쟁력을 강화하기 위한 것이다.

**보호된 지리적 명시**
*(PGI 와인)*

IGP와인이 여기에 속하며 기본적으로 뱅 드 페이를 대체한 등급이다. 과거의 뱅 드 페이보다는 기본적인 의무 규정과 생산 조건을 강화했지만, AOP와인보다 덜 엄격하다.

## 3.2.

**보호된 원산지 지정**
(PDO 와인)

　　AOP와인이 여기에 포함된다. 균등한 품질과 고급 이미지를 위해 기존의 AOC등급보다 더욱 강화된 생산 조건을 갖춰야 한다. 저장소의 최소 크기 준수, 로제와 화이트 와인 생산을 위한 온도 조절이 가능한 발효조 설치, 무작위의 와이너리 방문과 와인 품질 심사 등이 주요한 변화 내용이다. 등급 제도의 변경으로 일부 생산자들은 라벨에 새로운 용어를 표기하고 있지만, 아직도 옛 용어인 AOC를 쓰고 있는 생산자들이 많다.

# 3.2.1. BORDEAUX

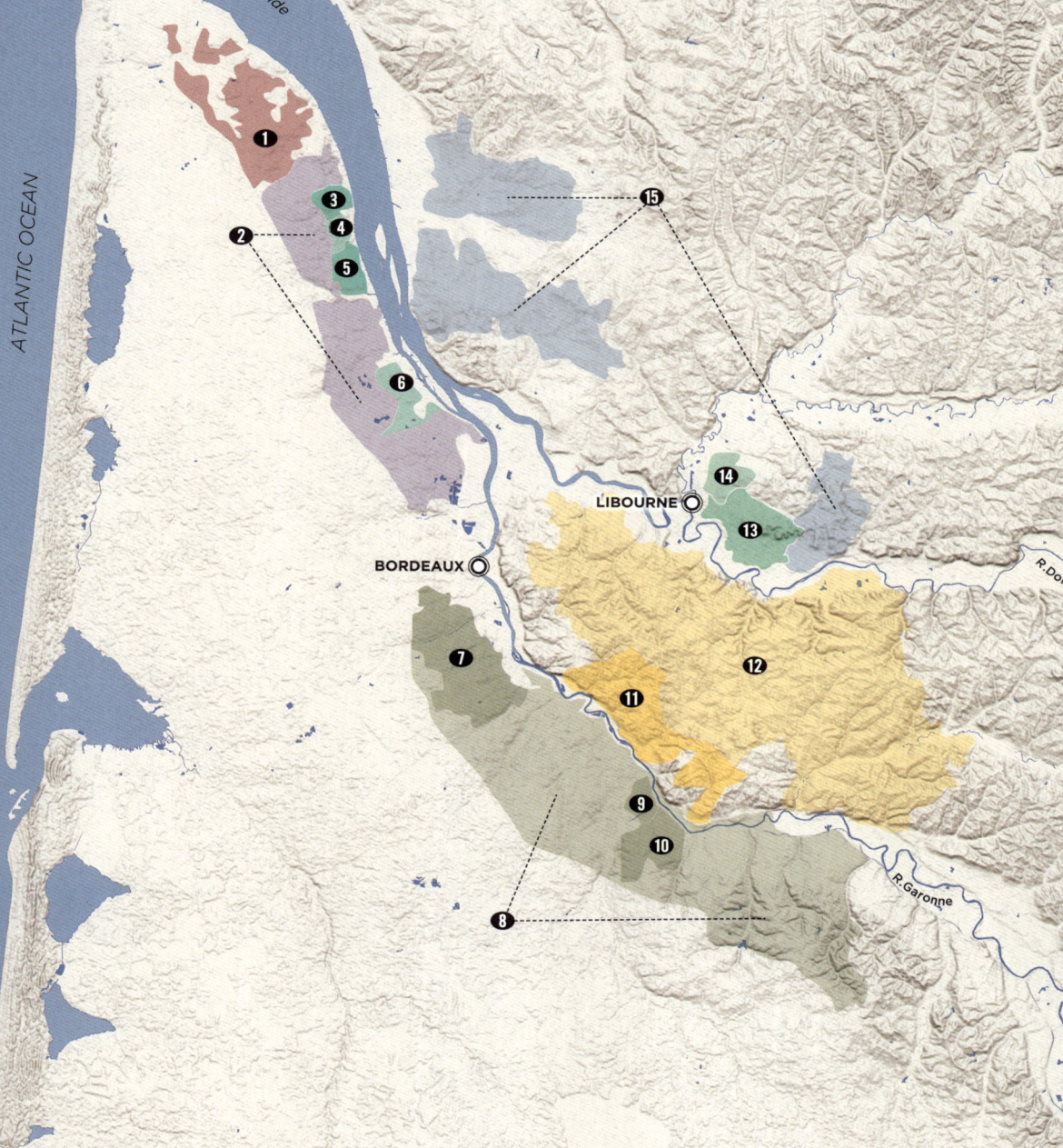

1. MÉDOC
2. HAUT-MÉDOC
3. SAINT-ESTÈPHE
4. PAUILLAC
5. SAINT-JULIEN
6. MARGAUX
7. PESSAC-LÉOGNAN
8. GRAVES
9. BARSAC
10. SAUTERNES
11. CADILLAC CÔTES DE BORDEAUX
12. ENTRE-DEUX-MERS
13. SAINT-ÉMILION
14. POMEROL
15. CÔTES DE BORDEAUX

## 3.2. 프랑스 와인

### 지리적 요소

보르도Bordeaux라는 이름은 'Au bord de l'eau' 즉 '물 근처'라는 말에서 유래되었다. 북위 45도에 위치한 보르도는 와인 생산지로는 상당히 북쪽에 있지만, 따뜻한 멕시코 만류의 영향 때문에 온화한 해양성 기후를 띠고 있다. 대서양에서 불어오는 강풍은 해안의 모래 언덕과 소나무 숲이 잘 막아 주는 반면, 수확기에 종종 불어오는 태풍과 소나기가 포도 작황에 큰 영향을 끼쳐 빈티지별로 와인 품질에 차이가 있다.

주요 와인 생산지는 도르도뉴Dordogne강과 가론Garonne강, 그리고 두 강이 합쳐서 흐르는 지롱드Gironde강 주변에 집중되어 있다. 위치상, 상류에서 볼 때 가론강과 지롱드강 왼편에 있는 좌안(레프트 뱅크Left Bank), 도르도뉴강과 지롱드강 오른편에 있는 우안(라이트 뱅크Right Bank), 가론강과 도르도뉴강 사이에 위치한 앙트르-두-메르Entre-Deux-Mers의 세 곳으로 나뉜다. 토양엔 모래와 자갈, 진흙이 섞여 있는데, 포도 재배지로 가장 좋은 지역은 이회토marl 위에 석영과 자갈이 깔려 있어 물 빠짐이 좋은 곳이다. 오-메독Haut-Médoc과 북부 그라브Graves 지역에서 많이 찾아볼 수 있다.

### 역사적 배경

로마군이 생-테밀리옹 지역에 진주하면서 와인을 만들기 시작했고, 8세기경부터 유럽 각지와 교역하면서 토르도 와인이 널리 알려졌다. 1152년 엘레아노르가 영국 왕과 결혼하면서 보르도는 영국에 귀속되었다가 100년 전쟁 이후 다시 프랑스 땅이 되었는데, 이때부터 영국인들은 보르도 레드 와인을 '클라레Claret'라 부르며 즐겨 마셨다.

18세기 초에 유리병과 코르크 마개의 발명으로 와인 보관 기간이 늘어나면서, 오랜 숙성을 거쳐 맛과 향이 완성되는 뱅 드 가르드Vin de Garde라는 새로운 형태의 와인이 탄생했다. 이후 보르도 와인은 장기 숙성형 스타일로 생산되기 시작했다.

### 샤토

샤토Château는 '성'을 뜻하는 프랑스어로, 와인에서는 포도원에 위치한 저택과 양조장, 포도밭을 함께 지칭하는 단어로 쓰인다. 샤토 표시가 붙은 와인은 샤토에서 재배한 포도만 사용하며, 다른 곳의 와인이나 매입한 포도, 혹은 포도즙을 사용하지 않는다. 샤토의 포도밭을 매매하면 샤토의 영역도 바뀐다. 샤토를 대표하는 와인에는 보통 그랑 뱅Grand Vin이라는 호칭이 붙는데, 이는 공식적인 인증 표시가 아니며 품질도 샤토마다 다르다. 그랑 뱅 다음의 와인은 보통 세컨드 라벨 와인second label wine이라고 부른다.

## 포도 품종

보르도에선 최소한 두 품종 이상의 포도를 재배하고, 두 가지 이상의 포도를 혼합해서 와인을 만든다. 이것은 날씨나 빈티지와 관계없이 안정된 품질의 와인을 얻기 위한 것이다. 보통 메를로, 카베르네 프랑, 카베르네 소비뇽의 순서로 수확하며, 시기는 1~2주 정도 차이를 둔다. 이렇게 하면 최악의 날씨에도 포도 수확을 완전히 망치는 일은 없게 된다.

여러 종의 포도를 섞어서 와인을 만들면, 품종별 장점은 살리고 단점은 보완할 수 있다. 예를 들어 카베르네 소비뇽은 타닌과 산도가 풍부해서, 구조감이 튼튼해지고 장기 숙성에 좋다. 당분이 많은 메를로는 와인의 바디와 알코올을 높인다. 카베르네 프랑은 섬세하고 우아한 향을 더한다. 지역별 토양에 따라 적합한 품종도 다르다. 자갈이 많은 지롱드강 좌안에서는 카베르네 소비뇽이, 진흙이 많은 우안에서는 메를로가 잘 자란다.

### 적포도 품종

카베르네 소비뇽Cabernet Sauvignon은 좌안 지역에서 주로 재배된다. 특히 오-메독 지역의 고급 와인은 카베르네 소비뇽의 비율이 50%가 넘는 경우가 많다. 보르도 우안 지역의 주요 품종인 메를로Merlot는 보르도 포도 수확량의 절반을 차지할 정도로 많이 재배된다. 카베르네 프랑Cabernet Franc은 좌안에서는 보조 품종이지만, 생-테 밀리옹 지역에서는 메를로와 함께 가장 중요한 품종으로 손꼽힌다. 최고급 와인에 타닌과 색, 향을 보충할 때 사용하는 프티 베르도Petit Verdot는 무더운 해에만 완전히 익기 때문에 많이 재배하지 않는다.

### 청포도 품종

세미용Sémillon은 소테른 지역에서 스위트 와인을 만들 때 주로 사용하지만, 일반 화이트 와인을 만들 때 쓰기도 한다. 소비뇽 블랑Sauvignon Blanc은 스위트 와인의 산도를 강화하는 용도로 쓰며, 소비뇽 블랑만 사용하거나 세미용을 함께 혼합한 일반 드라이 화이트 와인으로도 많이 생산된다. 무스카델Muscadelle은 스위트 와인의 아로마를 풍부하게 하는 데 사용된다.

## 포도 재배 및 양조

양보다 품질을 우선하기 때문에 포도밭 면적당 재배 밀도는 높되, 포도나무에 열리는 포도송이 숫자는 제한한다. 포도송이 숫자가 적을수록 포도알에 농축되는 당분과 영양분이 많아져 품질이 좋아지기 때문이다. 품종별 재배 비율은 샤토가 추구하는 와인의 스타일과 특성에 따라 다르다. 샤토에서는 포도를 손으로 수확하지만, 기계 수확을 하는 곳도 있다. 생산자의 선택에 따라 스테인리스 스틸 발효조나 에폭시 수지를 안에 바른 콘크리트 발효조에서 발효한다. 발효가 끝난 와인은 바리크barrique라고 불리는 225L 용량의 오크통에서 숙성되며, 숙성 기간은 와인의 양조 상태와 품질에 따라 다르다.

## 와인법과 등급

AOP 등급 외에 각 지역별 등급이 있다.

### 지역 명칭 등급

**· 제네릭 아펠라시옹** Generic Appellation
보르도 전 지역에서 수확한 포도로 만든 와인에 적용하며, '보르도Bordeaux'라는 지역 명칭이 들어간다. 일반 보르도 AOP보다 알코올 도수가 높으면, 보르도 쉬페리외르Bordeaux Superieur AOP라는 표시를 넣을 수 있다.

**· 디스트릭트 아펠라시옹** District Appellation
특정 지역에서 생산하는 고급 와인에 적용하며, '메독Médoc', '오-메독Haut-Médoc', '생-테밀리옹Saint-Émilion' 등의 지역 명칭을 넣을 수 있다.

**· 코뮌 아펠라시옹** Commune Appellation
코뮌에서 생산하는 와인에 적용하며, 라벨에 '포이약Pauillac'이나 '마고Margaux' 같은 코뮌의 이름을 넣을 수 있다. 생-테밀리옹 그랑 크뤼 AOP를 제외하면, 보르도에서 가장 높은 등급이다.

### 지역별 등급

**· 1855년 보르도 와인 공식 등급** Bordeaux Wine Official Classification of 1855
1855년 파리 만국 박람회 때 보르도 상공 회의소에서 메독과 소테른 지역 와인을 대상으로 제정한 등급이다. 오-메독 지역의 유명한 레드 와인 60종을 다섯 등급의 그랑 크뤼 클라세Grand Cru Classé로 분류했고, 여기에 그라브Graves 지역의 샤토 오-브리옹Haut-Brion을 1등급에 포함시켜 총 61종이다. 소테른Sauternes 지역은 총 21종의 화이트 와인을 세 등급으로 분류했다. 몇 개의 샤토가 분리되어 현재는 총 27종이다.

### · 크뤼 부르주아 등급 Cru Bourgeois Classification

보르도 와인 공식 등급 분류에서 제외된 메독의 샤토 소유주들이 모여서 1932년에 제정했다. 2007년 등급 조정에 대한 법정 소송으로 인해 없어졌다가 크뤼 부르주아 연합의 노력으로 2009년 부활했다. 오늘날에도 와인 품질의 잣대로 사용되며, 프랑스 농림부 장관에 의해 승인된 리스트가 공표된다. 2020년부터는 세 가지 등급인 크뤼 부르주아, 크뤼 부르주아 쉬페리외르 Supérieur, 크뤼 부르주아 엑셉시오넬 Exceptionnel로 각각 분류한다.

### · 그라브 와인 등급 Graves Classification

그라브와 페삭-레오냥 Pessac-Léognan에 있는 최고의 샤토를 대상으로 하며, 1959년에 제정되었다. 순위가 없는 수평적 등급 분류로, 레드 와인 13종과 화이트 와인 9종이 있다.

### · 생-테밀리옹 그랑 크뤼 등급 Saint-Émilion Grand Cru Classification

유일하게 AOP 체계와 통합된 보르도 지역 등급 분류이다. 1955년에 첫 등급 심사를 했고 1969년, 1986년, 1996년, 2006년, 2012년, 2022년에 재심사를 했다. 생-테밀리옹 프리미에 그랑 크뤼 클라세 Saint-Émilion Premier Grand Cru Classé A와 B, 생-테밀리옹 그랑 크뤼 클라세 Saint-Émilion Grand Cru Classé의 세 등급이 있다.

## 와인 생산지
### 레프트 뱅크(좌안)

### · 메독 Médoc과 오-메독 Haut-Médoc AOP

레프트 뱅크의 하류 지역에 있다. 하류의 바-메독 Bas-Medoc과 상류의 오-메독으로 나뉘는데 '바 bas'는 '저질', '낮은' 같은 부정적인 뜻을 줄 수 있어 라벨에 표기하지 않는다. 공식적으로 레드 와인만 만들며, 오-메독에는 최고급 와인을 생산하는 생-테스테프 Saint-Estéphe, 포이약 Pauilac, 생-줄리앙 Saint-Julien, 마고 Margaux, 리스트락 메독 Listrac Médoc, 물리 Moulis의 여섯 개 코뮌(마을)이 있다.

### · 그라브 Graves 페삭-레오냥 Pessac-Léognan AOP

그라브는 자갈 Gravel이 많이 깔려 있어 붙은 이름이다. 북쪽에선 레드 와인을, 남쪽에선 화이트 와인을 주로 생산한다. 그라브에 속했던 페삭-레오냥은 1987년 독립적인 지역 명칭을 얻었다. 레드와 화이트 와인을 모두 생산하며, 그라브보다 고급 와인이 많이 나온다.

● ● 3.2.                                              프랑스 와인

· **소테른**<sup>Sauternes</sup> **AOP**

가론강의 영향으로 아침 안개가 많이 발생하고, 이 때문에 보트리티스 시네레아<sup>Botrytis cinerea</sup>라는 곰팡이가 일으키는 노블 롯<sup>noble rot</sup> 현상이 잘 일어난다. 그래서 소비뇽 블랑과 노블 롯에 걸린 세미용을 사용한 스위트 와인을 많이 생산한다. 스위트 와인은 당도에 따라 소테른처럼 노블 롯의 영향을 받아 매우 달콤한 리쿼르<sup>liquoreux</sup>와 미디엄 스위트인 므왈레<sup>moelleux</sup>로 나뉜다.

**라이트 뱅크**(우안)

· **생-테밀리옹**<sup>Saint-Émilion</sup> **AOP**

물이 잘 빠지는 자갈 토양과 석회토가 깔린 북서쪽 고원 지역, 그리고 석회석 단층에 자리 잡은 남동쪽 지역은 최고급 와인 와인 생산지이다. 석회석 단층 지대 아래쪽에 위치한 모래 토양 지대의 와인들은 맛이 훨씬 약하고 가격도 저렴하다. 북서쪽 고원 지역에서는 카베르네 프랑을 주로 재배한다. 공식적으로 생-테밀리옹AOP 등급은 레드 와인에만 사용할 수 있다.

· **포므롤**<sup>Pomerol</sup> **AOP**

메를로를 주로 사용하는 포므롤 와인은 강인하고 묵직하며, 독특한 향과 여운이 입안에 오래 남는다. 생-테밀리옹과 마찬가지로 레드 와인만 포므롤AOP의 이름을 달고 출시할 수 있다.

· **앙트르-두-메르**<sup>Entre-Deux-Mers</sup> **AOP**

'두 바다(강) 사이'라는 뜻의 앙트르-두-메르는 도르도뉴강과 가론강 사이의 구릉 지대에 자리 잡고 있다. 토양은 진흙과 모래에 작은 자갈이 섞여 있어 세미용과 소비뇽 블랑이 자라기에 좋다. 두 포도를 혼합해서 상큼하고 강한 향기를 지닌 드라이 화이트 와인을 생산한다.

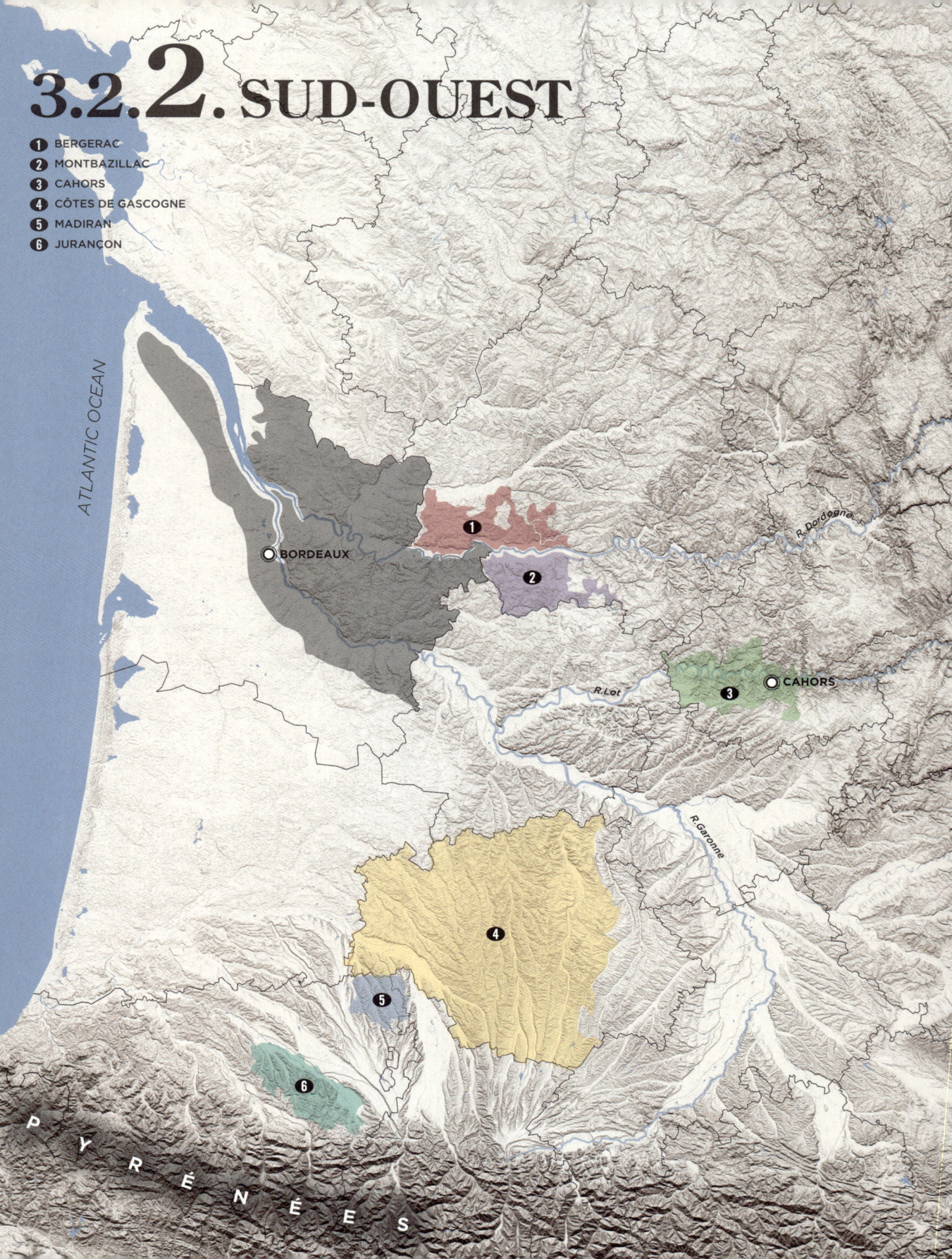

## 3.2. 프랑스 와인

**지리적 요소**

보르도 남동부에서 가론강을 따라 툴루즈까지 펼쳐진 프랑스 남서부는 다양한 기후와 토질을 갖고 있다.

**와인 생산지**

· 보르도 클론

보르도와 같은 품종을 주로 사용하며, 와인 스타일도 비슷하다. 대표 산지인 베르주락$^{Bergerac}$ AOP는 보르도 타입의 레드 와인과 화이트 와인, 그리고 스위트 와인을 생산한다. 몽바지약$^{Monbazillac}$ AOP에서는 노블 롯에 걸린 세미용과 소비뇽 블랑 포도로 스위트 와인을 생산한다.

· 프랑스 남서부

토착 품종을 써서 전통적인 스타일의 와인을 많이 생산한다. 카오르$^{Cahors}$ 와인은 70% 이상의 말벡에 메를로와 타나$^{Tannat}$를 혼합한 장기 숙성용 레드 와인으로, 색이 아주 짙어 '블랙 와인$^{Black\ wine}$'이라고도 불린다. 마디랑$^{Madiran}$에서는 타나 포도를 써서 매우 강한 풀 바디 레드 와인을 생산하며, 7~8년 정도 숙성하면 풍미가 좋아지는 고급 와인도 나오고 있다. 피레네 구릉 지대의 쥐랑송$^{Jurançon}$에서는 산도가 높은 프티 망셍$^{Petit\ Manseng}$으로 스위트 와인과 드라이 화이트 와인을 생산한다. 이 지역의 IGP 코트 데 가스코뉴$^{Côtes\ de\ Gascogne}$는 위니 블랑$^{Ugni\ Blanc}$을 비롯한 다양한 포도로 만들어지며 상쾌한 산미와 과일 풍미로 유명하다.

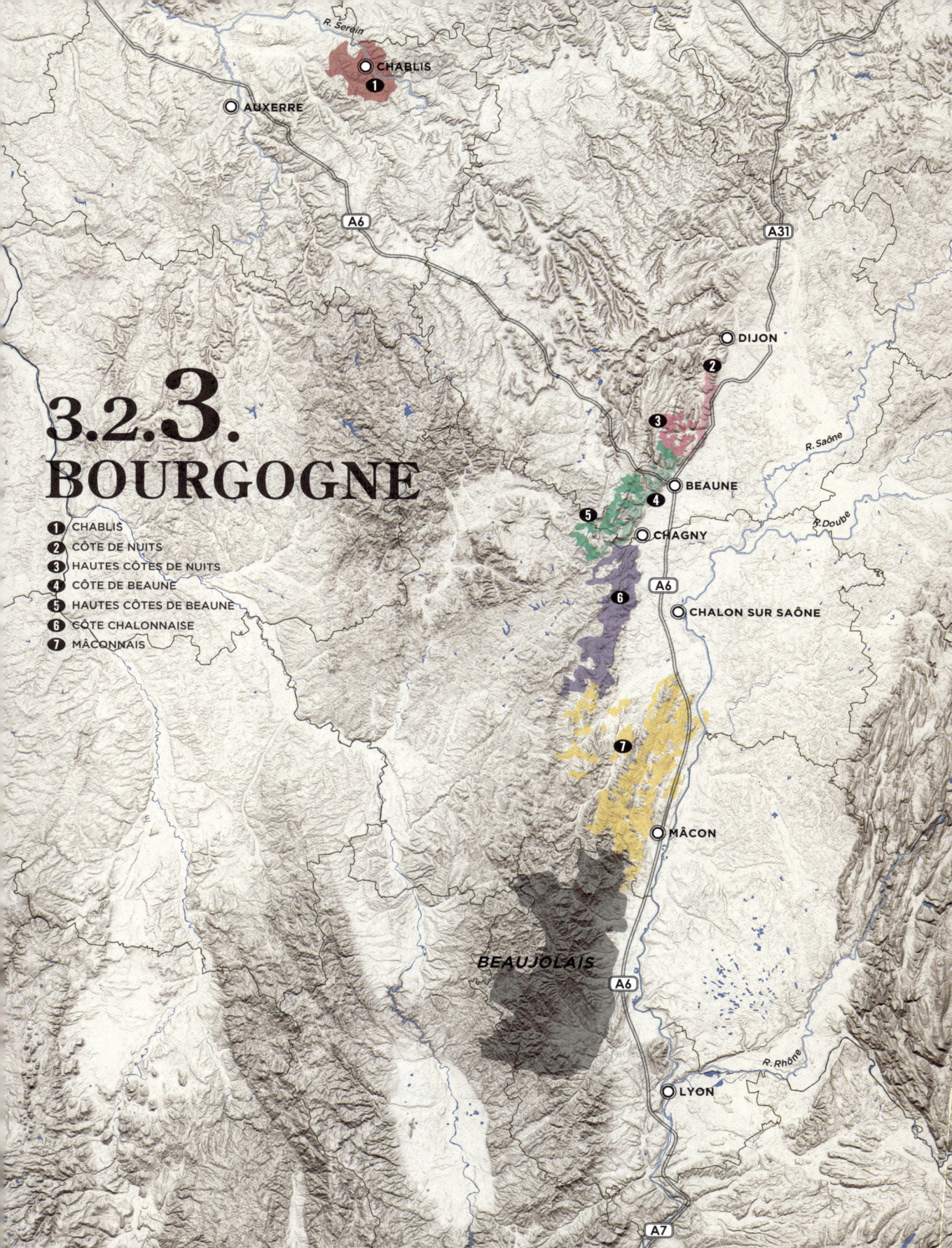

## 3.2. 프랑스 와인

### 지리적 요소

영어로 버건디$^{Burgundy}$라 부르는 부르고뉴$^{Bourgogne}$는 프랑스 동북부 내륙에 자리 잡고 있다. 대륙성 기후에 속해 겨울에는 서리가 내릴 정도로 춥고 여름에는 더운 날이 많다. 밤낮의 일교차도 큰 편이다. 고도가 해발 220m에 달하고 7월 평균 기온이 19.7°C 정도여서, 포도 성장에 필요한 기온과 일조량이 문제가 된다. 따라서 포도밭의 방향에 따라 포도 품질에 큰 차이가 있다.

지역에 따른 토양의 차이도 크다. 샤블리$^{Chablis}$ 지역엔 해양 화석이 풍부하게 섞인 킴메르지안 점토$^{Kimmerridgian\ Clay}$ 토양이 많고, 중앙의 코트 도르와 코트 샬로네즈, 마코네의 토양에는 진흙과 석회암이 섞여 있다. 같은 마을 안에서도 토양의 구성과 깊이에 따라 배수 상태가 다르고, 이에 따른 땅 모양과 온도의 차이는 포도 성장에 영향을 미친다. 밭의 경사, 방향, 미네랄 함량의 차이도 포도에 영향을 준다. 그래서 가까운 밭에서 나온 두 와인의 품질이 확연히 다를 때도 있다.

### 역사적 배경

A.D. 150년경부터 포도를 재배했다. 중세 교회는 와인을 만들어 성체식에 썼고, 남는 것은 외부로 판매해 교회 수입으로 삼았다. 1100년 이후 베네딕트회의 수도승들이 수행의 하나로 와인 생산에 힘쓰면서 품질이 더욱 좋아졌다. 뛰어난 품질은 왕실에도 알려져 본$^{Beaune}$에는 왕실 전용 포도원과 저장고가 설립될 정도였다. 139년 부르고뉴의 통치자 필리프$^{Philippe}$가 가메$^{Gamay}$를 심지 못하게 하면서 피노 누아$^{Pinot\ Noir}$가 레드 와인의 주요 품종이 되었다. 이를 계기로 와인 품질은 더욱 향상되었다.

프랑스 대혁명 당시 혁명군이 귀족과 교회가 소유하고 있던 포도원을 몰수해 농민들에게 유상 분배하면서 포도밭의 소유권은 잘게 쪼개졌다. 더불어, 유산을 균분 상속하도록 한 나폴레옹 법에 의해 더 작게 나뉘었다. 그래서 오늘날 부르고뉴의 포도밭은 소유주가 여러 명인 경우가 많다. 소유주들이 각자 자기 브랜드로 와인을 만들 수 있기 때문에, 같은 밭에서 여러 가지 와인이 나오는 것은 흔한 일이다.

### 도멘, 네고시앙

도멘$^{Domaine}$은 자기 소유의 포도밭에서 수확한 포도로만 와인을 만들어 직접 병입까지 마친 후 자기 브랜드로 판매하는 와인 생산자를 말한다. 반면 네고시앙$^{Négociant}$은 소규모 생산자의 와인을 사서 자기 브랜드로 판매하는 자를 일컫는다. 네고시앙은 와인을 매입하기도 하고 영세 농가에서 재배한 포도를 사들이거나 소유한 포도밭에서 수확한 포도로 자기 와인을 만들기도 한다. 과거에는 도멘의 와인이 네고시앙 와인보다 품질면에서 더 낫다고 했지만, 역량 있는 네고시앙들이 늘어나면서 이제는 우열을 판단하기 힘들다.

## 포도 품종

· 적포도 품종

피노 누아Pinot Noir는 부르고뉴를 상징하는 적포도로, 세계 최고의 품질을 자랑한다. 샤블리와 보졸레를 제외한 부르고뉴 전역에서 재배된다. 보졸레 누보를 만들 때 쓰는 가메Gamay와 섞어 부르고뉴 그랑 오르디네르Bourgogne Grand Ordinaire와 부르고뉴 파스투그랭Bourgogne Passetoutgrain으로도 생산된다.

· 청포도 품종

샤르도네Chardonnay는 부르고뉴의 대표적인 화이트 품종이다. 서늘한 곳에서도 잘 자라기 때문에 부르고뉴 전역에서 재배한다. 알리고테Aligoté는 산도가 높은 가벼운 스타일의 화이트 와인과 스파클링 와인인 크레망 드 부르고뉴Crémant de Bourgogne를 만들 때 사용한다.

## 포도 재배 및 양조

· 포도 재배

기계 수확을 하는 곳도 있지만, 프리미엄급 와인은 대부분 손으로 수확한다.

· 와인 양조

전통 방식으로 와인을 양조하며, 추운 기후 탓에 발효가 제대로 되지 않으면 난방을 해서 양조장의 온도를 높여 준다. 고급 와인을 만들 때는 오크통 숙성이 필수적이며, 타닌 성분을 높이고 침용 과정을 원활히 하기 위해 포도 줄기를 함께 넣기도 한다. 레드 와인은 대개 16~18개월, 화이트 와인은 6~9개월 정도 숙성한다.

## 3.2. 프랑스 와인

## 와인법과 등급

클리마<sup>climat</sup>라고 부르는 특정한 포도밭이 와인 등급 분류의 최소 구분 단위이다. 각 클리마에 매겨진 등급에 따라 와인 등급도 결정된다. 예를 들어 그랑 크뤼 클리마에서 나온 와인은 모두 그랑 크뤼이다. 등급에 따라 라벨에 클리마-마을-지역의 이름이 붙는다. 보통 포도 품종은 표시하지 않는다.

· **지역 단위 AOP**
부르고뉴 전체, 혹은 한정된 지역에서 수확한 포도로 만드는 와인에 부여한다. 라벨에 '부르고뉴<sup>Bourgogne</sup>'라는 명칭이 반드시 붙는다. 마코네의 지역 등급은 마콩이란 명칭을 사용하며, 화이트 와인의 경우에만 마콩 빌라주<sup>Mâcon Villages</sup>라고 표기한다.

· **마을 단위 AOP**
마을 단위에서 수확한 포도로 만드는 와인에 붙으며, 라벨에 포마르<sup>Pommard</sup> 같은 마을 이름이 들어간다.

· **단일 포도밭 AOP : Premier Cru**
프르미에 크뤼로 분류된 약 640개 클리마에서 수확한 포도로 만드는 와인에 붙는 등급이다. 품질이 뛰어난 와인들로 라벨에 클리마 이름과 함께 프리미에 크뤼<sup>Premier Cru/1er Cru</sup>라는 표시가 붙는다.

· **단일 포도밭 AOP : Grand Cru**
가장 높은 평판을 받은 클리마를 '그랑 크뤼'라 부르며, 이곳에서 수확한 포도로 만드는 와인에도 그랑 크뤼 등급이 붙는다. 코트 도르에 레드 24개, 화이트 8개의 그랑 크뤼가 있고, 샤블리에서는 7개 클리마를 합쳐 1개의 그랑 크뤼로 분류한다. 라벨에 포도밭 이름과 그랑 크뤼 표시만 적을 뿐 마을 명칭은 표기하지 않는다.

부르고뉴의 대표적인 와인 산지는 샤블리<sup>Chablis</sup>, 코트 드 뉘<sup>Côte de Nuits</sup>, 코트 드 본<sup>Côte de Beaune</sup>, 코트 샬로네즈<sup>Côte Chalonnaise</sup>, 마코네<sup>Mâconnais</sup>, 다섯 지역이다.

## 와인 생산지

**· 샤블리**<sup>Chablis</sup>

가장 북쪽에 있다. 섬세하고 우아하며 산도가 높은 화이트 와인만 생산한다. 몇몇 생산자들은 오크 풍미가 있는 와인을 만들기도 한다. 일반적인 프티 샤블리 Petit Chablis와 샤블리Chablis, 우수한 포도밭에서 생산된 샤블리 프르미에 크뤼 Chablis Premier cru, 그리고 최고의 포도밭에서 생산된 샤블리 그랑 크뤼Chablis Grand cru로 구분된다.

**· 코트 도르**<sup>Côte d'Or</sup>

'황금Or'의 '언덕Côte'이라는 뜻이다. 북쪽의 코트 드 뉘와 남쪽의 코트 드 본으로 나뉘며, 이 두 지역에서 세계 최고 수준의 레드 와인과 화이트 와인을 생산한다.

**· 코트 드 뉘**<sup>Côte de Nuits</sup>

디종Dijon시 남쪽의 픽생Fixin 마을부터 뉘-생-조르주Nuits-Saint-Georges 마을까지 이어진 곳이다. 힘이 있고 맛과 향이 뛰어난 그랑 크뤼 레드 와인을 생산한다. 제브레-샹베르탱Gevrey-Chambertin AOP, 모레-생-드니Morey-Saint-Denis AOP, 클로 드 부조Clos de Vougeot AOP, 본-로마네Vosne-Romanée AOP, 뉘-생-조르주Nuits-Saint-Georges AOP 등이 있다.

**· 코트 드 본**<sup>Côte de Beaune</sup>

본Beaune시 북쪽의 알록스-코르통Aloxe-Corton 마을부터 코트 드 본 남쪽의 상트네Santenay 마을까지 이어진 곳이다. 섬세하고 품위 있는 화이트 와인과 고품질 레드 와인을 생산한다. 주요 생산지로 본Beaune AOP, 포마르Pommard AOP, 볼네Volnay AOP, 뫼르소Meursault AOP, 퓔리니-몽라셰Puligny-Montrachet AOP, 샤사뉴-몽라셰Chassagne-Montrachet AOP 등이 있다. 포마르와 볼네를 제외한 나머지 마을은 레드 와인과 화이트 와인을 모두 생산한다. 화이트 와인의 명성이 더 높고 뫼르소, 르 몽라셰, 코르통-샤를마뉴Corton-Charlemagne는 세계 최고의 화이트 와인으로 평가받고 있다.

**· 코트 샬로네즈**<sup>Côte Chalonnaise</sup>

코트 드 본 언덕과 이어진 곳으로, 토양이 비슷하고 포도 품종도 같지만 와인은 코트 드 본보다 빨리 숙성하는 편이다. 대표적인 생산지로 메르퀴레Mercurey

## 3.2. 프랑스 와인

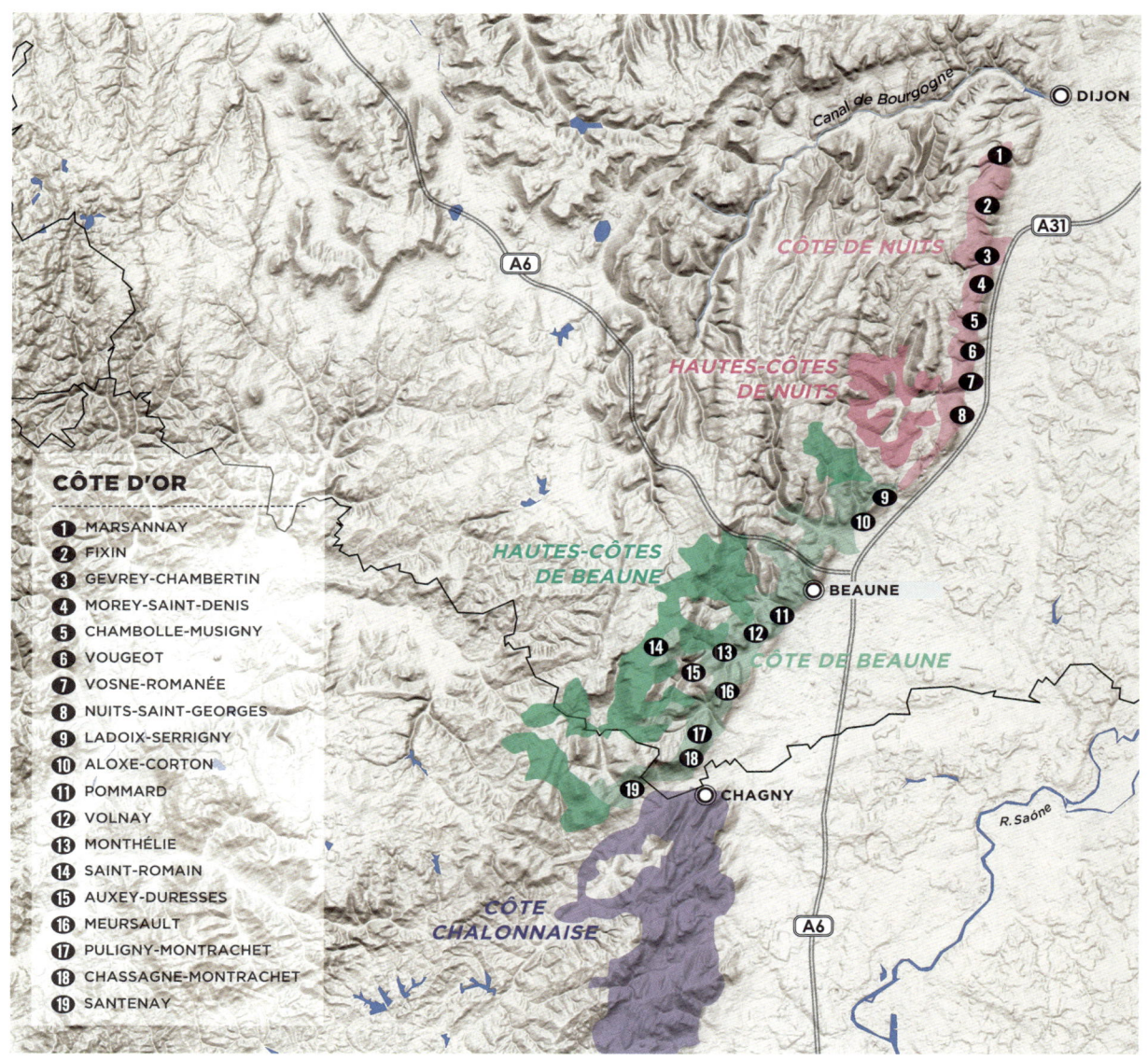

AOP, 지브리 Givry AOP, 몽타니 Montagny AOP 등이 있다.

· **마코네** Mâconnais

부르고뉴에서 가장 큰 하위 지역으로 전체 와인 생산량 중 90%가 화이트 와인이다. 특히 푸이-퓌세 Pouilly-Fuissé AOP는 22개의 프리미에 크뤼를 수상할

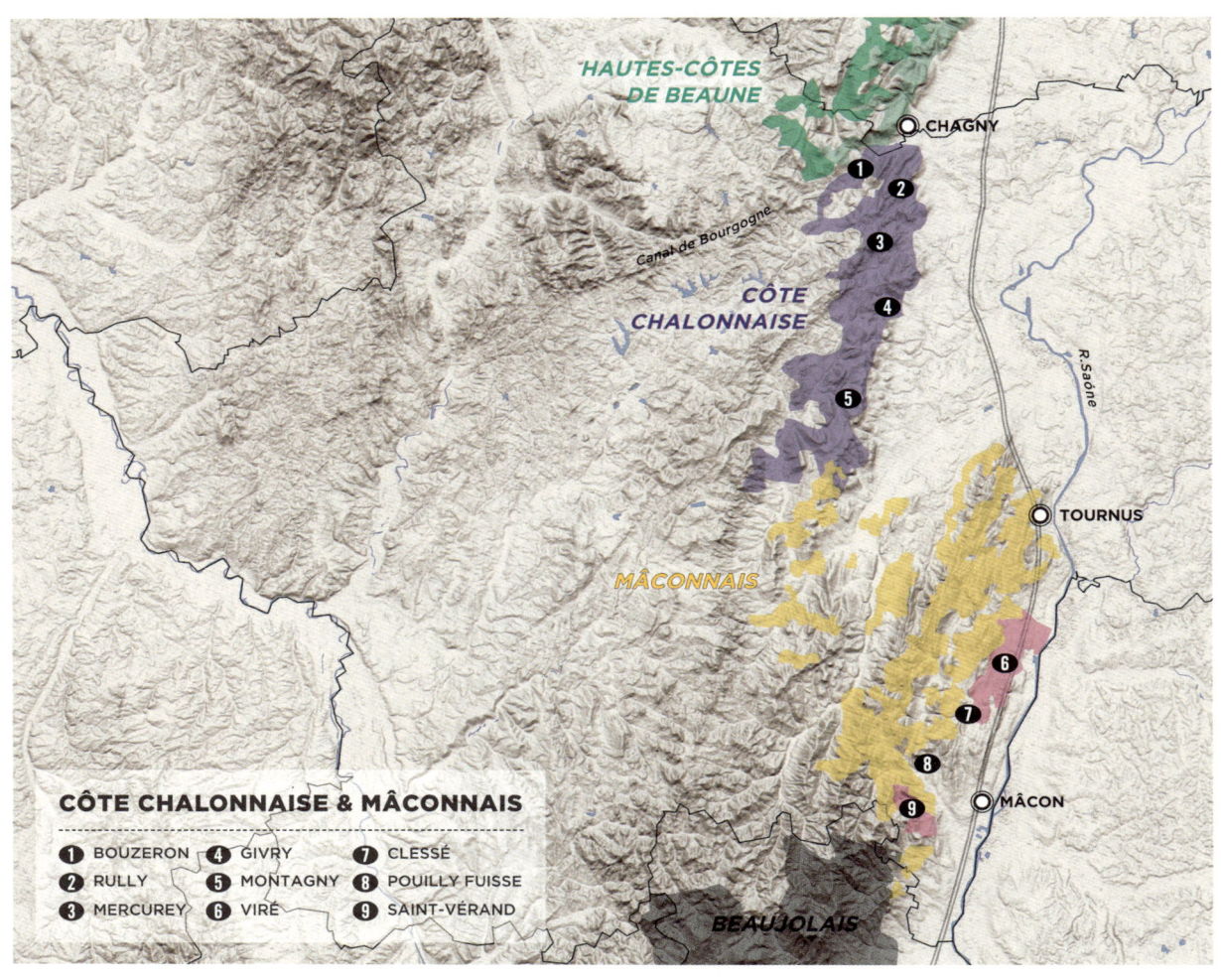

만큼 품질이 매우 좋다. 레드, 로제, 화이트 와인을 생산하는 마콩$^{Mâcon}$ AOP와 화이트 와인을 생산하는 마콩-빌라주$^{Mâcon-Villages}$ AOP(또는 마콩 + 마을 이름 AOP)는 이 지역 와인 생산량의 대부분을 차지한다.

# 3.2.4. BEAUJOLAIS

*MÂCONNAIS*

MÂCON

VILLEFRANCHE-SUR-SAÔNE

LYON

R. Saône
R. Le Nizerand
R. Rhône

1. SAINT-AMOUR
2. JULIÉNAS
3. CHÉNAS
4. MOULIN-À-VENT
5. FLEURIE
6. CHIROUBLES
7. MORGON
8. RÉGNIÉ
9. CÔTE DE BROUILLY
10. BROUILLY
11. BEAUJOLAIS VILLAGES
12. BEAUJOLAIS

| | |
|---|---|
| **지리적 요소** | 보졸레는 마콩의 남쪽, 리옹의 북쪽에 위치한다. 포도밭은 서풍을 막아 주는 보졸레 마운틴의 동쪽 경사와 남쪽 평지에 위치하며, 일조량이 많고 건조한 것이 특징이다. 보졸레 북쪽 토양엔 화강암 성분이 많고, 남쪽은 모래가 많이 섞여 있다. 좋은 품질의 포도는 주로 북쪽에서 생산한다. |
| **포도 품종** | · 적포도 품종 : 가메Gamay<br>· 청포도 품종 : 샤르도네Chardonnay, 알리고테Aligoté |
| **포도 재배 및 양조** | 봄 서리와 가을비가 포도 재배의 장해가 될 수 있다. 가메로 레드 와인과 로제 와인을 생산하고 알리고테와 샤르도네로 화이트 와인을 생산한다. 생산량의 99%는 레드 와인이다. 주로 손 수확을 하며, 탄산 침용 또는 부분 탄산 침용에 의한 혐기성 환경에서 와인을 만든다.<br><br>중간 이상의 높은 산도, 낮은 타닌 함량을 갖고 있으며, 라즈베리나 붉은 체리 같은 과일 향이 풍부하다. 때로는 계피나 후추 같은 스파이시한 향이 가볍게 돌기도 한다. 11월 셋째 주 목요일에 출시되는 보졸레 누보 같은 와인은 긴 시간 숙성하지 않고 과일 향이 풍부한 상태에서 바로 마시는 것이 가장 좋다. 보졸레 크뤼 같은 일부 와인은 병 숙성을 통해 풍미가 향상되기도 한다. |
| **와인법과 등급** | · 보졸레Beaujolais **AOP**, 보졸레 쉬페리외르Beaujolais Superieur **AOP**<br>최저 알코올 도수 10% 이상으로, 달콤한 붉은 과일 향이 나는 가벼운 바디의 와인이다. 최저 알코올 도수가 10.5%를 넘으면, 보졸레 쉬페리외르로 분류한다. 탄산 침용법을 사용하여 만드는 보졸레 프리뫼르Beaujolais Primeur와 보졸레 누보Beaujolais Nouveou는 매년 11월 셋째 주 목요일 전 세계에서 동시 출시된다.<br><br>· 보졸레 빌라주Beaujolais Villages **AOP**<br>보졸레 북쪽의 화강암 언덕에 있는 38개 마을에서 만드는 우수한 품질의 보졸레 와인이다. 탄산 침용 발효법을 사용해 보졸레 누보로 만들기도 하고, 일반적인 와인 양조법을 사용하기도 한다. |

●● 3.2.                                                                         프랑스 와인

· **보졸레 크뤼**Beaujolais Cru **AOP**
보졸레 북서쪽의 화강암 언덕에 자리 잡은 10개 마을에서 생산한다. 최고급 보졸레 와인으로, 각자 뚜렷한 개성을 지니고 있다. 생 타무르Saint-Amour, 셰나Chénas, 쥘리에나스Juliénas, 쉬루블Chiroubles, 물랭-아-방Moulin-à-Vent, 플뢰리Fleurie 모르공Morgon, 브루이Brouilly, 레니에Régnié, 코트 드 브루이Côte de Brouilly의 10개 AOP크뤼가 있다.

# 3.2.5. ALSACE

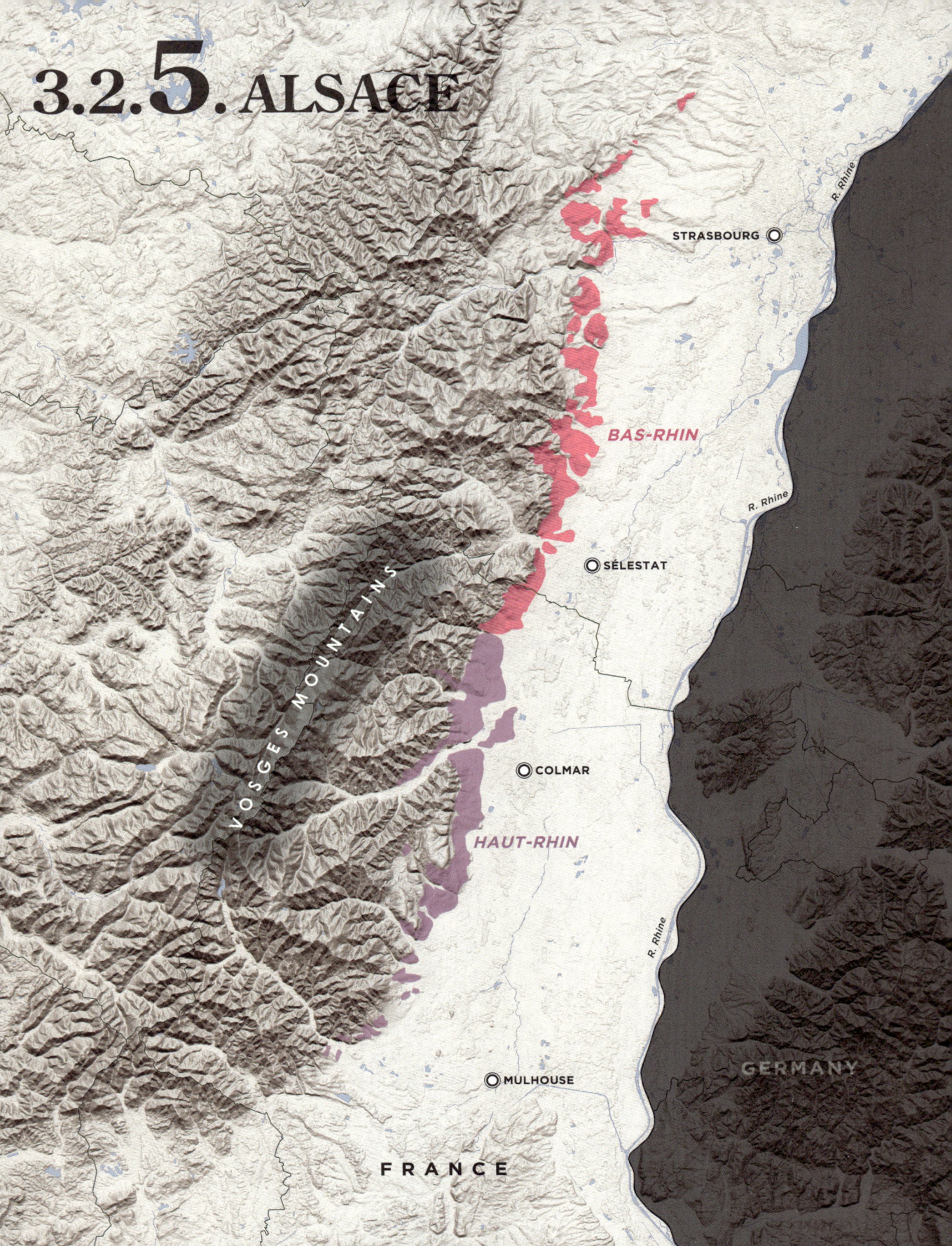

## ● ● 3.2.    프랑스 와인

### 지리적 요소

알자스는 프랑스 와인 산지 중 가장 동북쪽에 위치한 곳으로, 뛰어난 품질의 화이트 와인을 생산한다. 전형적인 대륙성 기후 지대에 속하고, 여름은 길고 더우며 가을은 매우 건조하다. 연간 1,800 시간이 넘는 일조량에다 일교차도 커서 포도 재배에 이상적이다. 서쪽에 우뚝 솟은 보주 Vosges 산맥이 북쪽에서 불어오는 습기 머금은 바람을 막아 주기 때문에 연간 강수량은 400~500mm 정도에 불과하다. 프랑스에서 가장 건조한 곳이다. 지역에 따라 토양이 다양하며 석회암, 화강암, 사암, 모래 및 황토 등이 섞여 있다. 포도밭은 보주산맥 동쪽 사면의 구릉 지대를 따라 폭 1~1.5km, 길이 140km 정도로 길게 이어져 있고, 오-랭 Haut-Rhin 과 콜마르 Colmar 시 주변의 여러 마을에서 최고급 와인을 생산한다.

### 역사적 배경

예로부터 인기가 높았던 알자스 와인은 10세기 말 즈음 유럽에서 가장 유명한 와인 중 하나로 손꼽히게 되었다. 그러나 프랑스와 독일 사이에 위치한 지리적 조건으로 인해 잦은 전쟁에 시달렸고, 19세기 말 필록세라의 창궐로 와인 산업은 결정적인 쇠퇴기를 맞았다. 1925년부터 알자스 고유 품종만 재배하고, 1945년엔 재배 지역을 제한하는 등, 이후 엄격한 품질 관리 정책을 펼친 결과, 알자스 와인은 새로운 전기를 맞았다.

오랫동안 독일과 교류한 영향으로, 와인에 있어서도 독일 제품처럼 날씬한 병 모습이나 재배하는 포도 품종 등 알자스 와인에 독일 색이 강하게 나타나 있다. 라벨 표기도 독일처럼 지역과 사용 품종을 함께 기재하고 있다.

### 포도 품종

알자스에서 AOP 등급을 받을 수 있도록 허용된 포도는 여덟 종류이다.

· **적포도 품종**
피노 누아 Pinot Noir 는 알자스 전체 포도 수확량의 9% 정도를 차지하고 있다. 재배지가 점점 넓어지고 있다.

· **청포도 품종**
리슬링 Riesling 은 화강암 또는 편암 토양에서 잘 자라며, 알자스 총 수확량의 25% 정도를 차지하고 있다. 알자스의 리슬링 와인은 당분을 완전히 발효시키기 때문에 맛이 드라이하다. 향신료 spice 를 뜻하는 독일어 '게부르츠 Gewürz'에서 이름을 딴 게뷔르츠트라미너$^{\text{Gewürztraminer}}$는 향이 강렬한 포도로, 생강과 육계피 같은 머스키$^{\text{musky}}$한 스위트 스파이스 향에 리치, 복숭아, 포도 같은 과일 향이 난다. 더불어, 장미와 오렌지꽃 향도 지니고 있다. 숙성하면 꿀, 견과류 향으로 발전하기도 한다. 알코올 도수가 높고, 드라이하거나 오프-드라이$^{\text{off-dry}}$ 한 맛을 지닌 풀 바디 와인으로, 숙성하지 않고 신선한 상태로 마시는 것이 좋다. 피노 그리$^{\text{Pinot Gris}}$는 이탈리아의 피노 그리지오와 같은 품종이지만 스타일이 다르다. 풍부한 맛과 높은 알코올을 지녔고, 게뷔르츠트라미너와 색상이 비슷하지만, 향은 더 약하다. 스파이시한 열대 과일 향에 때때로 꿀의 풍미가 돌며, 드라이에서 미디엄, 스위트한 맛까지 다양하게 만들어진다. 모래 토양에서 잘 자라는 뮈스카$^{\text{Muscat}}$는 곰팡이에 취약한 탓에, 알자스에서 생산량이 점점 줄고 있다. 와인은 드라이한 맛에 포도 풍미를 지닌다. 비옥한 토양에서 잘 자라는 피노 블랑$^{\text{Pinot Blanc}}$은 상큼한 화이트 와인이나 스파클링 와인 생산에 사용되며, 재배 면적이 점차 늘고 있다. 한때 알자스에서 가장 널리 재배했던 실바너$^{\text{Sylvaner}}$는 별다른 특징이 없는 품종으로 이제는 바-랭$^{\text{Bas-Rhin}}$ 같은 지역에서만 재배할 뿐이다.

## 포도 재배 및 양조

봄 서리의 피해를 최소화하고 가능한 한 햇빛을 많이 받기 위해, 언덕의 등고선을 따라 포도나무를 여러 줄로 심는다. 동쪽 구릉 지대에 심으면 오전에 충분한 햇볕과 태양열을 받을 수 있다. 경사가 심한 언덕에는 계단식 밭을 만들고 재배 밀도를 높게 한다. 와인 생산자 1인당 소유한 밭의 규모가 평균 3헥타르 정도로 꽤 작으나, 여러 가지 품종을 재배한다.

전통적으로 드라이하고 견고하며 강한 스타일의 와인을 추구하기 때문에 당분을 100% 발효시킨다. 와인의 특성은 포도에 좌우될 뿐이며, 오크의 영향은 배제한다. 따라서 오크 배럴에서 발효와 숙성을 하더라도 오크 향이 스며들지 않도록 아주 오래된 통을 사용한다. 최근에는 온도 조절이 가능한 스테인리스 스틸 탱크를 더 많이 사용하고 있다.

## 와인법과 등급
### 지역 명칭 등급

· 알자스 AOP

뱅 달자스$^{\text{Vin d'Alsace}}$ AOP라고도 한다. 알자스 와인의 80%가 이에 속하며, 라벨에 개별 포도 품종을 표시하지만, 브랜드명으로 판매하는 블렌딩 와인도 많다.

## 3.2. 프랑스 와인

### · 알자스 그랑 크뤼 AOP
전통적인 방법으로 만들었으며 품질이 우수한 것으로 인정받은 51개 와인에 부여하는 등급이다. 반드시 지정된 그랑 크뤼 포도밭에서 재배된 리슬링, 게뷔르츠트라미너, 피노 그리, 뮈스카 중 하나만 사용해 만들어야 한다. 라벨에는 포도 품종과 함께 포도밭 이름을 표기한다.

### · 크레망 달자스 AOP
알자스에서 재배하는 피노 블랑, 피노 그리, 피노 누아, 리슬링, 샤르도네를 사용해 만든 스파클링 와인이다. 반드시 전통 제조 방식 Methode Traditionelle을 써서 만들어야 한다.

## 포도의 완숙도에 따른 등급 구분

### · 방당지 타르디브 Vendange Tard ve
'늦은 수확'이란 뜻으로, 고급 품종인 리슬링, 게뷔르츠트라미너, 피노 그리, 뮈스카를 사용한 와인에만 적용한다. 원래는 생산자가 '드라이'나 '스위트' 중 하나의 스타일을 선택해 만들었지만, 최근의 와인은 모두 어느 정도 잔당을 갖고 있다.

### · 셀렉시옹 드 그랭 노블 Sélection de Grains Nobles
노블 롯에 걸린 포도를 선별 수확하여 만든 스위트 와인이다. 날씨가 알맞아 작황이 매우 좋은 해에만 생산한다.

# 3.2.6. LOIRE VALLEY

1. MUSCADET CÔTES DE GRANDLIELI
2. MUSCADET SÈVRE ET MAINE
3. SAVENNIÈRES
4. ANJOU
5. COTEAUX DU LAYON
6. SAUMUR
7. SAUMUR-CHAMPIGNY
8. BOURGUEIL
9. CHINON
10. VOUVRAY
11. TOURAINE
12. MENETOU-SALON
13. SANCERRE
14. POUILLY-FUMÉ

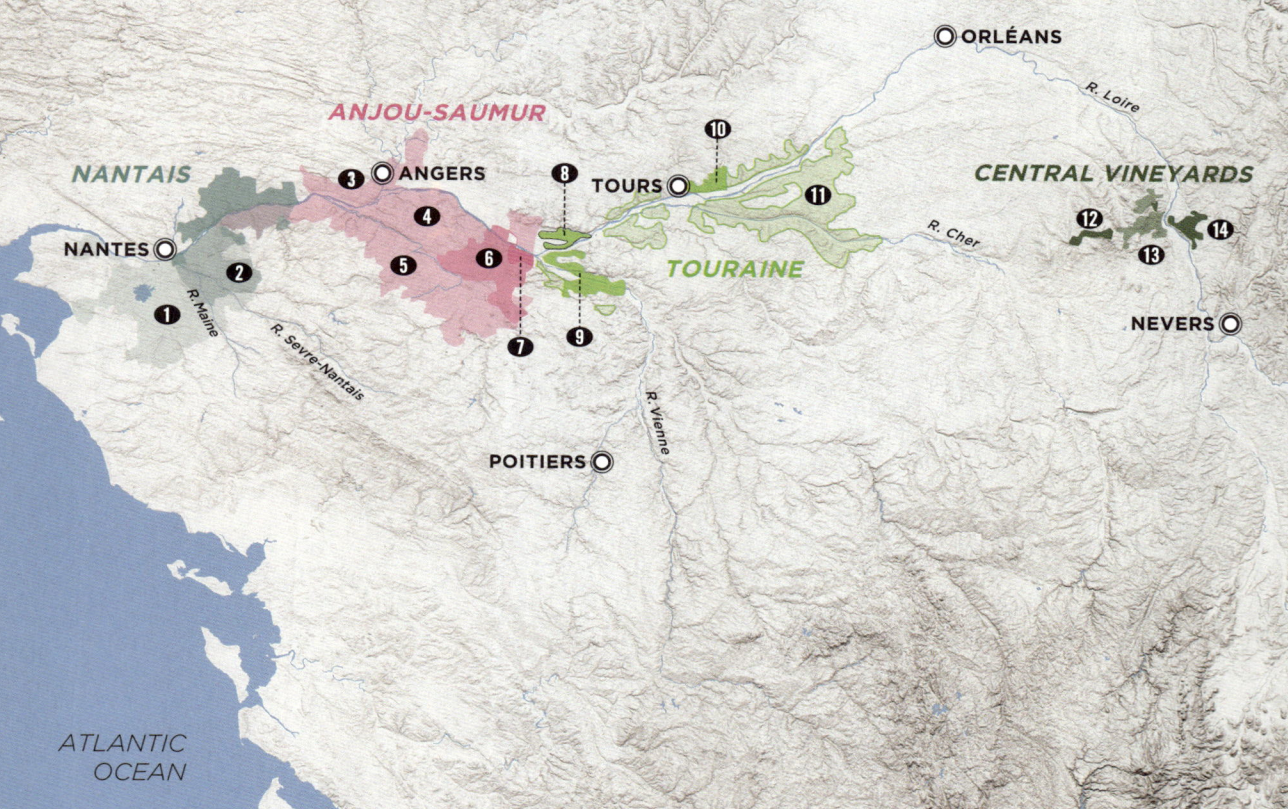

●● 3.2. 프랑스 와인

## 지리적 요소

북위 47도에 위치해 날씨가 서늘한 루아르 밸리 Loire Valley 지역은 강을 따라 포도밭이 형성돼 있다. 하류 지역인 낭트 Nante 에서 앙주 Anjou 까지는 대서양의 영향으로 해양성 기후 지대이며, 중류의 소뮈르 Saumur 일대는 반 해양성, 투렌 Touraine 일대는 해양성 기후와 대륙성 기후가 함께 나타난다. 더 상류인 센트럴 빈야드 Central Vineyard 는 대륙성 기후의 특징을 갖고 있다.

토양 역시 지역에 따라 차이가 있다. 하류 쪽은 화강암과 편마암, 모래 토양이며, 중류는 점판암과 석회암, 상류는 석회암과 점토질 토양이다. 포도 생산지는 기후와 토양에 따라 상류부터 차례로 센트럴 빈야드, 투렌, 앙주-소뮈르 Anjou-Saumur, 낭트 Nante, 네 지역으로 나뉘며, 재배하는 포도와 와인 스타일도 다르다.

## 역사적 배경

5세기부터 와인 산업이 번창했고, 11세기에는 유럽 전체에 명성을 떨쳤다. 중세 후기 영국과 프랑스에서는 루아르 밸리 와인을 보르도 와인보다 높게 평가할 정도였고, 레드 와인 또한 훌륭한 평가를 받았다. 현재는 그 명성이 예전만 못하지만, 여전히 뛰어난 품질의 와인을 생산하고 있다.

## 포도 품종

**· 적포도 품종**
카베르네 프랑과 가메를 주로 재배한다.

**· 청포도 품종**
센트럴 빈야드 지역의 소비뇽 블랑 Sauvignon Blanc, 투렌과 앙주-소뮈르의 슈냉 블랑 Chenin Blanc 이 있다. 소비뇽 블랑은 산도가 높고 감귤류(레몬, 자몽)와 청사과, 젖은 돌 풍미를 지닌 드라이 와인을 생산한다. 슈냉 블랑은 드라이와 스위트 와인뿐만 아니라 스파클링 와인용으로도 쓰인다. 강한 산미를 지닌 다재다능한 품종이다. 슈냉 블랑 와인은 미디엄 바디의 높은 산도를 지닌 와인을 생산하며 매우 좋은 품질의 와인은 오랜 기간 숙성할 수 있는 것이 장점이다. 오크 처리하지 않은 드라이한 와인은 포도의 완숙도에 따라 감귤류, 사과, 배 같은 녹색 과일에서부터 파인애플 같은 열대 과일에 이르기까지 다양한 풍미를 지닌다. 또한, 노블 롯이 잘 발생하는 품종이기도 하다. 17세기에 부르고뉴에서 가져온 믈롱 블랑 Melon Blanc 은 믈롱 드 부르고뉴 Melon de Bourgogne 또는 뮈스카데 Muscadet 라고도 부른다. 뮈스카데 와인은 매우 드라이하고 산뜻한 과일향이 나며, 산도는 높고 견고한 짜임새를 지닌다.

| 와인미학 | ● 세계의 주요 와인 생산 지역 |

**포도 재배 및 양조**

기후가 서늘해서 포도가 익는 데 어려움이 많다. 또한 대륙성 기후와 해양성 기후의 경계 지역이기 때문에, 해마다 날씨 변화가 심해서 날씨가 좋으면 포도가 너무 익어 버리고, 비가 내리면 산도가 매우 높아진다. 따라서 산도가 높고 당도는 적은 포도를 사용하는 스파클링 와인을 점점 많이 만들고 있다. 지역마다 품종과 기후가 다르기 때문에 와인 양조법 역시 다양하다. 가장 독특한 방법 중 하나는 낭트 지역에서 사용하는 쉬르 리$^{Sur\ Lie}$이다. '리$^{Lie}$'는 발효 후 남은 이스트 찌꺼기$^{lees}$로, 와인에 풍부한 바디와 복합성을 주기 위해 겨울 동안 와인과 함께 통 속에 뒀다가 다음 해에 병입할 때 제거한다.

**와인법과 등급**

· **지역 단위 AOP와 IGP 등급**

'루아르 AOP'라는 지역 단위 AOP는 없다. 루아르라는 이름이 들어간 것은 로제 드 루아르$^{Rosé\ de\ Loire}$ AOP와 크레망 드 루아르$^{Crémant\ de\ Loire}$ AOP뿐이다. 소비뇽 블랑과 슈냉 블랑, 샤르도네로 만드는 IGP 등급의 와인은 규정에 따라 모두 발 드 루아르$^{Val\ de\ Loire}$ IGP라는 세부 등급으로 분류된다

· **구역 단위 AOP**

구역 단위 AOP로는 투렌 AOP, 앙주 AOP, 소뮈르 AOP가 있고, 낭트 지역은 뮈스카데 AOP로 표시한다.

· **마을 단위 AOP**

❶ **센트럴 빈야드**$^{Central\ Vineyard}$ **구역**
상세르$^{Sancerre}$ AOP, 푸이–퓌메$^{Pouilly-Fumé}$ AOP, 므느투–살롱$^{Menetou-Salon}$ AOP

❷ **투렌**$^{Toutraine}$ **구역**
부브레$^{Vouvray}$ AOP, 쉬농$^{Chinon}$ AOP, 부르궤이유$^{Bourgueil}$ AOP, 생 니콜라스 드 부르궤이유$^{Saint-Nicolas\ de\ Bourgueil}$ AOP

❸ **앙주**$^{Anjou}$ **– 소뮈르**$^{Saumur}$ **구역**
소뮈르–샹피니$^{Saumur-Champigny}$ AOP, 카베르네 당주$^{Cabernet\ d'Anjou}$ AOP, 로제 당주$^{Rosé\ d'Anjou}$ AOP, 코토 뒤 레이용$^{Coteaux\ du\ Layon}$ AOP

❹ **낭트**$^{Nantes}$ **구역**
뮈스카데 AOP, 뮈스카데 드 세브르 에 멘$^{Muscadet\ de\ Sèvre\ Et\ Maine}$ AOP, 뮈스카데–코트 드 그랑리유$^{Muscadet-Côtes\ de\ Grandlieu}$ AOP, 뮈스카데 코토 드 라 루아르$^{Muscadet\ Coteaux\ de\ La\ Loire}$ AOP

## 와인 생산지

### • 센트럴 빈야드 Central Vineyard

가장 상류에 있는 생산지로, 상세르와 푸이-퓌메 AOP가 유명하다. 기후는 부르고뉴 지역과 비슷하고, 토양은 석회암을 포함한 점토질이다. 루아르 최고의 드라이 화이트 와인으로 이름 높은 상세르 AOP는 소비뇽 블랑으로 만든다. 높은 산도와 두드러진 식물성 향이 특징이다. 푸이-퓌메 AOP 역시 소비뇽 블랑으로 녹색을 띤 강한 향의 드라이 화이트 와인을 만드는 곳이다.

### • 투렌 Touraine

뚜렷한 대륙성 기후를 지녔지만, 루아르강으로 흘러드는 많은 지류 때문에 부브레 같은 곳에서는 변화무쌍한 미세기후 micro climate가 나타난다. 석회암 토양 지대나 강 주변은 자갈과 모래 토양이며, 서쪽은 레드 와인 생산지, 동쪽은 화이트 와인 생산지이다. 부브레 AOP에서는 슈냉 블랑으로 다양한 스타일의 프리미엄 화이트 와인을 생산한다. 투렌 AOP에서는 소비뇽 블랑이나 슈냉 블랑으로 드라이 화이트 와인을 만든다. 쉬농 AOP는 주로 카베르네 프랑을 사용한 프리미엄 레드 와인을 생산하지만, 로제 와인도 일부 만든다. 부르궤이유 AOP, 생 니콜라 스 드 부르궤이유 AOP에서도 카베르네 프랑으로 미디엄 바디의 레드 와인을 만든다. 레드 와인은 산도가 높고 타닌은 중간 정도이다. 레드커런트와 라즈베리 같은 붉은 과일 풍미와 함께 삼나무나 피망 같은 식물성 풍미가 난다.

### • 앙주-소뮈르 Anjou-Saumur

루아르의 중심부로, 대륙성 기후가 해양성 기후로 바뀌는 곳이다. 레드, 화이트, 로제 와인을 균등하게 생산하며, 루아르에서 생산량이 가장 많다. 소뮈르 AOP에서는 슈냉 블랑으로 다양한 화이트 와인을 만들어 내고 있다. 스파클링 와인의 주요 생산지이기도 하다. 소뮈르-샹피니 AOP에서는 카베르네 프랑을 사용한 레드 와인을 생산한다. 앙주 AOP에서는 레드, 화이트, 로제 와인 모두 생산한다. 토착 품종인 그롤로 Grolleau는 껍질이 얇고 산도가 높은 적포도로, 로제 당주 AOP나 스파클링 와인의 베이스 와인을 만들 때 사용한다.

루아르의 로제 와인은 세 종류이다. 최상급인 카베르네 당주 AOP는 카베르네 프랑과 카베르네 소비뇽을 혼합한 미디엄 스위트 와인이다. 로제 당주 AOP는 그롤로에 카베르네 프랑과 가메를 섞어서 만든 세미 스위트 와인이다. 드라이한 로제 드 루아르 AOP는 카베르네 프랑을 최소 30% 이상 넣어서 만들어야 한다. 이곳의 최고급 와인은 슈냉 블랑으로 만든 스위트 화이트 와인이다. 대표 산지인 코토 뒤 레이용 AOP에서는 노블 롯이 발생한 슈냉 블랑으로 산도가 높고 과일 풍미가 많은 스위트 디저트 와인을 생산한다.

• **낭트** Nantes

뮈스카데 AOP로 부르는 곳이다. 바다의 영향으로 기후가 습하고, 여름과 겨울 날씨 모두 온화한 편이다. 재배가 허용된 품종은 오직 믈롱 블랑, 한 가지뿐이다. 뮈스카데 와인은 에폭시를 입힌 콘크리트 통이나 스테인리스 스틸 탱크에서 발효하고, 숙성할 땐 쉬르 리 sur lie 방식을 사용한다. 미디엄 바디에 드라이한 맛을 지녔고, 산도는 중간 정도이거나 높으며, 초록색 사과 풍미와 푸른 잔디 향이 난다.

# 3.2.7. RHONE VALLEY

1. CÔTE-RÔTIE
2. CONDRIEU
3. CHÂTEAU-GRILLET
4. SAINT-JOSEPH
5. HERMITAGE
6. CROZES-HERMITAGE
7. CORNAS
8. SAINT-PÉRAY
9. CÔTES DU RHÔNE
10. CÔTES DU RHÔNE-VILLAGES
11. LIRAC
12. TAVEL
13. CHÂTEAUNEUF-DU-PAPE
14. GIGONDAS
15. VACQUEYRAS
16. BEAUMES-DE-VENISE
    MUSCAT DE BEAUMES-DE-VENISE

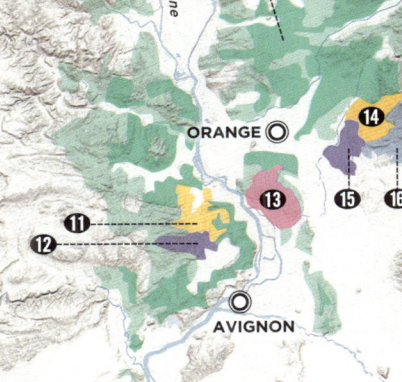

## 지리적 요소

론 밸리는 알프스 산맥에서 발원하여 지중해로 흐르는 론강 유역의 와인 생산지이다. 상류의 가파른 계곡에 위치한 북부 론과 중류 및 하류의 구릉과 평지에 위치한 남부 론으로 나뉜다. 두 지역은 기후와 토양, 재배하는 포도가 달라 그 와인의 풍미도 서로 다르다.

북부 론의 포도밭은 좁고 가파른 계곡에 위치해 있어 계단식 밭을 만들지 않으면 포도나무를 심기 어려울 정도이다. 하지만 일조량이 충분하고, 화강암, 규산 백악질, 변성암과 함께 다양한 침적토가 섞여 있어 배수가 잘된다. 이러한 토양 구조는 시라Syrah를 재배하기에 적합하다. 와인은 강력하고 복합적인 풍미가 있으며, 숙성에 적합하다.

남부 론의 포도밭은 경사 없이 평평한 언덕 위에 넓게 펼쳐져 있다. 기후는 북부보다 덥고 건조해 그르나슈Grenache를 재배하기에 좋다. 모래와 백악질로 이루어진 거친 토양엔 가리그Garrigues라 불리는 돌이 많이 깔렸고, 침적토와 점토질 토양도 다양하게 섞여 있다. 이곳에서 만든 와인은 가볍고 아로마가 풍부하다.

북부와 남부 론 모두 여름엔 덥고 건조하다. 대륙성 기후에 가까운 북부 론은 겨울에 춥고 다습하지만, 남부 론은 지중해성 기후로 온난한 편이다. 이 지역에 부는 미스트랄Mistral은 차갑고 강한 북풍으로, 포도 성장에 많은 영향을 준다.

## 역사적 배경

론 밸리에서 처음 와인을 생산했던 민족은 고대 그리스인들이었다. 로마 제국이 멸망한 후 와인 산업은 한동안 쇠퇴했지만, 12세기에 이르러 와인 생산 중심지가 수도원으로 옮겨 가면서 교회의 적극적인 지원으로 다시 성장하게 된다. 14세기 로마 교황청이 남부 론 지역의 아비뇽Avignon으로 옮겨지는 '아비뇽의 유수'를 계기로 론 지역 와인은 비약적으로 발전한다. 특히 교황의 여름 휴양지가 있던 샤토뇌프-뒤-파프Châteauneuf-du-Pape의 와인은 세계적인 명성을 얻게 되었다.

## 포도 품종

다양한 품종의 포도를 재배하는 론 지역은 북부와 남부에 허가된 품종이 각각 다르다. 먼저 북부 론 지역은 적포도로 시라Syrah, 청포도로 비오니에Viognier, 루산Roussanne, 마르산Marsanne을 재배할 수 있다. 남부 론 지역에선 총 17종의 적포도를 재배할 수 있지만, 가장 중요한 품종은 그르나슈Grenache이다. 그 외 시라Syrah, 무르베드르Mourvedre, 생소Cinsault의 네 가지 포도를 주로 재배한다. 재배할 수 있는 청포도 품종은 10종이며, 그중 클레레트 블랑슈Clairette Blanche, 부르블랑Bourboulenc, 루산Roussanne이 주요 품종이다.

**포도 재배 및 양조**

북부 론의 포도원은 남향 경사면의 좁고 가파른 언덕에 길게 자리 잡고 있다. 폭우가 내리면 계단식 밭의 흙이 아래로 씻겨 내려가는 일이 종종 발생하며, 이럴 땐 내려간 흙을 다시 포도밭으로 운반해 와야 한다. 언덕 폭이 좁아 기계를 쓸 수 없어 모든 작업을 사람이 직접 해야 하므로, 이곳의 와인 가격은 비쌀 수밖에 없다. 미스트랄이 강하게 불기 때문에 포도나무에 일일이 버팀목을 세워 고정하고 방풍막을 설치해 바람으로부터 보호해야 한다. 미스트랄은 기온을 차갑게 하지만 곰팡이와 병충해로부터 포도를 보호해 주고, 포도알이 지나치게 크는 것을 막아 농축된 맛을 갖게 해 준다.

남부 론에서는 바람과 강한 햇볕으로부터 포도를 보호하기 위해 가지를 파라솔 모양으로 펼친다. 놀라운 깊이와 복잡미묘한 향, 과일 향이 풍부하면서도 스파이시한 맛, 그리고 높은 알코올 도수, 이것이 이곳 와인의 특징이다. '붉은 코트 뒤 론'이라 불릴 만큼 레드 와인 생산량이 많지만, 뛰어난 화이트 와인도 많다. 발효조의 뚜껑을 열어둔 채 발효하며, 중고 오크통에서 2년가량 숙성한다. 최근에는 새 오크통을 사용하는 일이 많아졌다.

시라로 만든 북부 론의 고급 레드 와인은 색상이 짙고 타닌이 강하며, 오랫동안 숙성할 수 있다. 비오니에는 가장 특징적인 청포도 품종으로, 재배하기는 어렵지만 향이 풍부한 와인을 만들 수 있다. 시라와 함께 섞기도 하지만, 다른 청포도와 섞는 일은 없다. 마르산은 생산성이 좋고, 루산과 섞으면 높은 산도와 높은 알코올, 풍부한 과일 향을 지닌 와인을 만들 수 있어 많이 재배한다. 남부 론에서는 대개 몇 가지 품종을 섞어서 와인을 만든다. 레드 와인을 만들 때 가장 기본이 되는 그르나슈는 붉은 과일 풍미가 강하고 알코올 도수가 높지만, 색상이 옅고 산도와 타닌이 낮아 쉽게 산화한다. 이러한 단점을 보완하기 위해 무르베드르와 시라, 생소 같은 다른 포도를 섞어서 와인을 만들며, 이외에도 재배가 허용된 여러 가지 품종을 다양하게 블렌딩한다. 예를 들어 샤토뇌프-뒤-파프의 경우, 레드 와인은 18종의 포도를, 화이트 와인은 6종의 포도를 블렌딩할 수 있다.

## 와인법과 등급

· **코트 뒤 론** Côtes du Rhône **AOP**

가장 낮은 지역급에 해당되는 등급으로, 라벨에 '코트 뒤 론'이라고 표시한다. 론 계곡 전체 생산량의 반 이상을 차지한다.

· **코트 뒤 론 빌라주** Côtes du Rhône Village **AOP**

보다 한 단계 윗 등급으로 강도와 복합성이 좋고 여운이 좀 더 길다. 라벨에 마을 이름을 명시하지 않는 95개 마을과, 라벨에 마을 이름을 명시하는 22개의 마을에서 생산한다.

· **크뤼** Crus **AOP**

라벨에 개별 AOP 명칭을 붙일 수 있는 17개 마을에서 만드는 와인들이다. 북부에 코트 로티 Côte Rôtie, 콩드리유 Condrieu, 샤토-그리예 Château-Grillet, 생-조셉 Saint-Joseph, 에르미타주 Hermitage, 크로제-에르미타주 Crozes-Hermitage, 코르나스 Cormas, 생-페레 Saint-Péray의 8개 크뤼와 남부에 샤토뇌프-뒤-파프 Châteauneuf-du-Pape, 지공다스 Gigondas, 바케라스 Vacqueyras, 타벨 Tavel, 리락 Lirac, 뱅소브르 Vinsobres, 봄-드-베니스 Beaumes-de-Venise, 라스토 Rasteau, 캐란느 Cairanne의 9개 크뤼가 있다.

## 와인 생산지 – 북부 론

· **코트-로티** Côtes-Rôtie **AOP**

에르미타주와 함께 북부 론 최고의 시라 와인을 만드는 곳이다. 색상이 짙은 와인은 강하면서 묵직하고, 동시에 복합적이면서 풀 바디하며 우아하다. 단일 품종 혹은 비오니에를 함께 블렌딩할 수 있다. 레드 와인만 생산한다.

· **콩드리유** Condrieu **AOP**

비오니에 포도만 써서 화이트 와인을 만든다.

· **샤토-그리예** Château-Grillet **AOP**

프랑스에서 가장 작은 아펠라시옹으로, 비오니에만 사용해 최고의 화이트 와인을 만든다.

· **생-조셉** Saint-Joseph **AOP**

북부 론의 서쪽에 위치해 있다. 붉은 과일과 후추 향을 지닌, 가볍고 섬세하며

부드러운 맛의 레드 와인을 주로 생산한다.

· **크로제-에르미타주**Crozes-Hermitage **AOP**

시라를 사용하여 후추 풍미가 나는 레드 와인을 주로 만든다. 평지에서 기계 수확한 포도는 가벼운 스타일이고, 경사지에서 손으로 수확한 포도는 복합적이고 농축된 스타일이다. 코트 로티나 에르미타주 와인보다 강도와 복합성이 덜하고 타닌도 적어 빨리 숙성하는 편이다. 생산량이 많아서 가격은 중간 정도, 품질과 스타일은 다양하다.

· **에르미타주**Hermitage **AOP**

100% 시라로 만든 레드 와인은 프랑스 와인 가운데 가장 풀 바디한 와인 중 하나로 손꼽히며, 50년 이상 장기 숙성 가능한 것도 있다. 마르산과 루산을 블렌딩해서 만드는 화이트 와인 역시 풀 바디하며, 숙성시키면 꿀과 견과류 향이 섞인 복합적인 풍미가 있는 것이 특징이다.

- **생-페레**Saint-Péray **AOP**

북부 론에서 가장 남쪽에 위치하며, 샴페인처럼 전통 방식으로 만드는 스파클링 와인이 유명하다.

- **코르나스**Cornas **AOP**

분지의 형태를 띠고 있으며 일조량이 많다. 100% 시라로만 만드는 레드 와인은 색상이 짙고 강하며 복합적인 풀 바디 와인이다.

## 와인 생산지 – 남부 론

- **코트 뒤 론**Côtes du Rhône **AOP**

론 밸리 지역의 와인 총 생산량의 70%를 담당하고 있다. 가볍고 과일 맛이 풍부하며, 단순한 스타일의 레드 와인은 1~3년 안에 마시는 것이 좋다. 이 지역의 화이트 와인은 아로마가 뛰어나고 신선한 것이 특징이다.

- **코트 뒤 론 빌라주**Côtes du Rhône Village **AOP**

코트 뒤 론 AOP 중 엄격한 규정을 충족하는 와인을 생산하는 마을에 적용된 분류이다. 18개 마을은 다른 지역의 와인을 섞지 않을 경우 라벨에 마을 이름을 표시할 수 있으며, 그중 쉬스클랑Chusclan 등이 유명하다. 저렴한 와인은 타닌 함량이 낮은 미디엄 바디에 붉은 과일 풍미와 후추처럼 스파이시한 풍미를 갖고 있다. 하지만 복합성과 중간 이상의 강도, 여운을 가진 풀 바디의 품질 좋은 와인도 생산한다.

- **샤토뇌프-뒤-파프**Châteauneuf-du-Pape **AOP**

프랑스 와인에서 AOC의 개념이 처음 만들어진 곳으로, 기계 수확은 일절 금지되어 있다. 포도알을 선별할 때도 반드시 손으로 해야 하는 등 엄격한 규정을 따라야 한다. 포도밭에 있는 갈레galets, pudding stone라는 조약돌은 낮에는 태양열을 흡수했다가 밤이 되면 열을 발산해 포도가 익는 데 도움을 준다. 또한 밭의 흙이 쉽게 마르는 것도 막아 준다. 샤토뇌프-뒤-파프 레드는 다양한 토양에서 수확한 18종의 포도를 블렌딩해서 만든 와인이다. 깊은 색상과 다양한 향, 강건한 구조를 갖고 있다. 그르나슈를 주로 사용하기 때문에 에르미타주나 코트-로티보다 부드럽고 숙성도 빠른 편이며, 와인에 따라 장기 보관이 가능한 것도 있다. 풀 바디하고 붉은 과일 향, 후추나 감초 같은 향신료 향, 가죽 같은 동물성 향이 복합

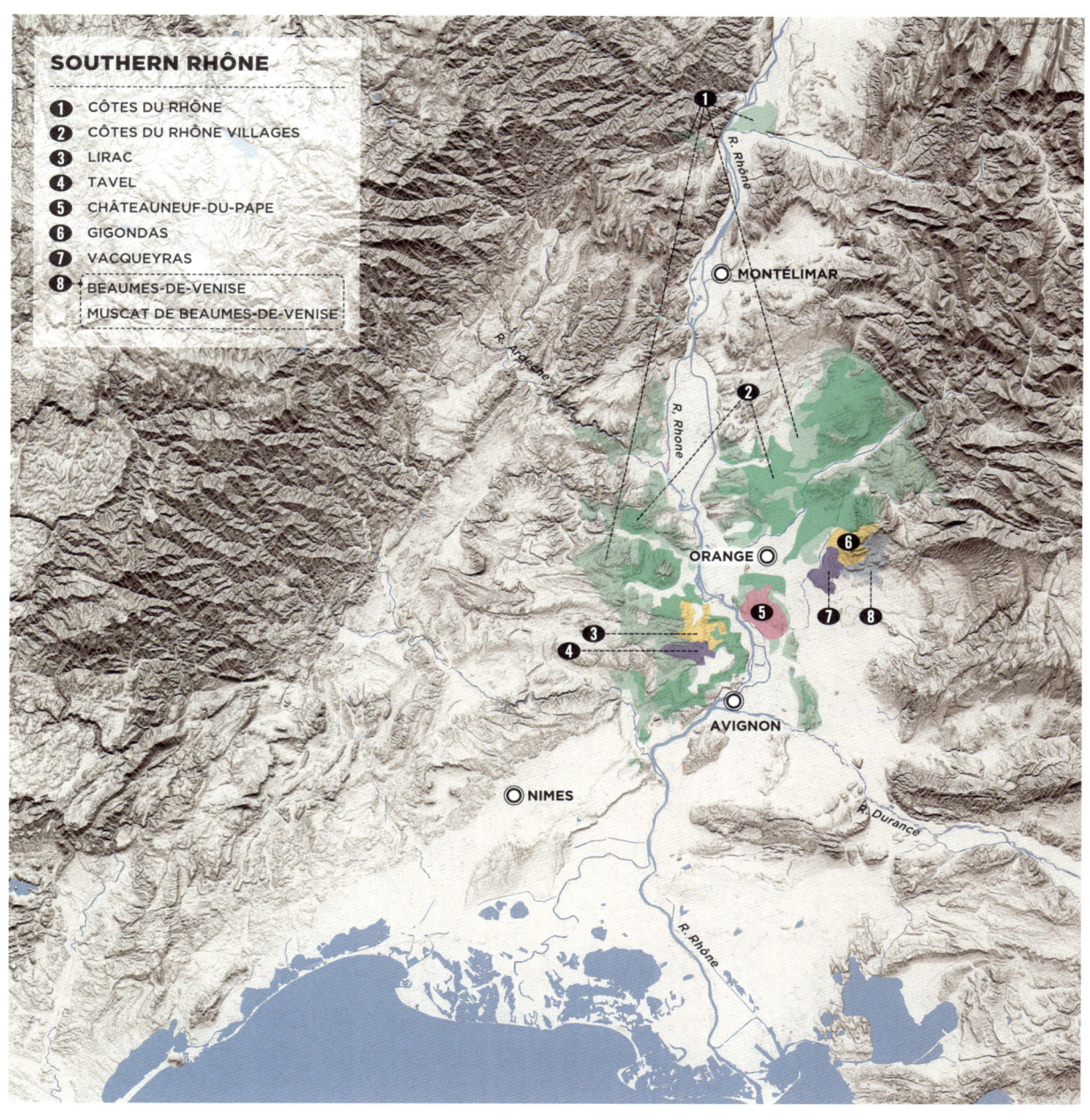

되어 강렬한 풍미를 맛볼 수 있다. 흔하진 않지만 그르나슈만 100% 사용하여 만든 것도 있다. 소량 생산하는 샤토뇌프-뒤-파프 화이트는 섬세한 부케와 오랜 여운을 자랑한다.

· 지공다스 Gigondas AOP

그르나슈, 생소, 시라, 무르베드르 등으로 만드는 풀 바디 레드 와인은 과일과 향신료, 가죽 향이 풍부한 풀 바디 스타일로 장기 보관할 수 있다.

· 타벨 Tavel AOP

프랑스 전체에서 유일하게 드라이 로제 와인만 생산하는 지역이다.

· 리락 Lirac AOP

대부분 가벼운 코트 뒤 론 빌라주 와인과 비슷한 레드 와인을 생산한다.

· 바케라스 Vacqueyras AOP

전체 생산량의 95% 정도가 레드 와인이다.

· 뱅소브르 Vinsobres AOP

2006년 2월에 새로 지정된 AOP로, 레드 와인만 생산한다. 최소 50%의 그르나슈를 사용해야 하며, 시라와 무르베드르를 블렌딩하든 단독으로 하든 25% 이상 섞어야 한다.

· 봄-드-베니스 Beaumes-de-Venise AOP

2005년 크뤼 AOP가 되었다. 드라이 레드 와인을 생산하며, 뮈스카 품종으로 뱅 두 나튀렐 Vin Doux Naturel 타입의 스위트 강화 와인인 뮈스카 드 봄-드-베니스도 생산한다.

· 라스토 Rasteau AOP

2010년 크뤼 AOP가 되었다. 레드, 로제, 화이트로 만들 수 있는 뱅 두 나튀렐 타입의 스위트 강화 와인과 드라이 레드 와인을 생산한다.

· 캐란느 Cairanne AOP

2018년 6월에 새로 지정된 AOP이다. 전체 생산량의 95% 정도가 드라이 레드 와인이다.

## 테이스팅 실습 ⑫     론 밸리 와인

**와인**

vs.
- 코트 뒤 론
- 샤토뇌프-뒤-파프

**테이스팅 포인트**

론 밸리 와인 비교

품질 평가에 해당되는 B.L.I.C.E 기준에 따라 두 와인의 스타일과 품질을 비교, 평가해 본다. 품종의 블렌딩, 양조 및 숙성에 따른 풍미와 스타일의 차이점을 이해한다.

**Q** 붉은 과일(라즈베리, 딸기)의 풍미가 두드러지며, 주로 1차 향을 가진 와인은?

**Q** 중간 산도, 중간 타닌의 마시기 편한 와인은?

**Q** 검붉은 과일과 정향, 가죽 풍미 등 복합적이면서 강렬한 풍미를 가진 와인은?

**Q** 구조감이 좋고 높은 알코올, 풀 바디 와인으로 숙성 잠재력이 있는 와인은?

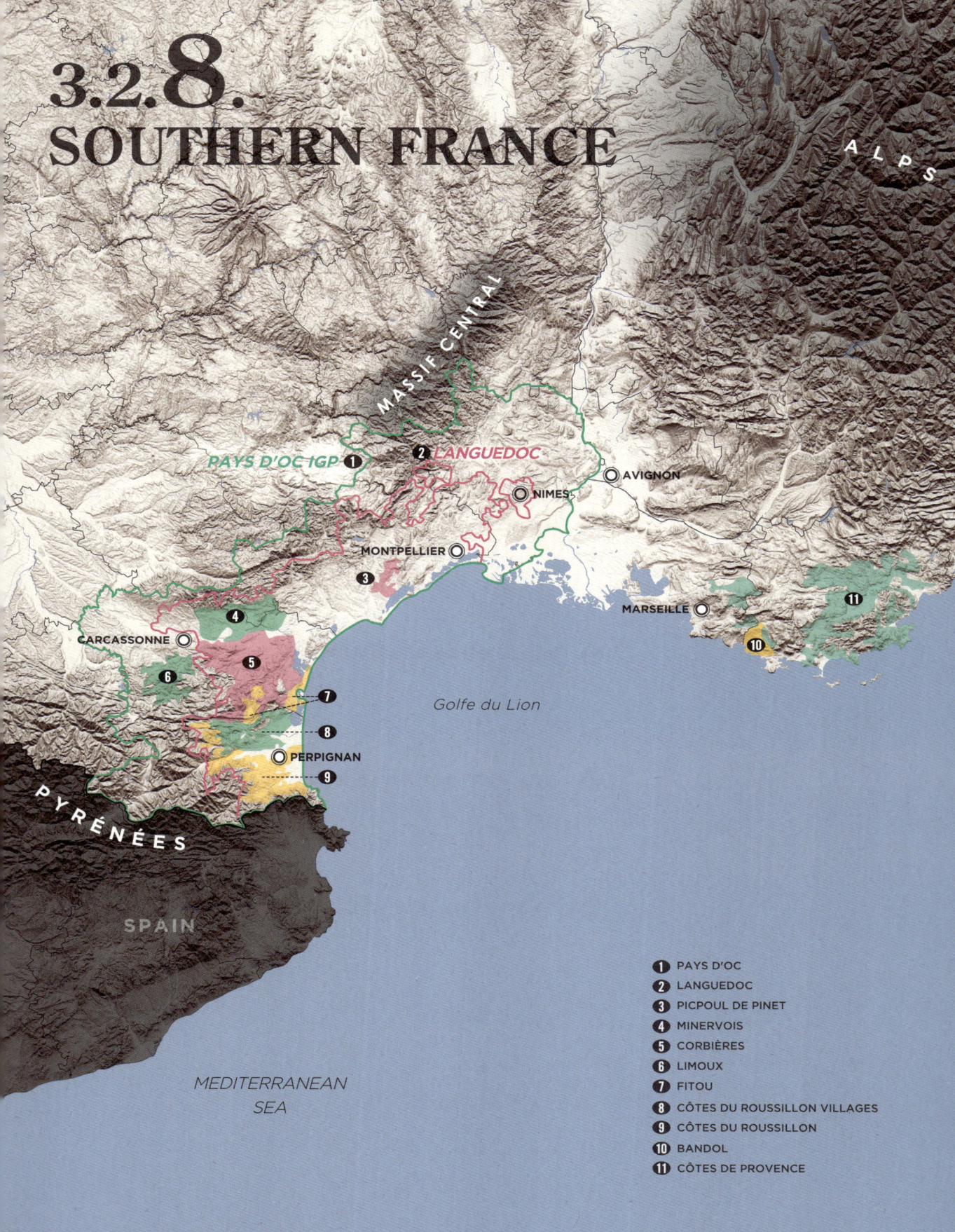

●● 3.2.　　　　　　　　　　　　　　　　　　　　　　　　　　　　　프랑스 와인

**지리적 요소**

남부 프랑스는 랑그독Languedoc과 루시용Roussillon, 그리고 마르세유Marseille를 중심으로 하는 프로방스Provence 지역으로 이루어져 있다. 지중해 연안의 랑그독-루시용 지역은 덥고 건조하며 토양에 석회암이 섞여 있어 질 좋은 포도를 생산할 수 있다. 와인 시장의 변화에 맞춰 품질이 많이 좋아졌으나 여전히 뱅 드 프랑스 등급의 저가 와인이 생산량 대부분을 차지한다. AOP나 IGP 같은 우수한 와인은 전체 생산량의 10%에 지나지 않는다. 생산하는 와인의 80% 이상이 레드 와인이다.

프로방스는 마르세유 주변과 동쪽의 프랑스 최남단 해안 지방을 포함한 지역이다. 전형적인 지중해성 기후 지대로, 자갈이 많고 배수가 잘되는 토양이라 포도 재배에 적합하다. 전체 생산량의 1/4이 AOP와인이며 그중 80%가 로제 와인이다.

**역사적 배경**

랑그독-루시용은 유럽 와인과 뉴월드 와인의 특징이 서로 만나는 곳으로, 국제 품종을 사용해 개성 있는 단일 품종 와인을 만드는 것을 선호한다. 하지만 토착 품종을 사용한 와인도 꾸준히 생산되고 있다. 생산량을 중시해 포도 농사를 오랫동안 과다하게 지어 왔지만, 품질 위주의 와인 생산을 추구하면서 놀라운 발전을 이뤘다. 일부 지역에선 보르도 그랑 크뤼 와인에 못지않은 훌륭한 와인을 생산하고 있다.

고대부터 내려온 프로방스의 와인 산업은 필록세라의 창궐로 붕괴하였다가 20세기를 전후해 철도가 놓이고 관광 산업이 발전하면서 다시 살아났다. 처음엔 토착 품종을 사용한 저가 와인을 대량 생산했지만, 고품질 와인 생산을 위해 계속 노력한 끝에 마침내 1977년 코트 드 프로방스Côtes de Provence 지역이 AOP 등급을 획득했다.

**포도 품종**

· 랑그독-루시용

전통적으로 레드 와인의 주품종은 카리냥Carignan, 그르나슈Grenache, 생소Cinsault, 무르베드르Mourvèdre, 시라Syrah였으며, 화이트 와인은 마카뵈Macabeu, 픽풀Picpoul, 클래레트Clairette 포도로 만들었다. 그러나 최근에는 글로벌 품종의 재배가 점점 늘고 있다.

· 프로방스

남부 론이나 랑그독-루시용과 비슷하게 레드와 로제 와인을 만들 때 그르나슈, 생소, 카리냥, 무르베드르, 시라와 카베르네 소비뇽을 주로 사용한다. 화이트 와인에는 클래레트, 위니 블랑 Ugni Blanc, 세미용 Sémillon과 롤 Rolle을 주로 사용한다.

## 포도 재배 및 양조

랑그독-루시용과 프로방스 지역은 지중해성 기후로 겨울이 온화하고 성장기 동안 강수량이 적다. 론 밸리에서 부는 미스트랄과 피레네 산맥 사이의 트라몽탄 바람은 서늘하고 건조한 환경을 제공하지만, 가뭄 피해를 가져오기도 한다. 해안 평지에서는 페이 독 IGP 와인을, 내륙 언덕 지대에서는 AOP 와인을 주로 생산한다. 이 지역의 주요 품종은 그르나슈와 카리냥으로, 블렌딩해 다양한 레드 와인을 만든다. 랑그독-루시용에서는 카리냥을 탄산 침용법으로 처리해 가벼운 스타일을 만들기도 한다. 화이트 와인은 그르나슈 블랑을 주로 사용하며, 드라이한 스타일부터 허브 향이 나는 독특한 풍미까지 다양하다. 루시용은 그르나슈와 뮈스카로 만든 스위트 강화 와인 뱅 두 나튀렐 Vin Doux Naturel로 유명하다. 프로방스는 전체 생산량의 75%가 로제 와인으로, 생소와 시라를 사용해 연하고 섬세한 로제를 생산한다. 이 지역은 과거 생산량 중심의 방식과 고품질을 추구하는 방식이 공존했으나, 최근에는 품질 중심으로 변화하고 있다.

## 와인법과 등급

· 랑그독-루시용

페이 독 Pays d'Oc이라 부르는 랑그독의 IGP와인은 프랑스 전체 IGP와인 생산량의 70%를 차지한다. 총 13개의 AOP가 있으며, 대표적인 곳으로는 미네르부아 Minervois AOP, 코토 뒤 랑그독 Coteaux du Languedoc AOP, 코르비에르 Corbières AOP, 피투 Fitou AOP, 코트 뒤 루시용 Côtes du Roussillon AOP, 코트 뒤 루시용 빌라주 Côtes du Roussillon Villages AOP 등이 있다.

· 프로방스

랑그독-루시용 지역과 마찬가지로 일반적인 AOP등급을 적용하며, 9개의 AOP 와인 와인 생산지이 있다. AOP등급 와인의 생산량은 전체의 22% 정도지만, 점차 늘어나고 있다.

## 와인 생산지

- **랑그독-루시용**

  **❶ 코토 뒤 랑그독** Coteaux du Languedoc **AOP**
  그르나슈, 시라, 무르베드르 품종을 50% 이상 사용하여 레드 와인과 로제 와인을 만든다.

  **❷ 미네르부아** Minervois **AOP**
  생산량의 96%가 레드 와인으로, 주요 품종은 그르나슈, 시라, 무르베드르다.

  **❸ 코르비에르** Corbières **AOP**
  석회암 구릉 지대, 점토질 중앙 지대, 석회암과 편암의 상부 지대, 석회질 서부 지역의 4개 생산지로 나뉜다. 주로 진한 레드 와인을 생산한다.

  **❹ 피투** Fitou **AOP**
  레드 와인만을 생산한다. 카리냥과 그르나슈가 주요 품종으로 블랙베리, 라즈베리, 후추 향 등의 풍부하고 복합적인 향이 나는 와인을 생산한다. 1948년에 랑그독-루시용 지역 최초로 ACP 등급 명칭을 획득한 곳이기도 하다.

  **❺ 코트 뒤 루시용** Côtes du Roussillon **AOP,**
  **코트 뒤 루시용 빌라주** Côtes du Roussillon Villages **AOP**
  카리냥을 주로 사용하여 타닌이 많고 짜임새 있는 레드 와인을 만든다. 그르나슈로 만든 레드와 로제 와인도 소량 생산한다.

  **❻ 리무** Limoux **AOP**
  바위가 많은 석회암 토양에서 재배한 모작 Mauzac 과 샤르도네, 슈냉 블랑 Chenin Blanc 포도로 만드는 블랑퀘트 드 리무 Blanquette de Limoux 는 유명한 스파클링 와인이다.

- **페이 독 IGP**

  글로벌 품종을 사용해 대량 생산하는 와인이다. 사용한 품종 이름을 라벨에 표시한다. 만약 품종 표시가 없으면, 알려지지 않은 토착 포도로 만들었을 가능성이 높다.

- **프로방스**

  **❶ 코트 드 프로방스** Côtes de Provence **AOP**
  프로방스 전체 포도밭의 80%를 차지할 정도로 넓은 지역이다. 드라이하고 과일 향이 나는 로제 와인으로 유명하다.

  **❷ 방돌** Bandol **AOP**
  돌과 석회질로 구성된 척박한 토양은 무르베드르 재배에 가장 적합하다. 진한 색의 레드 와인은 라즈베리와 감초 풍미가 나고, 미티 meaty 한 질감을 가졌다. 얼마간 병 숙성을 해야 한다.

# 3.2.9. SAVOIE

1. VIN DE SAVOIE
2. ROUSSETTE DE SAVOIE
3. SEYSSEL

## 지리적 요소

사부아는 프랑스 동부인 스위스 남쪽과 제네바 호수 근처에 있으며, 스키 리조트로도 잘 알려져 있다. 이곳은 빙하의 작용으로 형성된 산악 지역으로, 일부 빙하 지대에 포도가 심겨 있다. 대부분의 포도밭은 제네바 호수에서 지중해로 흘러가는 론강을 따라 위치한다. 지형적 특성상 주변에 산, 계곡, 호수의 영향으로 습기가 많은 편이므로, 포도밭은 일조량이 많은 남향과 동남향 기슭에 밀집해 있다.

## 포도 품종

- 적포도 품종 : 가메Gamay, 몬데우스Mondeuse
- 청포도 품종 : 자케르Jacquère, 알테세Altesse, 샤슬라Chasselas

## 포도 재배 및 양조

고산 지대의 영향을 받는 대륙성 기후이다. 여름에 비가 많이 와 날씨를 예측하기가 쉽지 않다. 봄 서리와 진균성 질병을 피하기 위해 햇빛이 많이 비치는 경사면에 주로 포도를 재배한다. 생산량의 70% 이상이 화이트 와인이며, 이 중 50%가 자케르 품종으로 만든 것이다. 그 외 레드, 로제, 스파클링 와인도 생산한다. 산도가 높고, 단일 혹은 블렌딩한 와인을 생산하며, 만일 품종이 라벨에 표기될 경우 표기된 품종만 100% 사용했음을 의미한다.

## 와인법과 등급

3개의 AOP와인을 생산한다.

- **뱅 드 사부아**Vin de Savoie **AOP**

지역급 와인으로 사부아의 모든 포도밭을 포함한다. 화이트, 로제, 레드, 화이트 크레망, 로제 무쏘 스파클링 와인을 생산한다. 화이트 뱅 드 사부아의 주요 품종은 자케르이며, 로제와 레드 와인의 품종은 몬데우스와 가메이다. 화이트 스파클링 와인은 자케르와 알테세 청포도로 생산되며, 로제 스파클링 와인은 공인된 적포도와 청포도 품종으로 만든다.

- **루세트 드 사부아**Rousette de Savoie **AOP**

드라이 화이트 와인으로, 주요 포도 품종은 알테세이다.

## ●● 3.2.

### · 세이셀(Seyssel) AOP

드라이 화이트와 화이트 스파클링 와인을 생산한다. 화이트 와인의 주요 품종은 알테세이다. 화이트 스파클링 와인일 경우 적포도인 몬데우스가 75% 이상, 청포도인 알테세가 10% 이상이며, 나머지 부분은 샤슬라가 사용된다.

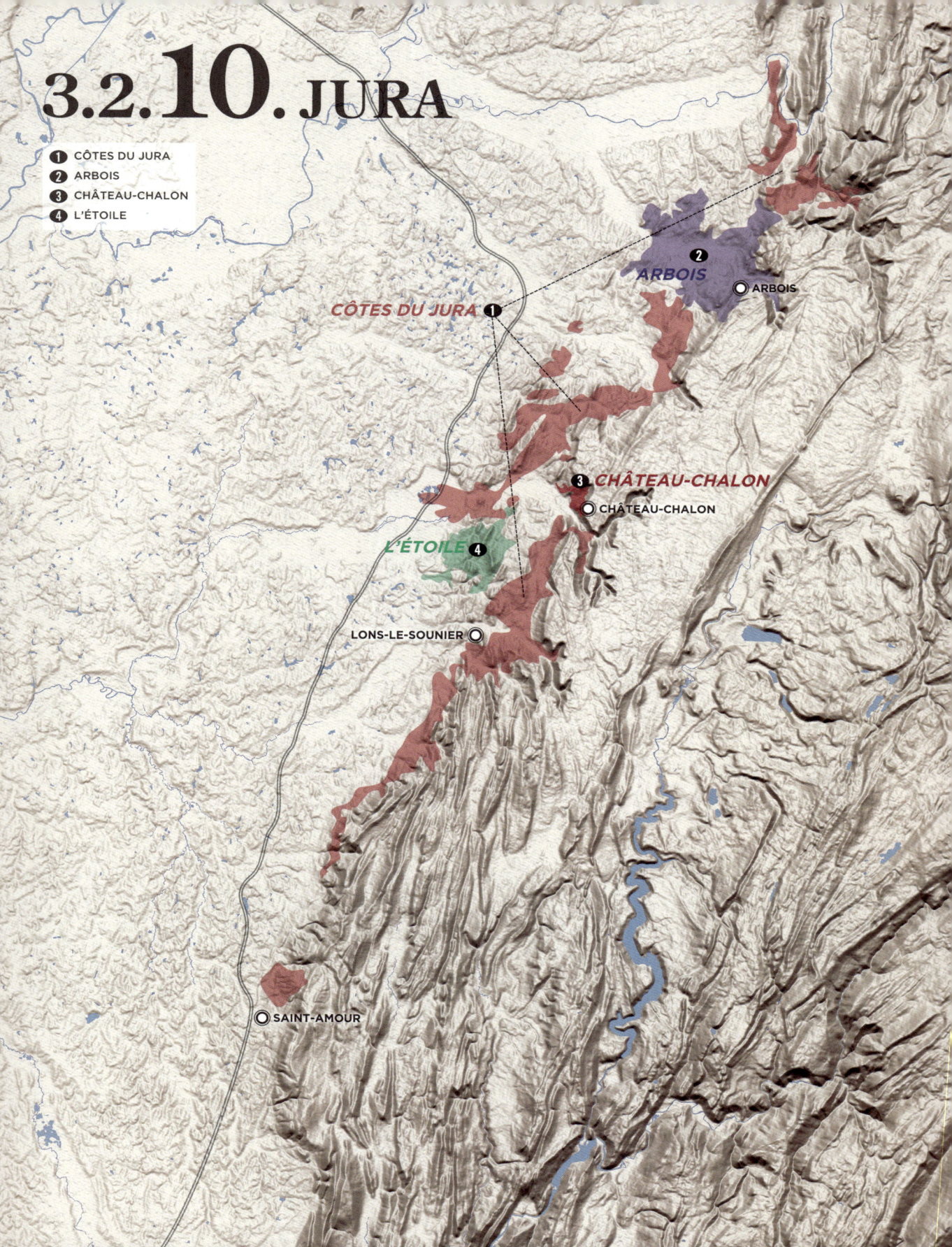

## 3.2. 프랑스 와인

**지리적 요소**

쥐라 산맥이 습기를 머금은 서풍을 막아 준다. 그 영향으로 포도밭이 위치한 산의 서쪽 측면에서는 연중 강수량이 상당히 높은 반면, 동쪽은 일조량이 높다. 과거에 비해 여름철 평균 기온이 급격하게 상승하여 대부분의 포도밭은 남향 혹은 남서향에 위치한다. 쥐라는 1억 6천만 년 전 따뜻한 바다 밑에 있다가 땅 위로 솟아나면서, 바다 생물들로부터 수천 년의 침전을 통해 석회암이 풍부한 곳이다.

**포도 품종**

- **적포도 품종** : 피노 누아 Pinot Noir, 풀사드 Poulsard, 트루소 Trousseau
- **청포도 품종** : 샤르도네 Chardonnay, 사바냥 Savagnin

**포도 재배 및 양조**

고산 지대의 영향을 받는 대륙성 기후이다. 겨울이 길고 추운 반면, 여름은 매우 따뜻하고 일교차가 심하다. 따라서 다른 지역에 비해 봄 서리와 가을비가 포도 재배의 큰 장해가 된다. 또한 높은 강수량 때문에 곰팡이 질병의 위험도 높다. 하지만 철저한 캐노피 관리로 전체 생산량의 20% 정도가 유기농 혹은 생물 역학적 인증을 받은 와인이다. 전체 생산량의 2/3 이상이 화이트 와인이며, 이외 크레망, 로제, 레드 와인을 생산한다. 지역의 특산물로는 사바냥을 사용해 피노 셰리처럼 만든 뱅 존 Vin Jaune이 유명하다.

**와인법과 등급**

6 AOP 중 아래의 3개가 생산량의 90%를 차지한다.

- **아르보아** Arbois **AOP**

1936년에 지정된 최초의 프랑스 AOC 지역 중 하나이다. 가장 큰 생산지로 가장 많은 와인을 생산하며, 스타일도 다양하다. 주로 레드 와인을 생산한다.

- **코트 뒤 쥐라** Côtes du Jura **AOP**

두 번째로 큰 생산지이다. 화이트, 로제, 레드, 뱅 존 등 다양한 스타일의 와인을 생산한다.

- **크레망 뒤 쥐라** Crémant du Jura **AOP**

화이트와 로제 크레망을 생산하며, 그중 90%가 화이트이다. 주로 샤르도네 품종으로 생산한다.

# 3.2.11. CHAMPAGNE

1. VALLÉE DE LA MARNE
2. MONTAGNE DE REIMS
3. CÔTE DES BLANCS
4. CÔTE DE SÉZANNE
5. CÔTES DE BAR

● ● 3.2.　　　　　　　　　　　　　　　　　　　　　　　　　　　　　　　　프랑스 와인

샴파뉴$^{Champagne}$라는 지명은 '숲이 없는 땅$^{unforest\ land}$' 또는 '개방된 나라 open country'를 의미하는 라틴어 '캄파뉴$^{campagne}$'에서 따온 것이다. 실제로 이 지역은 기복을 이루며 숲이 없는, 훤히 트인 넓은 공간으로 이루어져 있다.

**지리적 요소**

샴페인$^{Campagne}$은 샴파뉴의 영어식 이름이며, 여기서 생산하는 스파클링 와인을 가리키는 말이기도 하다. 샴파뉴는 프랑스의 와인 생산지 중 위도가 가장 높고, 파리에서 북동쪽으로 145km나 떨어진 곳으로 상당히 북쪽에 위치한다. 하지만 대서양의 영향으로 포도 재배가 가능하다. 토양은 주로 백악질로 이루어 졌고, 남쪽의 오브$^{Aube}$ 지역은 킴메르지안 이회토$^{Kimmeridgian\ marl}$로 되어 있다. 강수량이 적지만 수분을 잘 머금는 백악질 토양의 특성 덕분에 포도 재배엔 문제가 없다.

**역사적 배경**

떠도는 오해와 달리, 스파클링 와인은 샴파뉴의 수사인 돔 페리뇽$^{Dom\ Perignon}$에 의해 최초로 탄생한 것이 아니다. 1662년 영국의 크리스토퍼 메렛$^{Dr.Christopher\ Merret}$ 박사가 자신의 저서에서 스틸 와인에 설탕을 넣어 기포가 발생하도록 하는 방법을 밝혔는데, 이것이 스파클링 와인 제조법에 대한 최초의 기록 중 하나이다.

비록 스파클링 와인의 최초 개발자는 아니지만, 돔 페리뇽이 샴페인에 끼친 영향은 실로 대단하다. 샴파뉴 지역의 포도밭 특성과 적합한 품종의 관계, 압착을 부드럽게 해서 적포도로 화이트 와인을 만드는 방법, 샴페인 블렌딩 데이터, 더 뛰어난 형태의 병과 코르크 마개의 사용 등등이 그의 업적이다. 1816년에는 뵈브 클리코$^{Veuve\ Clicquot}$가 2차 발효 후 병에 남은 효모 찌꺼기를 효과적으로 제거하는 방법을 개발해 냈다. 이때부터 샴페인은 오늘날처럼 투명하고 깨끗한 모습을 갖게 되었다.

샴페인이 인기를 끌자 프랑스뿐만 아니라 세계 각지에서 자국의 스파클링 와인에 샴페인이란 이름을 붙여 팔기 시작했다. 이에 샴파뉴에서는 샴페인이란 명칭을 국제 상표로 등록해 다른 곳에서 함부로 쓰지 못하도록 했다.

**포도 품종**

피노 누아$^{Pinot\ Noir}$는 샴페인 블렌딩에서 바디와 긴 여운을 더해 주면서 단단한 구조감을 주는 뼈대의 역할을 한다. 뫼니에$^{Meunier}$는 과일 향과 꽃향기를

두드러지게 한다. 높은 산도를 지닌 샤르도네Chardonnay는 산도와 함께 섬세한 질감을 지닌 기포를 만들어 준다.

## 와인 양조와 재배

적포도를 수확할 때 포도알에 상처가 날 경우 색소가 흘러나오므로 기계를 쓸 수 없다. 모든 포도는 작은 플라스틱 통에 담아 상처가 나지 않게 다루어야 하며, 적포도는 특히 더 주의한다. 수확한 포도는 프레스 하우스로 보내 바로 압착한다. 이때 압력이 강하면 색소와 타닌 성분도 함께 빠져나오기 때문에 최대한 부드럽게 압착한다. 부드럽게 압착해도 산도와 당분이 충분히 포함된 포도즙을 얻을 수 있다. 최근에는 압력 조절이 쉬워져 더욱 부드럽게 압착할 수 있는 수평 압착기를 사용한다. 160kg의 포도를 압착할 때 처음에 나오는 80L를 큐베cuvée라고 하며, 최상급 샴페인을 만들 때 사용한다. 그다음 20L는 타유taille라고 부른다. 다시 압착해서 얻어지는 포도즙은 브랜디를 만드는 베이스 와인의 재료로 사용한다.

1차 발효를 마친 와인 중 20%는 별도로 보관해 다른 해의 와인 블렌딩에 사용한다. 나머지 와인은 생산자의 스타일에 따라 블렌딩된 다음 병입된다. 이후 생산 과정은 전통적인 방식méthode traditionelle을 따라야 하며, 2차 발효와 병입 숙성은 지하 셀러에서 최소 15개월 이상 진행된다. 샴파뉴 지역은 한계 기후 지대라서 포도 작황이 일정치 않기 때문에, 품질을 균등하게 하기 위해 대부분 넌-빈티지non-vintage 제품으로 샴페인을 만든다. 하지만 작황이 아주 좋을 땐 특별히 빈티지vintage 샴페인을 만들기도 한다. 이 경우에도 와인의 20%는 다른 해의 샴페인 블렌딩에 쓰기 위해 따로 보관해야 한다. 빈티지 샴페인은 법정 최소 숙성 기간이 3년이므로, 넌-빈티지 샴페인보다 풀 바디하고 깊은 맛과 향을 지니며, 토스트와 비스킷 풍미가 더 진하다.

## 와인법과 등급

샴페인 지역의 마을은 수확한 포도의 가격 비율에 따라 등급을 받는다. 이를 등급 체계, 즉 에셸르 데 크뤼Echelle des Crus라고 하는데, 최고 등급의 밭에서 수확한 포도의 가격에 정해진 비율을 곱해 가격을 결정하는 방식이다. 100% 등급을 받는 곳을 그랑 크뤼라 하며, 총 17개 마을이 있다. 90~99% 등급을 받는 프리미에 크뤼Premier Cru는 총 44개 마을이 있다.

원칙적으론 1~100% 사이의 등급을 부여할 수 있지만, 현실적으로 가장 낮은 등급의 가격 비율은 80%이다. 최근엔 재배자와 와인 상인 사이의 개별적인 계약에 따라 가격을 결정한다. 물론 등급은 그대로 유지되고 있다.

## 와인 생산지

**· 몽타뉴 드 랭스** Montagne de Reims
랭스시 남쪽 랭스 산의 경사면과 구릉 지대를 둥글게 감싸고 있는 곳이다. 피노 누아의 주요 생산지이다.

**· 발레 드 라 마른** Vallée de La Marne
샹파뉴의 2대 도시로 알려진 에페르네 주위와 서쪽의 마른 Marne 강을 따라 양쪽 100km에 펼쳐진 곳이다. 만생종인 뫼니에를 주로 재배한다.

**· 코트 데 블랑** Côte des Blancs
에페르네 Epernay 시 남쪽으로 크라망 Cramant, 아비즈 Avize, 오제르 Oger, 베르투스 Vertus 마을까지 이어지는 곳이다. 청포도인 샤르도네를 주로 재배하며, 블랑 드 블랑 샴페인의 주요 생산지이다.

**· 코트 데 바** Côte des Bar
세느 Seine 강과 오브강의 상류 지대로, 토양의 석회암 성분 함량이 적은 편이다. 피노 누아의 특산지이다.

## 샴페인 네고시앙
Champagne Négociant

샹파뉴 지역의 포도 재배자는 약 19,000가구에 이르지만, 자체 브랜드로 샴페인을 생산하고 판매하는 곳은 약 5,000여 가구이다. 대부분의 재배자는 조합 셀러나 샴페인 하우스 House 혹은 네고시앙 Négociant 에 포도를 판매한다. 샴페인의 절반 가량은 조합 셀러에서 생산되지만, 조합 라벨을 단 샴페인은 전체 생산량의 약 8%에 불과하다. 나머지는 샴페인 하우스에 베이스 와인으로 팔리거나 구매자 자체 브랜드 BOBs Buyers Own Brands 를 달고 마트나 아울렛용 샴페인으로 생산된다. 세계 와인 시장에서 판매되는 샴페인의 70%는 300여 개에 달하는 샴페인 하우스 라벨 중 하나를 달고 출시된다.

## 샴페인 용어

· **블랑 드 블랑** Blanc de Blancs
샤르도네 품종으로만 만든 샴페인

· **블랑 드 누아** Blanc de Noirs
적포도로만 만든 샴페인

· **넌-빈티지** NV:Non-Vintage
여러 해의 와인을 블렌딩해서 만든 샴페인

· **빈티지** Vintage
라벨에 표시된 해에 수확한 포도만 사용해 만든 샴페인. 빈티지 샴페인은 매년 생산하지 않고 포도 작황이 좋은 해에만 만든다.

· **라벨 용어**

❶ **브뤼** Brut : 드라이
❷ **엑스트라 섹** Extra Sec : 오프 드라이
❸ **섹** Sec : 중간 드라이
❹ **드미-섹** Demi-Sec : 중간 스위트
❺ **두** Doux : 스위트

## 테이스팅 실습 ⑬      샴페인

### 와인

vs.
- 빈티지 샴페인
- 넌-빈티지 샴페인

### 테이스팅 포인트

○
샴페인

샴페인은 와인 스타일에 따라 앙금 접촉 시간을 포함한 와인 숙성 기간이 다르다. 숙성 기간이 길수록 섬세하면서 부드러운 거품을 지니며 더 농축되고 복합적인 풍미를 발현한다. 반면에 숙성 기간이 짧은 와인은 보다 신선하고 바디가 더 가볍다.

**Q** 외관에서는 거품이 좀 더 크고, 후각에서는 감귤류와 오랜 숙성에서 느껴지는 달콤하고 고소한 빵과 비스킷 향이 나며, 입안에서는 부드러우면서도 생동감있는 산도, 과일의 신선함과 고소한 빵 맛이 잘 어우러지는 와인은 어떤 것인가?

**Q** 외관에서는 작고 섬세한 거품, 후각에서는 귤, 유자, 사과 외 토스트, 구운 호두, 입안에서는 실크 같은 부드러운 질감의 작은 거품이 다양한 풍미와 더불어 오래 지속되는 와인은 어떤 것인가?

**Q** 지금 마실 수도 있지만 좀 더 숙성 잠재력이 있는 와인은 어떤 것인가?

**Q** 비용을 고려할 때 예산 친화적 경향이 있는 와인은 어떤 것인가?

# 3.3. GERMANY

전 세계에서 가장 북쪽에 위치한 와인 생산국으로, 알코올 도수는 낮지만 산도와 당도가 절묘한 조화를 이루는 섬세한 화이트 와인을 생산하고 있다. 전체 생산량의 85%가 화이트 와인이며, 품종은 주로 리슬링이다.

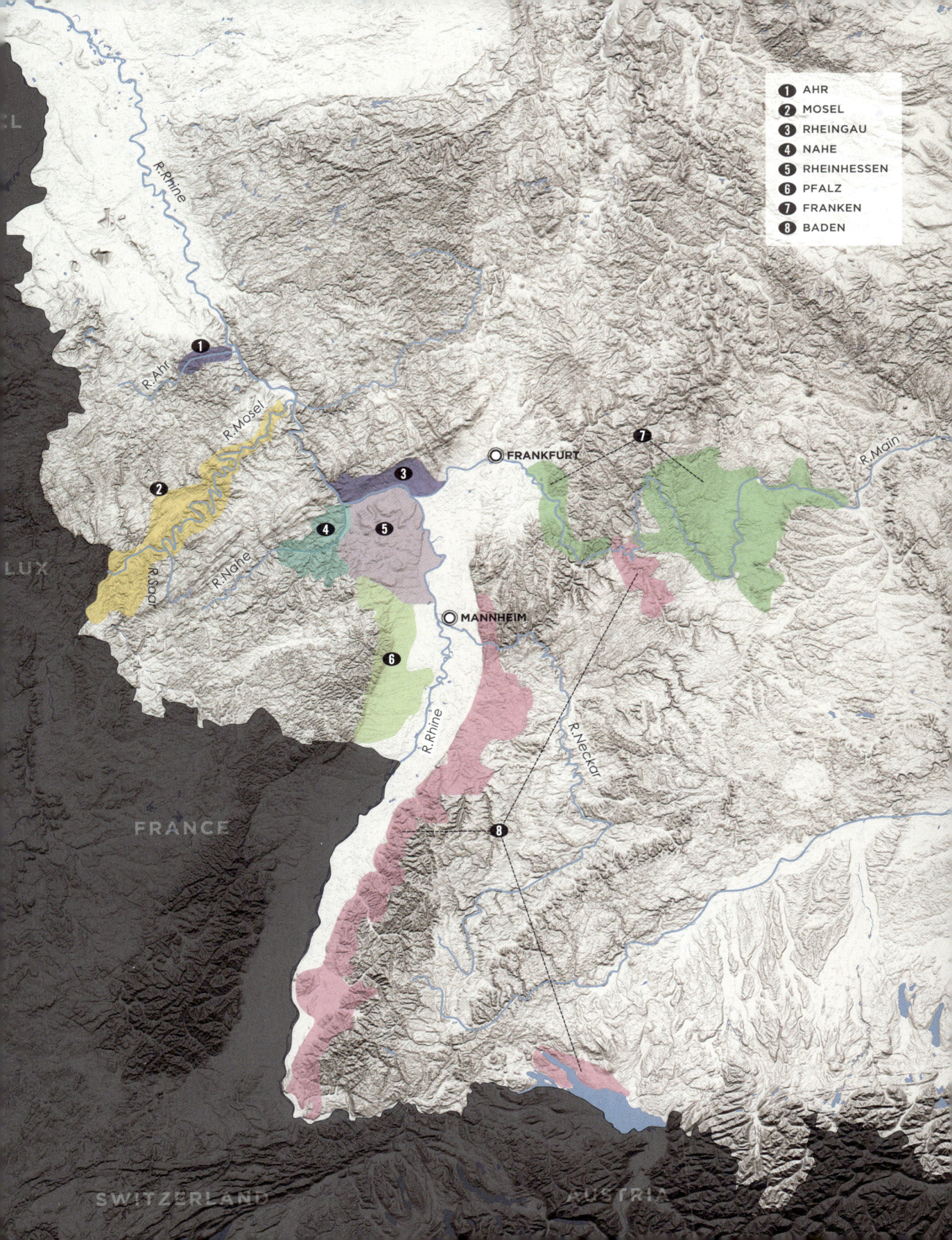

## 지리적 요소

와인 생산지는 대륙성 기후 지대인 중서부의 라인Rhine 강 인근 지역에 집중되어 있다. 포도 재배지는 북위 50도 부근으로, 산도가 중심이 되는 화이트 와인 생산에 이상적이다. 추운 곳에서 잘 자라는 리슬링을 재배하기에 좋은 기후를 가졌지만, 봄에는 늦서리로 인한 냉해에 유의해야 한다. 연중 내리는 비는 특히 7, 8월에 집중된다. 가을에 건조한 날씨가 이어지는 해에는 좋은 품질의 늦은 수확 와인을 만들 수 있다. 그래서 빈티지에 따라 와인 품질과 생산량의 차이가 크다.

토양은 모래, 황토, 진흙이 섞인 양토loam, 그리고 슬레이트slate라고 하는 점판암 토양이 많다. 양토에서는 가벼운 스타일의 와인이, 점판암에서는 고급 리슬링 와인이 생산된다.

## 역사적 배경

서기 3세기경 모젤Mosel과 라인Rhine 지방에 포도가 전해지면서 와인을 만들기 시작했다. 중세에는 수도원을 중심으로 포도밭을 개간하고, 포도 재배와 와인 생산에 극도로 신경 썼다. 18세기 이전에는 레드 와인을 주로 만들었지만, 점차 화이트 와인의 생산량이 늘어났다. 1803년 나폴레옹이 라인 지방을 점령한 후 교회 소유의 포도원을 분할, 매각하면서 포도밭은 잘게 나뉘어 지방 정부나 개인 소유가 되었다. 이후 토지를 재분배했지만 와인 생산에 맞지 않은 땅까지 포도를 심으면서 와인 품질이 저하되었다. 이러한 난관에도 불구하고 포도 재배 기술은 쇠퇴하지 않고 꾸준히 발전해 왔으며, 오늘날에도 계속 성장하고 있다.

## 등급

### PGI 와인

게쉿스터 게오그라피셔 안가베 g.g.A geschützte geografische Angabe라고 하며, 과거의 란트 바인Landwein이 여기에 속한다. 1982년에 15개 생산 지역을 지정했고 현재 20개 지역에서 만든다. 드라이한 맛을 지닌 트로켄trocken과 약간 단맛이 나는 오프 드라이off dry한 할브트로켄halbtrocken 와인으로만 생산할 수 있다. 와인을 만들 때 가당할 수 있다.

### PDO 와인

게쉿스터 울슈프룽스베자이휘눙 g.U geschützte Ursprungsbezeichnung이라고 하며, 아래와 같은 과거의 두 등급이 여기에 속한다.

· **콸리테츠바인 베슈팀터 안바우게비트QbA** Qualitätswein bestimmter Anbaugebiete
지정된 13개 생산지에서 재배가 허락된 포도만 사용하여 만드는 고급 와인이다.

다른 생산지의 포도나 와인을 섞을 수 없고, 라벨에 반드시 지역명을 표시해야 한다. 드라이한 맛부터 세미 스위트한 맛까지 다양하고, 작황이 안 좋은 해에는 가당을 허용한다.

· **프레디카츠바인** Prädikatswein

'등급 와인'이란 뜻으로, 단일 지역, 단일 지구에서 수확한 포도로 만드는 최고급 와인이다. 발효 전의 머스트에 든 당분의 양에 따라 6개 등급으로 나뉘며, 발효 후엔 쉬스레제르베 Süssreserve로 당분을 첨가할 수 있다. 라벨에 포도 품종을 표시한다.

❶ **카비넷** Kabinett

'저장소(에 보관된 우수한 와인)'를 뜻한다. 잘 익은 포도로 만든 라이트 바디의 섬세한 와인으로, 산도가 높고 레몬과 사과 같은 과일 향이 난다. 드라이한 것도 있지만 대부분 오프 드라이 정도의 당도를 갖고 있다.

❷ **슈페틀레제** Spätlese

'늦은 수확'이란 뜻으로, 정상적인 수확 시기보다 1주일 이상 늦게 수확한 포도로 만든다. 카비넷보다 농축된 맛과 향이 있어 시트러스와 파인애플 같은 풍미가 나며, 바디도 좀 더 무겁다. 드라이한 맛을 지닌 것도 있지만, 대개 오프 드라이, 혹은 미디엄 드라이 정도의 당도를 갖고 있다.

❸ **아우슬레제** Auslese

'선별 수확'이란 뜻으로, 완전히 익은 포도송이를 손으로 수확해서 만든다. 풍부한 바디감에 망고 같은 열대 과일 향이 난다. 프레디카트 등급 중 드라이 와인으로 만들 수 있는 가장 높은 등급이지만, 보통 미디엄 스위트 이상의 당도를 갖고 있다.

❹ **베렌아우슬레제** Beerenauslese

'베리 상태로 선별 수확'이란 뜻으로, 완전히 익은 포도알만 따서 만든다. 100%는 아니지만 어느 정도 노블 롯의 영향을 받은 포도로 만드는 경우가 대부분이다. 풍부하고 복합적인 풍미와 신선한 산도를 갖고 있으며 스위트하다.

❺ **아이스바인** Eiswein

'얼음 와인'이란 뜻이다. 베렌아우슬레제와 같은 당도를 갖고 있지만, 노블 롯에 걸리지 않은 포도알을 영하 8°C 이하에서 수확한 후 압착하면 당분이 농축된 즙을 얻을 수 있다. 이 즙으로 만드는 아이스바인은 높은 산도와 당도가 조화를 이루고 있다.

### ❻ 트로켄베렌아우슬레제 Trockenbeerenauslese

'마른 베리 상태로 선별 수확'이란 뜻으로, 노블 롯에 걸린 포도알이 거의 건포도처럼 오그라들었을 때 선별 수확해서 만든다. 말린 살구나 건포도 같은 견과류의 진한 향이 풍부하고 매우 맛이 달지만, 알코올 도수는 8%를 넘지 않는다.

## 지역적 분류

· **안바우게비트** Anbaugebiete

'지정 퀄리티 와인 지역'이란 뜻으로, 와인 산지의 가장 큰 단위이다. 모두 13개 지역이 있다.

· **베레이히** Bereich

퀄리티 와인 지역 안의 여러 마을로 구성된 와인 생산 지구로, 총 34개가 있다. 하나의 퀄리티 지역 안에 이러한 생산 지구가 여러 개 존재하기도 한다.

· **게마인트** Gemeind

마을급 생산 지역으로, 라벨에 마을 이름이 단독으로 표시된다면 그 마을에 있는 포도밭에서 생산한 와인이라는 뜻이다.

· **그로슬라거** Grosslage

서로 인접한 포도밭을 하나의 그룹으로 묶은 것이다. 대개 그룹으로 묶인 포도밭 중에서 하나의 이름을 빌려 그룹 이름으로 쓰기 때문에, 라벨에 유명한 포도밭 이름이 적혀 있어도 그 밭에서 수확한 포도로 만든 와인이 아닐 수 있다. 라벨에 적힌 그룹 명칭을 통해 그룹에 유명한 포도밭이 들어가 있는지, 질이 다소 낮은 포도밭이 섞인 것인지 쉽게 확인할 수도 없다. 이런 이유로 최고급 와인을 만드는 생산자들은 그로슬라거 사용을 거부하는 편이다.

· **아인젤라거** Einzellage

단일 포도밭을 뜻하며, 프랑스의 클리마와 유사한 개념이다. 독일 퀄리티 와인의 가장 중요한 지역 단위로, 총 2,600여 개가 지정되어 있다.

## 기타 용어

· **립프하우밀쉬** Liebfraumilch

영국 시장을 겨냥해 만들어진 미디엄 스위트 와인으로, 리터당 최소 18그램의

●● 3.3. 　　　　　　　　　　　　　　　　　　　　　독일 와인

잔당을 함유해야 한다. 라인헤센, 팔츠, 라인가우, 나헤의 네 지역 중 한 곳에서 수확한 포도로만 만들어야 하며, 다른 지역의 포도를 사용하면 안 된다. 품종을 명시하진 않지만 뮐러-투어가우를 주로 사용하며, 품질은 일반 QbA 와인 수준이다. 최근에는 립프하우밀쉬라는 명칭 대신 고유 브랜드 이름을 쓰는 추세이다. 호크Hock라는 표시가 붙은 와인은 립프하우밀쉬와 비슷한 스타일이지만 늘 QbA 등급 와인은 아니다.

· 클래식Classic과 셀렉시온Selection

클래식은 단일 지역에서 수확한 단일 품종으로 만드는, 품질 좋은 빈티지 와인이다. 최소 알코올 도수는 12%이고, 갓은 드라이하다. 셀렉시온은 클래식과 거의 같지만 아우슬레제급의 포도로 만들며, 잠재 알코올이 최소 12.2% 이상인 드라이 와인이다. 아인젤라거에서만 만들며, 그 이름을 라벨에 명시한다. 두 가지 모두 사용한 포도 품종을 라벨에 표시해야 한다.

## 포도 품종

· 적포도 품종

슈페트부르군더Spätburgunder는 팔츠와 바덴 남쪽에서 많이 재배하는 독일산 피노 누아로, 과일 향이 나는 풀 바디 와인으로 생산된다. 1956년에 육종 개발한 돈펠더Dornfelder는 과육색이 붉어 짙은 색깔을 가진 레드 와인을 만들 수 있는 품종이다.

· 청포도 품종

리슬링Riesling은 독일의 대표 포도로, 전체 포도 생산량의 약 25%를 차지할 만큼 많이 재배한다. 리슬링 와인은 품질이 뛰어나고 산도가 높아 장기 숙성할 수 있다. 모젤과 라인가우에서 최고급 리슬링 와인을 생산한다.

리슬링과 마들렌 로얄Madeleine Royale의 교배종인 뮐러-투어가우Müller-Thurgau와 실바너Silvaner는 품질이 다소 떨어지지만, 서늘한 기후에서도 잘 자라기 때문에 수확량이 많다. 이 포도들로 만든 와인은 프리미엄 와인에 비해 개성이나 산뜻한 느낌이 부족하지만, 과일 향과 꽃향기가 강하게 나며 라이트 바디에 미디엄 이상의 당도와 산도를 갖고 있다. 가격도 저렴해 대량 생산이 가능하다. 주요 재배지는 라인헤센Rheinhessen과 팔츠Pfalz이다.

와인미학　　　● 세계의 주요 와인 생산 지역

### 포도 재배

고급 와인을 생산하는 포도밭은 대부분 경사가 가파른 강기슭 언덕 위에 있어 포도나무가 쓰러지지 않도록 개별 버팀목을 설치해야 한다. 작업도 모두 사람의 손으로 이뤄지므로 생산비가 높다. 방향은 햇빛을 잘 받을 수 있도록 남향으로 한다. 계곡 아래쪽 평지에 조성된 포도밭에서는 기계 작업을 위해 포도나무 사이의 간격을 넓게 한다. 이곳에서 생산된 와인들은 저렴하고 부담 없이 마실 수 있는 것들이다.

### 와인 양조

추운 기후 때문에 포도는 대부분 당분이 낮고 산도가 높다. 따라서 QbA급까지 가당을 허용하고, 산도를 줄이기 위해 정부의 허가 아래 탄산칼슘 등을 사용한다. 쉬스레제르베는 발효하지 않은 포도즙을 와인에 넣어 당도를 높이는 것으로, 프레디카츠바인 등급의 아우슬레제 와인까지만 허용된다. 협동조합에서 생산한 와인은 에어죠이거압퓔룽 Erzeugerabfüllung, 개별 와이너리에서 생산한 와인은 굿츠압퓔룽 Gutsabfüllung 이라고 라벨에 표기한다.

### 퀄리티 와인 생산 지역

**· 모젤 Mosel**
과거에는 모젤-자르-루버 Mosel-Saar-Ruwer 라고 불리던 지역으로, 코블랜즈 Koblenz 부터 룩셈부르크 Luxembourg 접경까지 흐르는 모젤강 일대와 지류인 자르와 루버강 유역까지 포함된 지역이다. 베른카스텔 Bernkastel 과 피스포트 Piesport 에서는 경사가 가파르고 점판암 slate 토양이 깔린 포도밭에서 재배한 리슬링으로 최고급 와인을 만든다. 높은 산도와 중간 정도의 당도가 완벽하게 균형을 이룬 모젤의 카비넷과 슈페틀레제 와인은 독일 리슬링 와인 중에서 가장 라이트한 바디를 가졌다. 자르와 루버 지역 와인은 모젤에 비해 산도가 좀 더 높고 강렬한 편이다.

**· 나헤 Nahe**
라인가우와 모젤 사이의 지역으로 석영암, 점판암, 착색된 사암, 황토 등으로 다양하게 이루어진 토양이 와인의 맛에 영향을 준다. 와인은 심플하고 드라이하며, 라인가우와 모젤의 중간적인 성격을 띤다.

**· 라인가우 Rheingau**
독일 최고의 와인 생산지이다. 와이너리 중 84%가 가족 단위의 소규모 생산자

## 3.3. 독일 와인

이지만, 이들이 만든 와인은 세계 최고의 품질을 갖고 있다. 호하임Hochheim과 라인 중류 근처의 로르히Lorch 사이에 위치하며, 마인Main강과 접하고 있다. 리슬링과 약간의 슈페트부르군더를 재배하며, 북쪽의 타우누스Taunus 언덕이 북풍을 막아 주는 남향의 포도밭은 포도 재배에 이상적인 환경이다. 라인가우의 카비넷과 슈페틀레제, 아우슬레제는 모젤보다 좀 더 드라이하면서 향은 더욱 깊고, 강건한 미디엄 바디 스타일의 와인이다.

· **라인헤센**Rheinhessen

독일에서 포도 재배지가 가장 넓다. 전체 와인 생산량은 두 번째이지만, 저렴하고 대중적인 와인의 생산량으로는 독일 최대 지역이다. 기계화를 통한 대규모 경작으로 값싼 와인이 대량 생산되면서 와인 퀄리티가 낮아져 예전의 명성은 많이 추락했다. 모래가 많이 섞인 땅에 뮐러-투어가우와 실바너를 주로 심는다. 향기가 섬세하면서 마시기 편한 미디엄 바디 와인을 주로 생산한다. 잉겔하임Ingelheim 인근은 잘 숙성된 품위있는 슈페트부르군더 와인을 생산하는 곳으로 알려져 있다. 보름스Worms는 단맛이 나는 가벼운 스타일의 화이트 와인인 립프하우밀쉬가 탄생한 곳이다.

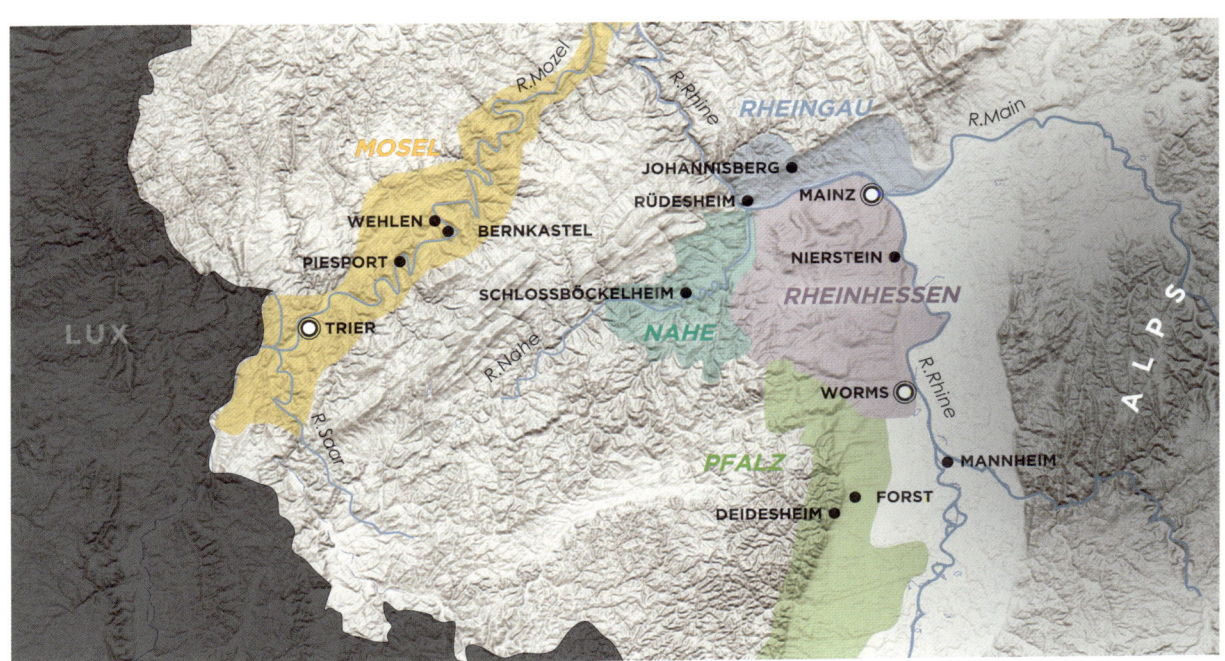

- **팔츠**Pfalz

북쪽은 라인헤센, 남쪽과 서쪽은 프랑스의 알자스와 접하고 있는 독일 최대의 와인 생산지이다. 북부에서는 뮐러-투어가우와 케르너, 실바너로 부드럽고 향기 높은 와인들을 생산하며, 남부에서는 신선하고 강렬한 와인을 만든다. 여름은 무덥고 겨울은 온화해서 모든 등급의 와인이 고루 나오고 있다. 폴스트Forst와 다이데스하임Deidesheim에서 생산하는 미디엄 바디의 리슬링 와인은 대부분 강하고 드라이한 맛을 갖고 있다.

- **바덴**Baden

가장 남쪽에 있고, 일곱 개의 지역이 합쳐져 바데너Badener라는 큰 지역을 형성한다. 토양은 자갈, 석회암, 진흙, 화산석 등으로 다양하게 구성되어 있다. 특히 화산석은 바덴의 슈페트부르군더 와인에 강한 맛과 풍부한 바디를 갖도록 해 준다. 레드 와인뿐만 아니라 부드러운 실바너 와인부터 깊은 맛이 나는 룰랜더Rulander, 매혹적인 로제 와인인 슈페트부르군더 바이쓰헵스트Spätburgunder Weissherbst까지 다양한 와인을 생산하고 있다.

# 3.4. AUSTRIA

1. WEINVIERTEL
2. NIEDERÖSTERREICH
3. WACHAU
4. BURGENLAND

## 3.4. 오스트리아 와인

### 지리적 요소

오스트리아의 서부는 알프스 산악 지역으로, 포도밭은 대부분 오스트리아의 동부 지역에 한정되어 있다. 북쪽에서 남쪽으로 니더오스터라히 Niederösterreich(Lower Austria), 비엔나 Vienna, 부르겐란트 Burgenland, 스티리아 Styria, 4개의 주요 와인 생산 지역이 있다. 이중 니더오스터라히와 부르겐란트에 있는 포도밭이 약 90%에 해당한다.

### 포도 품종

- **적포도 품종** : 쯔바이겔트 Zweigelt, 블라우프랭키쉬 Blaufränkisch
- **청포도 품종** : 그뤼너 벨트리너 Grüner Veltliner, 리슬링 Riesling, 벨쉬리슬링 Welschriesling

### 포도 재배 및 양조

공식적으로 40개의 포도 품종이 재배되는데 청포도 품종이 26종, 적포도 품종이 14종이다. 이 중 화이트 와인의 생산량이 2/3에 해당한다. 그중 그뤼너 벨트리너 청포도 품종은 전체 포도밭 면적의 31%를 차지할 만큼 가장 많이 재배되는 품종이다. 주로 니더오스터라히에서 생산된다. 와인은 산도가 높고 백후추를 연상시키는 강한 향과 함께 식욕을 돋우는 특징으로 유명하다. 적포도 품종 중 가장 많이 재배되는 것은 블라우프랭키쉬와 생로랑을 교배한 쯔바이겔트로, 주로 부르겐란트에서 생산된다. 색이 깊고 주로 검은 과일의 풍미를 지니며, 오크와 친화력이 있는 특성으로 숙성에도 적합하다.

### 와인법과 등급

#### PGI 와인

40개 품종으로 제한하며 바인란트 Weinland, 슈타이어란트 Steierland, 베르그란트 Bergland, 세 지역 중 하나의 이름으로 생산된다.

#### PDO 와인

4개의 연방 주와 17개 소규모 와인 지역 중 하나에서 생산된다.

- **프라디카츠바인** Prädikatswein

스위트한 와인으로 최소 5%의 알코올 함량이 필요하다. 대부분 부르겐란트의 노이지들러 호수 주변에서 생산한다.

- **오스트리아 관리 구역 : DAC** Districtus Austriae Controllatus

드라이 와인으로, 2003년에 확립되었다. 현재 총 18개의 DAC가 있다. 바인비어텔, 캄탈, 바하우, 미텔부르겐란트, 노이지들러제 등이 있다.

# 3.5. HUNGARY

1. TOKAJ

## 3.5. 토카이 와인

### 지리적 요소

토카이<sup>Tokaj</sup>는 헝가리 북동쪽의 티사<sup>Tisza</sup>강과 보드로그<sup>Bodrog</sup>강이 합류하는 지점에 위치한다. 이곳에서 생산되는 스위트 와인을 토카이<sup>Tokaji</sup>로 표기한다. 프랑스 왕 루이 14세가 17세기 재위 기간 동안 토카이<sup>Tokaji</sup>를 "왕들의 와인, 와인의 왕"으로 칭송할 만큼 오랜 역사를 상징하기도 한다. 카르파티아 산맥에 의해 보호되는 이 지역은 길고 습한 가을을 가진 따뜻한 대륙성 기후로, 스위트 와인을 생산하는 데 적합한 환경을 제공한다.

### 포도 품종

· 청포도 품종

풀민트<sup>Furmint</sup>, 하르쉬레벨루<sup>Hárslevelű</sup>, 살가 무쉬코타이<sup>Sárga Muskotály</sup>

### 포도 재배 및 양조

아수<sup>Aszú</sup>는 토카이<sup>Tokaji</sup> 스위트 와인의 가장 기본적인 요소로서, 보트리티스 시네리아 곰팡이의 영향으로 당도가 높다. 아수 생산의 주요 포도 품종은 풀민트 청포도 품종으로, 껍질이 얇아 곰팡이의 침투에 취약하고 산도가 높다. 아수 포도는 개별적으로 손으로 수확하며, 양은 아주 미미하다. 허니 서클, 오렌지 껍질, 살구, 바닐라, 꿀, 견과류 등의 농축된 풍미를 지닌다.

강렬한 풍미의 스위트 와인 외에도 다른 스타일의 와인을 생산한다. 토카이 드라이 와인은 보트리티스의 영향을 받지 않은 풀민트 포도로 만든다. 단순한 와인 또는 프리미엄 와인을 생산한다. 산도가 높으며 숙성될수록 꿀, 견과류 풍미를 발현하기도 한다.

토카이 사모로드니<sup>Szamorodni</sup>는 건강한 포도와 귀부 곰팡이의 영향을 받은 포도를 섞어 만든 와인이다. 맛은 드라이할 수도 또는 스위트할 수도 있다.

### 2013년 스위트 와인법

· 토카이 아수 : 라벨에 '아수<sup>Aszú</sup>' 로 표기

건강한 풀민트로 만든 드라이 와인에 아수 포도를 침용, 껍질을 분리한 후 작은 배럴에서 발효, 숙성한다. 출시 전 2년 이상 숙성(배럴에서는 최소 18개월)해야 한다. 또한, 최소 120g/l의 잔류 당을 포함하고, 실제 알코올 함량이 9% 이상이어야 한다.

· 토카이 에센시아<sup>Tokaji Eszencia</sup>

아수 포도에서 자연스럽게 흘러내린 시럽 같은 포도 주스로 만든다. 아주 천천히 발효가 진행되며, 발효 후 알코올 함량이 4~6%에 이른다. 리터당 최소 450g의 잔당이 들어 있다.

# 3.6. GREECE

1. NAOUSSA
2. SLOPES OF MELITON
3. LIMNOS
4. CEPHALONIA
5. PATRA
6. NEMEA
7. SAMOS
8. PAROS
9. SANTORINI*
10. ARCHANES, DAPHNES, PEZA
11. SITIA
12. RHODES

### ● ● 3.6. 그리스 와인

그리스 와인 생산의 역사는 수천 년 전으로 거슬러 올라간다. 그리스 초기 역사부터 최초의 와인 문화가 기록되어 있다. 고대 그리스의 최초 문명인 크레테 섬의 미노아 문명에서 와인 양조가 정착되었으며, 미케네 문명의 발원지인 펠레폰네소스 반도에서는 와인 양조와 관련된 고고학적 증거가 상당히 많이 발견되었다. 당시 해상 무역을 통해 그리스 와인 양조와 문화가 지중해 전역으로 퍼져 나갔고, 이탈리아, 프랑스, 스페인의 문화적 정체성을 이루는 데 중요한 역할을 했다. 또한 그리스는 비티스 비니페타종인 유럽 양조용 포도의 최초 재배지이기도 하다.

**지리적 요소**

발칸 반도의 남쪽에 위치하며 상당히 많은 섬으로 이루어져 있다. 육지 면적의 70%가 산악지대로, 경사가 완만한 비탈과 높은 고원에서 주로 포도를 재배한다. 생산량은 매우 적다. 전 세계 생산량의 1% 정도이다. 대륙성 기후와 지중해성 기후의 특성을 띠며 토양 성분도 다양하다. 여러 종류의 포도를 재배하며 와인의 스타일도 다양하다.

**포도 품종**

· 적포도 품종

아기오르기티코 Agiorgitiko, 시노마브로 Xinomavro, 마브로다피니 Mavrodaphne

· 청포도 품종

아시르티코 Assyrtiko, 모스코필레로 Moschofilero, 말라구지아 Malagouzia, 로디티스 Roditis, 사바티아노 Savatiano

**포도 재배 및 양조**

겨울에는 서늘하고 습하며, 여름에는 온난하고 건조하다. 와인 생산량의 90%가 토착 품종으로 만든 와인으로, 현재 300여 개의 토착 품종이 생산되고 있다. 글로벌 포도 품종의 생산은 10% 정도이며, 토착 품종과 블렌딩하기도 한다. 전체 생산량의 2/3가 화이트 와인이다. 양조 기술의 발달로 와인의 품질 수준도 높아졌으며, 그리스만의 개성 있는 토착 품종의 특성을 살려 와인 세계에 신선한 바람을 불러일으키고 있다. 다른 나라의 와인에 비해 높은 산도와 12.5~13%의 낮은 알코올 또한 인상적이다.

## 와인법과 등급

**PGI 와인**

114개의 PGI 와인을 생산하며, PDO 보다는 좀 더 넓은 개념의 와인이다. 포도밭의 65%에 해당한다.

**PDO 와인**

33개의 PDO 와인이 있으며, 그리스의 PDO 와인은 역사적으로 전통적 포도를 재배하고 많은 양의 와인을 생산하는 지역의 와인으로 한정한다. 전체 포도밭의 20%이다.

· **나우사**Naoussa **PDO**

그리스 북부에 있으며, 주요 품종은 시노마브로인 레드 와인이다. 색은 연하지만 산도와 타닌이 모두 높아서 구조적으로 매우 단단하다. 오크와 병 숙성을 통해 향신료, 담배, 견과류, 가죽 향 등의 복합적이고 풍부한 풍미를 지닌 무거운 바디의 와인이다.

· **네메아**Nemea **PDO**

펠레폰네스 반도에 위치하며, 적포도 품종인 아기오르기티코로 만든 와인이다. 붉은 과실의 향과 타닌이 풍부하고 오크 친화력이 좋은 품종으로, 다양한 스타일의 와인을 생산한다.

· **산토리니**Santorini **PDO**

에게해에 위치한 산토리니 섬에서 만든 화이트 와인이다. 주요 품종은 아시르티코이다. 산도가 높고, 레몬과 라임 같은 감귤류 향이 풍부하다. 더불어 알코올도 높아 장기 숙성이 가능하다.

# 3.7. ITALY

1. VALLE D'AOSTA
2. PIEMONTE
3. LOMBARDIA
4. TRENTINO-ALTO ADIGE
5. FRIULI-VENEZIA GIULIA
6. VENETO
7. LIGURIA
8. EMILIA-ROMAGNA
9. TOSCANA
10. UMBRIA
11. MARCHE
12. LAZIO
13. ABRUZZO
14. MOLISE
15. CAMPANIA
16. PUGLIA
17. BASILICATA
18. CALABRIA
19. SICILIA
20. SARDEGNA

현재 프랑스 와인과 함께 세계 와인 산업에서 가장 중요한 위치를 차지하고 있다. 이탈리아 와인은 양조법과 와인법의 체계적인 정비가 늦어 1950년대까지만 해도 세계 와인 시장에서 그다지 주목받지 못했다. 이후 몇 차례의 와인법 개정과 와인 생산자들의 노력으로 빠르게 성장했다. 오랜 역사와 생산자들의 넘치는 창의성 못지않게, 이탈리아 와인의 뛰어난 맛과 향으로 와인 애호가들에게 높은 평가를 받고 있다.

## 지리적 요소

이탈리아는 북위 35도선과 47도선 사이에 있는 유럽의 중앙에 위치한 반도이다. 북부는 알프스를 통해 유럽대륙과 중부와 남부는 완전히 지중해로 둘러싸인 반도에 연결되어 형성되어 있다. 북쪽의 알프스에서 남쪽의 시칠리아 섬까지 위도 차이가 10도이상이지만, 바다가 가깝고 내륙에는 강과 호수가 많아 기후 차이가 아주 크지는 않다. 북부는 대륙성 기후로 여름은 덥고 길며 겨울은 춥다. 그러나 알프스 산맥이 북유럽에서 오는 찬 바람과 서부 대서양에서 오는 습한 기류를 차단해 주고 가르다$^{Garda}$ 같은 큰 호수들이 지역 간 온도 차를 조절해 날씨를 온화하게 해 준다. 중부와 남부는 지중해성 기후를 갖고 있다. 여름에 덥고 건조하지만, 남북으로 뻗은 해발 2,000m의 아펜니노 산맥 고지대는 일교차가 매우 심해 오히려 서늘한 기후에서 잘 자라는 포도 품종을 재배하기 좋다. 남부와 시칠리아 섬의 해안과 평야 지대는 아열대 기후에 가까울 정도로 덥고 건조해 당도가 높은 스위트 와인을 대량 생산할 수 있는 환경이다.

## 역사적 배경

고대 그리스인들은 남부 이탈리아에 식민 도시를 건설하면서 이곳을 '와인의 땅'이란 뜻으로 이노트리아$^{Oenotria}$라 불렀다. 중북부에서는 에트루리아인$^{Etrurian}$들이 와인을 만들고 있었다. 로마인들은 그들이 가진 와인 생산 기술을 고스란히 흡수해 더욱 발전시켰고, 토기에 와인을 담은 후 올리브유를 넣어 산화를 막는 원시적인 저장 방법도 고안해 냈다. 로마의 와인 생산 기술은 로마 군단을 통해 전 유럽으로 퍼져나갔다. 로마 제국 이후 통일 국가를 이루지 못한 이탈리아의 와인 산업은 프랑스처럼 큰 발전을 이루지 못했다.

필록세라로 인해 유럽의 포도밭이 황폐해지면서 와인이 부족해지자 와인 업자들의 관심은 오직 생산량뿐이었다. 2차 세계대전이 끝날 때까지 이탈리아 남부가 값싼 와인을 대거 공급하면서, 저급한 와인을 생산하는 국가라는 인식이

## 3.7. 이탈리아 와인

널리 퍼졌다. 1963년 이탈리아 정부는 프랑스의 AOC규정을 참조하여 와인에 대한 원산지 명칭 통제법인 DOC법을 제정했고, 이로써 품질 좋은 와인 생산을 위한 기초를 확립했다.

### 와인법과 등급

DOC법을 제정한 후 1984년에 DOCG와인에 대한 내용을 추가했다. 1992년에는 '고리아법Goria Law'이라 부르는 개정 법령이 나왔다. 법령이 계속 바뀐 이유는 300곳 이상의 생산지와 약 2,000종이 넘는 이탈리아 와인의 엄청난 다양성을 한 번에 포괄할 수 없었기 때문이다. 2009년의 개정 이후 이탈리아 와인은 아래와 같이 나뉜다.

#### PGI 와인

인디카지오네 지오그라피카 프로테타 IGP<sup>Indicazione Geografica Protetta</sup>라고 하며, 과거의 인디카지오네 지오그라피카 티피카 IGT<sup>Indicazione Geografica Tipica</sup> 등급이 여기에 속한다. 각 생산지에 허용된 품종과 양조 방식을 따르지 않아도 되며, 라벨에 생산자 이름, 병입 장소, 생산 지역을 반드시 표시해야 한다.

#### PDO 와인

데노미나치오네 디 오리지네 프로테타 DOP<sup>Denominazione di Origine Protetta</sup>라 부르며, 아래의 두 등급이 이에 속한다.

**· 데노미나치오네 디 오리지네 콘트롤라타 : DOC**<sup>Denominazione di Origine Controllata</sup>
한정된 생산 지역에서 품종, 수확량, 양조 방법 등을 비롯한 DOC법의 각종 기준에 따라 만든 와인에 부여하는 등급이다. 2022년 기준 DOC지역은 총 330개로, 그 영역이 점점 넓어지고 있다.

**· 데노미나치오네 디 오리지네콘트롤라타 에 가란티타 : DOCG**<sup>Denominazione di Origine Controllata et Garantita</sup>
최고 등급으로, DOC등급에서 요구하는 모든 사항을 충족하고, 양조한 곳에서 병입한 다음, 농림부의 시음을 통과한 와인에 부여한다. 시음을 통과하면 병목 부분에 인증 스티커를 부착한다. 2022년 기준 20개 생산지에서 77종의 DOCG 와인이 생산되고 있다.

- **클라시코** Classico

DOC지역 중 전통적으로 와인을 생산해 온 핵심 산지를 말한다. 입지가 좋은 곳에 포도밭이 있어 와인 품질도 가장 좋은 편에 속한다.

- **리제르바** Riserva

배럴이나 병에서 법으로 정한 최소 기간 이상 숙성시킨 와인을 말한다. 생산지와 와인 종류에 따라 기준은 조금씩 다르다.

## 포도 품종

1천여 종이 넘는 품종이 곳곳에서 재배되고 있으며, 대부분 토착 품종이다. 카베르네 소비뇽과 메를로, 샤르도네 같은 국제 품종들도 이탈리아 전역에서 많이 재배된다.

- **적포도 품종**

네비올로 Nebbiolo는 북부 지역에서 재배하는 최상급 품종으로, 추위에 잘 견디며 장기 숙성용 와인에 적합하다. 피에몬테의 최고급 와인인 바롤로 Barolo와 바르바레스코 Barbaresco가 네비올로 포도로 생산된다.

코르비나 Corvina는 북서부의 베네토 지역에서 재배한다. 밀짚 위에서 말려 향과 당도를 진하게 한 후 아마로네 델라 발폴리첼라 Amarone della Valpolicella와 레치오토 델라 발폴리첼라 Recioto della Valpolicella로 만들기도 한다. 산지오베세 Sangiovese는 중부 지역에서 널리 재배하는 고급 품종으로, 키안티 Chianti 와인에 사용된다. 브루넬로 Brunello라는 클론도 유명하다. 알리아니코 Aglianico는 캄파니아의 타우라시 Taurasi 와인에 사용되는 품종이다. 타닌과 산도가 높고 검은 과일과 향신료, 진한 꽃향기가 나는 풀 바디 와인을 만들 수 있다. 프리미티보 Primitivo는 미국의 특산종인 진판델과 같은 포도로, 알코올 도수가 높고 스파이시하며, 검은 과일 풍미가 진한 풀 바디 와인으로 생산된다. 시칠리아 최고의 토착 품종인 네로 다볼라 Nero d'Avola는 가벼운 스타일의 와인부터 알코올 도수가 높은 풀 바디 와인까지 다양한 와인을 만들 수 있다.

- **청포도 품종**

모스카토 Moscato는 향이 깊고 달콤한 와인을 만드는 품종이다. 모스카토 다스티 Moscato d'Asti와 아스티 스푸만테 Asti Spumante에 사용된다. 이탈리아 북동부의 가

●●● 3.7. 이탈리아 와인

르가네가<sup>Garganega</sup>는 소아베<sup>Soave</sup> 와인의 주요 품종이다.

트레비아노<sup>Trebbiano</sup>는 프랑스의 위니 블랑<sup>Ugni Blanc</sup>과 같은 포도로, 오르비에토<sup>Orvieto</sup>와 소아베 와인의 주요 품종이다. 신선하고 산뜻한 드라이 와인을 만들 수 있으며, 생산량이 많고 저렴하다. 북부에서 널리 재배하는 피노 그리지오<sup>Pinot Grigio</sup>는 와인으로 만들었을 때 드라이하고 산도가 높다. 미디엄 혹은 라이트 바디를 지녔고, 세계적으로 인기가 높다. 피노 그리지오로 만든 와인은 오크 처리를 하지 않아 섬세한 시트러스와 녹색 과일 풍미가 나지만, 일부 생산자들은 종종 껍질과 함께 발효해 바디와 강도, 복합성이 더욱 풍부하게 만들기도 한다. 그렇게 만든 와인은 멜론이나 꿀처럼 농익은 과일 풍미가 난다. 피노 비앙코<sup>Pinot Bianco/Pinot Blanc</sup>는 동북부에서 많이 재배하는 품종이다. 이 포도로 만든 와인은 오크 숙성하지 않은 샤르도네 와인과 스타일이 비슷하다.

높은 산도를 지닌 베르디키오<sup>Verdicchio</sup>로는 미디엄 바디에 레몬과 회향, 비터 아몬드 풍미를 가진 산뜻한 드라이 화이트 와인을 생산한다. 말바지아<sup>Malvasia</sup>는 향이 많이 나는 만생종 포도로, 가볍거나 무거운, 또는 장기 숙성하려는 와인 등 다양한 스타일의 화이트 와인을 만들 때 함께 넣는다. 또는 스위트 와인용으로도 쓰인다.

**포도 재배와 와인 양조**

지역마다 특색있는 포도 재배법을 사용한다. 이탈리아 중부와 북동부에서는 포도나무를 높고 넓게 심는 반면 북서부와 남부에서는 낮고 빽빽하게 심는데, 이는 수확량을 제한해 양질의 열매를 얻기 위해서이다.

이탈리아 와인은 색상에 따라 레드 와인인 로쏘<sup>rosso</sup>, 화이트 와인인 비앙코<sup>bianco</sup>, 로제 와인인 로사토<sup>rosato</sup>로 나뉜다. 당도에 따라 드라이하면 세코<sup>secco</sup>, 스위트하면 돌체<sup>dolce</sup>라고 라벨에 표시한다.

레드 와인의 경우, 큰 오크통에서 오랫동안 숙성하는 등 전통적인 양조법을 따르는 곳들이 많다. 그러나 국제 품종의 도입과 고품질 와인을 추구하는 추세에 따라 스테인리스 스틸 탱크에서 발효하거나 새 바리크<sup>barrique</sup>를 써서 숙성하는 등 새로운 양조법을 사용하는 곳들이 점점 늘고 있다. 토스카나와 피에몬테가 이같은 현대적 양조법을 시도하고 있는 중심 지역이다. 산지오베세와 프리미티보 같은 토착 품종이나 카베르네 소비뇽과 시라 같은 국제적인 품종을 단독으로 사용하기도 하지만, 다양한 포도를 혼합해 쓰기도 한다. 이를 통해 균형 잡힌 양질의 와인을 대량 생산하고 있다. 블렌딩하는 이유는 한 가지 품종만 사용할 경우 타닌과 알코올, 산도, 과일 풍미가 많거나 적을 수 있고, 쓴맛이 생길 수도 있으므로 이를 보완하려는 것이다.

신선한 맛과 향을 중시하는 화이트 와인은 산소를 차단해 산화를 방지하고, 온도 조절이 되는 스테인리스 스틸 탱크에서 발효하는 등 현대적인 양조법을 사용한다. 고가의 화이트 와인은 개성이 강하고 가르가네가, 말바지아. 그레케토 Grechetto 같은 고품질 토착 품종의 함량이 훨씬 높다.

## 와인 생산 지역

아주 작은 규모부터 경계가 모호한 곳까지 이탈리아의 와인 생산지는 매우 많다. 지역마다 허가된 포도 품종이 많고 와인 스타일과 등급도 다양하므로, 와인 생산자에 대해 자세한 지식을 갖고 있지 못하면 라벨을 보더라도 와인의 특성을 파악하기 힘들다. 그러므로 키안티 Chianti 같은 주요 전통 와인의 스타일을 이해하는 것은 매우 중요하다. 물론, 몬테풀치아노 다부르쪼 Montepulciano d'Abruzzo 처럼 라벨에 포도 품종이 표기된 와인도 다수 있다. 이러한 경우 관련 정보를 쉽게 이해할 수 있다. 같은 포도로 만들었지만 다른 지역에서 생산된 와인들을 비교하면서 와인 스타일을 가늠해 볼 수도 있다.

## 북서부 지역

· **피에몬테** Piemonte

피에몬테는 이탈리아에서 가장 많은 DOC와 DOCG 와인을 생산한다. 전체 와인 생산량의 80% 이상이 피에몬테 남동부에서 생산된다. 이 지역 최고의 레드 와인은 네비올로로 만드는 바롤로와 바르바레스코를 들 수 있다. 바롤로 Barolo DOCG 는 드라이한 풀 바디 와인으로 반드시 출시 전 최소 38개월 동안 숙성해야 하며 이 중 18개월은 반드시 오크 숙성을 해야 한다. 최상품인 리제르바 와인일 경우는 최소 62개월 숙성해야 한다. 산도와 타닌이 높고 꽃향기와 흙냄새가 어우러진 붉은 과일 풍미는 숙성하면서 버섯 같은 식물성 향과 고기나 가죽 같은 동물성 향으로 발달한다. 바르바레스코는 바롤로보다 부드럽고 섬세하며, 더 빨리 숙성한다. 9개월간의 오크통 숙성을 포함해 최소 26개월 이상 숙성해야 하며, 리제르바급은 최소 50개월 동안 숙성해야 한다. 좀 더 대중적인 레드 와인으로는 바르베라 품종으로 만드는 바르베라 달바 Barbera d'Alba DOC와 바르베라 다스티 Barbera d'Asti DOCG 가 있다. 타닌은 낮거나 중간 정도이며, 산도는 높고, 레드 체리와 붉은 자두, 검은 후추 향을 지닌다. 바르베라 다스티 Barbera d'Asti DOCG 와인은 좀 더 복합적인

## 3.7. 이탈리아 와인

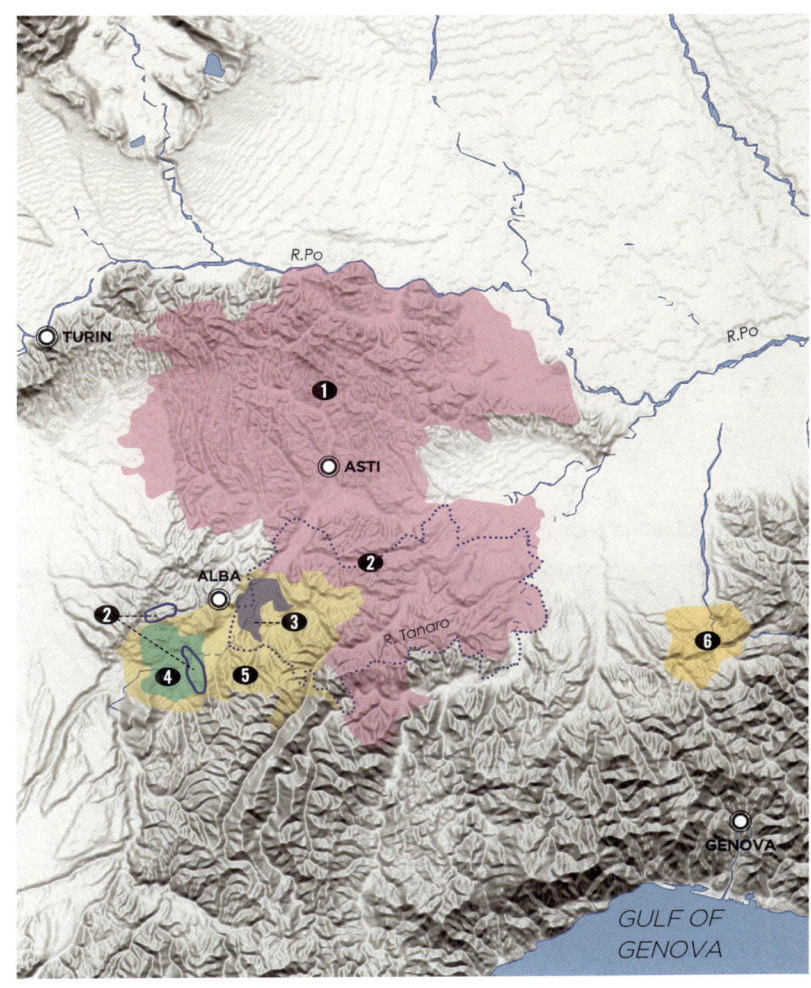

**PIEMONTE**
1. BARBERA D'ASTI
2. ASTI
3. BARBARESCO
4. BAROLO
5. DOLCETTO D'ALBA
6. GAVI

풍미를 더하고자 작은 배럴에서 숙성을 하기도 한다. 다른 적포도인 돌체토<sup>Dolcetto</sup>로 만드는 돌체토 달바<sup>Dolcetto d'Alba</sup> DOC가 있다. 색이 진하며 타닌은 중간에서 높은 정도이고, 산도는 중간 정도로 검은 자두, 블랙 체리, 감초 같은 달콤한 향을 지닌 바로 마시기 좋은 와인이다. 화이트 와인으로는 피에몬테의 주요 품종 중 하나인 가비 품종으로 만든 가비<sup>Gavi</sup> DOCG 와인이 있다. 레몬 향의 산뜻한 산도를 지닌 드라이 와인이다.

스파클링 와인으로는 향긋한 모스카토 비앙코<sup>Moscato Bianco</sup>로 만든 아스티<sup>Asti</sup> DOCG와 모스카토 다스티<sup>Moscato d'Asti</sup> DOCG가 가장 생산적 와인으로 유명하다.

## 북동부 지역

### • 베네토 Veneto

발폴리첼라 Valpolicella와 소아베 Soave가 주요 지역이다. 발폴리첼라에서는 코르비나 Corvina, 론디넬라 Rondinella, 몰리나라 Molinara를 혼합해서 다양한 스타일의 와인을 생산한다. 통풍이 잘 되는 실내에서 반건조된 포도로 만든 스위트한 레치오토 델라 발폴리첼라 Recioto della Valpolicella DOCG와 드라이한 아마로네 델라 발폴리첼라 Amarone della Valpolicella DOCG 이 외에 발폴리첼라 리파소 Valpolicella Ripasso DOC, 신선한 체리 같은 붉은 과일 향과 꽃 향이 풍부하고, 산도는 높고 타닌은 낮은 가볍고 마시기 편한 전형적인 발폴리첼라 Valpolicella DOC 반면에 농축된 질감과 함께 말린 자두나 체리 같은 진한 과일 풍미가 나는 발폴리첼라 수페리오르 DOC가 있다.

## NORTH EAST ITALY

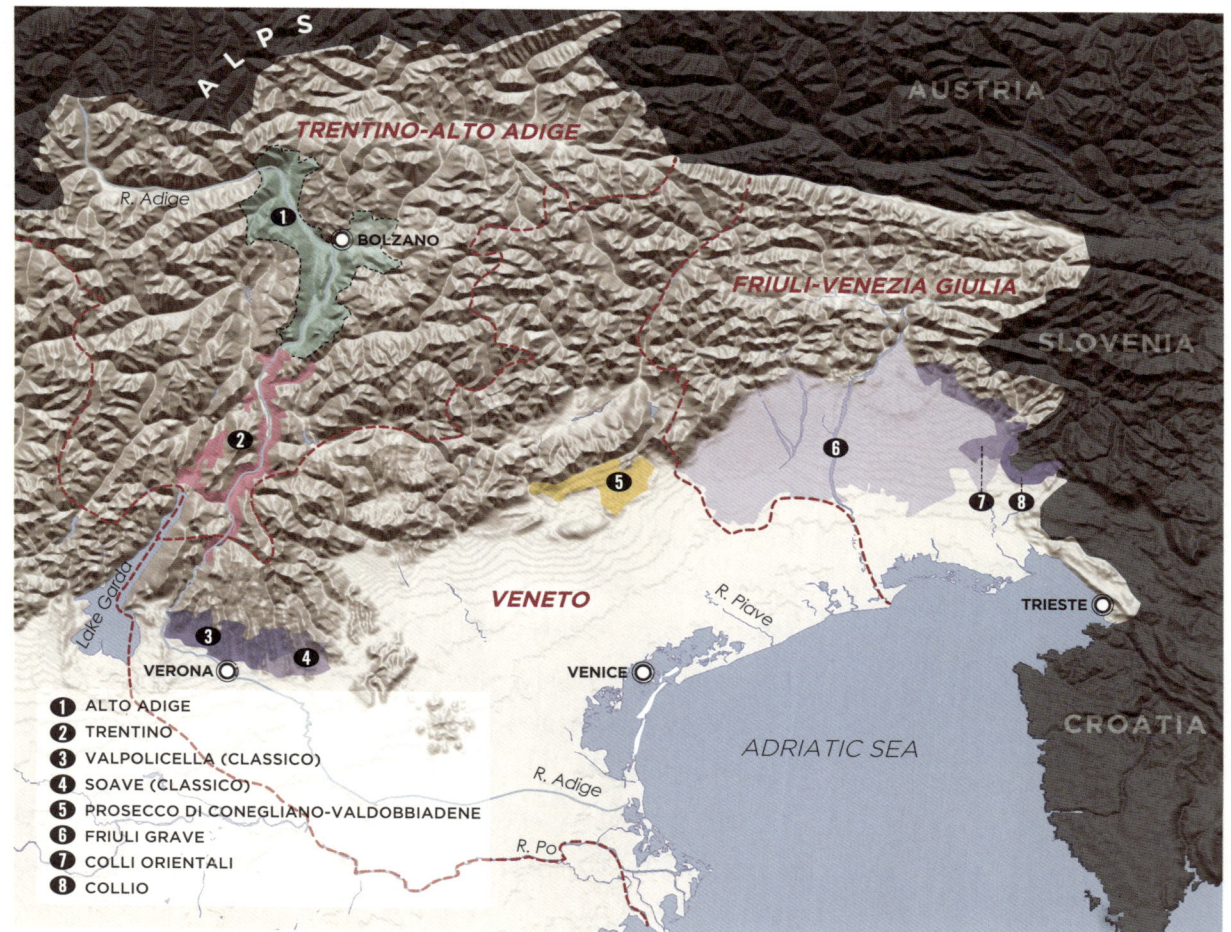

소아베 와인은 최소70% 이상 가르가네가로 생산되며 트레비아노 디 소아베 Trebbiano di Soave와 샤르도네가 블렌딩에 허용된다. 단순한 스타일인 소아베Soave DOC, 좀 더 농축된 풍미를 지닌 소아베 클라시코Soave Classico DOC, 반건조된 포도로 만든 스위트한 레치오토 디 소아베Recioto di Soave DOCG 와인을 생산한다.

### · 트렌티노-알토 아디제Trentino-Alto Adige

북동부 이탈리아 알프스 내에 위치한다. 대륙성 기후로 대부분의 포도밭은 아디제 강 주변에 위치하며 주로 청포도 품종을 재배한다. 샤르도네Chardonnay와 피노 그리지오Pinot Grigio는 전체 재배 면적의 절반 이상을 차지하고 화이트 와인의 생산이 전체 70%를 차지한다. 스파클링 와인의 트렌토Trento DOC와 다양한 스타일의 트렌티노Trentino DOC 와인이 대표적이다.

### · 프리울리-베네치아 줄리아Friuli-Venezia Giulia

이탈리아의 북동부에 위치하며 북쪽으로는 오스트리아, 동쪽으로는 슬로베니아, 남쪽으로는 아드리아해, 서쪽으로는 베네토와 경계를 이룬다. 알프스 산맥 구릉 지대부터 평지까지 이르는 지역의 포도밭에서 다양한 스타일의 와인을 생산한다. 가장 많이 재배되는 청포도 품종은 피노 그리지오Pinot Grigio이며, 적포도 품종은 메를로Merlot이다. 화이트 와인이 전체 생산량의 70%를 차지하며, 단순한 스타일부터 수퍼 화이트Super Whites라 불릴 만큼의 프리미엄급 와인을 생산한다. 높은 산도에 잘 익은 복숭아, 파인애플 등의 핵과일과 열대 과일의 풍미가 나는 미디엄/풀 바디의 농축미 있는 와인을 생산한다. 대표적인 산지는 언덕 위에 위치한 콜리오Collio DOC와 콜리 오리엔탈리Colli Orientali DOC이다.

**중부 지역**

### · 에밀리아-로마냐Emilia-Romagna

이탈리아 최대의 와인 생산지로 트레비아노Trebbiano와 산지오베세Sangiovese를 가장 많이 생산한다. 화이트 와인으로는 로마냐 트레비아노Romagna Trebbiano DOC가 레드 와인으로는 로마냐 산지오베세Romagna Sangiovese DOC가 유명하다. 이탈리아에서 가장 오래된 토종 포도 품종 중 하나인 람브루스코Lambrusco는 드라이부터 오프 드라이, 일반 와인부터 프리잔테, 스푸만테 와인까지 다양한 스타일의 와인을 생산한다.

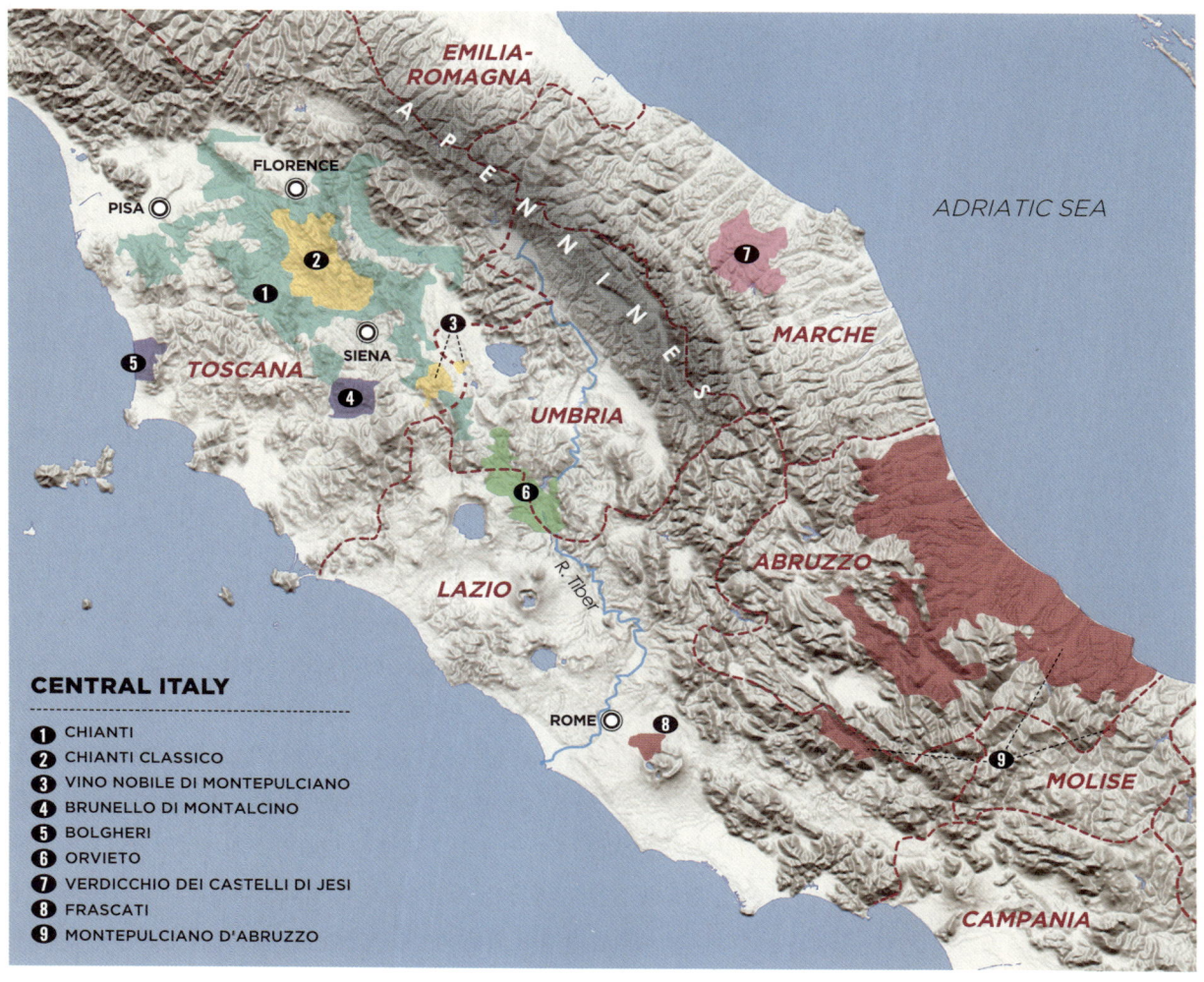

- **토스카나** Toscana

키안티 와인의 본고장이다. 토스카나에서 가장 널리 재배되는 포도 품종은 전체 생산량의 60% 이상을 차지하는 산지오베세이며 두번째는 메를로이다. 재배되는 적포도가 80% 이상을 차지한다. 최고급 IGT와인인 수퍼 투스칸 Super Tuscan 의 생 산지이기도 하다. 주로 언덕 위에 자리 잡은 포도밭들은 햇볕이 잘 들고 낮과 밤의 일교차가 커서 산미가 풍부하고 향이 깊은 포도를 수확할 수 있다. 해양성 기후대에 속한 서쪽 해안 지역에서는 보르도 품종들이 잘 자란다.

### 3.7. 이탈리아 와인

키안티$^{Chianti}$ DOCG와인은 산지오베세 70%를 중심으로 토착 품종인 카나이올로$^{Canaiolo}$를 비롯한 다양한 포도를 혼합해서 만든다. 대량 생산되는 일반 키안티가 있으며 키안티 DOCG의 최고의 와인으로는 일반적으로 하위 지역인 루피나 $^{Rufina}$, 콜리 세네시$^{Colli\ Senesi}$ 및 콜리 피오렌티니$^{Colli\ Fiorentini}$가 대표적이다. 특히 루피나$^{Rufina}$는 키안티 클라시코 와인의 품질과 명성에 필적하는 매우 우수한 와인을 생산한다. 산도가 높고 타닌이 많으며, 흙냄새와 사워 체리 같은 붉은 과일 풍미가 난다.

키안티 클라시코$^{Chianti\ Classico}$ DOCG는 피렌체와 시에나 사이의 구릉지역이다. 고도는 와인의 특성을 형성하는 데 중요한 역할을 한다. 키안티 클라시코 리제르바$^{Chianti\ Classico\ Riserva}$ DOCG는 반드시 24개월 동안 숙성하고 이 중 최소 3개월은 병숙성을 거쳐야 한다. 최고 와인은 9개 코뮌 중 단일 사유지에서 조달한 포도로 만든 키안티 클라시코 그란 셀레지오네$^{Chianti\ Classico\ Gran\ Selezione}$ DOCG와인으로 최소 30개월 동안 숙성해야 한다.

토스카나에는 산지오베세의 클론 품종으로 만드는 두 개의 유명한 와인이 있다. 하나는 몬탈치노 마을에서 브루넬로라는 포도로 만드는 브루넬로 디 몬탈치노$^{Brunello\ di\ Montalcino}$ DOCG로, 수확 후 최소 5년간 숙성해야 하며, 이 중 2년간은 반드시 오크 숙성해야 한다. 리제르바 와인은 최소 6년(3년 오크 숙성 포함)을 숙성해야 한다. 같은 마을의 로소 디 몬탈치노 DOC는 1년만 오크 숙성하면 된다. 또 하나는 비노 노빌레 디 몬테풀치아노$^{Vino\ Nobile\ di\ Montepulciano}$ DOCG로, 푸르뇰로$^{Prugnolo}$라는 포도와 허용된 다른 품종과 블렌딩할 수 있다. 반드시 최소 2년간 숙성해야 하며 1년은 오크 숙성해야 한다. 이 와인은 이탈리아 최초의 DOCG 와인이다.

토스카나 유일의 화이트 DOCG인 베르나챠 디 산지미냐노$^{Vernaccia\ di\ Sangimignano}$는 중립적인 스타일의 미디엄 바디 화이트 와인이다.

1968년 테누타 산 귀도$^{Tenuta\ San\ Guido}$에서 카베르네 소비뇽으로 사시카이아$^{Sassicaia}$를, 1975년 안티노리$^{Antinori}$에서 산지오베세와 카베르네 소비뇽을 혼합해서 티냐넬로$^{Tignanello}$를 만들었다. 두 와인은 세계 시장에서 높은 명성을 얻었고, 그 후 수많은 와인 생산자들이 산지오베세와 국제 품종을 혼합한 와인을 만들기 시작했다. 이 와인들이 수퍼 투스카이다. 처음엔 최하위 등급인 비노 다 타볼라Vino da Tavola로 분류되었지만, 1992년 와인법을 개정하면서 토스카나 IGT라는 새로운 카테고리에 속하게 되었다. 이후 1994년에 사시카이아는 DOC로 승급하여 볼게리 사시카이아Bolgheri Sassicaia DOC와 볼게리Bolgheri DOC와인을 생산한다.

· **움브리아**Umbria

이탈리아 중부와 남부에서 유일한 내륙 지역이다. 기후가 온화하고, 움브리아 남서쪽은 두포tufo란 부드럽고 다공성의 화산암이 유명하다. 이곳에 그레케토Grechetto란 토착 품종이 재배된다. 곰팡이에 강하고 상쾌한 산도와 섬세한 향을 가진 청포도 품종이다. 또한 산도가 높고 중립적인 트레비아노 토스카노Trebbiano Toscano 청포도 품종도 흔히 볼 수 있다. 오르비에토Orvieto DOC는 두 품종을 블렌딩한 와인으로 대부분 드라이하고 산도가 중간 정도인 단순한 와인으로 국제적인 명성을 얻고 있다. 오르비에토 클라시코Orvieto Classico DOC와인은 좀 더 집중력이 뛰어나다. 사그란티노Sagrantino는 추위에 강한 움브리아의 토착 적포도 품종으로 이탈리아에서 가장 타닌이 강한 와인 중 하나로 꼽힌다. 대표적 와인은 몬테팔코 사그란티노Montefalco Sagrantino DOCG이다.

· **마르케**Marche

회향과 허브 풍미가 있는 베르디키오 데이 카스텔리 디 예지Verdicchio dei Castelli di Jesi DOC와인은 산뜻한 산도의 단순한 스타일이라면 카스텔리 디 예지 베르디키오 리제르바Castelli di Jesi Verdicchio Riserva DOCG는 높은 산도에 진하고 복합적인 풍미를 갖고있다.

 이처럼 다양한 스타일의 두 가지 아펠라시옹이 있다. 둘 다 정확히 동일한 영역을 커버하며 최소 85% 베르디키오를 기반으로 말바지아 비앙카 룽가Malvasia Bianca Lunga 및 트레비아노 토스카노Trebbiano Toscano를 전통적으로 혼합한다. 1990년대 이후 대부분의 와인은 100% 베르디키오로 생산한다. 대표적 레드 와인은 해안 근처 몬테 코네로Monte Conero 구릉지대에서 생산되는 코네로 리제르바Conero DOCG, 코네로Conero DOC와인이다. 주요 품종은 몬테풀치아노이다.

· **라치오**Lazio

기후와 토양이 청포도 재배에 적합해 전체 와인 생산량의 80%가 화이트 와인이다. 주요 품종인 말바지아 델 라치오Malvasia del Lazio에 트레비아노 토스카노Trebbiano

## 3.7. 이탈리아 와인

Toscano같은 품종을 블렌딩하여 다양한 스타일의 와인을 생산한다. 가장 유명한 화이트 와인은 가볍고 신선하며 깔끔한 맛을 지닌 프라스카티$^{Frascati}$ DOC이다. 풀바디의 농축미를 가진 와인은 프라스카티 수페리오르$^{Frascati\ Superiore}$ DOCG, 스위트 카넬리노 디 프라스카티$^{Sweet\ Cannellino\ di\ Frascati}$ DOCG와인이다.

- **아브루쪼**$^{Abruzzo}$

아브루쪼의 와인은 두 가지 타입밖에 없다. 적포도인 몬테풀치아노로 만드는 몬테풀치아노 다브루쪼 DOC는 진한 색상과 중간 산도, 중간 타닌을 지닌 미디엄 바디 와인으로, 검은 자두와 검은 체리 같은 과일 위주의 풍미를 지닌 단순한 스타일로 생산된다. 고급일 경우에는 농축된 풍미에 높은 알코올, 타닌도 꽤 강한 편으로 오크 숙성을 거쳐 복합적인 스타일로 생산된다. 청포도인 트레비아노로 만드는 트레비아노 다브루쪼$^{Trebbiano\ d'Abruzzo}$는 산도가 높고 드라이한 스타일의 화이트 와인이다.

**남부 지역**

- **캄파니아**$^{Campania}$

무기질이 많아 포도 재배에 유리한 화산성$^{Volcanic}$ 토양이 있어 고급 와인을 생산하기에 좋다. 적포도인 알리아니코$^{Aglianico}$는 산도가 높고 껍질이 두꺼워 천천히 익기 때문에 복합적인 풍미가 발달하게 된다. 알리아니코로 만드는 풀 바디 와인인 타우라시$^{Taurasi}$ DOCG는 진한 색에 산도와 타닌이 높으며, 검은 자두와 스모키한 향신료, 가죽, 흙 풍미가 난다. 출시 전에 1년 동안의 오크 숙성을 포함해 최소 3년간 숙성해야 한다.

화이트 와인은 오래된 토착 품종으로 알려진 그레코 품종으로 만든 높은 산도의 드라이한 그레코 디 두포$^{Greco\ di\ Tufo}$ DOCG와 아로마틱한 노블 품종으로 알려진 피아노로 만든 피아노 디 아벨리노$^{Fiano\ di\ Avellino}$ DOCG 와인이 대표적이다.

- **바실리카타**$^{Basilicata}$

가장 널리 알려진 와인은 알리아니코 단일 품종으로 만드는 알리아니코 델 불투레$^{Aglianico\ del\ Vulture}$ DOC이다. 어리고 과일 향이 강한 와인부터 3년 이상 숙성해야 하는 와인까지 다양한 스타일로 생산된다.

• 풀리아Puglia

남북의 길이가 450여 km나 되며, 지역마다 기후와 토양이 조금씩 다르다. 시칠리아와 함께 이탈리아에서 가장 많은 와인을 생산하는 곳이지만, 80%가 벌크 와인이다. 주요 품종은 프리미티보Primitivo와 네그로 아마로Negro Amaro이다. 프리미티보는 미국의 진판델Zinfandel과 같은 품종으로, 알코올 도수가 높고 스파이시한 베리 맛이 나는 풀 바디 와인을 만들 수 있다. 프리미티보 디 만두리아Primitivo di Manduria DOC는 풀리아에서 프리미티보로 가장 잘 알려진 와인이다. 네그로 아마로로 만든 와인은 색이 매우 짙고 산도가 높으며 타닌이 풍부하다. 풍미는 강렬한데 블랙 체리, 블랙베리, 프룬 같은 과일 향과 함께 커피나 다크 초콜릿 같은 쓴맛이 나기도 한다. 살리체 살렌티노Salice Salentino DOC는 네그로 아마로로 가장 인기있는 와인이다.

**SOUTHERN ITALY**

1. GRECO DI TUFO
2. TAURASI
3. FIANO DI AVELLINO
4. AGLIANICO DEL VULTURE
5. SALICE SALENTINO
6. ETNA

• **시칠리아**Sicilia

이탈리아의 포도 생산지 중에서 포도밭 면적이 제일 넓고 와인 생산량도 많다. 여름은 따뜻하고 건조하며 겨울은 온화하고 습한 전형적인 지중해성 기후이다. 여름 더위는 일반적으로 특히 해안을 따라 바닷바람과 바람에 의해 조절된다. 내륙의 아펜니노 산맥, 에트나Etna의 경사면, 엔나Enna지방과 같은 일부 중부 및 고지대는 반대륙성 조건으로 이동한다. 900~1,000m이상의 고도에서는 겨울에 눈이 자주 내리며 사실 에트나 정상은 늦은 봄까지 눈으로 뒤덮일 수 있다. 날씨가 서늘한 이 곳에서 좋은 품질의 와인이 생산한다. 주요 품종은 에트나 토착 적포도 품종인 네렐로 마스칼레제Nerello Mascalese이다. 네렐로 카푸치오Nerello Cappuccio와 혼합하여 에트나Etna DOC와인을 생산한다. 산도와 타닌이 높고 붉은 과일 향이 두드러진 와인으로 병숙성이 가능하다. 두 번째로 중요한 토착 품종은 네로 다볼라Nero d'Avola 적포도 품종이다. 섬 전체에 재배되며 시칠리아Sicilia DOC의 핵심 품종이다. 최상의 상태에서 네로 다볼라 와인은 숙성 가능성이 있다. 진한 색상, 부드러운 타닌, 높은 알코올, 농축된 블랙 체리, 검은 자두, 지중해식 허브 등의 풍미가 신선한 산도와 균형을 이루는 풀바디 와인을 생산한다. 와인 생산자들은 국제 품종 특히 시라를 혼합해서 IGT 테레 시칠리아네Terre Siciliane 등급의 와인을 생산한다. 시칠리아 섬에서 가장 널리 재배되는 포도 품종은 카타라토 비앙코Catarratto Bianco 청포도 품종으로 시칠리아 특산의 강화 와인인 마르살라Marsala를 생산한다.

## 테이스팅 실습 ⑭     이탈리아 중남부 와인

**와인**

vs.
- 키안티 클라시코
- 몬테풀치아노 다브루쪼
- 타우라시

**테이스팅 포인트**

○ 이탈리아 중남부

이탈리아 중남부의 환경을 이해한다. 다른 생산지에서 재배되는 이탈리아 토착 품종의 특성을 이해하고, 와인의 스타일과 품질을 시음을 통해 비교, 평가한다.

**Q** 1차 향(블랙 체리, 블랙베리), 2차 향(바닐라, 정향, 커피), 3차 향(가죽, 담배)을 가진 와인은?

**Q** 산도, 타닌, 알코올, 풍미 등 와인의 구조감이 좋고, 숙성 잠재력이 있는 풀 바디의 와인은?

**Q** 사워 체리, 크랜베리, 정향 및 삼나무, 약간의 타르 향을 가진 중간 바디의 와인은?

**Q** 진한 색을 띠며, 주로 검은 과일의 단순한 풍미와 부드러운 타닌으로 바로 마시기에 편한 와인은?

# 3.8. SPAIN

1. RÍAS BAIXAS
2. BIERZO
3. TORO
4. RUEDA
5. RIBERA DEL DUERO
6. RIOJA
7. NAVARRA
8. CALATAYUD
9. CARIÑENA
10. CATALUNYA
11. PRIORAT
12. PENEDÈS
13. VALENCIA
14. YECLA
15. JUMILLA
16. LA MANCHA
17. VALDEPEÑAS
18. JEREZ

### ● ● 3.8. 스페인 와인

스페인 와인은 오랫동안 낙후된 상태에서 벗어나지 못하고 있었지만, 최근 기술 발달과 시설 투자로 저품질 와인에서 신선하고 향긋한 과일 향과 잘 숙성된 타닌을 가진 현대적인 와인으로 빠르게 탈바꿈하고 있다. 일찍이 뛰어난 와인을 생산해 왔던 리오하Rioja뿐만 아니라 다른 곳의 와인 생산지들도 혁신적인 방법을 통해 훌륭한 와인을 생산하고 있다.

**지리적 요소**

기후와 토양 조건이 포도 재배에 적합해 전국에서 다양한 와인을 생산하고 있다. 북서부는 대서양의 영향을 받아 춥고 습기가 많지만, 북동부와 남동부 지역은 지중해의 영향으로 여름엔 건조하고 겨울엔 온난 다습하다. 고원 지대가 펼쳐진 중앙 지역은 대륙성 기후 지대로 여름에 매우 덥고 밤낮의 일교차가 아주 크다. 포도밭 면적은 총 160만 헥타르로 세계 1위이지만, 생산량은 이탈리아나 프랑스의 약 60% 수준인데, 그 이유는 포도나무의 수령이 높고 건조한 날씨 때문에 재배 밀도가 낮아 수확량이 떨어지기 때문이다.

**역사적 배경**

BC 11세기경에 페니키아인들이 해안에 무역 거점을 세우면서 포도를 재배하고 와인을 만들었다. 로마가 점령한 후에는 이탈리아와 활발한 교역을 했다. 8세기에 무어Moor인이 스페인을 점령하면서 다양한 포도를 들여왔고, 이때 전파된 증류 기술은 후에 셰리Sherry의 탄생으로 이어진다. 15세기 말 해외로 진출하면서 아메리카 대륙 곳곳에 식민지를 건설하고 스페인 토착 품종을 심었지만, 17세기 이후 정치적 혼란기가 계속되면서 와인 산업도 쇠퇴하고 말았다. 1970년 전국적인 원산지 호칭법인 DO법을 개정하면서 와인 산업은 다시 부흥하게 된다.

**포도 품종**

스페인 전역에서 현재 약 200여종의 다양한 포도를 재배하고 있다. 아이렌Airen을 비롯해 20개 정도의 주력 품종이 전체 생산량의 약 90%를 차지하고 있다.

· **적포도 품종**
템프라니요Tempranillo는 빨리 익는 조생종이다. 스페인 곳곳에서 가장 많이 재배되며, 다양한 스타일의 와인을 생산한다. 일반적으로 색이 깊고 딸기와 향신료,

신선한 담뱃잎 향이 나지만, 중후한 스타일로 만들면 검은 자두와 블랙베리 향을 풍기면서 바닐라와 오크 풍미가 나는 풀 바디 와인이 된다. 알코올 도수와 산도가 낮아 다른 품종과 블렌딩하는 경우가 많다. 최고급 와인은 반드시 숙성해야 한다. 센시벨$^{Cencibel}$, 틴토 데 토로$^{Tinto\ de\ Toro}$, 틴토 피노$^{Tinto\ Fino}$, 틴토 드 마드리드$^{Tinto\ de\ Madrid}$ 등의 다양한 이름으로 불린다. 프랑스의 그르나슈인 가르나차$^{Garnacha}$는 지중해성 기후에서 가장 많이 재배되며, 수확량도 많다. 일찍 싹을 틔우고 늦게 익으며 따뜻한 햇볕이 필요하며 가뭄, 곰팡이 질병에 강하다. 포도의 당도가 높아 와인은 알코올이 높지만, 빨리 숙성한 후 곧바로 산화해 버리는 단점이 있다. 로사도$^{Rosado}$ 와인(로제 와인)을 만들 때 많이 사용된다.

마주엘로$^{Mazuelo}$는 프랑스의 카리냥$^{Carignan}$과 같은 품종으로, 색이 진하고 산도가 높으며 타닌도 많다. 늦게 싹을 틔우고 늦게 익으며 뜨거운 햇볕이 잘 드는 곳과 배수가 잘 되는 토양에서 잘 자란다. 템프라니요와 블렌딩 시 산도와 타닌, 붉은 과일과 향신료 향을 더해준다. 프랑스의 무르베드르인 모나스트렐$^{Monastrell}$은 매우 진한 색상과 강렬한 풍미를 가진 와인을 만들 수 있는 품종이다. 스페인 남동부 지역을 중심으로 생산량이 점차 늘고 있다.

· **청포도 품종**

아이렌$^{Airen}$은 스페인 포도 생산량의 약 30%를 차지할 정도로 많이 재배된다. 신맛이 나고 중립적인 아이렌 와인은 주로 브랜디 생산용으로 사용된다. 리오하 화이트 와인의 기본 품종인 비우라$^{Viura}$는 산도가 높고 과일 향이 풍부한 와인을 만들 수 있는 품종이다. 다른 화이트 품종에 비해 늦게 싹이 트고 익는다. 카탈루냐에서는 마카베오$^{Macabeo}$라고 하며 파레야다$^{Parellada}$, 자렐로$^{Xarel-lo}$와 함께 카바$^{Cava}$를 만들 때 사용된다. 전통적인 최고급 리오하 화이트 와인을 얘기할 때 빼놓을 수 없는 포도인 말바시아 리오하나$^{Malvasia\ Riojana}$는 황금빛 색상과 독특한 과일 향을 지닌 부드러운 풀 바디 화이트 와인을 생산한다. 껍질이 두꺼운 큰 열매로 주로 척박한 모래, 점토 토양에서 잘 자란다. 베르데호$^{Verdejo}$는 루에다에서 자라는 품종으로 중간 산도 정도의 아로마틱한 품종이다. 늦게 익으며 가뭄에 강하다. 오크 발효, 숙성에도 적합하다. 알바리뇨$^{Albariño}$는 산도가 높은 품종으로 살구, 복숭아, 자몽 등의 아로마틱한 과일 풍미가 난다. 대서양 연안의 갈리시아 지방에서 많이 재배한다. 이외에 카베르네 소비뇽, 메를로, 샤르도네 같은 국제 품종의 중요성도 점점 커지고 있다.

## 3.8. 스페인 와인

### 포도 재배 및 와인 양조

성장을 위해 넓은 면적이 필요한 토착 포도 품종의 특성과 무더운 기후 때문에, 포도밭의 면적당 재배 밀도는 매우 낮다. 강렬한 햇빛으로부터 열매를 보호하기 위한 그늘이 생기도록 나무 윗부분에 잎과 줄기가 많이 자라게 한다. 대체로 무덥고 강수량이 적어서 EU국가 중에서는 드물게 실험용으로 분류된 밭에 한하여 관개를 허용하고 있다.

스페인 와인은 레드 와인인 틴토$^{Tinto}$, 화이트 와인인 블랑코$^{Blanco}$, 로제 와인인 로사도$^{Rosado}$로 나뉜다. 드라이 와인은 세코$^{Seco}$로, 스위트 와인은 둘체$^{Dulce}$로 표시된다.

스페인 와인은 시음 적기에 맞춰 와인을 출고하는 관습 때문에 오랜 시간 오크 숙성하는 경향이 있다. 그래서 저렴한 와인일지라도 같은 해에 출시한 다른 나라 와인보다 더 오래 숙성한 경우가 많다. 1980년대부터 프랑스 오크통을 사용하는 곳이 늘면서, 숙성 기간도 프랑스를 따라 점차 줄어들고 있다. 무더운 날씨로 인해 북서부의 갈리시아를 제외한 다른 지역에서는 화이트 와인에 필요한 산도가 부족할 수 있어서, 이를 인위적으로 보충해 주는 경우가 많다. 스파클링 와인인 카바는 프랑스의 샴페인과 똑같이 전통 방식으로 만들지만, 최소 숙성 기간은 9개월로 샴페인보다 훨씬 짧다. 남부의 헤레즈 데 라 프론테라$^{Jerez\ de\ la\ Frontera}$에서는 화이트 와인에 브랜디를 첨가해 강화 와인인 셰리를 생산한다.

### 와인법과 등급

1932년 원산지 호칭에 따른 통제 방법인 DO$^{Donominaciones\ de\ Origen}$법을 제정했고, 1970년 한 차례 개정이 있었다. 현재 67개의 DO지역과 2개의 DOCa 지역이 있다.

#### PGI 와인

스페인에서는 인디카시온 헤오그라피카 프로테히다IGP$^{Indicación\ Geográfica\ Protegida}$라고 하며, 과거의 비노 데 라 티에라$^{Vino\ de\ la\ Tierra}$ 등급이 이에 속한다. 이 등급은 프랑스의 IGP등급과 비슷하며, 비노 데 라 티에라 데 카스티야$^{Vino\ de\ la\ Tierra\ de\ Castilla}$와 비노 데 라 티에라 데 카스티야 이 레온$^{Vino\ de\ la\ Tierra\ de\ Castilla\ y\ Léon}$이 대표적이다.

#### PDO 와인

데노미나시온 데 오리헨 프로테히다DOP$^{Denominación\ de\ Origen\ Protegida}$라고 하며, 아래와 같은 등급들이 여기에 속한다.

· **데노미나시온 데 오리헨 : DO**Denominación de Origen

프랑스의 AOP에 해당하는 등급으로, 최소 수준의 품질을 보장한다는 의미가 있다. 품종, 재배 방법, 지형적 위치 등을 고려하여 지정한다.

· **데노미나시온 데 오리헨 칼리피카다 : DOCa**Denominación de Origen Calificada

오랜 전통을 지닌 뛰어난 품질의 와인에 부여하는 최고 등급으로, 리오하와 프리오랏Priorat이 여기에 해당한다. 프리오랏에선 DOQ Denominación d'Origen Qualificada라고 한다.

· **비노스 데 파고 : VP**Vinos de Pago

2003년에 처음 생긴 카테고리로, 높은 평가를 받는 단일 포도밭에 적용된다. 스페인 토착 품종을 재배할 때에만 적용되는 DO등급과 달리, 글로벌 품종을 재배하는 경우에도 적용될 수 있다. 현재 20개의 파고가 있다.

· **비노스 데 칼리다드 콘 인디카시온 헤오그라피카 : VCIG**Vinos de Calidad con Indicación Geográfica

DO와 비노 델라 티에라 사이의 등급으로 5년 동안 VCIG 등급에 속했던 지역만이 DO등급으로 올라갈 수 있다. 2003년에 신설되었다.

## 숙성 기간에 따른 등급

법률에 따라 등급별로 오크통과 병 숙성의 최소 기간을 정해 놓고 있다. 지역마다 기간이 조금씩 다르다.

· **비노 호벤**Vino Joven

수확한 다음 해에 병입한 와인으로, 오크 숙성 여부는 생산자의 결정에 달려 있다.

· **비노 데 크리안자**Vino de Crianza

레드 와인은 최소 2년간 숙성해야 하며, 이 기간에 작은 오크통에서 6개월 이상 숙성해야 한다. 리오하와 리베라 델 두에로 지역은 12개월 이상 오크 숙성을 해야 한다. 화이트와 로제 와인은 최소 18개월간 숙성해야 하고, 오크 숙성은 법적으로 요구되지 않는다.

● ● 3.8.　　　　　　　　　　　　　　　　　　　　　　　　　스페인 와인

- **레제르바** Reserva

레드 와인은 최소 3년간 숙성해야 하며, 이 기간에 작은 오크통에서 1년 이상 숙성해야 한다. 화이트와 로제 와인은 최소 24개월간 숙성해야 하며, 이 기간에 작은 오크통에서 6개월 이상 숙성해야 한다. 리베라 델 두에로에서는 화이트 와인의 오크 숙성을 허용하지 않는다.

- **그란 레제르바** Gran Reserva

레드 와인은 최소 5년간 숙성해야 하며, 이 기간에 작은 오크통에서 18개월 이상 숙성해야 한다. 리오하와 리베라 델 두에로에서는 작은 오크통에서 24개월 이상 숙성해야 한다. 화이트와 로제 와인은 최소 4년간 숙성해야 하며, 작은 오크통에서 6개월 이상 숙성해야 한다.

　그란 레제르바 와인들은 색상이 대체로 가넷 색을 띤다. 최고급 와인으로 매우 강렬하면서도 복합적인 풍미가 난다. 위의 숙성 기간들은 법정 최소 기간이기 때문에, 생산자들은 보통 레제르바급 이상의 와인들을 규정보다 오래 숙성하는 편이다.

## 와인 생산 지역

비공식적인 분류이지만 스페인의 주요 DO지역들은 지리적인 위치에 따라 여섯 개의 생산 지역으로 나뉜다. 에브로 상부 Upper Ebro, 카탈루냐 Catalunya, 두에로 밸리 Duero Valley, 북서부 스페인의 갈리시아 Galicia, 레반트 Levante, 카스티야-라 만차 Castilla-La Mancha로, 대개 지역별로 비슷한 기후와 포도 품종을 갖고 있다. 이 여섯 개 와인 생산지 외에 안달루시아 Andalucia 지역에서 강화 와인인 셰리를 생산한다.

### 에브로 상부 Upper Ebro

- **리오하** Rioja **DOCa**

에브로강의 지류라는 뜻인 '리오 오하 Rio Oja'에서 유래된 리오하는 1880년대 이후 필록세라를 피해 건너온 프랑스의 와인 생산자와 상인들이 정착하면서 와인 생산지로 각광을 받기 시작했다. 리오하 와인의 스타일이 보르도와 비슷한 것도 이러한 역사적 이유 때문이다. 생산량의 2/3가 템프라니요에 약간의 마주엘로를 섞어서 만든 풀 바디 혹은 미디엄 바디의 레드 와인으로, 중간 정도의 산도와 타닌에 딸기 같은 붉은 과일 풍미가 있다. 종종 가르나차가 들어가는데, 저렴한 와

인일수록 그 함량이 높다. 가르나차가 들어가면 알코올 도수가 올라가며, 스파이시한 향이 더 두드러진다.

전통적으로 와인은 타닌이 많고 오크 향이 강한 스타일로, 미국산 오크통에서 숙성하면서 타닌이 부드러워지고 달콤한 코코넛과 바닐라 풍미가 더해진다. 시간이 지나면 고기나 가죽 같은 동물성과 버섯 등의 식물성 풍미가 발달한다. 이런 특징은 그란 레제르바 와인에서 더 두드러진다. 최근에는 침용 시간과 오크 숙성 기간을 줄여 신선한 과일 풍미를 살린, 마시기 편한 스타일로도 많이 생산한다. 오크 숙성을 할 경우에도 프랑스 오크를 주로 사용한다. 리오하와 비슷한 스타일의 와인을 생산하는 곳이 많지만, 대체로 강도나 복합성이 조금 떨어지는 편이다.

비우라와 말바지아를 주로 써서 만드는 전통적인 화이트 와인은 견과류와 오크 풍미를 지닌 풀 바디 와인이지만, 오크 처리하지 않는 스타일로도 만든다. 로사도 와인은 가르나차를 주로 사용해서 만든다.

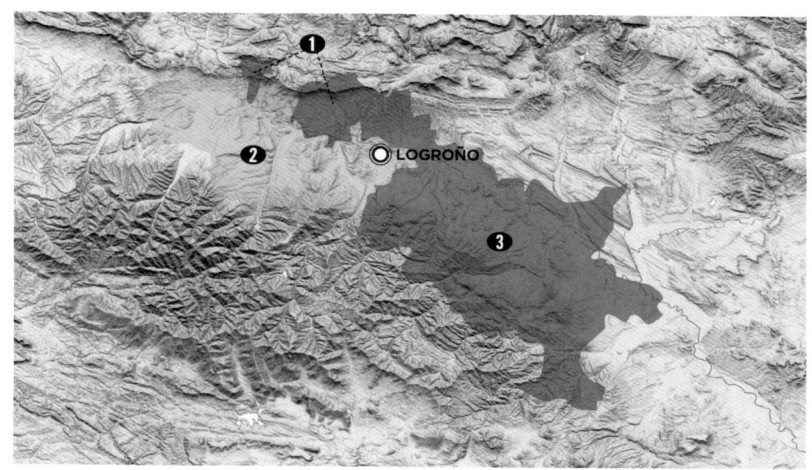

**RIOJA**

① RIOJA ALAVESA
② RIOJA ALTA
③ RIOJA ORIENTAL

· **나바라**Navarra **DO**

전통적으로 가르나차 품종을 써서 알코올 도수가 높은 로제 와인을 만들어 왔다. 최근에는 좀 더 가볍고 신선한 로제 와인을 생산한다. 템프라니요에 카베르네 소비뇽과 메를로 같은 국제적 품종을 혼합한 고품질 레드 와인도 생산한다.

●●● 3.8.　　　　　　　　　　　　　　　　　　　스페인 와인

**CATALUNYA**
--------------------------------
❶ PRIORAT
❷ PENEDÈS

카탈루냐
Catalunya

· 페네데스 Penedès **DO**

여름에 무덥고 건조한 해안가 평야 지역에서 가르나차와 모나스트렐을 사용해 풀 바디 레드 와인을 생산하고, 기후가 온화한 내륙의 강기슭에서 청포도를 주로 재배해 카바를 생산한다. 기후가 서늘한 언덕 지역에서는 샤르도네 같은 국제 품종들을 써서 다양한 와인을 생산한다. 전통적으로 오크 숙성한 파워풀한 레드 와인을 생산해 왔으며, 최근에 프랑스 품종을 사용하면서 품질이 더 좋아졌다. 농익은 과일 향이 풍기는 화이트 와인은 싱그럽고 산뜻한 풍미가 나도록 만들며, 오크 숙성은 거의 하지 않는다.

· 프리오랏 Priorat **DOQ**

가파른 언덕이 많고, 반짝거리면서 열을 반사하는 미카$^{mica}$ 입자가 박힌 붉은 슬레이트가 여러 겹으로 쌓여서 된 리코렐라$^{Licorella}$라는 독특한 토양이 있다. 과일 풍미가 강하고 타닌이 많아 장기 숙성이 가능한 레드 와인을 생산한다. 와인을 오크통에서 장기 숙성하지만 솔레라 시스템을 이용해 숙성하기도 하므로, 잘 말린 엽조류나 버섯 향이 나기도 한다. 국제 품종을 함께 넣어 만든 모던 스타일의 와인들로 품질이 향상되면서 DOQ등급을 받게 되었다.

## 두에로 밸리 (Duero Valley)

### • 리베라 델 두에로 Ribera del Duero DO

고도가 높고 포도밭에 석회암이 풍부해서, 스페인 최고의 레드 와인을 생산하고 있다. 대표적인 품종은 틴토 피노라고 부르는 템프라니요의 클론 품종으로, 리오하의 것보다 껍질이 더 두껍다. 여름철 일교차가 커서 포도의 풍미가 진하며, 산도도 리오하보다 더 높다. 이 포도로 만든 프리미엄급 와인은 색이 짙고 타닌이 풍부해 풀 바디하며, 블랙베리나 검은 자두 같은 검은 과일 향이 진하고, 토스트 같은 오크 풍미가 난다.

### • 토로 Toro DO

두에로 밸리에서 최초로 DO등급을 받은 곳이다. 주요 품종은 템프라니요의 클론인 틴타 데 토로 Tinta de Toro이며 껍질이 매우 두껍다. 이 포도로 만든 와인은 무더운 여름 날씨로 인해 알코올 도수가 높고 풀 바디하나 숙성력은 떨어진다. 비노 호벤 와인일 경우, 보통 가르나차 품종과 블렌딩 한다.

### • 루에다 Rueda DO

스페인 제일의 화이트 와인 생산지로 대륙성 기후, 선선한 여름밤, 백악질 토양이 특징이다. 토착 품종인 베르데호 Verdejo를 사용해 산뜻하고 우아하면서 과일 향이 풍부한 화이트 와인을 생산한다.

## 갈리시아 (Galicia)

### • 리아스 바이사스 Rias Baixas DO

기후가 습한 북대서양 연안은 와인 생산에 부적합한 지역으로 여겨지지만, 독특한 스타일의 화이트 와인을 만들 수 있는 알바리뇨 품종이 있다. 리아스 바이사스 Rias Baixas DO에서 생산하는 화이트 와인은 산도가 높고 가벼우며, 복숭아 같은 과일 풍미가 풍부해서 해산물 요리와 잘 어울린다.

## 레반테 (Levante)

### • 발렌시아 Valencia DO

레드, 화이트, 로제, 드라이, 미디엄, 스위트 등 다양한 와인들을 대량 생산한다. 대부분 단순하고 마시기 쉬운 와인들로, 가격도 저렴하다.

- **우티엘-레쿠에나**<sup>Utiel-Requena</sup> **DO**

잘 익은 청포도와 복숭아 향이 풍부한 무스카텔 데 발렌시아<sup>Muscatel de Valencia</sup>라는 스위트 와인을 생산한다.

- **예클라**<sup>Yecla</sup>**와 후미야**<sup>Jumilla</sup> **DO**

모나스트렐로 만드는 풀 바디 와인은 진한 색을 띠며, 높은 알코올 도수와 검은 과일 풍미를 갖고 있다. 때때로 동물성 향이나 감초 향이 나기도 한다.

**카스티야-라 만차**
Castilla-La Mancha

- **라 만차**<sup>La Mancha</sup> **DO**

전 세계에서 세 번째로 많이 재배되는 아이렌<sup>Airen</sup>은 이 지역에서 가장 많이 생산되는 품종이다. 이 청포도 품종으로 드라이한 화이트 와인뿐만 아니라, 브랜디(증류주)를 생산한다.

- **발데페냐스**<sup>Valdepeñas</sup> **DO**

라 만차 남부에 있으며, '돌로 이루어진 계곡'이라는 뜻이다. 템프라니요를 사용해서 리오하와 비슷한 스타일의 레드 와인을 많이 생산한다. 최근에는 탄산 침용법을 사용한 어린<sup>young</sup> 스타일의 와인도 만들고 있다.

**안달루시아**
Andalucia

- **헤레즈**<sup>Jerez</sup> **DO**

헤레즈<sup>Jerez</sup>와 푸에르토 데 산타 마리아<sup>Puerto de Santa Maria</sup>, 산루카 데 바라메다<sup>Sanlúcar de Barrameda</sup>를 잇는 삼각 지대는 강화 와인인 셰리의 생산 중심지이다. 셰리 와인을 만들 때 사용하는 팔로미노<sup>Palomino</sup> 품종을 90% 이상 재배한다. 드라이한 셰리 와인을 스위트하게 만들기 위해 혼합되는 뮈스카<sup>Muscat</sup>와 페드로 시미네스PX<sup>Pedro Ximénez</sup> 품종도 재배하고 있다.

| 테이스팅 실습 ⑮ | 스페인 와인 |

**와인**

vs. ┌ 리아스 바이사스 알바리뇨
　　  리오하 호벤
　　└ 리오하 레제르바

**테이스팅 포인트**

스페인 와인 비교

스페인의 환경, 기후에 따른 다른 스타일의 와인과 품종을 이해한다. 레드 와인일 경우, 포도 품질에 따른 숙성 여부를 이해하고, 숙성 기간별 풍미의 차이점을 비교한다.

**Q** 알바리뇨 품종의 특성을 학습한 후 시음 노트를 적어 본다.

**Q** 주로 라즈베리, 딸기 같은 붉은 과일의 1차 향을 가지며, 중간 타닌과 중간 바디의 레드 와인은?

**Q** 검붉은 과일과 정향, 바닐라 그리고 가죽 같은 1차, 2차, 3차 향을 가진 레드 와인은?

**Q** 와인이 가진 풍미 및 구조적 요소를 고려하여, 품질과 숙성할 수 있는 잠재력 여부를 비교해 본다.

포르투갈은 강화 와인인 포트 와인으로 유명하지만, 일반 와인은 오랫동안 시장의 외면을 받아 왔다. 그러나 유럽 연합에 가입한 후부터 많은 투자가 이뤄졌고, 이를 바탕으로 포르투갈 와인 산업은 양조 기기의 개선부터 포도밭의 재개발까지 많은 현대화를 달성했다. 오늘날 포르투갈 와인은 세계 와인 시장에서 고립되었던 동안 보존돼 온 토착 품종의 고유한 풍미가 매력적인 요소로 작용하면서 소비자들의 주목을 받고 있다.

## 지리적 요소

대서양에 면한 서부 지역에는 해양성 기후가 나타나지만, 내륙에 있는 산지는 무덥고 건조하다. 해안 지대의 토양은 모래와 점토가 섞여 있고, 내륙의 토양은 화강암과 편암으로 이루어졌다. 남부의 포도 산지는 충적토가 쌓인 평야 위에 자리잡고 있다.

## 역사적 배경

오랫동안 와인 산업이 침체해 있었으나 EU에 가입하면서 투자된 많은 지원금을 바탕으로 생산 시설과 포도밭을 개선하면서 와인 품질이 크게 향상했다. 외부의 영향을 배제하고 토착 품종과 고유의 스타일을 고수해 온 것이 세계 와인 시장에서 큰 장점으로 작용하고 있다.

## 포도 품종

· 적포도 품종

토우리가 나시오날 Touriga Nacional은 포르투갈의 최고급 품종이다. 도우로 Douro DOC와 다옹 Dão DOC에서 일반 와인과 포트 와인을 만들 때 주로 사용한다. 타닌이 풍부하고 농축된 검은 과일 향이 나면서 짜임새 있는 장기 숙성용 와인을 만든다. 틴타 호리즈 Tinta Roriz는 스페인의 템프라니요와 같은 품종으로, 주로 혼합하여 사용한다.

· 청포도 품종

비뉴 베르데 Vinho Verde 지역에서 많이 재배하는 로우레이로 Loureiro는 신선한 산도와 아로마를 갖고 있으며, 단일 품종 와인이나 블렌딩 와인으로 생산된다. 알바리뉴 Albarinho는 스페인의 알바리뇨 Albariño 포도로, 북부에서 고급 화이트 와인을 만들 때 사용한다.

## 3.9. 포르투갈 와인

### 포도 재배 및 와인 양조

비가 많이 오는 북부 지역은 습기가 많아 포도송이가 공기에 잘 노출되도록 가꾼다. 포르투갈 와인은 1990년대 초반 현대적인 양조법을 도입하면서부터 품질이 급속하게 발전했다. 레드 와인인 틴토Tinto, 화이트 와인인 브랑코Branco, 로제 와인인 로자도Rosado로 나뉘며, 드라이 와인은 세코Seco로, 스위트 와인은 둘체Dulce로 표시된다.

전통적으로 다른 지역의 와인을 혼합한 후 특정 브랜드명을 붙여서 판매해 왔고, 아직도 최고급 와인은 생산지의 지명보다 브랜드명이나 생산자 이름으로 판매하는 경우가 많다. 내수용 와인은 대체로 드라이하지만, 수출용 와인은 중간 정도의 당도가 있는 경우가 많다. 마테우스Mateus와 란세르Lancers라는 이름의 로제 와인은 오랫동안 포트 와인과 함께 대표적인 수출용 와인이었다. 탄산이 약간 들어 있는 이 와인들은 산도가 높고 당도는 중간 정도이며, 레드커런트나 라즈베리 같은 붉은 과일의 풍미가 강하다.

### 와인법과 등급

**· PGI 와인**

인디카사옹 지오그라피카 프로테지다 IGP Indicasáo Geográfica Protegida라고 부른다. 과거 비뉴 헤지오날Vinho Regional 등급 와인이 여기에 속한다. 지역 와인으로 수입 품종을 사용해서 만든 와인도 이에 포함된다.

**· PDO 와인**

데노미나사옹 지 오리징 프로테지다 DOP Denominacáo de Origem Protegida라고 부른다. 과거의 데노미나사옹 지 오리징 콘트롤라다 DOC Denominacáo de Origem Controlada 등급이 여기에 속한다.

그 외에 와인 품질에 관한 용어로 레제르바Reserva와 가라페이라Garrafeira 가 있다. 레제르바는 단일 빈티지로 알코올 도수가 법적 최저 기준보다 최소한 0.5% 이상 높으며, 최소 1년의 오크숙성과 추가 1년의 병숙성을 거친 와인으로 시음단의 심사를 받은 와인에 부여된다. 가라페이라는 레드 와인일 경우 최소 2년의 오크숙성과 1년의 병숙성을 해야 하며, 화이트 와인일 경우에는 최소 6개월 오크숙성과 6개월 병숙성을 거쳐야 한다.

## 와인 생산 지역

와인 생산지는 크게 북부, 중부, 남부의 세 지역으로 나뉜다. 북부 지역에는 포트 와인으로 유명한 도우로 지역이 있고, 중부지역에서는 IGP 등급의 대중적인 와인을 많이 만든다. 남부 지역의 알렌테주는 전통 포도와 글로벌 품종으로 와인을 생산한다. 지난 20년 사이에 주요 지역으로 성장했다.

### 북부 지역
Northern Portugal

**· 비뉴 베르데** Vinho Verde **DOC**
'비뉴 베르데 Vinho Verde'는 '어린 young 와인'을 말한다. 대체로 알코올 도수가 낮고, 오크 숙성하지 않아 신선한 아로마와 상큼한 산도를 가진 라이트 바디의 화이트 와인을 주로 만든다. 저가 와인의 경우 종종 병입 시 소량의 이산화탄소를 주입해 와인에 톡톡 쏘는 느낌이 살도록 한다. 시트러스, 녹색 과일의 향과 함께 잔디 같은 식물성 풍미가 난다. 대체로 대량 생산해서 저가 와인이 많지만, 알바리뉴 품종으로 만드는 값비싼 화이트 와인도 있다.

**· 도우로** Douro **DOC**
도우로강 상류의 산악 지대로, 계단식 밭에서 재배한 토착 포도로 포트 와인을 생산한다. 최근에는 어퍼 도우로를 중심으로 일반 와인용 포도도 재배하고 있다. 최상급 레드 와인은 과일 향이 강하고 상큼한 산도를 지녔으며, 강건한 타닌으로 인해 풀 바디하다.

**· 다옹** Dão **DOC**
도우로 남쪽의 중부 산악 지대를 흐르는 다옹강 유역의 생산지이다. 토우리가 나시오날과 틴타 호리즈를 블렌딩한 레드 와인은 색상이 짙고 과일 풍미가 많으며, 타닌과 산도는 중간 정도이다. 화이트 와인은 풀 바디하고 견과류 풍미가 난다.

**· 바이하다** Bairrada **DOC**
진흙 토양이 많아 진흙이란 뜻의 '바로스 Barros'에서 이름이 유래되었다. 토착 품종인 바가 Baga로 만든 레드 와인은 줄기와 함께 발효시키는데, 부드럽게 잘 익은 최상의 상태에 도달하기까지 오랫동안 병 숙성을 해야 한다.

**중부 지역**
Central Portugal

리스보아<sup>Lisboa</sup> IGP와 테주<sup>Tejo</sup> IGP지역이 있다. 석회암과 점토로 이뤄진 토양에서 자란 포도로 드라이하고 중성적인 화이트 와인과 IGP등급의 고급 수출용 레드 와인을 생산한다. 레드 와인은 블랙베리나 자두 같은 짙은 색 과일 향과 함께 오크 처리를 통해서 감초 등 스파이스 향도 나타난다.

**남부 지역**
Southern Portugal

· **세투발 페닌슐라**<sup>Peninsula de Setúbal</sup> **IGP**

해양성 기후 지대로, 점토-석회질 토양으로 이뤄진 구릉 지대와 따뜻한 모래 토양인 팔멜라<sup>Palmela</sup> 평원 지대로 나뉜다. 팔멜라에서는 카스텔라옹<sup>Castelão</sup> 포도로 프리미엄 레드 와인을 생산한다. 살짝 주정 강화하고 연한 오렌지빛에 풍부한 맛을 지닌 모스카텔 드 세투발<sup>Moscatel de Setúbal</sup> 또한 이곳의 전통 와인이다.

· **알렌테주**<sup>Alentejo</sup> **DOC**

대륙성 기후 지대로 토양에 화강암과 편암이 섞여 있다. 토착 포도로 만드는 레드 와인은 서양 자두의 풍미에 초콜릿과 커피 향이 나고, 화이트 와인은 꿀 향이 짙고 풀바디하다.

# 3.10. UNITED STATES

1. COLUMBIA VALLEY
2. YAKIMA VALLEY
3. WILLAMETTE VALLEY
4. CALIFORNIA
5. FINGER LAKES

## 3.10. 미국 와인

미국 와인의 역사는 숱한 시련과 극복의 역사다. 미국으로 건너온 유럽인들은 토종 포도로 와인을 양조했지만, 쓸 만한 와인을 만들어 내진 못했다. 유럽산 포도나무를 재배하려는 시도 역시 처음엔 실패했다. 골드 러쉬와 함께 캘리포니아에서 와인 산업이 일어나는 듯했으나, 금주법으로 인해 무너지고 말았다.

이러한 수많은 역경에도 불구하고 와인 생산자들의 열정과 노력은 멈추지 않았다. 로버트 몬다비Robert Mondavi 같은 선구적인 와인 생산자와 캘리포니아 주립 데이비스 대학 양조학과의 연구원들 덕분에 미국 와인은 날로 좋아졌고, 마침내 세계 최고 수준의 품질을 갖게 되었다. 현재 미국은 비유럽권에서 가장 큰 와인 생산국이자 소비국으로, 세계 각지에서 가져온 품종으로 다양한 와인을 생산하고 있다.

### 지리적 요소

서부의 캘리포니아주California State와 오리건주Oregon State, 워싱턴주Washington State 등지에서 프리미엄급 와인들을 생산한다. 남북으로 1,100km나 되는 캘리포니아주는 지역마다 다양한 기후를 갖고 있으며, 고지대에 위치한 포도밭은 포도에 풍부한 산도를 갖도록 해 준다. 차가운 캘리포니아 해류는 아침마다 서늘한 안개를 만들어 포도에 필요한 습도를 제공하고, 시원한 바람이 불게 해 더운 날씨로부터 포도를 보호해 준다. 포도가 익을 무렵에는 가뭄이 심해지므로 관개 시설이 발달했다.

### 역사적 배경

16세기에 미국 토종 포도로 와인을 만들어 봤지만, '여우 냄새foxy'같은 풋내가 너무 강해 마시기 어려웠다. 유럽의 포도나무를 가져와 심어 봤으나 알 수 없는 이유로 시들어 죽었기 때문에, '미국산 와인'의 생산은 어려워 보였다.

18세기에 이르러 서부의 프란체스코회 신부들이 유럽종 포도 재배에 성공했고, 19세기 중반 골드 러쉬로 사람들이 몰려들면서 캘리포니아의 와인 산업도 성장했다. 그러나 19세기 후반 필록세라가 들이닥쳤고, 1919년 금주법이 시행되면서 미국 와인 산업은 큰 타격을 입었다. 금주법 철폐 후에도 와인 산업은 침체 상태였지만 캘리포니아 주립대 데이비스 캠퍼스UC.Davis 양조학과의 꾸준한 연구와 로버트 몬다비 같은 와인 생산자들의 노력으로 1960년대에 급성장했다. 1976년에 일어난 '파리의 심판'사건은 미국 와인의 뛰어난 품질을 전 세계에 알리는 계기가 되었다.

## 와인법

연방법Federal Law과 주립법State Law 양쪽의 규제를 받는다. 연방법은 BATFBureau of Alcohol,Tobacco and Firearms의 관할 아래 있으며, 1978년에 '미국 포도 재배 지역 AVAAmerican Viticultural Area'이라는 규정을 만들었다. AVA는 원산지를 보증해 줄 뿐 품질과 생산량을 통제하진 않는다. 단일 주State처럼 확장된 지역이거나 단일 포도원Single Vineyard처럼 세부 지역일 수도 있다.

라벨에 AVA를 표시하려면, 지정된 지역에서 재배한 포도를 적어도 85% 이상 사용해야 한다. 현재 AVA는 약 180개 지역에 달한다. 주립법은 각 주마다 차이가 있다. 오리건주에서는 라벨에 표시된 품종을 95% 이상 사용해야 하지만, 워싱턴주는 85%, 캘리포니아나 다른 주에서는 75% 이상만 사용하면 된다. 또 코스탈 리전Coastal Region이라는 용어는 태평양에서 내륙으로 100km 안에 있는 모든 캘리포니아 포도원에서 생산된 포도의 블렌딩이 허용된 것을 뜻한다.

## 포도 품종

· 적포도 품종

진판델Zinfandel은 미국을 대표하는 특산 포도로, 이탈리아의 프리미티보Primitivo와 같은 품종이다. 진판델로 만든 프리미엄급 풀 바디 레드 와인은 알코올 도수가 높고, 블랙베리 같은 검은 과일과 프룬이나 건포도 같은 말린 과일 향이 난다. 정향과 감초 같은 스위트 스파이스 풍미도 있다. 오래된 포도나무에서 딴 포도로 만든 와인은 맛과 향이 강렬하고 복합적인데, 어떤 나무는 수령이 100년이 넘는다. 블렌딩 와인, 스위트 와인, 오프 드라이off-dry하며 과일 향이 강한 화이트 진판델 와인 등등 다양한 스타일로 생산된다. 나파 밸리Napa Valley처럼 우수한 입지 조건을 갖춘 곳에서는 세계 최고급 와인에 비길 수 있는 고급 카베르네 소비뇽 와인이 생산된다. 또한, 잘 익은 메를로로 진한 색상에 벨벳처럼 부드러운 타닌과 높은 알코올을 지녔으며, 블랙베리와 자두 같은 특징적인 향이 잘 나타나는 풀 바디 와인을 만들기도 한다. 피노 누아는 러시안 리버 밸리Russian River Valley나 카네로스Carneros처럼 서늘한 지역에서 생산하며, 잘 익은 붉은 과일 향을 갖고 있다. 캘리포니아 북쪽의 오리건은 피노 누아가 가장 큰 성공을 거둔 곳으로, 이곳의 와인은 부르고뉴 와인과 비교될 정도로 매우 뛰어난 품질을 갖고 있다.

· 청포도 품종

전형적인 캘리포니아 고급 샤르도네 와인은 알코올 도수는 높고 산도는 낮은 풀 바디 와인으로, 복숭아와 바나나 같은 과일향을 바탕으로 뚜렷한 오크 풍미와 헤

●● 3.10.　　　　　　　　　　　　　　　　　　　　　　　미국 와인

이즐넛, 버터 풍미가 난다. 러시안 리버 밸리나 카네로스처럼 서늘한 지역에서는 향이 좀 더 절제된 와인을 생산한다. 더운 날씨 때문에 소비뇽 블랑으로는 높은 산도와 강한 향기를 지닌 현대적 스타일의 화이트 와인을 만들기 어려운 경우가 있다. 그래서 오크통에서 발효하고 숙성해 바닐라와 피망 향이 나는 풀 바디 와인을 만들기도 한다. 이렇게 만든 소비뇽 블랑 와인을 '퓌메 블랑 Fumé Blanc'이라고도 부른다.

## 포도 재배 및 와인 양조

캘리포니아 주립 대학의 데이비스 캠퍼스 Davis Campus of the University of California 와인 양조학과에서는 평균 기온에 근거하여 캘리포니아 전 지역의 기후를 가장 서늘한 I구역 Zone부터 가장 무더운 V구역까지 나누는 기후 분류 시스템을 만들었다. 생산자들은 이에 따라 지역별로 가장 적합한 품종을 선별해서 재배한다. 5개의 구역 중 프리미엄급 와인 생산지는 I~III 구역이다. 캘리포니아 주립 대학 데이비스 캠퍼스에서 배출한 양조학자들은 미국 뿐만 아니라 전 세계 각국의 와인 산업에 종사하고 있으며, 와인 생산자들은 그 기술을 전수받아 새롭고 다양한 스타일의 와인을 만들고 있다. 샤르도네의 경우, 이 품종으로 만들 수 있는 거의 모든 스타일의 와인을 연구하고 있다고 해도 과언이 아니다.

## 와인 생산 지역

현재 미국 50개 주 어디에서나 포도를 재배하지만, 와인 산업의 중심지는 캘리포니아와 태평양 북서 지역, 그리고 동부의 뉴욕주이다.

### 캘리포니아주
California

· **북부 해안 지역** North Coast Region

샌프란시스코만 San Francisco Bay 북부에 있는 포도밭 중 가장 유명한 곳은 나파 카운티 Napa County의 나파 밸리 AVA이다. 카베르네 소비뇽과 메를로, 샤르도네, 소비뇽 블랑으로 미국 최고의 와인들을 생산한다. 이곳은 바다에서 올라오는 아침 안개 때문에 남쪽보다 기후가 온화하다. 나파 밸리 남쪽에 있는 카네로스 AVA에서는 피노 누아와 샤르도네를 전문적으로 재배하며, 이를 사용한 스파클링 와인도 생산한다. 서쪽의 소노마 카운티 Sonoma County는 나파 밸리와 기후가 비슷하며, 카베르네 소비뇽과 메를로, 피노 누아 와인으로 명성이 올라가고 있다. 러시안 리버 밸리는 피노 누아로 잘 알려져 있으며, 드라이 크리크 밸리 Dry Creek Valley AVA지역은 진판델로 유명하다.

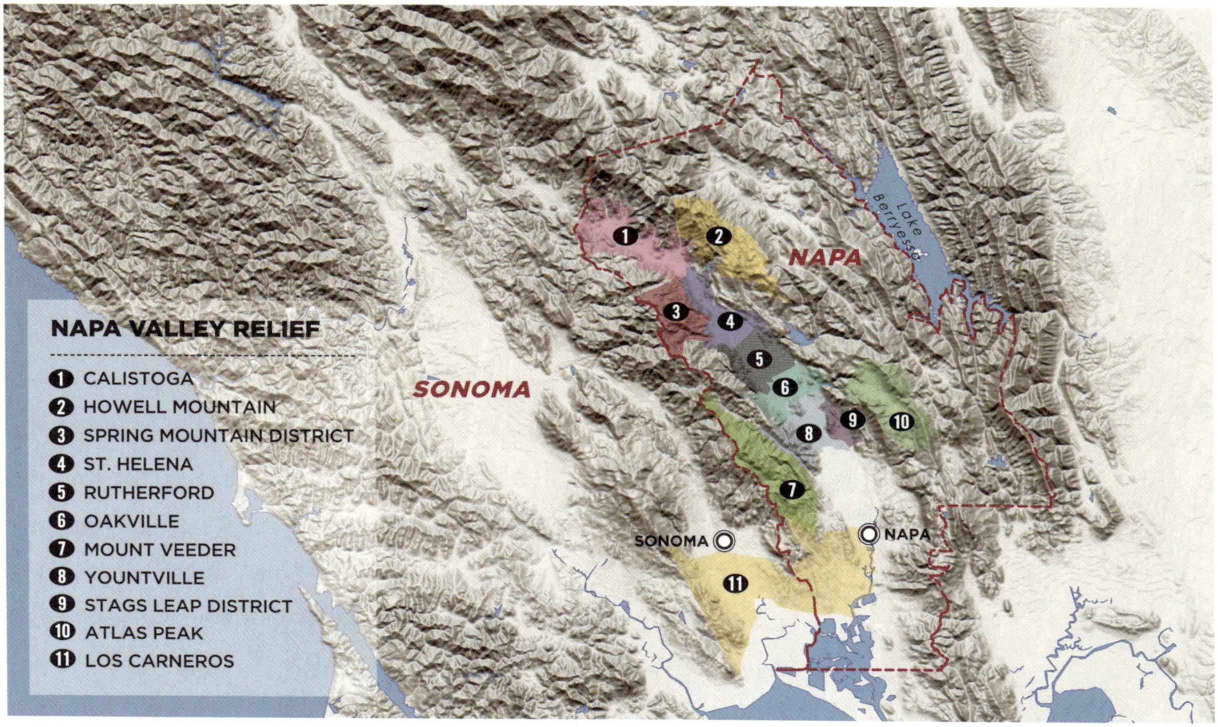
NAPA VALLEY RELIEF
1 CALISTOGA
2 HOWELL MOUNTAIN
3 SPRING MOUNTAIN DISTRICT
4 ST. HELENA
5 RUTHERFORD
6 OAKVILLE
7 MOUNT VEEDER
8 YOUNTVILLE
9 STAGS LEAP DISTRICT
10 ATLAS PEAK
11 LOS CARNEROS
SONOMA
NAPA
Lake Berryessa
SONOMA
NAPA

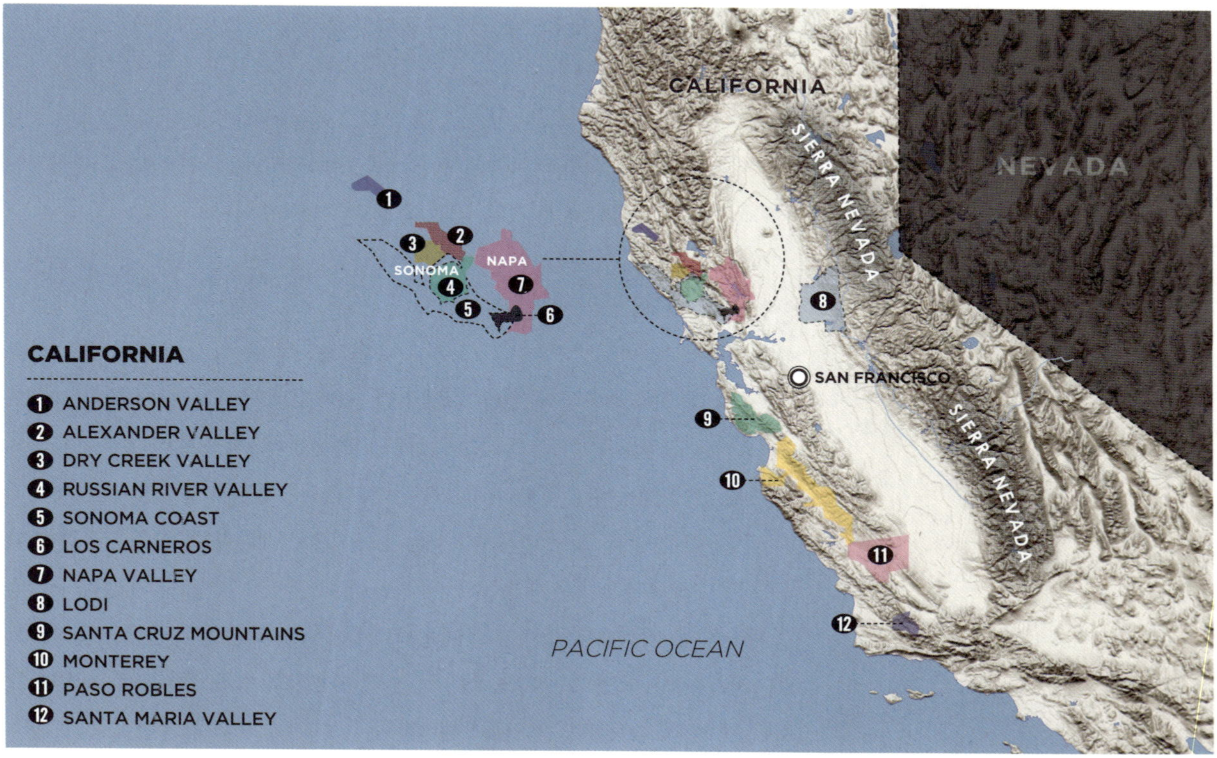
CALIFORNIA
1 ANDERSON VALLEY
2 ALEXANDER VALLEY
3 DRY CREEK VALLEY
4 RUSSIAN RIVER VALLEY
5 SONOMA COAST
6 LOS CARNEROS
7 NAPA VALLEY
8 LODI
9 SANTA CRUZ MOUNTAINS
10 MONTEREY
11 PASO ROBLES
12 SANTA MARIA VALLEY
CALIFORNIA
NEVADA
SIERRA NEVADA
SIERRA NEVADA
SONOMA
NAPA
SAN FRANCISCO
PACIFIC OCEAN

## 3.10. 미국 와인

### • 북부 중앙 해안 지역 North Central Coast

몬터레이 카운티Monterey County에 있는 살리나스 밸리Salinas Valley는 기후가 서늘하고 건조하다. 시원하고 강한 바람의 영향을 받는 해안 지역에선 높은 산도와 시트러스 풍미를 지닌 샤르도네와 피노 누아를 생산하고, 서늘한 기운이 줄어드는 내륙 지역에선 풍부한 타닌에 진한 베리 향이 나는 메를로, 카베르네 소비뇽과 함께 시라나 비오니에 같은 론 지역 포도들로 훌륭한 와인을 생산한다. 산타 크루즈 카운티Santa Cruz County의 산타 크루즈 마운틴 AVA는 데이비스 존에 속한다. 산악지대가 많아 기후가 서늘하다. 샤르도네와 피노 누아뿐만 아니라 캘리포니아에서 가장 우아한 카베르네 소비뇽을 생산한다.

### • 남부 중앙 해안 지역 South Central Coast

동서로 산맥이 뻗어 있어 시원한 해풍의 영향을 강하게 받는다. 고급 와인을 생산할 수 있는 잠재력이 있는 곳으로, 대표적인 생산지는 산타 바바라 카운티Santa Barbara County와 양질의 진판델 와인을 생산하는 파소 로블레스Paso Robles AVA 등이다.

### • 센트럴 밸리 Central Valley

캘리포니아 와인의 80%를 생산하는 곳으로, 새크라멘토Sacramento에서 남쪽으로 약 600km지점까지 광활하게 펼쳐져 있다. 차가운 바닷바람의 영향이 적어서 따뜻할 뿐만 아니라 토양이 비옥하고 일조량이 풍부해 잘 익은 포도를 대량 수확할 수 있다. 그러나 날씨가 건조해서 관개 시설을 많이 사용하며, 이것이 다소 묽고 과일 풍미가 약한 와인이 만들어지는 원인이 된다.

## 퍼시픽 노스 웨스트 Pacific North West

### • 오리건주 Oregon State

피노 누아와 샤르도네, 피노 그리를 주로 재배한다. 이곳의 피노 누아 와인은 뛰어난 품질로 유명하며, 다른 포도로 만든 와인들도 맛과 향이 훌륭한 편이다.

### • 워싱턴주 Washington State

야키마Yakima 계곡과 콜롬비아강 분지, 그리고 동쪽으로 멀리 떨어진 왈라왈라Walla Walla AVA에 와인 생산지가 몰려 있다. 날씨가 건조한 편이라 관개 시설이 필수적이지만, 일교차가 커서 포도의 당분과 산도가 매우 높다. 그래서 화이트

와인 생산에 적합하다. 샤르도네, 메를로, 카베르네 소비뇽을 많이 재배하고 있으며, 최근엔 리슬링이 많이 알려지고 있다.

**뉴욕주**
New York State

뉴욕의 혹독한 겨울로 인해 비니페라종의 포도 품종은 재배하기 쉽지 않다. 봄과 가을의 지속적인 서리 위협도 포도나무의 죽음을 부른다. 그래서 뉴욕주에는 이런 추위에 자생하는 비티스 라브루스카와 같은 미국 포도 품종 또는 비니페라 종과 미국 포도 품종을 교배한 하이브리드 품종을 재배한다.

주요 적포도 품종은 콩코드Concord, 바코 누아Baco Noir, 피노 누아Pinot Noir, 카베르네 프랑Cabernet Franc이며, 주요 청포도 품종으로는 세이발 블랑Seyval Blanc, 비달Vidal, 리슬링Riesling, 샤르도네Chardonnay를 들 수 있다.

●● 3.10.                                                                                                              미국 와인

뉴욕은 미국에서 세 번째로 넓은 포도밭 면적을 가지고 있고, 양으로도 세 번째로 많은 포도를 생산하지만, 포도의 대부분은 와인 이외의 목적으로 수확된다. 캘리포니아에서 가장 많이 재배되는 품종인 콩코드는 뉴욕의 3만3000에이커 중 1만9000에이커를 차지하고 있으며, 그중 3분의 1만이 와인 생산에 사용된다. 나머지는 웰치스와 같은 대형 잼과 주스 회사에 판매되거나 테이블 포도로 소비된다. 와인으로 만들어지는 것은 일반적으로 달콤하고 저렴하다.

· **핑거 레이크스**<sup>Finger Lakes</sup> **AVA**
호수 효과로 인해 겨울이 비교적 온화하다. 북쪽 끝에 위치한 온타리오호도 이 지역에 큰 영향을 미친다. 뉴욕주의 와인 90%를 생산하며, 리슬링은 이 지역의 대표적 포도 품종이다. 샤르도네, 게뷔르츠트라미너, 피노 누아, 카베르네 프랑, 그리고 심지어 소량의 메를로도 성공을 거두었다.

# 3.11. CANADA

1. OKANAGAN VALLEY
2. NIAGARA PENINSULA

## ●● 3.11. 캐나다 와인

### 지리적 요소

1988년, 캐나다는 미국과 자유무역협정을 체결해 캐나다 생산자들이 자국 시장에서 보다 경쟁력을 갖기 위해 품질에 집중하도록 했다. 또한 정부가 지원하여 포도밭에서는 비니페라 포도를 더 많이 생산하도록 했다. 같은 해 온타리오에서는 포도주 양조업자 품질 동맹VQA Vintners' Quality Alliance으로 알려진 명칭 및 품질 관리 시스템이 출범했다. 이어서 브리티시 컬럼비아는 1990년에 VQA표준을 제정했다.

### 포도 품종

· **적포도 품종** : 카베르네 프랑Cabernet Franc, 피노 누아Pinot Noir, 메를로Merlot
· **청포도 품종** : 비달Vidal, 리슬링Riesling, 샤르도네Chardonnay

### 포도 재배 및 양조

온타리오는 호수 효과에 의해 서늘한 대륙성 기후가 완화된다. 비달로 아이스 와인을 생산할 경우, 포도송이가 겨울까지 남아있을 수 있게 한 뒤, 기온이 최소 영하 8도에 달하는 밤에 최종으로 냉동 포도를 수확한다. 그 결과로 생성된 아이스 와인은 매우 달콤하지만 산도는 높고, 신선하면서도 농축된 풍미를 지닌다. 아이스 와인은 현재 온타리오 수출의 약 절반을 차지하지만, 전체 생산량의 5% 미만이다.

태평양 연안의 브리티시 컬럼비아는 여름엔 캘리포니아 해안 지역보다 더 덥고 겨울은 훨씬 더 추워서, 매년 포도나무의 손상이 심하다. 피노 누아, 샤르도네, 메를로 등을 주로 재배한다.

### 와인법과 생산지

VQA와인은 해당 지역에서 재배되는 포도 100%로 만들어야 하며, 해당 해에 수확되는 포도의 85% 이상, 표기된 품종의 85%이상이 포함되어야 한다.

· **온타리오주 VQA**
라벨에 표기된 명칭과 지역 명칭에서 재배된 최소 85% 포도, 하위 명칭(나이아가라 반도)에 100% 포도가 사용되어야 한다.

· **브리티시 컬럼비아주 VQA**
라벨에 표기된 명칭에서 재배된 최소 95%의 포도가 사용되어야 한다.

● ● ● 3.12.                                           칠레 와인

칠레는 남미의 와인 생산국 중에서 가장 중요한 위치를 차지하고 있다. 18세기 중엽부터 보르도 와인을 본보기로 삼아 발전한 칠레 와인은 포도 재배에 적합한 천혜의 자연환경을 바탕으로 성공을 거뒀다. 이곳의 자연환경에 주목한 세계 각국의 와인 생산자들이 칠레 와인 산업에 투자했고, 그들이 가져온 양조 기술로 인해 칠레 와인은 더욱 발전할 수 있었다.

20세기 후반까지는 카베르네 소비뇽과 메를로, 카르메네르 와인이 유명했지만, 오늘날엔 시라, 샤르도네, 피노 누아, 말벡 와인뿐만 아니라 비오니에와 게뷔르츠트라미너 와인까지 세계 와인 시장에 진출하고 있다.

## 지리적 요소

안데스 산맥 서편에 위치한 칠레는 남북의 길이가 4,000km가 넘는다. 이 때문에 남북 지역의 기온 차이가 엄청나며, 기후 또한 다양하다. 중부지역은 지중해성 기후를 띠고 있고, 그 외곽 지역은 해양성 기후를 갖고 있다. 날씨가 온화하고 일조량도 풍부해 전반적으로 포도 재배에 알맞다. 주요 산지들이 자리잡고 있는 중앙의 센트럴 밸리$^{Central\ Valley}$는 강수량이 적어 건조하며, 여름 날씨가 더운 곳이다. 해질녘에 부는 서늘한 바닷바람 때문에 일교차가 커서 포도에 산도가 넉넉하게 축적된다. 지역적으로 다소 차이가 있지만, 토양은 주로 석회암과 모래 등이 섞여 있는 양토$^{Loam}$이다.

## 역사적 배경

16세기 중반까지 파이스$^{Pais}$ 포도로 와인을 만들어 내수 시장에서 소비했다. 18세기에 관개 시설을 정비하면서 센트럴 밸리 일대에 포도를 재배할 수 있게 되었고, 19세기에 와인 산업으로 자본이 몰리면서 크게 발전했다. 필록세라가 침입하지 않은 것도 와인 산업의 발전에 일조했다. 1989년 피노체트 정권이 물러나면서 와인 산업이 더욱 활기를 띠었다. 이에 외국의 유명 와이너리들이 칠레 와이너리와 합자하거나 직접 투자했고, 알마비바$^{Almaviva}$ 같은 우수한 와인이 탄생하게 되었다. 외국에서 양조학을 공부한 젊은 와인 생산자들의 노력으로, 오늘날 칠레 와인은 날로 발전하고 있다.

## 포도 품종

**· 적포도 품종**

카베르네 소비뇽과 메를로로, 단일 품종 와인과 보르도 블렌딩 스타일의 와인을 생산한다. 이 와인들은 짙은 자주색에 진한 베리 향이 나며, 오크 숙성을 통해 더욱 발전할 수 있는 잠재력을 갖췄다. 칠레의 특산 포도인 카르메네르는 처음엔 메를로로 잘못 알려졌지만, 90년대 중반 연구 결과를 통해 유럽에선 거의 멸종한 카르메네르라는 것이 밝혀졌다. 카르메네르Carmenere 와인은 미디엄 혹은 풀 바디로, 색상이 진하고 타닌이 많다. 산도와 알코올 함량은 중간 정도이거나 높다. 블랙베리 같은 진한 색의 과일 향과 후추 같은 향신료 향을 풍기며, 덜 익은 포도로 만들면 톡 쏘는 피망이나 녹색 콩의 풍미가 난다. 종종 카베르네 소비뇽이나 메를로와 블렌딩 되기도 한다.

**· 청포도 품종**

샤르도네는 품질이 우수한 편이다. 특히 카사블랑카 밸리Casablanca Valley의 샤르도네 와인은 신선한 산도와 자몽 향을 지녔고 품질이 뛰어나다. 한동안 소비뇽 베르Sauvignon Bert를 소비뇽 블랑으로 잘못 알고 와인으로 만든 적이 있었으나, 진짜 소비뇽 블랑으로 와인을 생산하기 시작하면서 소비뇽 블랑 와인의 품질도 빠르게 좋아지고 있다.

## 포도 재배 및 와인 양조

토양이 비옥하고 일조량이 충분해 포도가 잘 자라지만, 강수량이 적다 보니 안데스 산맥에서 흘러내리는 물을 이용한 관개 농법이 발달했다. 필록세라의 피해가 없어 묘목을 접붙이지 않았지만, 관개 수로의 확장과 함께 선충의 피해가 우려되어 최근에 심는 묘목들은 대부분 접목을 한다. 최고의 와인 생산지는 태평양에서 불어오는 차가운 해풍과 바다 안개가 자리한 곳으로, 최근엔 고지대에 위치한 포도밭도 점점 늘고 있다. 온화한 기후 덕분에 농약과 화학 비료를 쓰지 않는 유기농organic 재배가 수월해, 많은 생산자가 유기농 와인을 만들고 있다. 저가 와인용 포도를 재배하는 포도밭은 해안 지역의 산악 지대와 안데스 산맥 사이에 남북으로 길게 위치한 센트럴 밸리 어귀에 있다.

규제가 적어 최신 양조 기술들을 다양하게 사용하며, 스테인리스 스틸 발효조와 오크 캐스크가 널리 쓰인다. 오크 사용은 필수적인데, 고급 와인은 새 오크 통에서 숙성하지만 저렴한 와인들은 오크 조각을 써서 비슷한 효과를 낸다.

## 3.12. 칠레 와인

### 와인법과 등급

1994년 신대륙의 와인법을 참조해 칠레 전역의 와인 생산지를 리전$^{Region}$, 서브 리전$^{Sub-Region}$, 존$^{Zone}$, 에어리어$^{Area}$로 세분화한 생산지 명명법, 데노미나시오네스 데 오리헨DO$^{Denominaciónes\ de\ Origen}$ 법을 만들었다. 이 규정에 따라 와인 라벨에 지역명과 빈티지를 표기할 때에는 해당 지역과 빈티지의 포도를 최소 75% 이상 사용해야 한다.

2012년 해안으로부터의 거리에 따라 와인 산지를 추가 분류하는 세부 등급 체계가 생겼다. 해안 지역인 코스타$^{Costa}$, 산맥 사이에 있는 엔트레 코르디에라스$^{Entre\ Coirdilleras}$, 산악 지대인 안데스$^{Andes}$이다. 이 규정에 따라 라벨에 포도 품종명을 표기할 경우, 최소 85% 이상 사용해야 한다.

와인 라벨에 레제르바$^{Reserva}$와 레제르바 에스페시알$^{Reserva\ Especial}$, 레제르바 프리바다$^{Reserva\ Privada}$, 그란 레제르바$^{Gran\ Reserva}$ 라는 용어를 붙이려면 더 높은 최소 알코올 도수가 요구되며, 그란 레제르바와 레제르바 프리바다의 경우 레드 와인은 최소 6개월 이상 오크 숙성해야 한다. 그러나 이 용어들은 법적으로 명확한 구분이나 의미는 없다. 단지, 생산자들이 와인 포트폴리오에서 와인을 분류하기 위한 것일 뿐이다.

### 와인 생산 지역

남북으로 길게 뻗은 국토를 따라 와인 생산지 역시 북에서 남으로 차례차례 이어진다. 안데스 산맥 곳곳의 계곡에 위치한 와인 생산지는 크게 네 개 지역으로 나뉜다.

· **코킴보 지역** Coquimbo Region

오랫동안 테이블 와인과 브랜디의 일종인 피스코$^{Pisco}$를 생산해 왔다. 최근엔 풍부한 일조량과 건조한 기후, 산과 바다에서 부는 서늘한 바람 덕분에 고급 와인 생산지로 떠오르고 있다. 엘퀴 밸리$^{Elqui\ Valley}$는 소비뇽 블랑과 시라로, 리마리 밸리$^{Limari\ Valley}$는 샤르도네로 유명해지고 있다.

· **아콩카구아 지역** Aconcagua Region

아콩카구아 밸리는 칠레에서 가장 오래된 와인 생산지 중 하나이다. 풍부하고 잘 익은 과일 향과 높은 알코올, 풍부한 타닌을 지닌 레드 와인으로 유명하다. 과거엔 주요 품종이 카베르네 소비뇽이었지만, 최근엔 시라와 카르메네르 재배지도 늘고 있다.

카사블랑카 밸리와 산 안토니오 밸리<sup>San Antonio Valley</sup>는 소비뇽 블랑과 샤르도네로 칠레 최고의 화이트 와인을 생산하는 곳이며, 피노 누아 와인의 품질도 좋다. 두 지역 모두 훔볼트 해류<sup>Humboldt Current</sup>의 영향을 받아 기후가 서늘하다. 특히 아침에 발생하는 안개 때문에 포도가 늦게 익으면서 오랫동안 나무에 매달려 있게 되는데, 이는 와인에 복합적인 풍미를 더해 주는 역할을 한다.

### · 센트럴 밸리 지역 Central Valley Region

칠레 와인의 90%를 생산하는 중요한 지역이다. 해안 근처의 포도밭은 차가운 훔볼트 해류의 영향을 받지만, 안데스 산맥 근처의 포도밭은 전혀 해양의 영향을 받지 않는다. 그래서 같은 품종이라도 스타일과 품질이 다양하다. 기온은 나파 밸리와 보르도의 중간 정도로, 보르도 품종을 재배하기 위한 최적의 조건을 갖췄다.

칠레에서 가장 좋은 카베르네 소비뇽 와인을 만드는 마이포 밸리<sup>Maipo Valley</sup>는 안데스 산 근처에 위치한다. 19세기부터 와인을 생산하기 시작했고, 유서 깊은 와이너리들이 많이 있다. 라펠 밸리<sup>Rapel Valley</sup>는 센트럴 밸리에서 포도밭이 가장 넓은 곳이다. 이상적인 와인 생산 조건을 갖추고 있으며, 카베르네 소비뇽과 메를로, 샤르도네, 소비뇽 블랑 와인 등을 생산한다. 특히 일부 해양의 영향을 받는 콜차구아 밸리 존<sup>Colchagua Valley Zone</sup>에서는 보르도 스타일의 뛰어난 와인이 많이 나오고 있다. 쿠리코 밸리<sup>Curico Valley</sup> 역시 19세기 초부터 와인을 생산하던 곳으로, 주요 품종은 카베르네 소비뇽, 메를로, 카르메네르, 소비뇽 블랑이다. 마울레 밸리<sup>Maule Valley</sup>는 칠레 특산 품종인 카르메네르의 고장으로 널리 알려졌다.

### · 남부 지역 Southern Region

파이스 포도와 뮈스카 오브 알렉산드리아를 주로 재배하지만, 기후가 매우 서늘해서 피노 누아나 샤르도네를 재배해도 좋다. 연 강수량이 1,000mm가 넘어 곰팡이 질병이 쉽게 퍼질 수 있는 것이 단점이다. 남부 지역의 와인 생산지로는 비오 비오 밸리<sup>Bio Bio Valley</sup>, 이타타 밸리<sup>Itata Valley</sup>, 마예코 밸리<sup>Malleco Valley</sup>가 있다. 피노 누아와 샤르도네 뿐만 아니라 산도와 향이 좋은 고급 품종들로 만든 와인으로 명성을 높이고 있다.

# 3.13. ARGENTINA

1. CAFAYATE
2. FAMATINA VALLEY
3. SAN JUAN
4. LUJÁN DE CUYO
5. MAIPÚ
6. UCO VALLEY
7. NEUQUEN
8. RÍO NEGRO

안데스 산맥 서쪽 사면에 있는 아르헨티나의 포도 재배지는 일 년 내내 비가 내리지 않는 청명한 날씨에다 일교차도 커서 포도 재배와 와인 양조에 적합하다. 오랫동안 내수용의 저가 와인만 생산했지만, 1990년대부터 와인 산업이 빠르게 발전하면서 와인 품질도 급상승했다. 오늘날 말벡으로 만든 레드 와인은 세계 최고 수준의 맛과 향을 보여 주고 있다. 주요 생산지인 멘도사$^{Mendoza}$는 세계 8대 와인 산지 중 하나로 인정받고 있다.

## 지리적 요소

남단의 리오 네그로$^{Rio\ Negro}$를 제외한 나머지 포도 재배지가 모두 안데스 산맥의 동쪽 기슭에 있다. 포도밭은 대부분 해발 900m 정도의 고지대에 자리 잡고 있다. 높은 고도로 인한 심한 일교차 때문에 포도는 훌륭한 색과 향을 갖게 되고, 산도도 높게 축적된다. 태평양에서 불어오는 습기찬 바람은 안데스 산맥 정상 부분에 눈과 비를 내린 후 메마른 바람이 되어 아르헨티나 쪽으로 불어내린다. 이로 인해 포도 재배지가 매우 덥고 건조해서 관개 시설은 필수적이다.

## 역사적 배경

1885년 멘도사에서 부에노스아이레스까지 철도가 놓이면서 와인 산업이 성장했지만, 여전히 생산량 중심의 품질 낮은 와인이 대부분이었다. 1980년대부터 현대적인 설비와 양조 기술을 도입해 와인 품질이 올라가기 시작했고, 1990년대에 정부 지원과 외국 자본의 투자로 급성장했다. 현재는 프랑스, 이탈리아, 스페인, 미국에 이어 세계 5대 와인 생산국이 되었다.

## 와인법과 등급

남미 최초로 생산지 명명 관리 시스템인 데노미나시옹 데 오리젱 콘트롤라다 DOC$^{Denominación\ de\ Origen\ Controlada}$ 체계를 갖췄지만, 여전히 멘도사, 리오 네그로$^{Rio\ Negro}$, 카파야테$^{Cafayate}$ 같은 지역 명칭을 라벨에 표기하는 것이 일반적이다.

## 포도 품종

마케팅 차원에서 특별히 말벡$^{Malbec}$과 토론테스$^{Torrontés}$ 두 품종을 홍보하고 있다. 보르도에서 전래한 말벡은 멘도사에서 세계 최고의 레드 와인 중 하나를 만들 수 있는 포도로 재탄생했다. 아르헨티나 전역에서 재배하지만, 멘도사의 재배지가 가장 넓다. 블랙베리나 서양 자두 같은 검붉은 과일과 정향, 후추 같은 향신료가 섞인 풍미가 나는 말벡 와인은 진한 자줏빛에 풍부하고 부드러운 타닌을 지닌 풀 바디 와인으로 장기 숙성에도 적합하다. 단일 품종 와인 또는 카베르

●● 3.13. 아르헨티나 와인

네 소비뇽이나 메를로와 혼합한 와인으로 생산하며, 고급 말벡 와인은 오크 숙성을 통해 맛이 더욱 향상된다.

토론테스는 아르헨티나의 특산 청포도이다. 토론테스 와인은 중간 정도의 산도에 높은 알코올 도수와 드라이한 맛을 가진 미디엄 바디 화이트 와인으로, 포도와 오렌지 껍질, 복숭아 같은 과일 향과 함께 향수와 꽃향기가 매우 두드러진다. 이외에 보나르다, 산지오베세, 템프라니요, 카베르네 소비뇽, 메를로, 시라, 샤르도네 같은 포도도 많이 재배한다.

**포도 재배 및 양조**

안데스 산맥에서 흘러내리는 강물을 관개 수로로 끌어들여 포도밭에 공급한다. 모래가 많은 토양과 건조한 공기 덕분에 선충 Nematoes을 제외하곤 병충해가 없으나, 봄의 늦서리와 여름 우박이 포도에 큰 피해를 준다. 주요 재배지는 기후가 덥고 건조하며 일조량이 많다. 고급 와인 생산지는 고지대에 위치하여 좀 더 서늘하다. 현대적인 양조장에서는 최신 설비로 와인을 만들고, 고급 와인을 생산할 때에는 오크 바리크를 사용한다. 그러나 크고 낡은 오크통에서 장시간 숙성하는 옛날 방식을 쓰는 곳도 많다.

**와인 생산 지역**

멘도사 지방 Mendoza Provence과 산 후안 지방 San Juan Provence은 아르헨티나에서 생산되는 와인 생산량의 90% 이상을 차지한다. 특히 멘도사 지방은 전체 아르헨티나 와인의 70% 이상을 생산한다. 그중 루한 데 쿠요 Luján de Cuyo는 고품질의 말벡 와인을 만드는 지역으로 알려져 있다. 아르헨티나의 프리미엄급 블렌드 와인의 대부분이 이 지역의 말벡으로 만든 레드 와인으로, 프랑스 카오르 Cahors 지방의 말벡 와인과 스타일이 매우 다르다. 루한 데 쿠요 동쪽에 위치한 마이푸 Maipu는 시라와 카베르네 소비뇽이 유명하다. 멘도사 남서부의 우코 밸리 Uco Valley는 멘도사에서 가장 높은 고도에 포도밭이 위치하며, 고품질 와인 생산지로 명성을 쌓고 있다. 샤르도네, 토론테스, 소비뇽 블랑, 피노 누아, 말벡, 카베르네 소비뇽과 메를로 모두 좋은 품질의 와인을 생산하고 있다.

최북단의 살타 지방 Salta Provence에 있는 카파야테 Cafayate는 토론테스 포도의 고향으로, 높은 고도에 따른 큰 일교차가 포도의 산도를 유지하면서 맛과 향을 발전시킬 수 있도록 해 준다. 이곳의 카베르네 소비뇽과 메를로 와인 역시 품질이 뛰어나다.

## 3.14. 남아프리카 공화국 와인

남아프리카 공화국의 와인은 우리에게 익숙하지 않지만, 350여 년의 긴 전통을 갖고 있다. 19세기까지도 유럽에서 높은 평가를 받아 왔다. 20세기에 접어들면서 보어 전쟁과 인종 차별로 어려움을 겪었지만, 인종 차별의 종식과 함께 와인 생산자들이 와인의 품질과 평가를 성공적으로 향상시켰다.

### 지리적 요소

아프리카 최남단에 위치해 있다. 포도를 재배하기 가장 좋은 곳은 지중해성 기후가 나타나는 남서부 지역으로, 희망봉 Cape of Good Hope 주변에 와인 생산지가 몰려있다. 내륙은 사막 Desert과 스텝 Steppe 기후 지대이며, 남동부는 해양성 기후 지역에 속한다. 차가운 벵겔라 해류 Benguela Current의 영향으로 해안 지대는 위도에 비해 서늘하고, 비는 겨울에 집중되는데 남서부 해안 지대로 갈수록 강수량이 많아진다. 포도밭은 해안에서 50km 정도 떨어진 곳에 있으며, 더운 낮과 서늘한 밤의 큰 기온 차이 속에서 자란 양질의 포도를 사용해 프리미엄급 와인을 만들 수 있다.

### 역사적 배경

희망봉 기지 사령관으로 부임한 얀 반 리베크 Jan Van Riebeeck가 1659년 괴혈병 치료에 쓰기 위해 처음으로 와인을 만들면서 남아프리카 공화국 와인의 역사가 시작되었다. 이후 시몬 반 데르 스텔 Simon van der Stel 총독이 콘스탄시아 Constantia에 포도 농장을 세웠고, 종교 탄압을 피해 온 위그노 Huguenot들이 와인 산업을 더욱 발전시켰다. 케이프 반도에서 생산하는 달콤한 콘스탄시아 와인은 18세기에 세계적인 명성을 누렸다. 그러나 19세기 중반의 필록세라 침입과 보어 전쟁 Boer War으로 인해 포도밭이 황폐화되었고, 와인 수출의 핵심 시장도 함께 잃는 고초를 겪게 된다. 이 난관을 타개하고자 1918년 협동조합인 KWV를 설립했다. KWV는 1992년에 민영화되었다.

### 포도 품종

· **적포도 품종**
카베르네 소비뇽은 단일 품종 와인이나 보르도 스타일의 블렌딩 와인으로 생산되며, 코스탈 Coastal 지역과 스텔렌보쉬 Stellenbosch 구역이 유명 산지이다. 철분이 풍부한 점토 토양에서 재배하는 메를로는 점차 수확량이 늘고 있다. 피노 타지 Pinotage는 남아프리카 공화국의 특산 포도로, 피노 누아와 생소 Cinsaut의 교배종이다. 타닌은 중간 정도이고, 붉은 과일 또는 검은 과일 향과 함께 종종 식물성 향과 타르, 가죽 같은 동물성 향이 나는 풀 바디 와인을 만들 수 있다. 생소, 시라, 피노 누아 등도 재배한다.

· **청포도 품종**

현지에서는 스틴$^{Steen}$이라고도 부르는 슈냉 블랑을 가장 널리 재배한다. 남아프리카 공화국의 슈냉 블랑 와인은 미디엄 바디에 상큼한 시트러스와 열대 과일 풍미가 나는 드라이 또는 스위트 와인으로, 더운 기후에도 중간 이상의 높은 산도를 갖고 있다. 대체로 저가의 화이트 와인으로 대량 생산되며, 그중에는 샤르도네와 혼합한 것도 있다. 슈냉 블랑-샤르도네 와인에서 슈냉 블랑은 신선한 산도와 시트러스 풍미를 더해 준다. 프리미엄급 슈냉 블랑 와인 중에는 오크통 발효와 숙성을 거쳐 토스티한 오크 풍미가 더해진 풀 바디 와인도 있다. 스파클링 와인이나 브랜디를 만들 때도 많이 사용한다.

샤르도네는 코스탈 리전이 주요 생산지로, 과일 향 위주의 와인부터 젖산 전환, 오크통에서 발효 및 숙성을 한 부르고뉴 스타일의 고급 와인까지 다양한 스타일로 생산된다. 소비뇽 블랑은 레몬, 라임 및 녹색 과일의 잔디 향이 감도는 서늘한 지역의 특성과, 복숭아 풍미에 톡 쏘는 듯한 피망 향이 감도는 따뜻한 지역의 특성 와인이 함께 생산된다. 코스탈 리전과 콘스탄시아 구$^{Ward}$가 주요 생산지이다.

**포도 재배 및 와인 양조**

케이프 타운 인근의 산악 지형과 대서양에서 불어오는 차가운 바람 덕분에 독특한 미세기후가 형성되어 다양한 품종의 포도를 재배할 수 있다. 피노타지를 중심으로 다른 국제 품종과 블렌딩하여 생산하는 '케이프 블렌드(Cape Blend)'로 널리 알려져 있다. 현대적인 양조 기술과 장비를 활용하며, 프리미엄 와인 생산에는 프랑스산 오크 바리크를 사용한다. 남아프리카 공화국의 와인 산업은 규제가 비교적 적어 다양한 최신 양조 기술을 활용할 수 있으며, 지속 가능한 방식으로 고품질의 와인을 생산하는 데 중점을 두고 있다.

**와인법과 등급**

1973년 제정된 원산지 와인법은 원산지 표기 방법과 라벨에 표시하는 품종 및 빈티지에 관한 정보를 아래와 같이 규정하고 있다.

## ●● 3.14. 남아프리카 공화국 와인

- 라벨에 산지명을 표시할 경우, **해당 산지의 포도를 100%** 사용할 것
- 라벨에 포도 품종을 표시할 경우, **표시된 품종을 최소 85% 이상** 사용할 것
- 라벨에 빈티지를 표시할 경우, **해당 빈티지에 수확한 포도를 85% 이상** 사용할 것

포도원도 원산지 와인법 규정에 의해 통제된다. 규정에 따라 남아프리카 공화국의 와인 생산지는 다음과 같이 분류된다.

- **포도원** : 에스테이트Estate, 가장 작은 생산 단위이다.
- **구** : 와드Wards, 포도원이 모여 이루어진다.
- **구역** : 디스트릭트District, 구가 모여 이루어진다.
- **지역** : 리전Region, 구역이 모여 이루어진다.
- **지리적 단위** : 지오그래피칼 유닛Geographical Unit, 여러 개의 지역과 구역이 합쳐진 것으로 웨스턴 케이프가 유일한 구역이다. 모든 와인 생산지가 이 단계를 차례로 거치진 않는다. 예를 들어 콘스탄시아 구는 어떤 구역에도 속하지 않고 바로 코스탈 리전에 포함된다.

### 와인 생산 지역

전체 와인의 90% 이상이 웨스턴 케이프 지역에서 생산된다. 나머지 와인들은 케이프 북부Northern Cape 지역과 더운 기후를 지닌 오렌지강Orange River 유역에서 만들어진다.

#### ・웨스턴 케이프 Western Cape
노던 케이프의 포도밭을 제외한 거의 모든 와인 생산지를 포함하는 거대한 와인 생산 지역이다. 지역 안의 여러 산지에서 수확한 같은 종류의 포도를 블렌딩하여 단일 품종 와인을 만들 수 있다.

#### ・코스탈 리전 Coastal Region
가장 오래된 구인 콘스탄시아 구Ward는 더반빌Durbanville 구와 함께 바다의 영향을 많이 받는 곳으로, 다양한 아로마를 보여 주는 소비뇽 블랑을 재배하기에 좋다. 고품질 와인의 생산 중심지인 스텔렌보쉬 구역District은 보르도 품종과 시라

뿐만 아니라 남아프리카 공화국의 특산 품종인 피노 타지로 만든 레드 와인이 유명하다. 또한, 해안 근처의 서늘한 곳에서는 고품질의 소비뇽 블랑, 슈냉 블랑, 샤르도네도 생산한다. 남아프리카 공화국에서 가장 뛰어난 와인 산지 중 하나인 파알 구역에는 KWV의 사무실과 셀러가 있다.

· **브리드 리버 밸리 지역** Breede River Valley Region
우스터 Worcester 구역과 로버트슨 Robertson 구역이 가장 중요한 와인 생산지이다. 주로 대량 생산 브랜드의 레드와 화이트 와인을 생산한다.

· **케이프 남부 해안 지역** Cape South Coast Region
워커 베이 Walker Bay와 워커 베이 북쪽의 오버베르그 Overberg 구역 안에 있는 엘긴 Elgin 구역에서는 남아프리카 공화국 최고의 피노 누아와 샤르도네 와인을 생산한다. 워커 베이 남쪽에 있는 엘림 Elim 구는 진한 풀 향이 나는 소비뇽 블랑으로 유명하다.

테이스팅 실습 ⑯     칠레, 아르헨티나, 남아프리카 공화국 와인

**WINE**

vs. 칠레 카르메네르
     아르헨티나 말벡
     남아프리카 공화국의 피노타지

**TASTING POINT**

◯ 국가별 품종 비교

나라별 대표 포도 품종의 특성을 학습한다.
시음을 통해 와인의 풍미의 특성과 스타일을 비교한다.

**Q** 깊은 색, 검은 과일의 풍미와 강렬하면서도 톡 쏘는 검은 후추의 풍미가 두드러진 와인은?

**Q** 제비꽃, 블랙 체리와 검은 자두 등의 아로마틱한 풍미를 가지며, 높은 산도와 높고 부드러운 타닌을 가진 와인은?

**Q** 중간 색, 검붉은 과일 풍미, 중간 정도의 산도와 타닌을 가진 와인은?

# 3.15. AUSTRALIA

● ● 3.15.   호주 와인

호주 와인 생산자들은 와인의 맛과 향을 개선하기 위해 여러 가지 방법을 연구했고, 그 노력은 와인 양조 기술의 혁신으로 이어졌다. 오늘날 세계 각국에 퍼져있는 현대적인 와인 양조법의 상당수가 호주 와인 생산자들에 의해 개발된 것이다. 꾸준한 품질 향상과 시장에 맞는 와인의 개발, 그리고 합리적인 가격 책정으로 오늘날 호주 와인 업계는 전체 생산량의 절반 이상을 해외에 수출할 정도로 시장을 확대했다.

### 지리적 요소

다양한 기후와 토양을 볼 수 있는 광대한 땅이지만, 포도 재배에 적합한 지역은 의외로 많지 않다. 북부와 중앙 지역은 너무 더워 포도가 잘 자랄 수 없다. 포도 재배가 가능한 곳은 지중해성 기후와 해양성 기후, 온난 습윤 기후가 나타나는 남동부와 남서부 지역이다. 헌터 밸리를 제외한 유명한 생산지들은 대부분 남부 해안 근처나 고도가 높은 산악 지대에 위치하며, 강수량이 충분하지 않아 관개 시설을 이용하는 곳도 많다. 최근에는 서늘한 기후를 가진 태즈메이니아 Tasmania 섬이나 고지대를 중심으로 와인 생산지가 점점 늘고 있다. 토양도 매우 다양하지만, 유럽과 달리 여러 곳의 포도를 블렌딩하는 경우가 많아 중요성은 떨어진다.

### 역사적 배경

1824년 제임스 버스비 James Busby가 유럽에서 가져온 678종의 다양한 포도 묘목을 심었고, 루터파 교인들이 사우스 오스트레일리아주에 정착하면서 독일 품종을 재배하기 시작했다. 빅토리아주에서는 초대 총독인 찰스 라트로브 Charles Latrobe와 스위스 이주민들이 포도를 재배하고 와인을 만들었다. 1880년대까지 이곳의 와인이 전체 호주 와인 생산량의 3/4을 차지했다.

과거에는 기술이 부족해 와인이 매우 조악했지만, 외국 기술을 도입하면서 품질이 향상됐다. 전통적으로 강화 와인을 주로 생산했으나, 일반 와인의 소비가 점차 늘어 1970년대에는 전체 판매량의 50%에 이르렀다. 현대적 설비를 갖춘 양조장이 늘어나면서 호주 와인의 품질과 명성은 더욱 빠르게 올라갔다. 오늘날 영국과 미국 시장에서 판매량 1위로 올라섰지만, 지나치게 상업적인 와인 생산으로 장기적인 호주 와인 산업에 있어 생존력을 위협하는 요소로 지적되고 있다. 공급 과잉 문제도 발생하고 있다.

## 포도 품종

**· 적포도 품종**

호주산 쉬라즈는 진한 색을 띠면서 검은 과일, 민트, 유칼립투스, 향신료 등의 향을 가진 강렬한 와인을 만들 수 있고, 비오니에$^{Viognier}$와 블렌딩하면 복합적인 향과 좋은 질감을 갖게 된다. 쉬라즈에 카베르네 소비뇽이나 메를로를 혼합한 와인도 다양한 가격으로 시장에 나오고 있다. 카베르네 소비뇽은 쉬라즈보다 타닌이 더 풍부하고 높은 산도와 진한 색소를 가졌다. 와인에서는 블랙커런트나 블랙체리 같은 과일 향과 오크 향이 잘 드러난다. 단일 품종 와인으로 만들지만, 다른 품종과의 혼합도 잦다. 메를로는 다른 품종과 섞기도 하지만, 주로 단일 품종 와인으로 생산한다. 그 외에 피노 누아와 그르나슈, 무르베드르 등을 재배한다. 무르베드르는 마타로$^{Mataro}$라고 불리기도 한다.

**· 청포도 품종**

리슬링 와인은 산도가 높고 알코올은 중간 정도이며, 질감이 풍부하고 라임이나 자몽 같은 감귤류 향과 꽃향기가 풍부하다. 드라이하거나 오프-드라이하며, 오크 숙성은 하지 않는다. 샤르도네 와인은 저온 발효 방식을 사용해 드라이하면서 강건하고, 진한 열대 과일 향과 바닐라, 토스트 풍미가 나도록 만든다. 최근엔 오크를 쓰지 않고 신선한 맛을 강조하거나 세미용과 블렌딩하는 경우도 많다. 호주 여러 곳에서 재배하는 세미용은 시트러스 향이 나는 미디엄 바디 와인부터 진한 과일 향에 강한 식물성 풍미를 지닌 풀바디 와인까지 다양한 스타일로 생산된다. 종종 샤르도네와 블렌딩하기도 한다.

## 포도 재배 및 와인 양조

날씨가 매우 건조해서 내륙 생산지는 거의 사막 수준이다. 따라서 관개 시설은 호주의 와인 생산지에서 필수적이다. 호주 와인 생산자들의 목표는 오로지 맛있는 와인이다. 유럽처럼 지역과 품종, 양조법에 구애받지 않고 현대적이고 혁신적인 포도 재배법과 양조법을 사용한다. 스테인리스 스틸 발효 탱크를 처음 개발한 곳도 바로 호주로, 그 덕분에 전 세계 어디에서나 저온 발효법으로 신선하고 과일 향이 풍부한 와인을 생산할 수 있게 되었다. 여러밭의 포도를 섞어서 와인을 만드는 경우가 더 많고, 수확한 포도를 다른 지역으로 옮겨서 양조하는 일도 있다. 생산 단가를 낮추기 위해 오크칩을 쓰기도 하고, 부족한 산이나 타닌을 첨가하는 것도 무방하다. 호주의 많은 대학에 설립된 양조학과에는 전 세계 젊은 이들이 몰려들어 더 맛있는 와인을 위한 연구 개발을 계속하고 있다.

## 와인법

와인 산지명을 보호하기 위해 만든 지리적 규정인 지오그라피컬 인디케이션 Geographical Indications은 포도 품종, 재배 방식, 수확량, 와인 스타일 등을 특정짓지 않는다. GI는 라벨 통합 방안 Label Integrity Scheme에 따라 와인병에 적힌 정보를 보증할 뿐이며, 와인의 스타일이나 품질은 전적으로 소비자가 판단해야 할 부분이다. 규정은 다음과 같다.

- 라벨에 지역명을 표시할 경우, **해당 지역의 포도를 최소 85% 이상** 사용할 것
- 라벨에 포도 품종을 표시할 경우, **표시된 품종을 최소 85% 이상** 사용할 것
- 라벨에 빈티지를 표시할 경우, **해당 빈티지에 수확한 포도를 85% 이상** 사용할 것
- 두 지역 이상에서 수확한 포도를 사용할 경우, **재배지를 모두 표시**할 것. 다만 한 지역의 포도가 85%를 넘을 경우엔 그 지역만 표시할 수 있다. 와인에 사용한 품종이 두 가지 이상일 경우, **함량이 많은 순서대로** 라벨에 표시할 것

## 와인 생산 지역

호주 와인의 생산지 표시는 1993년부터 시작되었다. 사우스 이스턴 오스트레일리아 수퍼 존 아래 6개의 주State, 26개의 존Zone, 약 65개의 지역Region으로 구분하며, 지역 중에는 하위 지역Sub Region이 있는 곳도 있다. 지역과 지역 와인을 블렌딩하면 라벨에는 상위 지역인 존의 이름을 표시하고, 다른 존의 지역 와인과 블렌딩하면 주의 이름을 표시한다. 일부 고급 와인을 제외하고 지명이 주, 혹은 다수의 주Multi-State로 표시된 와인은 대부분 대량 생산하는 저가 와인이다. 주요 생산지는 다음과 같다.

### 사우스 이스턴 오스트레일리아 존
South Eastern Australia Zone

사우스 오스트레일리아South Australia의 리버랜드Riverland, 빅토리아Victoria의 머리-달링Murray-Darling과 뉴 사우스 웨일즈New South Wales의 리버리나Riverina가 이 존에 속한다. 특히 리버리나의 머럼비지Murrumbidgee강 일대는 관개용수를 100% 사용하는 지역으로, 와인 회사에 공급하는 저가 와인을 대량 생산한다. 이곳의 와인들은 대부분 호주 와인 생산지에서 생산한 포도나 와인을 블렌딩할 수 있고, '사우스 이스턴 오스트레일리아'라는 이름을 달고 판매된다. 가격이 높으면 프리미엄 생산지의 포도 비율이 높은 와인이라고 보면 된다.

## SOUTH EASTERN AUSTRALIA

1. CLARE VALLEY
2. BAROSSA VALLEY, EDEN VALLEY
3. MCLAREN VALE
4. ADELAIDE HILLS
5. RIVERLAND
6. LIMESTONE COAST
7. COONAWARRA
8. MURRAY-DARLING
9. GOULBURN VALLEY
10. HEATHCOTE
11. RUTHERGLEN
12. YARRA VALLEY
13. GEELONG
14. MORNINGTON PENINSULA
15. RIVERINA
16. HUNTER VALLEY

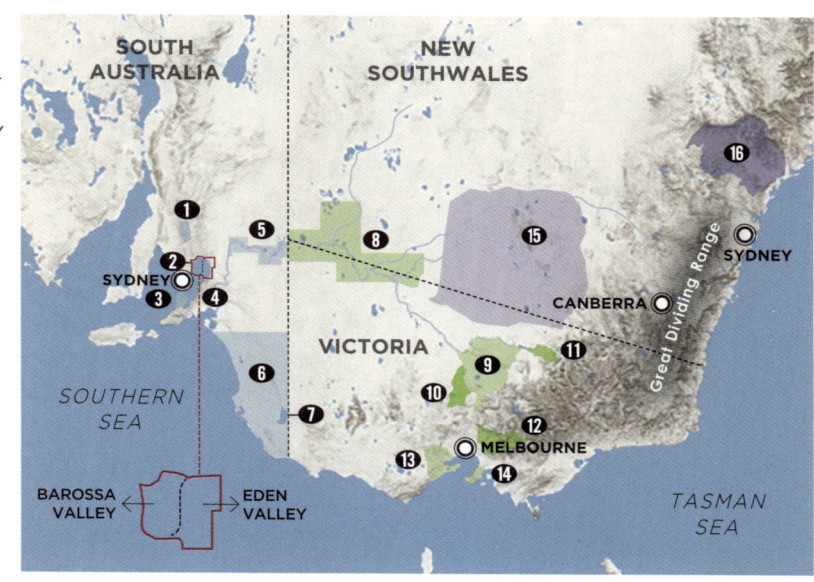

### 사우스 오스트레일리아
South Australia

**· 바로사 존** Barossa Zone

바로사 밸리 지역 Barossa Valley Region은 가장 주목할 만한 와인 생산지이다. 철광석과 석회암이 섞인 토양 위에서 오래된 포도나무들이 자라고, 그 나무들에서 수확한 뛰어난 품질의 쉬라즈와 그르나슈, 카베르네 소비뇽, 마타로 와인을 생산한다. 에덴 밸리 지역 Eden Valley Region에서 만드는 리슬링 와인은 드라이한 맛과 높은 산도를 가졌고, 라임과 자몽 같은 아로마가 풍기는 미디엄 바디 와인이다.

**· 마운트 로프티 레인지 존** Mount Lofty Ranges Zone

클레어 밸리 지역 Clare Valley Region의 리슬링 와인은 에덴 밸리 지역보다 산도가 좀 더 높고 가벼운 바디를 갖는다. 애들레이드 힐스 지역 Adelaide Hills Region에서는 복숭아와 레몬 향이 나며, 두드러진 산도를 갖춘 우아한 샤르도네 와인이 생산된다.

**· 플루리어 존** Fleurieu Zone

온화한 해양성 기후 지역인 맥라렌 베일 지역 McLaren Vale Region에서는 쉬라즈로 만든 레드 와인을 많이 생산한다. 랑혼 크리크 지역 Langhorne Creek Region에서는 입안에 꽉 차는 느낌을 주는 쉬라즈 와인을 생산한다.

### · 라임스톤 코스트 존 Limestone Coast Zone

원주민어로 '야생 인동 덩굴의 고장'이라는 의미인 쿠나와라 지역 Coonawarra Region에는 석회석에 붉은 철광석과 점토, 모래흙이 섞인 테라 로사 Terra Rossa라는 독특한 붉은 토양이 깔렸다. 테라 로사에서 자라는 카베르네 소비뇽은 이 지역 최고의 포도이다. 쿠나와라 지역과는 반대로, 패더웨이 지역 Padthaway Region에서는 뛰어난 샤르도네 와인이 생산된다.

## 빅토리아 Victoria

### · 포트 필립 존 Port Phillip Zone

멜버른 Melbourne 북동쪽에 있는 야라 밸리 지역 Yarra Valley Region은 피노 누아에 알맞은 토양과 서늘한 기후를 갖고 있다. 이곳의 피노 누아 와인은 대체로 딸기, 레드 체리 등 과일 향이 풍부하다. 멜버른 남부에 있는 모닝턴 페닌슐라 지역 Mornington Peninsula Region은 해양성 기후가 뚜렷하며, 피노 누아와 샤르도네를 주로 재배한다.

### · 센트럴 빅토리아 존 Central Victoria Zone

골번 밸리 지역 Goulbun Valley Region은 쉬라즈 와인의 근원지였지만, 1980년대부터 카베르네 소비뇽의 재배도 점차 늘고 있다. 고지대인 히스코트 지역 Heathcote Region에서는 강건하고 우아하며 복합적인 쉬라즈 와인을 생산한다.

### · 웨스턴 빅토리아 존 Western Victoria Zone

높은 고도로 인해 날씨가 서늘한 피레네 Prenees와 그람피안 Grampians 지역은 쉬라즈 와인의 생산지이다. 이곳의 쉬라즈 와인은 과일 향이 풍부하고 타닌이 강하고 산도가 높으며 후추 향이 진하다.

## 뉴 사우스 웨일즈 New South Wales

### · 헌터 밸리 존 Hunter Valley Zone

유서 깊은 와인 생산지로, 대도시인 시드니 Sydney와 가깝다. 연중 강수량이 많아 곰팡이와 필록세라의 피해를 볼 수 있지만, 품질 좋은 샤르도네와 세미용, 쉬라즈 와인을 생산한다. 특히 세미용 와인은 라이트하고 드라이하며, 알코올 도수는 낮지만 산도는 높다. 어릴 때는 섬세한 감귤류 향을 가진 중성적인 느낌이지만, 숙성하면서 토스트, 꿀, 견과류의 복합적인 풍미가 발달한다.

· 센트럴 레인지 존 Central Ranges Zone

서늘한 기후를 보이는 곳으로 머지 Mudgee, 오렌지 Orange, 코우라 Cowra 등지에서 품질 좋은 카베르네 소비뇽 와인과 샤르도네 와인을 생산한다.

웨스턴 오스트레일리아
Western Australia

· 그레이터 퍼스 존 Greater Perth Zone

호주에서 가장 오래된 포도 재배지 중 하나인 스완 밸리 지역 Swan Valley Region 은 서호주 와인 산업의 중심지이다.

· 사우스 웨스트 오스트레일리아 존 South West Australia Zone

마가렛 리버 지역 Margaret River Region 은 해양성 기후 지대로, 대체로 기온이 서늘해 리슬링, 세미용, 베르델호, 샤르도네 같은 청포도를 재배하기 좋다. 미세기후의 영향으로 따뜻한 곳에서는 보르도 블렌딩 스타일의 와인과 후추 향이 짙은 쉬라즈 와인을 생산한다.

**WESTERN AUSTRALIA**
1. MARGARET RIVER
2. FRANKLAND RIVER
3. MOUNT BARKER

태즈메이니아
Tasmania

호주에서 가장 기온이 낮은 곳이지만, 추운 날씨가 포도 품질에 긍정적인 영향을 준다. 뛰어난 샤르도네와 피노 누아, 스파클링 와인을 통해 명성을 쌓아가고 있다.

원래 양조용 포도를 키우기에 적합하지 않았지만, 현대 기술을 통해 한 세대 만에 세계 와인 시장의 주요 생산국으로 떠올랐다. 특히 이곳의 말버러산 소비뇽 블랑 와인은 국제적인 명성을 얻고 있다. 뉴질랜드는 와인 생산지로 잠재력이 크고, 매년 새로운 지역이 개발되는 등 와인 산업의 잠재력도 크다. 그러나 생산 규모가 작아 품질 좋은 뉴질랜드 와인은 비교적 고가에 거래된다.

## 지리적 요소

남섬과 북섬으로 이루어졌다. 전체적으로 해양성 기후를 띠지만, 북섬의 오클랜드 Auckland 주위는 아열대 기후, 남섬의 센트럴 오타고 Central Otago 지역은 건조한 대륙성 기후이다. 산악 지대가 많고 습기도 높아 포도 생산량은 적은 편이다.

## 역사적 배경

원래 뉴질랜드는 토양이 비옥하고 강수량이 많아서 양조용 포도를 재배하기에 불리하였다. 따라서 와인 산업은 물론 와인 품질도 보잘것없었다. 그러나 1980년대 리처트 스마트 박사가 '캐노피 관리 Canopy Management' 기술을 도입하면서 글로벌 품종을 재배할 수 있게 되었다. 와인 생산자들은 오랜 낙농업을 통해 축적된 발효 기술을 바탕으로 독특한 스타일의 와인을 만들었다. 뉴질랜드는 짧은 시간 안에 세계 와인 시장에서 주목받는 국가로 떠올랐다.

## 포도 품종

· 적포도 품종
뉴질랜드의 피노 누아 와인은 레드 체리, 라즈베리 같은 과일과 식물성 향이 나면서, 부드럽고 우아한 질감을 지녀 높은 인기를 누리고 있다.

· 청포도 품종
말버러 Marlborough 지역의 소비뇽 블랑 와인은 전 세계의 벤치마킹 대상이 될 정도로 품질이 뛰어나다. 높은 산도에 독특한 풀 향, 피망, 엘더플라워, 그리고 패션프루트 passion fruit 향이 나는 강렬한 아로마를 갖고 있다. 숙성되면서 아스파라거스 향이 날 때도 있다. 역시 널리 재배하는 포도인 샤르도네는 주로 라이트 바디에 높은 산도와 순수하고 깨끗한 과일 풍미를 가진 와인으로 생산되며, 기스본 Gisborne 지역의 샤르도네 와인은 열대 과일 향이 풍부하다.

## 3.16. 뉴질랜드 와인

### 포도 재배 및 와인 양조

뉴질랜드는 햇볕을 최대한 많이 받도록 잎을 조절하여 포도의 당도와 풍미를 끌어내는 '캐노피 관리'와 '트렐리싱trellising:격자 구조물' 기법의 선두 주자다. 와인 산업의 후발 주자이지만, 발전된 와인 기술과 최신 생산 시설의 혜택을 한껏 누리고 있다. 온도 조절과 스테인리스 스틸 탱크 사용에 매우 능숙한 와인 생산자들은 순수하면서 품종적인 특성이 강하게 드러나는 와인을 생산한다. 또한, 오크통에서의 발효와 숙성을 통해 복합적인 풍미의 와인도 생산한다.

### 와인법

국제 규격에 따라 라벨에 포도 품종, 빈티지 그리고 생산지를 적으면, 해당 와인의 85% 이상이 해당 포도 품종, 빈티지 또는 생산 지역에서 생산되어야 한다. 산지 이름에는 등급 개념이 없지만, 와이라우 밸리Wairau Valley나 김블레 그라블Gimblett Gravels 같은 명칭은 말버러나 혹스 베이보다 좀 더 세부적인 지역을 가리키는 것이라고 볼 수 있다.

### 와인 생산 지역

와인 생산지는 북섬North Island과 남섬South Island으로 나뉜다. 뉴질랜드의 대표 품종은 소비뇽 블랑, 샤르도네, 그리고 피노 누아이지만, 상대적으로 따뜻한 북섬에서는 카베르네 소비뇽과 메를로로 만든 와인도 생산하고 있다.

· 북섬
오클랜드는 레드 와인을 주로 생산한다. 기스본은 뉴질랜드 샤르도네의 본고장이라 부를 정도로 품질 좋은 샤르도네 와인을 생산한다. 남쪽에 있는 혹스 베이는 카베르네 소비뇽과 메를로, 샤르도네를 재배하기 좋은 곳이다. 웰링턴 북부의 마틴버러Martinborough에 있는 여러 곳의 부티크 양조장에서는 체리 향이 가득한 피노 누아 와인을 비롯한 다양한 고급 와인 생산으로 명성을 얻고 있다.

· 남섬
북동쪽 끝에 있는 말버러는 세계 최고 수준의 소비뇽 블랑 와인을 생산하는 곳이지만, 고품질의 샤르도네 와인과 피노 누아 와인도 만들고 있다. 센트럴 오타고는 긴 일조시간과 일교차가 커서 포도에 농축된 풍미가 깃들게 된다. 피노 누아와 리슬링, 피노 그리, 게뷔르츠트라미너 같은 알자스 품종으로 프리미엄급 와인을 생산한다.

# 3.17. ASIA

● ● 3.17.                                                                                                                     아시아 외 와인

    아시아의 와인 생산은 특히 중국과 인도에서 눈에 띄게 성장했다. 그중에서도 와인의 가장 중요한 소비국 중 하나로 자리 잡은 중국은 이미 규모 있는 와인 생산국이 되어 있다. 자체 통계에 따르면, 현재 중국은 세계에서 네 번째로 큰 규모의 미국과 경쟁하고 있다. 한 해 2억 갤런(약 7억 5천 7백만 리터)을 생산하며, 아시아 국가로서는 유일하게 세계 와인 생산량 10위 안에 들었다. 중국 내 약 26개의 지역에서 와인을 생산하고 있으며, 주 생산 지역은 베이징, 지린, 허난, 허베이, 톈진, 산둥, 산시 등 내륙의 북쪽이다. 또한, 중국 정부는 중북부에 위치한 닝샤후이족자치구를 '제2의 보르도'로 키울 것을 발표했으며, 2025년까지 한 해 3억 병, 2035년까지 한 해 6억 병의 와인을 생산하겠다는 계획을 밝혔다.

    이 밖에도 일본, 한국 등 동북아시아 지역에서도 와인을 생산한다. 일본에서는 국제 품종뿐 아니라, 실크로드를 통해 일본으로 전해진 청포도 고슈$^{Koshu}$와 1927년 '일본 와인의 아버지'라 불리는 가와카미 젠베이가 개발한 적포도 머스캣 베일리 A$^{Muscat\ Bailey\ A}$ 와인이 국제적인 인정을 받고 있다. 이 두 품종은 각각 2010년과 2013년, OIV에 와인 양조용 포도로 정식 등록되었다. 추위에 강한 홋카이도의 적포도 야마사치$^{Yamasachi}$도 2020년에 세 번째로 이름을 올렸다. 한국에서는 1990년대 중반에 들어서면서 충북 영동, 경북 영천, 안산 대부도 등에서 본격적인 한국 와인 산업이 시작되었다. 주품종으로는 식용 품종인 캠벨$^{Campbell}$과 뮈스카$^{Muscat}$ 패밀리인 머스캣 오브 알렉산드리아$^{Muscat\ of\ Alexandria}$, 일본 품종인 머스캣 베일리 A, 그리고 최근 국내에서 육성된 청포도 품종 청수$^{Chungsu}$ 등이 있다.

와인과 생활

# WINE PAIRING & SERVICE

# 4.1. FOOD & WINE MATCHING 음식과 와인 매칭

와인과 음식의 매칭은 매력적이고 흥미로운 탐구의 대상이다. 잘 어울리는 와인과 음식은 각각의 맛을 넘어 서로의 매력을 한층 돋보이게 하며, 단순한 미식의 즐거움을 넘어 오래도록 기억에 남을 특별한 순간을 만들어 내기도 한다.

와인을 선택할 때 음식과의 궁합은 많은 사람들이 중요하게 고려하는 요소 중 하나다. 음식과 어울리는 와인을 고르려면 다양한 요인을 살펴야 한다. 계절, 가격, 주변의 추천과 같은 실질적인 이유가 와인 선택에 영향을 미칠 수 있다. 동시에, 특정 와인에 대한 선호는 개인적인 경험에서 비롯되기도 한다. 기분, 상황, 특별한 추억 등이 와인 선택에 작용하며, 때로는 와인의 이름, 라벨 디자인, 브랜드와 같은 외적인 요소가 결정적인 역할을 하기도 한다.

사람마다 음식에 대한 취향이 다르듯, 와인을 선택하는 기준 역시 제각각이다. 어떤 사람들은 익숙하고 편안한 와인만을 고집하는 반면, 다른 사람들은 새로운 와인을 탐험하며 그 과정에서 즐거움을 느낀다. 매칭에서도 이런 개별적인 취향이 중요한 역할을 한다.

와인과 음식은 기본적으로 서로 잘 어울리며, 최적의 조합을 찾는 과정에서 지나치게 스트레스를 받을 필요는 없다. 이미 와인을 고르는 과정이 충분히 고민스러울 수 있기 때문에, 음식과의 궁합까지 너무 걱정하지 않아도 된다.

때로는 비슷한 특성을 가진 와인과 음식이 완벽한 조화를 이루고, 때로는 예상치 못한 조합이 오히려 더 흥미롭고 독특한 결과를 만들어 내기도 한다. 다양한 시도와 실험을 통해 자신만의 매칭을 발견하는 과정에서 새로운 즐거움과 감각적 만족을 얻을 수 있을 것이다.

이 글에서는 와인과 음식 매칭에 대한 기본적인 가이드와 실천적 방법을 소개한다. 다양한 조합을 실험하며 자신만의 완벽한 매칭을 찾아가고, 그 과정에서 얻는 새로운 경험과 즐거움을 만끽하길 바란다. 결국, 음식과 어울리는 와인 또는 와인과 어울리는 음식을 선택하는 데 있어 가장 중요한 기준은 개인의 취향이다.

### 음식의 맛이 와인에 미치는 영향

**❶ 단맛**
와인의 쓴맛, 떫은맛, 신맛, 알코올의 화끈함을 증가시키며, 더 드라이하게 한다. 와인의 바디, 단맛, 과일의 풍미를 감소시킨다.

**❷ 짠맛**
와인의 바디, 과일의 풍미를 증가시킨다. 와인의 쓴맛, 떫은맛, 신맛을 감소시킨다. 음식의 염분은 숙성된 타닌이 많은 와인의 맛을 더욱 풍부하게 해 준다.

**❸ 매운맛**
와인의 떫은 맛, 신맛, 알코올의 화끈함을 증가시킨다. 와인의 바디, 단맛, 과일의 풍미를 감소시킨다.

**❹ 신맛**
와인의 당도, 바디, 과일의 풍미를 증가시킨다. 와인의 산도를 감소시킨다. 음식의 높은 산도는 와인의 맛을 밋밋하게 한다.

**❺ 감칠맛**
와인의 쓴맛, 떫은맛, 신맛을 증가시키며, 더 드라이하게 한다. 와인의 단맛, 과일의 풍미를 감소시킨다. 타닌이 많고 오크의 특성이 강한 와인과 매칭할 때 주의해야 한다.

**❻ 기름진 맛**
와인의 신맛을 감소시킨다. 산도가 높은 와인과 짝짓는다. 붉은 고기의 질긴 육질은 레드 와인의 타닌과 만날 때 서로 부드러워진다.

## 기본 규칙
Basic Rules

최고의 조합을 만들기 위한 기본 규칙은 와인과 음식의 구성 요소를 분석하여, **어느 하나가 다른 하나를 압도하지 않도록 서로 균형을 이루어야 한다는 것이다.** 고려해야 할 구성 요소로는 무게감, 풍미, 산미, 타닌, 단맛 등이 있다. 이 각각의 요소를 서로 비슷하거나 또는 서로 보완할 수 있는 대상과 균형감있게 묶어 줌으로써 최고의 조합을 만들어 낼 수 있다.

· **무게감** Weight
그중에서도 가장 먼저 고려할 요소는 음식과 와인의 무게감이다. 음식이 무겁게 느껴진다면 무거운 느낌의 와인을 조화시키고, 그 반대라면 가벼운 느낌의 와인을 매칭한다. 예를 들어 신선한 굴에는 차가운 샴페인을, 구운 생선에는 상쾌한 화이트 와인을, 토마토를 곁들인 모짜렐라 치즈 샐러드에는 로제 와인을, 육즙이 살아있는 스테이크에는 레드 와인을 곁들이는 것이다. 이러한 조화는 바로 균형 감에서 온다. 와인과 음식의 무게감으로 균형을 맞추면, 어느 한쪽이 다른 한쪽을 압도하여 맛을 망치는 일은 없을 것이다.

• **풍미** Flavour

음식의 무게감을 알았다면, 그에 어울리는 풍미를 생각해 와인 스타일을 정할 차례이다. 이에 앞서, 음식과 와인에 관련된 모든 요소는 서로의 풍미를 보완하는 관계로 맺어져 있음을 미리 이해할 필요가 있다.

오븐에서 노릇노릇하게 구운 로스트 치킨을 예로 들어 보자. 보통 서양 요리에서 로스트 치킨을 만들 때는 닭에 타임, 레몬, 버터, 마늘, 버섯 등을 곁들인다. 이러한 부재료의 풍미가 닭의 풍미를 높이는 데 보완적인 역할을 해 주기 때문이다. 닭의 풍미를 도와 로스트 치킨의 완성도를 높여 주는 부재료들처럼, 완성된 로스트 치킨과 매칭하기에 좋은 와인으로는 숙성된 샤르도네를 들 수 있다. 샤르도네는 산뜻한 시트러스 풍미와 버터의 고소함을 함께 지니고 있다. 이로써 로스트 치킨이 가진 다소 느끼함과 텁텁함을 깔끔하게 정리하며 더욱 풍미를 살려 균형을 잡아 준다. 즉 상호 보완적인 작용을 한다. 이처럼 와인의 매칭은 음식의 중심을 이루는 주재료와 그에 어울리는 풍미를 고려하여 와인의 스타일을 정하는 것이 바람직하다.

• **신맛** Acidity

모든 와인은 자연적으로 산미를 지니고 있다. 산은 와인에 상쾌함을 더하고 균형감을 잡는 데 도움을 줄 뿐만 아니라, 천연 방부제로서 와인의 숙성에 중요한 역할을 한다.

**신맛이 적절히 배어 있는 음식과 와인을 함께 마시면, 와인의 풍미가 더욱 풍부하게 느껴진다.** 또한, 산미가 풍부한 와인을 잘 이용하면 음식이 주는 느끼함을 깔끔하게 정리하는 데 도움이 된다. 하지만 너무 신 음식과 함께 와인을 마시면 와인의 맛을 못 느낄 수도 있으니, 산미가 있는 음식과 와인을 매칭할 때는 주의해야 한다. 음식의 산미는 주로 레몬이나 라임 또는 식초에서 오는데, 만드는 과정 중에 이런 재료를 주로 사용하는 요리와 와인을 매칭할 때는 특히 와인의 산미에 주의를 기울여야 한다. 자칫 잘못하면 좋은 와인을 골라 놓고도 음식의 산미에 눌려 와인의 풍미를 제대로 즐길 수 없게 되기 때문이다.

● ● 4.1.  음식과 와인매칭

• **단맛**Sweetness

포도즙 안에 존재하는 천연 당분이 모두 알코올로 발효되면 드라이 와인이 되지만, 와인의 스타일에 따라 어느 정도 당분을 남겨두면 오프-드라이Off-dry에서부터 스위트Sweet까지 다양한 당도가 있는 와인이 만들어진다.

 드라이 와인을 단맛이 나는 음식과 곁들이게 되면, 와인이 가진 과일의 풍미를 약화시켜 와인의 산도가 강조된다. 그러므로 **단 음식은 비슷한 당도 또는 그 이상의 당도를 지닌 와인과 함께 곁들이는 것이 좋다.** 달콤한 바닐라 아이스크림에는 모스카토, 새콤하면서 달콤한 태국 음식에는 오프-드라이의 리슬링이 어울린다. 짭조름하게 구워 낸 푸아 그라foie gras에는 소테른이 잘 어울리는데, 단맛이 짠맛을 만나면 오히려 단맛이 한층 강화되기 때문이다. 과일과의 조화도 생각해 볼 수 있다. 모스카토는 대부분의 과일과 잘 어울린다. 토카이나 뮈스카는 열대 과일과 잘 어울리고, 포트나 스위트 셰리는 건과일과 잘 어울린다. 달콤쌉싸름한 초콜릿은 와인과 매칭이 까다로운 먹거리 중 하나로, 남프랑스의 바뉼Banyuls이나 이탈리아의 아마로네Amarone가 잘 어울린다.

• **짠맛**Salty, **감칠맛**Umami

음식에서 소금을 빼면 맛이 없다. 우리가 흔히 간이 맞지 않는다고 표현하는 것은 바로 소금의 양이 적절하지 못하다는 것을 의미한다. 음식의 맛에 있어 소금의 역할은 단순히 짠맛이 아니라 음식 고유의 맛을 살리는 데 있다. 소금은 단백질에서 향이 휘발되는 것을 촉진하여 향을 잘 느끼게 하고, 절이거나 숙성하는 과정에서 감칠맛을 증가시키게 된다.

 **짠맛은 감칠맛과는 반대로 와인의 쓴맛, 신맛, 떫은맛은 감소시키고, 단맛과 부드러움은 증진시키는 효과가 있다.** 따라서 타닌이 주는 떫은맛을 즐기고 싶다면, 짠맛이 강한 음식은 피하는 것이 좋겠고, 신맛이 강한 와인은 짠 음식과 함께했을 때 억제 효과에 의해 부드럽게 느껴질 수 있다. 또한 달콤한 스위트 와인을 짠맛이 강한 음식과 함께했을 때는 그 단맛이 더욱 강하게 느껴지는 대비 효과를 볼 수 있다.

 음식에 들어 있는 감칠맛은 와인의 쓴맛, 신맛, 떫은맛 등을 증가시키고, 단맛과 과일 풍미, 무게감은 감소시킨다. 사실상 강한 감칠맛은 와인의 맛을 해치는 적으로 간주해도 무방하다. 따라서 와인과 매칭할 때 감칠맛이 강한 음식은 일단 피하는 것이 좋다. 만약 감칠맛이 나는 음식과 매칭을 해야 한다면 타닌이 약한 로제 와인이나 화이트 와인을 선택하는 것이 좋다.

### 우마미

단맛, 신맛, 짠맛, 쓴맛 등 표준적인 맛감각과는 전혀 다른 감칠맛으로 표현되는 우마미 umami는 1907년 일본인 화학자 이케다 키쿠나에가 발견한 것이다. 그는 이를 아스파라거스, 토마토, 치즈, 고기에서 공통적으로 나타나는 맛이라 주장하였다. 계속된 연구 끝에 밝혀낸 그 맛의 정체는 바로 '글루탐산'이라고 불리는 분자였다. 글루탐산은 단백질을 구성하는 가장 흔한 아미노산을 말한다. 사실 글루탐산이 다른 아미노산과 결합한 단백질 상태에서는 크기가 너무 커서 아무 맛도 나지 않지만, 이것이 요리나 발효 과정을 거치면서 단백질이 분해되면 혀로 맛볼 수 있는 글루탐산이 된다.

### • 타닌 Tannin

홍차를 우려내기 위해 따뜻한 물 잔에 티백을 담가 두었다가 제때 티백을 건져내지 못한 경험이 누구나 한 번쯤은 있을 것이다. 이런 경우 차의 색상도 진해지지만, 그 맛이 너무 쓰고 떫어 마시지 못하는 경우가 생기기도 한다. 이렇게 된 이유는 바로 홍차에 들어 있는 타닌이라는 성분 때문이다.

와인에서도 타닌을 발견할 수 있는데, 포도즙과 껍질이 오랜 시간 동안 접촉하게 되는 레드 와인에서 주로 찾아볼 수 있다. 타닌은 그 자체로 향도 맛도 없으며, 혀에서 느껴지는 질감은 씁쓸하고 빡빡하다. 그러나 와인의 구조와 질감, 그리고 색을 향상시키는 데 중요한 역할을 한다. 특히 와인과 음식의 매칭에서 타닌의 역할은 두드러진다. **산미와 더불어 타닌도 단백질이나 지방의 느끼함을 정리해 주는 역할을 하는데, 바롤로 Barolo의 주품종인 네비올로 Nebbiolo가 그 좋은 예이다.** 그러나 타닌이 항상 긍정적인 역할을 하는 것은 아니다. 타닌이 비릿한 해산물과 만나면 불쾌한 금속성 맛을 만들어 낸다. 따라서 이 둘의 조합은 피해야 한다. 또한, 짭짤한 음식에 타닌이 많은 와인을 함께 마셔도 쓴맛이 나므로 어울리지 않는다.

## 재료와 음식별 매칭
Ingredients & Foods

### • 재료/부재료

음식의 재료와 부재료는 와인 매칭 시 가장 먼저 고려해야 할 요소이다. 사용된 재료에 따라 음식의 무게감, 풍미의 강도와 특성이 달라진다. 예를 들어, 붉은 육류 요리는 흰살 생선 요리보다 무겁고 풍미가 강하다. 고추와 같은 강한 부재료를 사용하면 강한 풍미의 음식이 만들어지며, 반대로 허브와 같은 부드러운 재료를 사용하면 향긋한 풍미를 더할 수 있다.

## 4.1.

음식과 와인매칭

· 조리 방법

**같은 재료라도 조리 방법에 따라 음식의 전체적인 풍미와 무게감, 질감 등이 크게 달라질 수 있다.** 데치거나 삶는 조리법은 상대적으로 가볍지만, 굽거나 튀기고 오랫동안 조리하는 방법은 무겁고 풍미가 강한 음식을 만든다. 예를 들어, 육회와 스테이크를 비교해보면, 같은 소고기라도 조리 방법에 따라 조직과 맛이 크게 달라지는 것을 알 수 있다. 스테이크는 굽는 과정을 통해 풍미가 농축되고 질감이 단단해진다.

· 소스 및 양념

소스나 양념은 음식의 무게감과 풍미를 크게 좌우한다. 예를 들어, 똑같이 팬에 구운 생선이라도 지중해식 가벼운 소스보다는 크림소스를 곁들인 생선 요리가 무게감이 훨씬 크다. 이처럼 소스의 종류에 따라 와인 매칭도 달라질 수 있다. 예를 들어, 가벼운 소스를 곁들인 생선 요리는 산미가 있는 가벼운 화이트 와인이, 크림 소스가 들어간 생선 요리에는 무거운 화이트 와인이 잘 어울린다. 매콤한 오리엔탈 소스라면 약한 단맛이 있는 화이트 와인을 선택할 수 있다.

### • 해산물 Seafood

일반적으로 알려진 바와 같이 화이트 와인이 해산물과 잘 어울리는 것은 사실이다. 그러나 레드 와인과 더 잘 어울리는 예외적인 경우도 존재하므로 기억해 둘 필요가 있다. 오징어는 차가운 만자니아 셰리와 잘 어울리고, 새우 요리는 올로로소 셰리와 잘 어울린다. 흰살생선은 오크 향이 적고 과일 향이 풍부한 가벼운 화이트 와인이 잘 어울리고, 고등어, 관자, 바닷가재 등에는 오크 처리된 진하고 풍부한 화이트 와인이 잘 어울린다. 그리고 참치와 연어는 피노 누아와 잘 어울린다.

### • 가금류와 야생 조류 Poultry & Game

가금류인 닭, 칠면조, 거위, 메추라기 등과 야생 조류인 꿩, 비둘기, 오리 등은 그 맛이 각각 다르기 때문에, 어울리는 와인도 달라질 수밖에 없다. 중간 정도의 무게감과 풍미의 가금류는 오크 처리된 진한 풀 바디 화이트 와인이 좋다. 특유의 강한 냄새를 지닌 야생 조류는 무게감과 풍미가 가금류보다 세기 때문에, 단단한 구조와 질감을 갖춘 레드 와인이 잘 어울린다. 가금류엔 샤르도네나 비오니에를, 야생 조류엔 피노 누아나 네비올로를 매칭하면 좋다.

### • 돼지 Pork

돼지고기는 붉은 살 육류와 달리, 요리 방법에 따라 화이트 와인과 레드와인이 모두 잘 어울리는 재료이다. 소금과 후추만으로 간하여 숯불에 구운 돼지갈비엔 샤르도네가, 중국식 스타일로 양념을 발라 구운 돼지고기 요리엔 쉬라즈가 잘 어울린다. 오랜 시간 오븐에서 천천히 구워 익힌 돼지 어깨 살에는 그르나슈를 곁들이면 더할 나위 없이 좋다.

### • 양고기 Lamb

카베르네 소비뇽과 양고기를 매칭하는 가장 좋은 예는 프랑스 보르도에서 찾아볼 수 있다. 포도 수확이 끝난 메독 지역의 포도밭은 겨울철 온난한 날씨로 인해 풀이 많이 자란다. 이때 대서양으로부터 불어온 바람으로 풀에 소금기가 스미고, 산에서 내려온 양들이 이 풀들을 뜯어 먹고 자란다. 이 양들로부터 얻은 고기는 부드럽고 깊은 풍미로 유명하다. '미리 소금을 뿌렸다'라는 뜻의 프레 살레 pre sale라고도 불리는 이 양고기는 보르도의 주품종이라 할 수 있는 카베르네 소비뇽과 잘 어울린다.

● ● 4.1. 　　　　　　　　　　　　　　　　　　　　　　　　음식과 와인매칭

· **스테이크** Steak

쇠고기나 양고기 등의 주성분인 단백질은 그대로 맛을 느끼기에는 분자가 크다. 커다란 단백질 분자는 고기를 센 불에 구워 내는 과정에서 잘게 쪼개지면서 다양한 풍미를 지니게 된다. 이때 고기의 붉은 색은 노릇노릇한 갈색으로 변하게 된다. 이렇게 스테이크를 만드는 과정에서 일어나는 화학 반응을 '마이야르Maillard 반응'이라고 한다. 센 불에서 고기의 양면을 굽는 이유는 단순히 육즙이 흘러나오지 않게 하려는 것뿐만 아니라 마이야르 반응을 통해 고기가 다양한 풍미를 갖도록 하는 데 목적이 있다.

이러한 고기의 풍미와 질감은 레드 와인의 타닌과 잘 어우러진다. 전통적으로 카베르네 소비뇽뿐만 아니라 산지오베세로 만든 키안티 클라시코나 브루넬로 디 몬탈치노 등의 와인도 스테이크와 잘 어울린다. 론 지방의 샤토뇌프-뒤-파프나 지공다스도 스테이크를 먹을 때 옆에 둘 만한 와인이다.

➡ **마이야르 반응**

발견자인 프랑스의 화학자 루이 마이야르Louis Maillard의 이름을 딴 것이다. 이 반응은 단백질과 당분이 센 불에서 서로 반응하여 작은 분자로 된 여러 가지 갈색 물질을 만들어 내는 것을 말한다. 100°C로 끓는 물 속에서 익힌 고기는 마이야르 반응이 잘 일어나지 않는다. 그래서 삶은 고기에는 강한 향이나 맛이 없는 것이다.

· **타파스** Tapas

지중해와 면한 스페인 남부 안달루시아 지방을 중심으로, 작은 접시에 담겨 제공되는 간단한 음식을 타파스라고 부른다. 그리스에서는 돌마스Dolmas, 이탈리아에서는 안티파스티Antipasti라고 불린다. 타파스의 공통적인 특징은 올리브 오일을 많이 사용한다는 점이다. 대부분의 타파스는 단순한 풍미와 기름진 질감을 가지고 있는데, 타파스를 먹을 때 입안을 깔끔하게 정리해 줄 수 있는 와인으로, 드라이 셰리나 산미가 있는 향기로운 화이트 와인을 들 수 있겠다. 스페인 갈리시아의 알바리뇨 또는 루에다의 베르데호, 이탈리아 베네토의 소아베 등이 좋다.

· **피자** Pizza

토마토 소스의 과일 풍미, 오레가노의 허브 풍미, 다양한 토핑 재료가 주는 짭조름함과 시큼함, 그리고 이 모든 것을 부드럽게 덮어 주는 치즈까지, 피자를 구성

하는 주된 맛들을 하나하나 열거해 보면 굉장히 복잡한 맛처럼 보인다. 그러나 실제 피자의 풍미는 단순하다. 피자의 기름진 질감에 어울릴만한 타닌 구조와 진한 과일 풍미, 그리고 치즈의 느끼한 맛을 약간의 산미로 깔끔하게 정리해 줄 수 있는 와인이 어울릴 것이다. 이런 풍미를 지닌 와인으로 이탈리아 피에몬테의 바르베라를 들 수 있다. 입안 가득한 타닌과 체리향, 그리고 상쾌한 산미가 특징인 와인으로, 피자와 좋은 매칭을 보여 준다. 프랑스산 보졸레와 칠레산 메를로, 캘리포니아산 메를로도 피자와 가볍게 곁들일만한 와인들이다.

- **치즈** Cheese

치즈는 전통적으로 와인과 잘 어울리는 음식으로 알려져 왔다. 레드 와인의 경우 주로 타닌 정도를 고려해 치즈를 결정하는데, 경질 치즈인 콩테Comte나 그뤼에르Gruyere 등은 레드 와인 중에서도 타닌이 풍부한 샤토뇌프-뒤-파프나 키안티 클라시코 같은 와인과 잘 어울린다. 타닌이 부드러운 피노 누아 또는 숙성된 리오하 와인은 껍질을 닦아 숙성시킨 연질 치즈인 알자스의 뮌스테르Munster, 부르고뉴의 에푸아스Epoisses와 잘 어울린다. 저온 살균 처리를 하지 않고 숙성시킨 염소젖 치즈는 고소하고 섬세한 신맛이 나는데, 레드 와인보다는 그와 비슷한 성향을 지닌 소비뇽 블랑으로 만든 상세르나 푸이-퓌메가 잘 어울린다. 흰 곰팡이 연질 치즈의 대명사인 카망베르Camembert나 브리Brie에는 치즈의 질감과 비슷한 크림 같은 부드러움을 지닌 풀 바디 와인 피노 그리나 샤르도네가 적절한 선택이 될 것이다. 푸른곰팡이 치즈는 짭조름하고 톡 쏘는 맛이 있기 때문에, 소테른이나 토카이 같은 디저트 와인과 매칭하면 대비와 균형감을 느낄 수 있다.

- **스시** Sushi

쌀 전분 특유의 달달함 위에 고추냉이의 매콤함, 그 위에 날생선의 미묘한 바다향과 짭조름함, 미네랄 풍미가 더해진다. 입에 넣기 전 살짝 찍어 먹는 간장은 피날레를 장식한다. 스시는 순수하고 가벼운 음식이다. 따라서 곁들이는 와인도 순수하고 가벼워야 한다. 생선이 주는 미묘한 풍미를 해치지 않으려면, 향이 복잡한 와인은 피하는 것이 좋다. 스페인 갈리시아산 알바리뇨나 오크 처리하지 않은 가벼운 프랑스산 샤르도네, 혹은 향긋하면서 부담스럽지 않은 남아프리카산 슈냉 블랑이 어울린다. 레드 와인의 경우, 그 안의 타닌 성분이 생선 단백질과 반응해 맛을 해칠 수 있으므로 주의해야 한다. 참치 같은 붉은살 생선은 타닌이 적고 산도가 있는 프랑스산 피노 누아나 스페인의 가르나차 로제를 곁들이는 것도 좋다.

### ● ● 4.1.

**음식과 와인매칭**

- **샐러드와 토마토** Salad & Tomatoes

식초를 의미하는 '비니거vinegar'는 프랑스어로 '와인'을 뜻하는 '뱅vin'과 '시다'는 의미의 '에그르aigre'가 합쳐진 단어이다. 풀어서 쓰면 '시큼한 와인'이라는 뜻이다. 대부분의 샐러드 드레싱에서 느껴지는 시큼한 맛은 식초에서 오는데, 와인의 산미와 합쳐져 더 시게 느껴질 수 있다. 특히 레드 와인은 쏩쓸한 타닌을 가지기 때문에, 아티초크나 올리브, 토마토 같은 샐러드와 조합하게 되면 금속성의 기분 나쁜 맛이 나게 되므로 피하는 것이 좋다. 따라서 샐러드에 곁들여 마시기엔 가볍고 신선한 과일 풍미를 지닌 화이트 와인이 좋다. 예를 들면, 실바너Silvaner나 피노 블랑, 소비뇽 블랑 등이 있다. 하지만 화이트 와인이라 할지라도 오크 처리된 것은 타닌 성분을 갖고 있으므로 피하는 것이 좋다.

- **푸아그라** Foie Gras

'지방 간'이라는 뜻의 푸아 그라는 거위나 오리의 비정상적으로 비대해진 간을 말한다. 여러 가지 방식으로 요리를 하는데, 가장 전통적인 방식이 푸아 그라 테린Terrine이다. 푸아 그라의 미세한 힘줄을 제거하고 포트 와인과 코냑에 재워 놨다가 소금과 후추로 간을 한 뒤, 테린이라는 이름의 용기에 담고 중탕으로 익혀 낸다. 보통 푸아 그라 테린에는 달콤한 브리오슈와 새콤달콤한 과일 쳐트니Chutney를 곁들인다. 푸아 그라의 짭조름하면서 부드럽고 풍부한 질감은 보르도의 소테른이나 독일의 베렌아우슬레제처럼 달콤한 디저트 와인과 잘 어울린다. 뜨겁게 달군 프라이팬에서 앞뒷면을 재빨리 구워 노릇노릇하게 카라멜화한 푸아 그라의 불맛은 뫼르소나 샤샤뉴 몽라셰처럼 오크통에서 오래 숙성한 진한 풍미의 부르고뉴 화이트 와인과 잘 어울린다.

- **아시아 요리** Asian Cuisine

중국의 일부 지방을 비롯하여 인도, 태국, 베트남 등지의 음식은 향신료를 많이 사용하는 것으로 유명하다. 높은 온도에서 다양한 향신료로 양념하여 만들어 내는 아시아 요리는 때때로 간장으로 감칠맛을 증진하고, 매운 고추의 열기를 더하여 매콤하고 달콤하면서 새콤한 맛의 구성을 보여 준다. 따라서 자극적인 맛에 밀리지 않는 와인이 필요하다. 독일이나 알자스산 게뷔르츠트라미너Gewürztraminer 또는 뮈스카Muscat는 살짝 스위트하고 아로마가 풍부한 화이트 와인으로, 이러한 아시아 요리에 잘 어울린다. 또한 은은한 산미의 리슬링도 빼놓을 수 없는 와인이다. 드라이 화이트 와인으로 풀 바디하면서 보통의 산미를 갖춘, 그리고 열대 과일 향이 그윽한 캘리포니아산 샤르도네Chardonnay나 프랑스산 비오니에Viognier도 추천할 만하다.

레드 와인으로는 부드러운 타닌과 새콤달콤한 과일 맛이 두드러진 남부 이탈리아의 프리미티보Primitivo나 둥글둥글한 타닌과 오디 향이 그윽한 아르헨티나의 말벡Malbec, 또는 후추, 자두, 유칼립투스의 풍미를 지닌 호주산 쉬라즈Shiraz가 어울린다.

· **한국 음식** Korean Cuisine

밥과 국으로 구성된 주식과 다양한 식재료를 응용하여 만든 부식으로 차려진다. 입맛을 자극하는 마늘, 생강, 고추와 같은 향신료와 고소한 참기름, 매콤한 고추장, 감칠맛 도는 간장과 같은 양념류를 사용하여 다채로운 맛을 내는 것이 한국 음식의 특징이다. 특히 식품 자체에서 깊은 맛이 우러나는 발효 식품이 매우 발달하였고, 이러한 맛은 음식 곳곳에 드러나 있다.

한국 음식의 대표라 할 수 있는 김치는 아삭한 식감과 군침 돌게 하는 발효 식품의 감칠맛이 있다. 마늘, 생강, 멸치젓, 고춧가루 등의 재료는 이름만 들어도 전연 와인과 어울리지 않을 것 같지만, 실제론 그렇지 않다. 예를 들어, 그윽한 풀 내음과 구스베리의 새콤달콤함이 특징인 신대륙의 소비뇽 블랑Sauvignon Blanc은 김치의 풍미에 상쾌함을 더해준다.

주로 짜고 매운 맛이 나는 돼지고기 볶음이나 낙지볶음 등에는 앞서 살펴본 것처럼 살짝 달콤하면서 상쾌하고 가벼운 화이트 와인이 잘 어울린다. 리슬링Riesling, 소비뇽 블랑Sauvignon Blanc, 게뷔르츠트라미너Gewürztraminer 등이 대표적이다. 달콤한 간장 소스와 고소한 참기름, 숯불이 사용되는 불고기나 갈비의 경우에는 프랑스 랑그독Languedoc 지방과 론Rhone 지방의 시라Syrah, 그르나슈Grenache 등과 같은 과일 풍미의 부드러운 레드 와인이 잘 어울린다. 또한 뉴질랜드나 미국의 피노 누아Pinot Noir도 추천한다. 한국식 타파스로 통하는 빈대떡이나 파전 같은 음식에는 오크 숙성시킨 샤르도네Chardonnay처럼 음식의 담백한 맛에 어울릴 만한 묵직하고 산미가 있는 화이트 와인이 제격이다.

그 밖에, 날것으로 먹거나 가볍게 익혀 먹는 다양한 해산물에는 소비뇽 블랑Sauvignon Blanc 또는 이탈리아의 소아베Soave, 오르비에토Orvieto처럼 오크 처리하지 않은 어린 화이트 와인이 좋다. 와인의 상큼함이 레몬의 역할을 하여 생선회의 신선함을 높여 주는 한편, 함께 먹는 고추냉이의 매콤한 맛을 진정시키는 효과가 있기 때문이다.

테이스팅 실습 ⑰　　음식과 와인 매칭

WINE

vs.
- 중성적인 특성의 미디엄 바디 화이트 와인 (예 : 이탈리아 북부의 피노 그리지오)
- 스위트 화이트 와인 (예 : 소테른 혹은 토카이 아수)
- 진한 과일 풍미에 타닌이 적은 미디엄 바디 레드 와인
  (예 : 보졸레 빌라주 혹은 코트 뒤 론, 어린 피노 누아, 발폴리첼라)
- 과일과 오크 숙성의 풍미가 있으며, 타닌이 많은 풀 바디 레드 와인
  (예 : 오-메독 혹은 샤토뇌프-뒤-파프, 바롤로, 바로사 밸리 쉬라즈)

TASTING POINT

다양한 음식과
어울리는 와인 찾기

음식과 와인을 여러 가지로 매칭해 본다. 와인과 음식을 매칭하는 원칙을 이해하고, 와인과 음식이 가진 기본 성분을 분석한다. 입안에 음식을 넣고 반 정도 씹은 후, 소량의 와인을 입안에 넣고 남은 음식과 함께 씹으면서 삼킨다. 이때 좋은 맛이 나면 아주 잘 어울리는 조합이며, 맛의 충돌이 없을 경우는 무난한 매칭이다. 그러나 불쾌하거나 역겨운 맛이 나는 경우에는 서로 맞지 않는 매칭이므로 피하는 것이 좋다.

**Q** 단맛이 있는 디저트 (과일 / 초콜릿 / 치즈 케이크 또는 설탕)

**Q** 신맛이 있는 과일 (사과 또는 레몬 주스)

**Q** 짠맛이 강한 치즈 (콩테 / 그뤼에르 / 숙성한 체다 치즈 또는 소금)

**Q** 매운맛이 있는 스낵류 (나초 / 할라페뇨 혹은 검은 후추)

**Q** 육질을 가진 스낵류 (단맛이 없는 육포)

# 4.2. SERVICE OF WINE
## 와인 서비스

**와인은 단순한 술의 한 종류가 아니라, 마시는 행위 자체에 문화적 배경이 담겨 있다.** 와인은 유럽에서 건너온 문화로, 와인을 마시거나 서비스할 때 문화적 맥락을 이해하고 관련 예절을 지키는 것이 중요하다. 특히 업장에서 고객에게 와인을 판매하고 서비스할 때라면, 사소한 것일지라도 의미가 있는지 확인하고 와인 서비스 매너를 지킨다.

**또한, 와인은 보관 환경과 서비스 조건에 민감한 술이다.** 이를 보관하는 장소의 채광과 온도, 와인을 마시는 온도와 사용하는 잔의 형태, 그리고 여러 종류의 와인을 마시는 순서, 함께하는 음식의 종류에 따라 와인의 맛과 향이 제각각 달라질 수 있다. 따라서 매장에 와인을 입고할 때부터 고객에게 판매하는 순간까지 여러 가지 사항들을 철저하게 점검하고 감독해야 한다. 즉 와인 서비스는 고객의 만족도를 좌우하는 부분이 될 수 있다. 이번 장에서는 와인을 서비스하기 전 준비 과정과 와인 서비스를 하는 동안의 전반적인 주의 사항에 대해 알아본다.

### 소믈리에 Sommelier
#### 어원과 역할
The Role & Origin of Sommelier

소믈리에는 와인의 역사와 함께 발전해 왔다. 원래 소믈리에는 와인을 비롯한 다양한 물자의 공급자를 뜻하는 단어로, 취급하는 물자의 종류에 따라 그 물자별 소믈리에가 따로 있었다. 그중 물과 와인을 공급하는 사람을 '소믈리에 데 샹소네리 Sommelier d'Echansonnerie'라고 불렀고, 11세기에는 이들이 왕과 귀족들에게 와인을 공급했다. 이 역할이 점점 고정화되면서 프랑스 대혁명 이후 소믈리에는 '와인을 담당하는 직업'을 가리키는 말이 되었다. 더욱이, 다른 물자를 담당하는 소믈리에들이 차츰 사라지면서 와인과 관련된 소믈리에만 남게 되었다.

근대로 접어들면서 프랑스에서는 레스토랑들이 발달했다. 소믈리에는 그 와인 저장고인 셀러에서 와인을 꺼내 고객의 테이블로 전달하는 일 뿐만 아니라 배럴에 있는 와인 품질을 확인하고, 병입 전의 와인들이 고객에게 서비스하기에 알맞은 상태인지 점검하는 업무를 담당했다. 19세기에는 와인에 대한 전문 지식을 가진 사람으로서, 레스토랑의 '고객 응대 Front-of-House' 업무를 담당하는 특별한 직업군으로 자리잡았다. 20세기 초 소믈리에는 파리와 프랑스 일대의 호텔과 고급 레스토랑으로 크게 확산하였고, 1970년대에는 다른 종류의 식당에서도 소믈리에를 찾아볼 수 있게 되었다.

1960년대엔 프랑스와 벨기에, 포르투갈, 이탈리아, 미국, 영국에 소믈리에 협회가 설립되었다. 이 협회들은 소믈리에의 전문성을 강화하는데 크게 기여하였다. 일본은 1969년에, 대부분의 서유럽 국가는 1980년대, 동유럽 국가는 1990년대에 협회가 설립되었고, 1983년에는 브라질을 비롯한 남미 국가들에, 최근에는 아르헨티나와 칠레, 베네수엘라 등의 국가와 동아시아 국가에서도 협회가 설립되고 있다.

**현대의 소믈리에 역할과 책임**
The Duties & Responsibilities of a Modern Sommelier

소믈리에는 오늘날에도 여전히 '고객 응대'를 위한 중요한 구성원으로서, 주요 업무는 다음과 같다.

❶ 전문 지식을 활용하여 와인을 선택하고, 고객에게 서비스한다. 이때 음식과의 조화를 고려해 추천해야 하므로 평소 와인뿐만 아니라 음식에 대해서도 지속적인 관심을 가져야 한다.

❷ 고객에게 와인을 제공하기 전 와인 상태가 적합한지 확인하고, 와인이 항상 최상의 상태로 보관될 수 있도록 관리해야 한다.

❸ 와인의 특성에 맞는 적절한 글라스를 제공하여 고객이 와인을 최대한 즐길 수 있도록 해야 한다.

❹ 고객이 주문한 와인을 오픈하고 테이블에서 직접 서비스한다. 와인의 온도를 맞추거나 필요할 경우 디캔팅 등을 해서 최상의 조건에서 고객이 와인을 마실 수 있도록 한다.

레스토랑 내에서의 직급에 따라 업무가 조금 더 추가될 수도 있다.

❺ 와인의 재고 관리를 포함한 셀러 관리
❻ 와인 구매
❼ 음식과의 조화를 고려한 와인리스트 작성
❽ 와인 판매 판촉 by-the-glass, tasting-menu promotions
❾ 직원들의 와인 교육

결론적으로 소믈리에는 와인에 관련된 업무를 하는 이들을 가리키는 말이지만, 보다 엄격히 말하면 호텔의 식음료 업장이나 레스토랑에서 고객을 직접적으로 응대하는 일을 주업무로 하는 이들을 뜻한다. 그리고 헤드 소믈리에는 호텔이나 레스토랑의 음료에 관한 업무에서 전반적인 책임자가 될 수도 있다.

## 와인 서비스

### 서비스의 단계
Steps of Service

고객에게 최상의 와인을 추천하고 서비스하기 위해서는 여러 단계의 반복적인 준비와 경험이 필요하다. 서비스는 업장에서 판매하게 될 와인을 직접 선택하는 과정에서부터 시작된다. 이 선택은 와인에 대한 사전 지식 및 다양한 와인의 시음 경험 등 자신의 축적된 정보를 통해 이루어져야 한다. 선택된 와인을 구매한 후 이 와인들은 고객에게 제공되기 직전까지 최상의 상태로 보관해야 한다. 엄선된 와인 리스트는 고객의 와인 선택에 실질적으로 도움이 되는 것이어야 하며, 고객이 주문한 와인은 각각의 특성에 따라 글라스와 서비스 온도 등을 맞춰 고객에게 서비스한다.

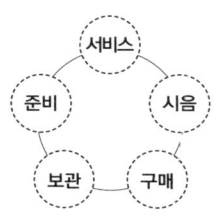

### 와인 보관
Storage of Wine

와인은 품질이 쉽게 변하는 주류이기 때문에, 최상의 상태를 유지할 수 있도록 세심한 주의를 기울여 보관해야 한다. 와인은 병입 이후의 보관 상태에 따라 품질의 차이가 크고, 온도와 빛, 습도, 진동 등 환경이 좋지 않을 경우 변질될 수도 있다. 특히 셀러의 온도와 습도는 고급 와인의 품질과 보관에 영향을 미치는 가장 주된 요소이므로, 항상 철저히 관리해야 한다.

· **온도**
셀러 온도는 10~15℃ 사이가 좋다. 장기 보관을 위해 조금 더 서늘하게 보관하면, 천천히 충분하게 숙성된다. 온도의 변화 없이 항상 일정하게 유지하는 것이 중요하다.

· **습도**
적절한 습도는 70~80%이다. 습도가 높으면 곰팡이가 생기기 쉽고, 라벨이 손상될 우려도 있다. 습도가 너무 낮으면 코르크가 수축하여 산소가 병 안으로 들어가 와인을 산화시키거나 스파클링 와인의 기포가 감소되기도 한다.

## 4.2. 와인 서비스

**· 빛**

강한 빛은 와인의 색을 변화시키고, 병의 온도를 높여 와인의 신선함을 잃게 만든다. 자연광이든 직접적인 조명이든 모두 좋지 않다.

**· 기타**

코르크가 항상 와인과 접촉되도록 병을 눕혀서, 진동 없이 안정적으로 보관해야 한다. (코르크 마개가 있는 와인의 경우)

### 와인 서비스를 위한 준비
#### Preparation for Wine Service
### (와인 글라스)

와인의 스타일만큼 다양한 모양과 크기의 와인 글라스가 있다. 와인의 특성과 색, 향, 맛 등에 맞추어 글라스를 사용하면, 와인의 향과 풍미를 충분히 즐길 수 있다.

**· 스틸 와인**

레드 와인과 화이트 와인은 그 특성도 다르고 품종과 지역에 따라서도 맛과 향이 다르게 나타난다. 따라서 각각 이에 맞는 글라스를 선택해 사용해야 한다. 레드 와인이나 화이트 와인을 위한 글라스의 크기는 최소한 240㎖(8oz) 이상 되어야 한다. 레드 와인의 경우 조금 더 큰 글라스를 준비할 수 있다면, 공기와의 접촉면을 늘려 맛과 향을 최대한 발전시킬 수 있는 300㎖(10oz), 큰 사이즈가 좋다. 디저트 와인은 조금 작은 150㎖(5oz) 글라스를 사용한다.

영국에서는 글라스로 와인을 판매할 경우 125㎖, 175㎖, 250㎖의 세 가지의 용량을 규격 메뉴로 정해 놓고 있다. 와인 리스트에도 용량별 정보가 실려 있다. 일관된 와인 서비스를 위해 글라스에 선을 표시해 사용하기도 한다.

**· 스파클링 와인**

**스파클링 와인 특유의 향을 충분히 느낄 수 있고, 보기좋은 거품과 기포를 최대한 지속시키는 데 효과적인 플루트$^{flute}$ 모양의 글라스를 사용한다.** 크기는 최소한 200㎖ 이상이어야 하며, 좁고 길게 뻗은 모양의 글라스가 좋다.

만약 플루트 형 글라스가 없다면, 튤립 모양의 글라스나 화이트 와인용 글라스를 사용해도 무방하다. 그러나 넓은 그릇 모양$^{saucer-shaped}$의 글라스는 피해야 한다. 부케나 기포를 빨리 사라지게 하므로 적합하지 않다.

· **주정 강화 와인**

셰리 와인을 위한 클래식 글라스로 120㎖ 용량의 코피타$^{copita}$가 있다. 글라스의 윗부분은 향을 모아주는 모양으로 만들어져 있다. 알코올보다는 과일의 특징이 더 강조될 수 있는 작은 글라스(글라스를 흔들어 향을 맡을 수 있는 정도의 크기)가 좋다. 일반적으로 비슷한 모양에 용량이 조금 더 많은 150㎖의 글라스를 셰리 와인용으로 사용하는데, 와인을 서비스할 때 글라스의 3분의 1(약 50㎖) 정도만 채운다.

포트 와인은 일반적인 150㎖ 셰리용 글라스를 함께 사용할 수 있다. 향을 좀 더 즐기기 위해서 더 큰 글라스를 쓰는 경우도 있다.

## 와인 글라스 닦기
Washing Wine Glasses

글라스를 청결하게 관리하는 것 또한 매우 중요하다. 와인 글라스에 조금이라도 얼룩이나 세제의 잔여분이 남아있다면, 위생 문제는 물론, 와인의 맛에도 영향을 미칠 수 있다. 특히 스파클링의 기포를 빨리 사라지게 한다. 가장 좋은 방법은 글라스를 사용하기 직전에 먼지가 묻어나지 않는 린넨과 같은 천으로 곱게 닦아 주는 것이다. 식기 세척기를 이용하여 와인 글라스를 닦을 때는 음식이 담겼던 다른 식기에서 기름기가 묻어나지 않을지 미리 살펴야 한다.

## 서비스 온도
Service Temperatures

레드 와인은 서비스 온도가 너무 낮으면, 풍미가 약하게 느껴지거나 타닌이 거칠게 느껴질 수 있다. 이때 글라스를 손으로 감싸서 와인의 온도를 약간 상승시키는 것으로 대처할 수 있다. 그러나 직접적으로 열을 가하는 것은 절대 안 된다. 보졸레와 같은 라이트 바디의 어린 레드 와인은 풀 바디 레드 와인의 서비스 온도(15~18°C)보다 조금 낮게 해(13°C) 약간 시원하게 서비스하면 좋다.

화이트 와인과 로제 와인은 반드시 시원하거나 차가운 상태로 서비스되어야 한다. 하지만 지나치게 차가우면 와인의 향과 풍미를 충분히 즐길 수 없게 된다. 만약 품질이 그다지 좋지 않은 화이트 와인이라면, 아주 차갑게 하여 좋지 않은 풍미를 가리는 것이 최상의 방법일 것이다. 라이트하고 섬세한 화이트 와인의 경우에는 7~10°C 정도로 시원하게 마시면 좋고, 좀 더 묵직한 스타일의 풀 바디 화이트 와인은 라이트한 레드 와인과 비슷한 10~13°C 정도로 약간 높게 해야 풍미를 잘 느낄 수 있다.

●● 4.2.                                               와인 서비스

소테른과 같은 묵직한 스타일의 스위트 와인은 아주 차갑게(6~8℃) 서비스하는 것이 좋다. 스위트 화이트 와인의 단맛은 상온에서 끈적하게 느껴지기 때문에, 드라이 화이트 와인보다 항상 더 차갑게 서비스되어야 한다.

스파클링 와인에 들어 있는 탄산 가스는 온도가 올라가면 팽창하고, 차가워지면 수축한다. 이러한 와인들의 가장 좋은 서비스 온도는 6~10℃이다. 너무 차가우면 풍미를 느낄 수 없다.

| 접대온도 | 와인 스타일 | 와인 종류 |
| --- | --- | --- |
| 실온 15~18℃ | 중간/무거운 바디 레드 | 클라레, 레드 부르고뉴, 리오하, 호주 쉬라즈, 샤토뇌프 뒤 파프, 아마로네 델라 발폴리첼라, 빈티지 포트 |
| 약간 차게 13℃ | 가벼운 바디 레드 | 보졸레, 바르돌리노, 발폴리첼라 |
| 약간 차게 10~13℃ | 중간/무거운 바디 화이트<br>오크처리 화이트 | 화이트 부르고뉴 |
| 차게 7~10℃ | 가벼운/중간 바디 화이트 | 뮈스카데, 피노 그리지오, 피노 셰리, 뉴질랜드 소비뇽 블랑 |
| 아주 차게 6~10℃ | 스파클링 와인 | 샴페인, 카바, 프란치아코르타 |
| 아주 차게 6~8℃ | 스위트 와인 | 소테른, 스위트 뮈스카 |

**일반 와인병 오픈과 와인 서빙**
Opening a Bottle of Still Wine
& Service of Wine

· **와인병 오픈**

와인병을 오픈하는 방법은 업장의 규정에 따라 조금씩 다를 수 있지만, 고객의 특별한 요청이 없는 한 오픈하는 전 과정을 반드시 고객이 볼 수 있도록 한다. 디캔팅을 하지 않아도 되는 레드 와인이나, 아이스 버킷에 넣어 시원하게 만들지 않아도 되는 화이트 와인의 경우에는 일반적으로 다음의 방법으로 서비스한다.

**와인병 오픈 서비스 시 체크 포인트** →

❶ 테이블에 놓여 있는 와인 글라스가 주문한 와인에 맞게 준비되었는지 확인한 뒤, 와인병의 라벨이 고객에게 보이도록 병을 들고 테이블로 가져간다.

❷ 와인병의 라벨을 고객에게 보여 주며 와인 이름과 빈티지, 생산자, 원산지 등을 설명한다.

와인미학　　　● 와인과 생활

❸ 와인병의 라벨이 고객에게 보이도록 병을 들고 테이블로 가져간다. 웨이터용 클로스Cloth는 잘 접어 다른 손에 들고, 병목에 와인이 흘러내리면 즉시 닦을 수 있도록 한다.

❹ 고객의 오른쪽에서 호스트 시음용 와인을 서브한다. 시음을 통해 와인에 결점이 없음을 고객이 반드시 확인할 수 있도록 한다.

❺ 호스트가 좋다고 하면, 시계 방향으로 고객들에게 와인을 서비스 한다.

❻ 서빙은 여자 고객, 남자, 그리고 호스트 순으로 한다. 와인이 병 밖으로 흐르지 않도록 병을 살짝 돌리면서 따르고, 다른 손에 들고 있는 웨이터용 클로스로 마무리해 준다. 와인의 향을 충분히 즐길 수 있도록 하기 위해, 글라스의 가장 넓은 부분까지만 따른다.

❼ 마지막으로 호스트의 글라스에도 다른 고객들과 같은 수준으로 와인을 채운다.

❽ 모든 고객들에게 와인 서빙이 끝나면, 호스트의 의견에 따라 와인이 남은 병을 쿨러에 다시 넣어 두거나, 테이블 위 코스터coaster 또는 작은 접시 위에 올려 호스트의 앞쪽에 라벨이 잘 보이도록 놓아둔다.

❾ 작은 접시에 있는 코르크는 시음한 사람의 오른쪽에 놓거나 호스트에게 확인한 후 치운다.

**와인병 오픈** ⬇

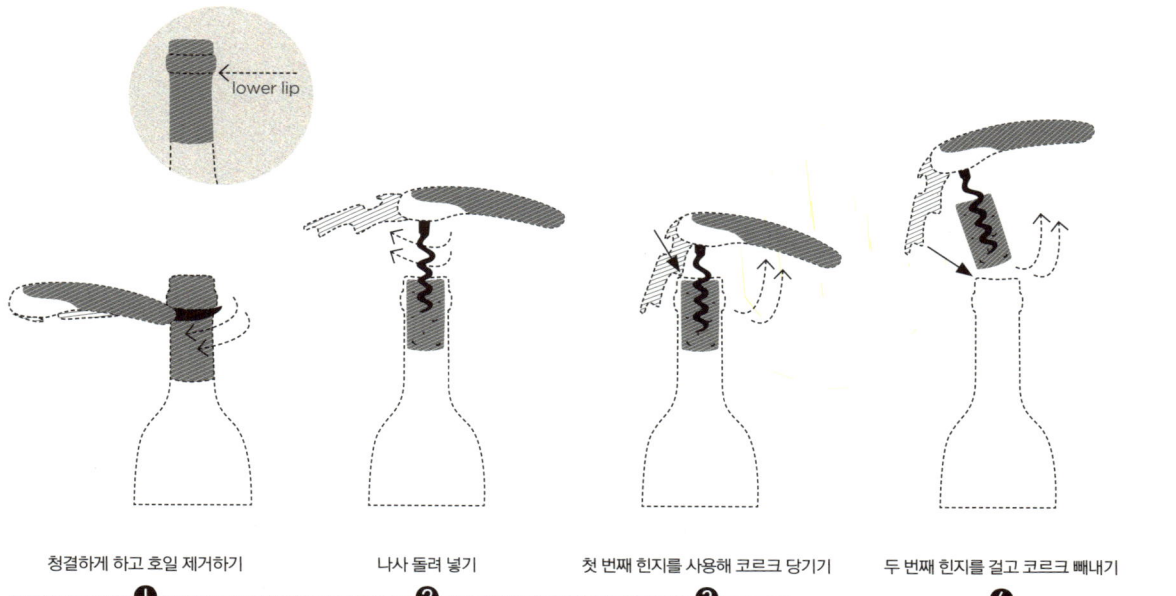

청결하게 하고 호일 제거하기　　나사 돌려 넣기　　첫 번째 힌지를 사용해 코르크 당기기　　두 번째 힌지를 걸고 코르크 빼내기
❶　　❷　　❸　　❹

●●● 4.2.                                                    와인 서비스

## 스파클링 와인 오픈
Opening a Bottle of Sparkling Wine

스파클링 와인이 가진 압력의 위력은 아주 크다. 어느 정도 차갑게 칠링된 와인은 압력이 조금 떨어질 수도 있지만, 언제나 명심해야 할 점은 코르크가 병에서 갑자기 튀어나와 사람을 다치게 할 수 있다는 것이다. 다음은 스파클링 와인의 오픈 순서다.

❶ 호일 제거 후 철사를 푼다. 이때 청결과 안전을 위해 웨이터용 클로스cloth로 감싼다.

❷ 철사를 푸는 순간부터 병의 코르크 마개를 손으로 누르고 있어야 갑자기 코르크가 튀어 나가는 것을 방지할 수 있다. 철사는 벗겨 내지 않는다.

❸ 45도 정도의 각도로 병을 기울여 한 손은 코르크 마개를 누른 채 다른 한 손으로 병의 바닥 부분을 감싸 잡는다.

❹ 코르크를 누르고 있는 한 손은 그대로 두고, 병 아랫부분을 잡고 있는 손으로 병을 조금씩 돌린다.

❺ 서서히 병 안의 가스 압력이 빠지면, 최대한 소리가 작게 나도록 주의하며 코르크를 빼낸다. 코르크가 큰 소리를 내며 갑자기 튀어 나가지 않도록 끝까지 주의해야 한다.

**스파클링 와인 오픈** ⬇

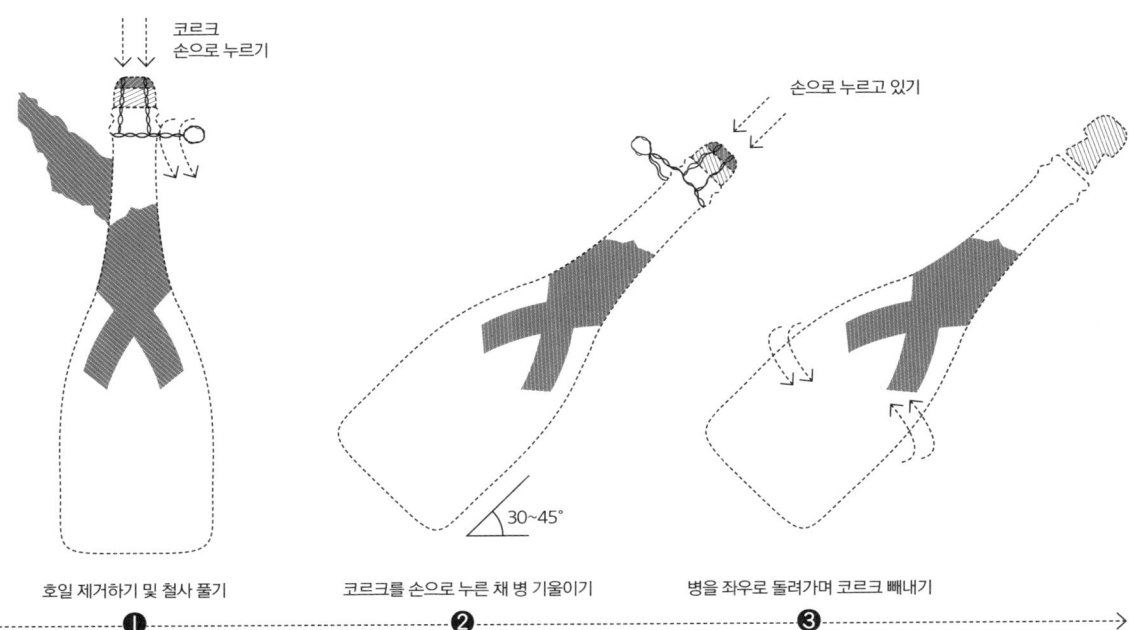

❶ 호일 제거하기 및 철사 풀기   ❷ 코르크를 손으로 누른 채 병 기울이기   ❸ 병을 좌우로 돌려가며 코르크 빼내기

## 와인 디캔팅
### Decanting Wine

**와인에 침전물이 많은 경우에는 디캔팅을 해야 한다.** 침전물은 와인의 숙성 과정에서 생성되는 지극히 자연스러운 현상으로, 오래 숙성된 레드 와인과 화이트 와인에서 볼 수 있다. 어린 와인의 경우 와인 글라스에 있는 와인을 흔들어 주기만 해도 공기와 접촉이 될 수 있지만, 브리딩을 하면 접촉의 이점을 보다 많이 얻을 수 있다. 간혹 서브하기 전에 와인병을 미리 오픈해 공기와의 접촉을 시도하지만, 이 정도로는 충분한 산화가 일어나지 않는다.

### • 브리딩 Breathing

**와인은 다른 술과 달리 산소와 접촉하는 정도에 따라서 맛과 색이 변하는 특징이 있다.** 오랜 기간 병 속에서 잠자던 와인이 깨어나려면, 일련의 동작과 시간이 필요하다. 산소와 와인을 접촉하게 하는 작용을 브리딩이라고 한다. 병째로 오픈해서 공기와 맞닿게 하는 것은 보틀 브리딩이고, 디캔터에서 브리딩을 하면 디캔터 브리딩이라고 한다. 거칠고 강직한 향과 맛을 가진 어린 와인의 경우, 브리딩을 거쳐 부드럽고 조화로운 맛과 향을 가지게 된다.

### • 디캔팅 Decanting

브리딩 외에도 병 속의 부산물과 침전물을 제거하는 효과가 있다. 디캔터에 와인을 옮겨 담는 과정에서 브리딩이 일어나고, 와인병 속의 침전물이 바닥에 가라앉는다.

**올드와인 디캔팅용**
공기의 접촉을 최소화하기 위해 목이 깊고 밑이 둥근 형태가 많다.

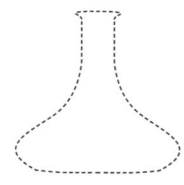

**브리딩용**
공기와 접촉하기 위해 목이 짧고 아래부분이 넓다.

## 글라스 와인 판매

글라스 와인은 와인을 경험하고자 하는 고객에게 좋은 메뉴 상품이 될 수 있다. 글라스 와인 메뉴는 대개 두 개의 카테고리로 나누어 정할 수 있다. 가격 대비 품질이 좋은 보통 수준의 와인과 매출 증대에 도움이 될 만한 다소 높은 가격대의 품질이 뛰어난 리저브급 와인이다. 전자의 경우엔 업장의 대표 메뉴와 잘 어울리는 합리적 가격대의 일반적인 와인으로 정하는 것이 좋다. 후자의 경우엔 고가의 고급 와인을 글라스 단위로 즐길 수 있다는 점에서 와인 애호가에게 큰 매력으로 작용할 것이다.

고객의 입장에서 글라스 단위의 와인 주문은 와인을 고르기 위해 많은 고민을 하지 않아도 될 뿐 아니라, 소량으로 주문할 수 있기 때문에 식사와 곁들이는 정도로 가볍게 와인을 마실 때 비용적으로도 매우 효율적이다. 업장의 원가 면에서도 병 단위의 판매 와인보다 글라스 단위용 와인의 원가율이 상대적으로 낮은 것이 일반적이다. 따라서 글라스 와인 메뉴의 운영은 고객과 업장 모두에게 유익하다.

위와 같이 양측 모두에게 유익한 프로그램으로 운영되기 위해서는 무엇보다 판매할 와인을 선택함에 있어 신중해야 한다. 글라스 와인 운영을 위한 몇 가지 주의 사항은 다음과 같다.

### · 와인의 지속적 공급 가능성

글라스 판매를 위한 와인은 다른 와인보다 판매 속도가 빠를 가능성이 높다. 따라서, 최소 일정 기간 동안은 지속적으로 구매가 가능해야 하고, 충분히 재고를 확보해야 한다. 전적으로 수입 와인에 의존해야 하는 현실을 감안하여 글라스 판매 와인을 선정해야 한다. 한정적으로 수입되었거나 재고가 충분하지 않은 와인을 선택할 경우, 공급이 원활하지 않을 수 있으며, 이런 경우에 고객의 신뢰를 잃게 될 수도 있다.

반대로 이러한 상황을 역으로 활용하는 방법도 있다. 바로 글라스 와인의 메뉴를 주기적으로 변경하는 것이다. 이를 통해 고객에게 보다 다양한 종류의 와인과 경험을 선사할 수 있다. 또한 정기적으로 와인 메뉴를 조정함으로써 고객의 기호도 반영할 수 있고, 차후 와인 리스트의 업데이트에도 유용한 데이터로 활용할 수 있다.

### · 글라스의 표준 standard 서비스 양

**일반적으로 와인 한 병의 크기는 750㎖(25oz)로 규격화되어 있다.** 글라스의 규격에 따라 한 병당 서비스할 수 있는 양과 글라스의 수가 달라진다. 125㎖로 서비스한다면 한 병에 여섯 잔이 나오고, 좀 더 큰 250㎖ 잔으로 서비스 한다면 세 잔을 판매할 수 있다.

영국에서는 125㎖, 175㎖, 250㎖로 규격을 정하고 있어, 어느 업장을 가더라도 정량화된 글라스 와인을 마실 수 있다. 글라스의 규격을 한 가지 또는 두 가지로 정해 놓는다면, 항상 일정한 양을 고객에게 제공할 수 있을 뿐만 아니라 글라스 판매용 와인의 재고 관리도 정확하게 할 수 있는 장점이 있다.

## 와인의 보관법
### Methods used to Preserve Wine

와인은 오픈한 후 바로 소비하지 않으면, 시간이 지날수록 와인의 아로마가 점점 약해지고 산화 작용이 일어난다. 한 번에 다 마시지 못하고 남은 와인을 보관할 때, 그 수명을 조금 더 연장할 수 있는 효율적인 방법이 있다.

**• 진공법** Vacuum Systems

병 안의 산소를 병 밖으로 빼내고 병을 밀봉하는 방법이다. 하지만 이 방법은 스파클링 와인의 기포를 잃게 할 수 있기 때문에 스파클링 와인에는 적합하지 않다.

**• 덮개법** Blanket Systems

산소층과 접촉하고 있는 와인을 보다 무거운 질소 또는 아르곤 가스층으로 덮어서 산화를 방지하는 방법이다.

**• 가스 주입법** Cabinet Systems

가스 주입법에 사용되는 장치는 와인을 따르는 튜브 부분과 병 입구에 가스를 주입하는 부분이 함께 연결되어 있다. 와인이 글라스로 빠져나감과 동시에 가스가 병 안으로 자동 주입되기 때문에 산화를 최대한 방지할 수 있다. 또한, 와인이 적절한 온도에서 서비스될 수 있도록 해 주는 냉장 기능도 갖추고 있다. 업장의 인테리어나 글라스로 판매하는 와인 수량에 따라 장치의 크기와 모양은 달라질 수 있다. 오픈한 와인을 비교적 오랫동안 보관할 수 있는 장점이 있지만, 설비의 비용이 높은 편이다.

## 와인 리스트
### Wine List

**• 와인 리스트의 구성과 내용**

와인 리스트는 레스토랑과 호텔 식음료 업장 어느 곳에서나 서비스를 위해 아주 중요한 도구다. 와인 리스트를 작성하고, 작성된 리스트에 있는 와인들의 정확한 정보를 업데이트하며 재고를 유지하는 것은 소믈리에의 중요한 업무 중 하나다. 잘 짜여진 와인 리스트는 와인 지식이 풍부하지 않은 고객의 입장에서 이를 보고 와인을 선택하는 데 어렵거나 복잡하지 않아야 한다. 각 와인에 대해 정확하고 자세한 정보가 담겨야 하며, 비즈니스적인 관점에서도 고객이 와인을 적극적으로 주문할 수 있도록 만듦으로써 매출에 도움을 줄 수 있어야 한다.

**와인 리스트에는 와인의 원산지, 브랜드명 또는 생산자명, 빈티지, 품질 정도 또는 스타일(Classico, Kabinett, Crianza), 주요 품종 등이 필수적으로 기록되어야 한다.** 그 외에도, 판매되는 와인의 용량에 따라 글라스 단위, 반 병, 한 병, 매그넘magnum 등의 정보를 제공할 수 있도록 한다.

법적으로 알코올 함량을 알리도록 강제한 국가도 있다. 와인의 스타일에 대한 상세 정보나 음식과의 조화에 대해 직접 기록해도 좋지만, 너무 많은 내용을 기재하면 장황하고 복잡해질 수 있으므로 이러한 부분은 와인 추천 시 소믈리에가 직접 설명하는 것이 좋다. 가장 중요한 점은 정확한 최신 정보를 담아야 한다는 것과, 재고 변동이나 가격 변동이 있을 경우 반드시 고객이 알 수 있도록 표시하는 것이다. 와인 리스트에서 직원들의 빠른 커뮤니케이션이나 와인의 이름을 읽기 어려운 제3국의 언어는 BIN넘버를 활용해 소통하는 것도 좋은 방법이다.

### • 와인 리스트의 내용 배치 순서 Wine List Construction

**와인 리스트의 형식은 고객과 서비스 직원이 와인을 쉽게 찾고 선택할 수 있도록 일관성 있게 구성되어야 한다.** 가장 간단하고 일반적인 방법은 와인을 스타일별로 구분하고, 그것을 가격순으로 기록하는 방식이다. 대개 샴페인과 같은 스파클링 와인은 리스트의 시작 부분에, 디저트용으로 적합한 스위트 와인은 리스트의 끝부분에 배치한다.

와인의 중심이 되는 레드와 화이트, 로제 등은 업장의 특성을 고려하여 적절한 순으로 나열한다. 각 방식에 따라 장단점이 있겠지만, 기본적으로 쓰이는 방식은 다음 세 가지이다.

#### ❶ 지역별 구성

프랑스, 이탈리아, 스페인, 독일, 기타 순으로 유럽의 국가들을 먼저 배치한 뒤, 미국, 남미, 호주, 뉴질랜드, 남아프리카 공화국, 그 외 기타 지역 순으로 신대륙 국가들을 배치하는 방식이다. 프랑스나 이탈리아와 같은 국가는 지방과 하부 지역들을 보다 세부적으로 나누기도 한다. 프랑스의 경우 보르도, 부르고뉴, 론 밸리, 루아르 밸리, 알자스 등으로 나눌 수 있다. 지역별 와인 리스트는 고객들이 선호하는 지역이 있을 경우, 곧바로 해당 지역을 찾아볼 수 있는 장점이 있다.

하지만 익숙한 지역에서만 와인을 찾게 되므로, 다른 지역의 다양한 와인을 접할 기회가 적다는 단점이 있다.

### ❷ 품종별 구성

와인 소비자에 따라 각자 좋아하는 품종의 와인이 있을 수 있다. 와인 리스트의 구성을 포도 품종별로 분류하면 고객이 선호하는 와인을 보다 쉽게 찾을 수 있다. 이때 분류법은 알파벳순으로 나열하는 것과 유사한 특성을 가진 품종끼리 묶는 법, 두 가지가 있다. 이 범주 안에서 다시 원산지별이나 가격순으로 구분하기도 한다. 품종별 리스트를 작성할 땐 같은 품종을 사용한 와인끼리 따로 지역을 구분하지 않고 한 범주로 묶는다. 예를 들어 프랑스 샤블리의 샤르도네와 미국 캘리포니아의 샤르도네를 함께 배치하면, 같은 품종의 테루아 차이를 알아보기 쉽다. 단일 품종이 아니라 두세 가지 이상의 품종이 함께 쓰인 경우에는 '블렌딩 와인'으로 따로 구분하면 된다.

### ❸ 스타일별 구성

스파클링 와인, 화이트 와인, 로제 와인, 레드 와인, 디저트 와인 순으로 먼저 1차 분류를 한다. 이 범주 안에서 다시 원산지나 와인 스타일별로 나누어 세부 구성을 하면 된다. 와인의 맛을 기준으로 정할 수도 있다. 이 경우, 라이트 바디의 신선한 와인, 미디엄 바디의 와인, 풀 바디의 리치한 와인 등으로 구분해 나간다. 이렇게 맛의 특성을 중심으로 리스트를 짜면, 고객들의 기호를 가장 쉽고 빠르게 파악할 수 있다. 고객의 입장에서도 자신이 원하는 맛을 찾아 쉽게 와인을 선택할 수 있다.

반면, 맛의 표현에 익숙하지 않거나 특정 지역 또는 특정 품종을 선호하는 고객에게는 이 분류법이 오히려 산만하고 복잡하게 느껴질 수 있다.

# 4.3. RESPONSIBLE WINE CONSUMPTION 책임 있는 알코올 판매와 소비

알코올은 와인의 필수적인 구성 성분으로, 와인의 구조나 풍미의 형성에 기여한다. 하지만 알코올을 과도하게 섭취하면, 건강과 생활의 행복 및 경제적인 부분에서 큰 문제를 초래할 수 있다. 따라서 와인을 비롯해 주류를 취급하는 소믈리에는 자신뿐만 아니라, 고객의 올바른 알코올 소비를 위해 노력해야 할 것이다. 이어지는 페이지에서 알코올 판매와 소비에 따른 책임 있는 자세에 대해 알아본다.

## ❶ 알코올 관련 법률/규정

과도한 알코올 소비의 폐해 때문에 대부분의 국가에서는 알코올의 오용과 남용을 통제하기 위한 법률을 두고 있다.

### • 법적 음주 연령 : LDA Legal Drinking Age

대부분의 국가에서는 알코올의 구매 및 소비가 가능한 최소한의 나이를 정해 놓고 있다. 법적 음주 연령은 법에서 정하는 연령 이하인 자가 알코올을 소비하는 것을 통제할 수 있는 법적인 장치이다. 이들에게는 알코올 소비 및 구매가 금지된다. 단, 대부분의 미성년자 음주 관련 규정에서 가정에서 부모가 허락하거나 함께 하는 경우는 규제하지 않고 있다. 법적 음주 연령을 18세로 정하고 있는 국가들이 대부분이고, 한국의 경우엔 만 19세이다. 일부 국가에서는 와인과 증류주에 대한 규정을 별도로 둔 경우도 있다.

### • 혈중알코올농도 : BAC Blood Alcohol Concentration
: 운전/기계 조작이 가능한 최소한의 혈중알코올농도

혈중알코올농도는 혈액 1㎖ 속의 알코올 양을 ㎎으로 나타내거나 혈액 속의 알코올 농도를 퍼센트로 나타낸 것이다. 대부분의 나라에서 음주 운전이 가능한 최고 혈중 알코올 농도를 최고 0.00~0.08%로 제한하고 있다. 한국은 0.05% 미만, 영국은 0.08% 미만이다.

### ❷ 합리적 알코올 소비를 위한 지침

정부 기관이나 공공의료협회, 세계보건기구 등에서는 안전하고 책임 있는 음주 습관을 생활화하고, 과도한 음주로 인한 피해를 최소화하는 방편의 하나로 남성과 여성의 권장 음주량을 정해 놓고 있다. 국가마다 조금씩 차이는 있지만, 공식 '유닛' 또는 '표준 음료 단위'는 대략 알코올 10~12㎖이다. 영국에서 정한 유닛unit은 주정 10㎖(세계보건기구는 12m)를 기준으로, 여성의 경우 하루 2유닛(소주의 경우 3잔) 이하, 남성의 경우 하루 3유닛(소주의 경우 4~5잔) 이하, 한 번에 4유닛(소주 6잔) 이상은 마시지 말 것을 권고하고 있다. 또한 운전과 임신, 업무 중에는 절대적으로 금주해야 하며, 일주일에 하루 이상은 술을 전혀 마시지 않고 지내야 한다고 충고하고 있다.

**소주** (50㎖, 15%) – **0.75** 유닛
**맥주** (200㎖, 5%) – **1** 유닛

《 **1 유닛**unit = **10㎎의 주정**pure alcohol

### ❸ 알코올 판매를 위한 마케팅, 포장 등의 문구 제한

과도한 음주는 무엇보다 건강에 해롭다. 주류를 생산하거나 마케팅, 판매하는 회사들은 이에 대한 사회적 책임을 실천하기 위해 관련 지침서나 자체 규정 등을 가지고 있다. 또한, 부적합한 광고 및 홍보에 대한 규제 등 많은 음주 관련 규정들이 소비자 패널들과 함께 만들어지고 있다. 주류나 음주에 관련된 광고 및 홍보 문구들도 이러한 자발적 사전 협의를 통해 작성된다. 영국의 경우, 자세한 지침과 규정의 이해를 돕기 위해 웹사이트(www.alcoholinmoderation.com)를 제공하고 있으며, 미국은 연방 알코올 관리법Federal Alcohol Administration Act을 제정하여 관리하고 있다. 한국의 경우에는 '국민건강증진법'에서 음주와 관련된 광고 홍보를 제한하고 있으며, 과음에 관한 경고 문구 표시를 위한 지침을 제공하고 있다.

## ❹ 알코올과 건강

### · 알코올의 적당한 소비와 금지

적당한 알코올 소비는 건강한 식생활에 도움이 된다. 특히 40대 이상의 남성이나 폐경기 여성의 경우, 심혈관계 질환의 발병률을 낮추는 효과가 있는 것으로 알려져 있다. 그러나 와인에 함유된 폴리페놀 성분이 우리 몸에 좋은 효과가 있다 하더라도 하루 권장량 이상 마시는 것은 바람직하지 못하다.

알코올은 반사행동을 둔화시키기 때문에 자동차 운전, 오토바이 운전, 높은 곳에서의 기계 작동 등을 할 때 절대 술을 마시면 안 된다. 임신 중이거나 임신을 계획하고 있는 여성도 술을 금하도록 한다. 알코올은 대부분의 약물과 함께 복용하면 위험할 수 있으며, 처방약을 복용 중이라면 술을 마시기 전에 반드시 담당 의사와 상의해야 한다. 정신 병력이 있거나 약물 중독 경험이 있는 사람들은 술을 금하는 것이 좋다.

### · 알코올과 신진대사

술 속의 알코올은 위와 소장을 통해 몸속으로 흡수된다. 음식은 체내에 천천히 흡수되기 때문에, 위가 비었을 때 알코올은 보다 빠르게 흡수된다. 알코올이 체내에 들어가면 혈관을 통해 몇 분 안에 심장, 뇌, 근육, 그 외 조직들로 빠르게 이동한다. 알코올은 우리 몸에 저장되지 않고, 대부분 간에 의해 분해된다. 그 속도와 분해량은 나이와 몸무게, 성별에 따라 차이가 있지만, 평균적으로 한 시간에 한 유닛(권장 음주량) 정도가 분해된다.

### · 알코올의 부정적인 영향

- 간경변증 또는 알코올 지방간
- 발기부전
- 심장마비
- 췌장염
- 위경련 또는 위궤양
- 호흡기관 및 소화기관의 종양
- 알코올 의존증 또는 알코올 중독

# BIBLIOGRAPHY 참고 문헌

Anson, Jane. 2017. **Wine Revolution: The World's Best Organic, Biodynamic & Natural Wines**. United Kingdom: Jacqui Small LLP.

Atkins, Susy. 2006. **Wine Made Easy**. Great Britain: Mitchell Beazley.

Berry Bros. & Rudd Wine School. 2017. **Exploring & Tasting Wine: A Wine Course with Digressions**. United Kingdom: Berry Bros. & Rudd Press.

Bird, David. 2005. **Understanding Wine Technology: The Science of Wine Explained (New Edition)**. Great Britain: DBQA.

Bonné, Jon. 2023. **The New French Wine – Redefining the World's Greatest Wine Culture**. United States: Ten Speed Press.

Burton, Neel. 2016. **The Concise Guide to Wine and Blind Tasting**. United Kingdom: Acheron Press.

Camuto, Robert V. 2021. **Palmento: A Sicilian Wine Odyssey**. United States: University of Nebraska Press.

Clarke, Ronald J. and Jokie Bakker. 2004. **Wine Flavour Chemistry**. United Kingdom: Blackwell Publishing.

Cole, Katherine. 2017. **Rosé All Day: The Essential Guide to Your New Favorite Wine**. United States: Abrams.

Dry, P. and Coombe, B. 2005. **Viticulture (2nd Edition)**. Australia: Winetitles Pty Ltd.

Gaiser, Tim. 2010. **Message in the Bottle: A Guide to Tasting Wine**. United States: CreateSpace Independent Publishing Platform.

Gibb, Rebecca MW. 2023. **Vintage Crime: A Short History of Wine Fraud**. United States: University of California Press.

Gluck, Malcolm and Mark Hix. 2005. **The Simple Art of Marrying Food and Wine**. London: Mitchell Beazley.

Goode, Jamie. 2005. **Wine Science**. Great Britain: Mitchell Beazley.

Goode, Jamie, and Sam Harrop MW. 2011. **Authentic Wine: Toward Natural and Sustainable Winemaking**. United States: University of California Press.

Goldstein, Evan. 2006. **Perfect Pairings: A Master Sommelier's Practical Advice for Partnering Wine with Food**. United States: University of California Press. Recipes by Joyce Goldstein.

Grainger, Keith. 2009. **Wine Quality: Tasting and Selection**. United Kingdom: Wiley-Blackwell.

Hammack, Justin, and Madeline Puckette. 2018. **Wine Folly: Magnum Edition**. United States: Avery.

Jackson, Nick. 2020. **Beyond Flavour: The Indispensable Handbook to Blind Wine Tasting**. United States: Independently Published.

Jeffreys, Henry. 2023. **Vines in a Cold Climate – The People Behind the English Wine Revolution**. United Kingdom: Allen & Unwin.

Julyan, Brian K. 2012. **Sales & Service for the Wine Professional (Third Edition)**. United Kingdom: Brian K. Julyan.

Keeling, Dan, and Mark Andrew. 2020. **Wine from Another Galaxy**. United Kingdom: Quadrille Publishing.

Lynch, Kermit. 2013. **Adventures on the Wine Route: A Wine Buyer's Tour of France**. United States: Farrar, Straus and Giroux.

MacNeil, Karen. 2015. **The Wine Bible**. United States: Workman Publishing Company.

Martin, Neal. 2023. **The Complete Bordeaux Vintage Guide: 150 Years from 1870 to 2020**. United Kingdom: Quadrille Publishing.

Monosoff, Melissa. 2018. **Stuff Every Wine Snob Should Know**. United States: Quirk Books.

Old, Marnie. 2009. **Wine Secrets: Advice from Winemakers, Sommeliers, and Connoisseurs**. United States: Quarry Books.

Old, Marnie. 2014. **와인 테이스팅 코스 (Wine Tasting Course)**. South Korea: 시그마북스 (Sigma Books).

Robinson, Jancis. 2006. **Jancis Robinson's Wine Course: A Guide to the World of Wine**. United Kingdom: BBC Books.

Robinson, Jancis, Julia Harding, and José Vouillamoz. 2012. **Wine Grapes**. United Kingdom: Allen Lane.

Robinson, Jancis, and Julia Harding. 2015. **The Oxford Companion to Wine (Fourth Edition)**. United Kingdom: Oxford University Press.

Robinson, Jancis. 2016. **The 24-Hour Wine Expert**. United States: Abrams Image.

Sohm, Aldo. 2019. **Wine Simple. United States: Clarkson Potter**.

Wagner, Melanie. 2013. **Hello, Wine: The Most Essential Things You Need to Know About Wine**. United States: Chronicle Books. Illustrations by Lucy Engelman.

Way, David. 2023. **The Wines of Piemonte**. United Kingdom: Infinite Ideas.

**Wine & Spirit Education Trust**. 2018. WSET Level 1 Award in Wines. United Kingdom: Wine & Spirit Education Trust.

**Wine & Spirit Education Trust**. 2019. WSET Level 2 Award in Wines. United Kingdom: Wine & Spirit Education Trust.

**Wine & Spirit Education Trust**. 2020. WSET Level 3 Award in Wines. United Kingdom: Wine & Spirit Education Trust.

고형욱. 2006. **와인의 문화사-살림지식총서 259**. 서울: 살림출판사.

김의겸. 2007. **소믈리에 실무**. 서울: 백산출판사.

실뱅 피티오, 장 샤를 세르방. 2009. **부르고뉴 와인**. 박재화, 이정욱 공역. 서울: (주)바롬웍스.

# INDEX 찾아보기

| | | |
|---|---|---|
| 1차 향 primary aromas | 030,033 | |
| 2차 향 secondary aromas | 030,033 | |
| 3차 향 tertiary aromas | 030,033 | |

## ㄱ

| | |
|---|---|
| 가당 chaptalisation | 178 |
| 가론 Garonne | 224,229 |
| 가르가네가 Garganega | 092 |
| 가르나차 Garnacha | 126 |
| 가메 Gamay | 120 |
| 가비 Gavi | 090,307 |
| 가지치기 pruning | 163,164 |
| 갈레 galets, pudding stone | 260 |
| 감칠맛 Umami | 375,377 |
| 강도 Intensity | 031,034,036 |
| 게뷔르츠트라미너 Gewürztraminer | 080 |
| 게쉿츠터 게오그라피셔 안가베 Geschützte Geografische Angabe, g.g.A | 284 |
| 게쉿츠터 울슈프룽스베자이휘눙 Geschützte Ursprungsbezeichnung | 284 |
| 격자 구조물 trellis | 163,367 |
| 고도 altitude | 051 |
| 곰팡이 Mildew | 165,166 |
| 과육 | 175 |
| 관개 | 051,164 |
| 교배 | 053 |
| 귀부 noble rot | 192 |
| 균형 Balance | 040 |
| 그라브 Grave | 232 |
| 그랑 뱅 Grand vin | 229 |
| 그랑 크뤼 Grand Cru | 239 |
| 그랑 크뤼 클라세 Grand Cru Classé | 224,231 |
| 그르나슈 Grenache | 126~127 |

| | |
|---|---|
| 그리스 Greece | 297~298 |
| 기스본 Gisborne | 366~367 |
| 기후 climate | 153~155 |
| 껍질 skin | 175 |
| 껍질 접촉 skin contact | 180~181,187 |

## ㄴ

| | |
|---|---|
| 나바라 Navarra | 324 |
| 나파 밸리 Napa Valley | 337 |
| 나헤 Nahe | 288 |
| 날씨 weather | 153 |
| 남부 론 Southern Rhône | 260 |
| 남아프리카 공화국 Republic of South Africa | 353 |
| 낭트 Nante | 254 |
| 네고시앙 Négociant | 237~238,277 |
| 네그로 아마로 Negro Amaro | 314 |
| 네로 다볼라 Nero d'Avola | 315 |
| 네비올로 Nebbiolo | 132 |
| 노균병 downy mildew | 165 |
| 노블 롯 noble rot | 165 |
| 눈물 tears | 031 |
| 뉘-생-조르주 Nuits-Saint-Georges | 240 |
| 뉴 사우스 웨일즈 New South Wales | 361 |
| 뉴질랜드 New Zealand | 366~367 |
| 늦은 수확 Vendange Tardive | 249,285 |

## ㄷ

| | |
|---|---|
| 다웅 Dão | 330,332 |
| 다이데스하임 Deidesheim | 290 |
| 당도 sweetness | 035,169 |

| | |
|---|---|
| 당분 sugar | 176~177 |
| 데노미나시온 데 오리헨 Denominación de Origen | 322 |
| 데노미나시온 데 오리헨 칼리피카다 Denominación de Origen Calificada | 322 |
| 데노미나시옹 데 오리쟁 콘트롤라다 Denominacão de Origem Controlada | 350 |
| 데노미나치오네 디 오리지네 콘트롤라타 Denominazione di Origine Controllata | 303 |
| 데노미나치오네 디 오리지네 콘트롤라타 에 가란티타 Denominazione di Origine Controllata et Garantita | 303 |
| 데노미나치오네 디 오리지네 프로테타 Denominazione di Origine Protetta | 303 |
| 도멘 Domaine | 237~238 |
| 도사지 dosage | 194,196 |
| 도우로 Douro | 332 |
| 독일 Germany | 282 |
| 돈펠더 Dornfelder | 286 |
| 돌체토 Dolcetto | 134,307 |
| 두에로 밸리 Duero Valley | 326 |
| 드미-섹 Demi-sec | 278 |
| 디캔팅 decanting | 394 |

## ㄹ

| | |
|---|---|
| 라 만차 La Mancha | 327 |
| 라벨 표기 labelling | 226 |
| 라스키 리슬링 Laski Riesling | 068 |
| 라이트 뱅크 Right Bank | 233 |
| 라인 Rhine | 284 |
| 라인가우 Rheingau | 288~289 |
| 라인헤센 Rheinhessen | 289 |
| 라치오 Lazio | 312~314 |
| 라펠 밸리 Rapel Valley | 348 |
| 란트 바인 Landwein | 284 |
| 람브루스코 Lambrusco | 309 |

| | | |
|---|---|---|
| 랑그독-루시용 Languedoc-Roussillon | 265~267 | |
| 랙킹 racking | 182,184 | |
| 러시안 리버 밸리 Russian River Valley | 337 | |
| 레드 와인 Red Wine | 177~178 | |
| 레제르바 Reserva | 216,323 | |
| 레치오토 Recioto | 136,308 | |
| 레프트 뱅크 Left Bank | 232 | |
| 로제 당주 Rosé d'Anjou | 253 | |
| 로제 와인 Rosé Wine | 189~190 | |
| 론 Rhône | 256 | |
| 론디넬라 Rondinella | 136,308 | |
| 롬바르디아 Lombardy | 090,092 | |
| 루더글렌 Rutherglen | 191,207 | |
| 루비 포트 Ruby Port | 204 | |
| 루산 Roussanne | 256 | |
| 루아르 밸리 Loire Valley | 251 | |
| 루에다 Rueda | 326 | |
| 르 샹베르탱 Le Chambertin | 116 | |
| 리들링 riddling | 196 | |
| 리버리나 Riverina | 361 | |
| 리베라 델 두에로 Ribera del Duero | 326 | |
| 리슬링 Riesling | 068 | |
| 리아스 바이사스 Rias Baixas | 326 | |
| 리오 네그로 Rio Negro | 350 | |
| 리오하 Rioja | 323~324 | |
| 리저브 Reserve | 205 | |
| 리저브 토니 포트 Reserve Tawny Port | 205 | |
| 리제르바 Riserva | 304 | |
| 리큐어 Liqueurs | 194,196 | |

## ㅁ

| | | |
|---|---|---|
| 마가렛 리버 Margaret River | 364 | |
| 마고 Margaux | 232 | |
| 마르산 Marsanne | 256,259 | |
| 마이포 밸리 Maipo Valley | 348 | |
| 마카베오 Macabeo | 320 | |
| 마코네 Mâconnais | 241 | |
| 마콩 Mâcon | 239,242 | |
| 마콩-빌라주 Mâcon-Villages | 242 | |
| 마타로 Mataro | 360 | |
| 마틴버러 Martinborough | 367 | |
| 만자니아 Manzanilla | 201,203 | |
| 말바지아 Malvasia | 305 | |
| 맥라렌 베일 McLaren Vale | 362 | |
| 머스트 Must | 176~178 | |
| 메독 Médoc | 232 | |
| 메르퀴레 Mercurey | 241 | |
| 메를로 Merlot | 110 | |
| 멘도사 Mendoza | 351 | |
| 모나스트렐 Monastrell | 320 | |
| 모닝톤 페닌슐라 Mornington Peninsula | 363 | |
| 모레-생-드니 Morey-Saint-Denis | 240 | |
| 모르공 Morgon | 245 | |
| 모스카텔 데 발렌시아 Moscatel de Valencia | 191 | |
| 모스카토 다스티 Moscato d'Asti | 083,304 | |
| 모젤 Mosel | 288 | |
| 몬테풀치아노 다부르쪼 Montepulciano d'Abruzzo | 313 | |
| 몰리나라 Molinara | 136,308 | |
| 몽바지악 Monbazillac | 076 | |
| 몽타니 Montagny | 241 | |
| 뫼르소 Meursault | 240 | |

| | | |
|---|---|---|
| 물랭-아-방 Moulin-à-vent | 245 | |
| 뮈스카 Muscat | 083~084 | |
| 뮈스카데 Muscadet | 251~252,254 | |
| 뮈스카데 드 세브르 에 멘 Muscadet de Sevre dt Maine | 252 | |
| 뮈스카 드 리브잘트 Muscat de Rivesaltes | 191,207 | |
| 뮐러-투어가우 Muller-Thurgau | 287 | |
| 므느투-살롱 Menetou-Salon | 252 | |
| 므왈레 Moelleux | 233 | |
| 믈롱 드 부르고뉴 Melon de Bourgogne | 251 | |
| 믈롱 블랑 Melon Blanc | 251 | |
| 미각 palate | 035 | |
| 미국 United States | 335 | |
| 미네르부아 Minervois | 266,267 | |
| 미세기후 micro-climate | 155 | |
| 미스트랄 Mistral | 256 | |
| 밀레지메 Millésime | 215 | |

## ㅂ

| | | |
|---|---|---|
| 바가 Baga | 332 | |
| 바덴 Baden | 290 | |
| 바디 body | 036 | |
| 바로사 밸리 Barossa Valley | 362 | |
| 바롤로 Barolo | 132,306 | |
| 바르바레스코 Barbaresco | 306 | |
| 바르베라 Barbera | 134 | |
| 바르베라 달바 Barbera d'Alba | 134,306 | |
| 바리크 barriques | 231 | |
| 바실리카타 Basilicata | 313 | |
| 바이하다 Bairrada | 332 | |
| 바케라스 Vacqueras | 262 | |
| 발 드 루아르 Val de Loire | 252 | |

| | | |
|---|---|---|
| 발렌시아 Valencia | 326 | |
| 발폴리첼라 Valpolicella | 308 | |
| 발효 fermentation | 179 | |
| 방당주 타르디브 Vendange Tardive | 070 | |
| 방돌 Bandol | 267 | |
| 방출/배출 disgorgement | 194,196 | |
| 배럴 barrel | 183 | |
| 뱅 드 타블 Vin de Table | 225 | |
| 뱅 드 프랑스 Vin de France | 226 | |
| 뱅소브르 Vinsobres | 262 | |
| 버건디 Burgundy | 237 | |
| 베네토 Veneto | 308,309 | |
| 베르델호 Verdejo | 207,364 | |
| 베르디키오 데이 카스텔리 디 예지 Verdicchio dei Castelli di Jesi | 312 | |
| 베르주락 Bergerac | 235 | |
| 베른카스텔 Bernkastel | 288 | |
| 벵겔라 해류 Benguela Current | 353 | |
| 병 발효 bottle-fermentation | 195,196 | |
| 보관 storage | 388 | |
| 보르도 Bordeaux | 229 | |
| 보르도 쉬페리외르 Bordeaux Superieur | 231 | |
| 보졸레 Beaujolais | 244~245 | |
| 보졸레 누보 Beaujolais Nouveau | 244 | |
| 보졸레 빌라주 Beaujolais Villages | 244 | |
| 보졸레 크뤼 Beaujolais Cru | 245 | |
| 보졸레 프리뫼르 Beaujolais Primeur | 244 | |
| 보주 Vosges | 247 | |
| 보트리티스 Botrytis | 192 | |
| 보트리티스 시네레아 Botrytis Cinerea | 192 | |
| 복합성 complexity | 040 | |
| 본 Beaune | 240 | |
| 본-로마네 Vosne-Romanée | 240 | |

| | | |
|---|---|---|
| 본조 Bonnezeaux | 073 | |
| 볼네 Volnay | 240 | |
| 봄-드-베니스 Beaumes-de-Venise | 262 | |
| 부르고뉴 Bourgogne | 237 | |
| 부르고뉴 파스투그랭 Bourgogne Passetoutgrains | 238,410 | |
| 부르괴이유 Bourgueil | 252~253 | |
| 북부 론 Northern Rhône | 256~260 | |
| 브루넬로 디 몬탈치노 Brunello di Montalcino | 311 | |
| 브루이 Brouilly | 245 | |
| 브뤼 Brut | 278 | |
| 비노 노빌레 디 몬테풀치아노 Vino Nobile di Montepulciano | 311 | |
| 비뉴 베르데 Vinho Verde | 332 | |
| 비뉴 헤지오날 Vinho Regional | 331 | |
| 비오니에 Viognier | 086 | |
| 비오 비오 밸리 Bio Bio Vally | 348 | |
| 비우라 Viura | 320 | |
| 비티스 비니페라 Vitis Vinifera | 053 | |
| 빅토리아 Victoria | 363 | |
| 빈티지 vintage | 219,278 | |
| 빈티지 샴페인 Vintage Champagne | 278,279 | |
| 빈티지 포트 Vintage Port | 205 | |

## ㅅ

| | | |
|---|---|---|
| 사우스 이스턴 오스트레일리아 South Eastern Australia | 361 | |
| 산도 acidity | 035 | |
| 산루카 데 바라메다 Sanlucar de Barrameda | 203,327 | |
| 산지오베세 Sangiovese | 138,310 | |
| 산화 oxidation | 042 | |
| 상세르 Sancerre | 253 | |
| 색 colour | 031 | |
| 생 니콜라스 드 부르괴이유 Saint-Nicholas de Bourgueil | 252,253 | |

| | | |
|---|---|---|
| 생소 Cinsault | 257,265 | |
| 생-조셉 Saint-Joseph | 258 | |
| 생-줄리앙 Saint-Julien | 232 | |
| 생-테밀리옹 Saint-Emilion | 233 | |
| 생-테밀리옹 그랑 크뤼 Saint-Emilion Grand Cru | 232 | |
| 생-테스테프 Saint-Estèphe | 232 | |
| 샤르도네 Chardonnay | 058 | |
| 샤르도네-세미용 Chardonnay-Semillon | 059 | |
| 샤르도네-슈냉 블랑 Chardonnay-Chenin Blanc | 059 | |
| 샤르마 방식 Charmat Method | 197 | |
| 샤블리 Chablis | 240 | |
| 샤토 Château | 229 | |
| 샤토뇌프-뒤-파프 Châteauneuf-du-Pape | 260 | |
| 샤토 디켐 Château d'Yquam | 035 | |
| 샹파뉴/샴페인 Champagne | 275,278 | |
| 서비스/접대 service | 386,388 | |
| 선명도 clarity | 031 | |
| 세미용 Semillon | 076 | |
| 세미용-샤르도네 Semillon-Chardonnay | 059 | |
| 센트럴 밸리 Central Valley(California) | 348 | |
| 센트럴 오타고 Central Otago | 367 | |
| 셀렉시옹 드 그랭 노블 Sélection de Grains Nobles | 249 | |
| 셰리 Sherry | 200,201 | |
| 소노마 카운티 Sonoma County | 337 | |
| 소뮈르 Saumur | 251~253 | |
| 소뮈르-샹피니 Saumur-Champigny | 252~253 | |
| 소비뇽 블랑 Sauvignon Blanc | 064 | |
| 소아베 Soave | 308 | |
| 소테른 Sauternes | 233 | |
| 솔레라 시스템 solera system | 202 | |
| 수확 harvest | 160,162 | |
| 수확량 yield | 160 | |

| 한글 | 원어 | 페이지 |
|---|---|---|
| 숙성 | maturation | 182 |
| 쉬농 | Chinon | 252,253 |
| 쉬라즈 | Shiraz | 122 |
| 쉬스레제르베 | Süssreserve | 192 |
| 쉬페리외르 | Superieur | 232,244 |
| 슈냉 블랑 | Chenin Blanc | 073 |
| 슈페트부르군더 | Spätburgunder | 287 |
| 슈페틀레제 | Spätlese | 285 |
| 스위트 와인 | Sweet Wine | 191,192 |
| 스타일 | style | 026 |
| 스텔렌보쉬 | stellenbosch | 355 |
| 스파클링 와인 | Sparkling Wine | 194 |
| 스페인 | Spain | 319 |
| 스푸만테 | Spumante | 026,197,304 |
| 시라 | Syrah | 122 |
| 시음 | Tasting | 027 |
| 시칠리아 | Sicilia | 315 |
| 실바너 | Silvaner | 287 |
| 쓴맛 | bitterness | 375,377,378 |

## ㅇ

| 한글 | 원어 | 페이지 |
|---|---|---|
| 아나타 | annata | 215 |
| 아라고네즈 | Aragonez | 129 |
| 아르헨티나 | Argentina | 350,351 |
| 아마로네 델라 발폴리첼라 | Amarone della Valpolicella | 136,308 |
| 아몬티야도 | Amontillado | 203 |
| 아브루쪼 | Abruzzo | 313 |
| 아스티 | Asti | 198,307 |
| 아우슬레제 | Auslese | 285 |
| 아이스바인 | Eiswein | 285 |
| 아이스 와인 | Ice Wine | 343 |
| 아콩카구아 지역 | Aconcagua Region | 347 |
| 안데스 | Andes | 345,350 |
| 알렌테주 | Alentejo | 333 |
| 알리고테 | Aligote | 238,244 |
| 알리아니코 | Aglianico | 304 |
| 알바리뇨 | Albarino | 088 |
| 알자스 | Alsace | 247 |
| 알코올 | alcohol | 036 |
| 알토 아디제 | Alto Adige | 309 |
| 압착 | pressing | 180,190 |
| 앙주-소뮈르 | Anjou-Saumur | 253 |
| 앙트르-두-메르 | Entre-Deux-Mers | 229 |
| 애들레이드 힐스 | Adelaide Hills | 362 |
| 앵디카시옹 제오그라픽 프로테제 | Indication Geographique Protegee | 226 |
| 야라 밸리 | Yarra Valley | 363 |
| 에덴 밸리 | Eden Valley | 362 |
| 에르미타주 | Hermitage | 259 |
| 에밀리아-로마냐 | Emilia-Romagna | 309 |
| 여과 | filtration | 194,198 |
| 여운 | finish | 040 |
| 예클라 | Yecla | 327 |
| 오르비에토 | Orvieto | 312 |
| 오-메독 | Haut-Médoc | 232 |
| 오스트레일리아 | Australia | 359 |
| 오스트리아 | Austria | 293 |
| 오크 | oak | 039,183 |
| 오클랜드 | Auckland | 366,367 |
| 오프 드라이 | off dry | 035,278 |
| 올로로소 | Oloroso | 203 |
| 와이라우 밸리 | Wairau Valley | 367 |
| 와인 양조 | wine making | 174 |
| 와인 시음의 체계적 접근법 | Wine Systematic Approach to Tasting | 029,044 |
| 외관 | appearance | 031 |
| 우코 밸리 | Uco Valley | 351 |
| 움브리아 | Umbria | 312 |
| 워싱턴주 | Washington State | 339 |
| 워커 베이 | Walker Bay | 356 |
| 웨스턴 오스트레일리아 | Western Australia | 364 |
| 유기농 포도 재배 | Organic viticulture | 166 |
| 으깨기 | crushing | 177 |
| 음식과 와인 매칭 | food and wine matching | 374 |
| 이산화탄소 | $CO_2$ | 154,179 |
| 이산화황 | sulphur dioxide | 042,178 |
| 이스트/효모 | yeast | 020,182/174,178 |
| 이스트 찌꺼기/앙금 | Lees | 186,197 |
| 이전 방식 | Transfer Method | 197 |
| 이타타 밸리 | Itata valley | 348 |
| 이탈리아 | Italy | 302 |
| 인디카시온 헤오그라피카 프로테히다 | Indicación Geográfica Protegida | 321 |
| 인디카지오네 지오그라피카 티피카 | Indicazione Geografica Tipica | 303 |
| 인디카지오네 지오그라피카 프로테타 | Indicazione Geografica Protetetta | 303 |

## ㅈ

| 한글 | 원어 | 페이지 |
|---|---|---|
| 자가 분해 | Autolysis | 195 |
| 자렐로 | Xarel-lo | 196,320 |
| 잔당 | residual sugar | 035,200 |
| 전통 방식 | Méthode Traditionelle | 195 |
| 정제 | fining | 178,187 |
| 제브레-샹베르탱 | Gevrey-Chambertin | 240 |
| 젝트 | Sekt | 197 |
| 주정 강화 와인 | Fortified Wine | 200,206 |
| 줄기 | stems | 152,163 |
| 중기후 | site climate | 154 |

| 증류 distillation | 206 |
| --- | --- |
| 지공다스 Gigondas | 262 |
| 지롱드 Gironde | 229 |
| 지브리 Givry | 241 |
| 진판델 Zinfandel | 142 |

## ㅊ

| 청징 fining | 184 |
| --- | --- |
| 칠레 Chile | 345 |
| 침용/마세레이션 maceration | 181,190 |

## ㅋ

| 카네로스 Carneros | 336 |
| --- | --- |
| 카르메네르 Carmenère | 148 |
| 카리냥 Carignan | 266 |
| 카바 Cava | 196,320 |
| 카베르네 당주 Cabernet d'Anjou | 253 |
| 카베르네 소비뇽 Cabernet Sauvignon | 105 |
| 카베르네 프랑 Cabernet Franc | 230,251,253 |
| 카비넷 Kabinett | 285 |
| 카사블랑카 밸리 Casablanca Valley | 348 |
| 카오르 Cahors | 146,235 |
| 카파야테 Cafayate | 351 |
| 캐나다 Canada | 343 |
| 캘리포니아 California | 337 |
| 코르나스 Cornas | 260 |
| 코르동 Cordon | 164~165 |
| 코르비나 Coirvina | 136 |
| 코르비에르 Corbières | 267 |
| 코르크 결함/오염/부패 cork-taint | 042 |

| 코르테제 Cortese | 090 |
| --- | --- |
| 코뮌 Commune | 231 |
| 코스탈 리전 Coastal Region | 355 |
| 코토 뒤 레이용 Coteaux du Layon | 252,254 |
| 코트 도르 Côte d'Or | 240 |
| 코트 뒤 론 Côtes du Rhône | 258 |
| 코트 뒤 론 빌라주 Côtes du Rhône Village | 258 |
| 코트 뒤 루시용 Côtes du Roussillon | 267 |
| 코트 드 뉘 Côte de Nuits | 240 |
| 코트 드 본 Côte du beaune | 240 |
| 코트-로티 Côtes-Rôtie | 258 |
| 코트 샬로네즈 Côte Chalonnaise | 240 |
| 콜롬바-샤르도네 Colombard-Chardonnay | 059 |
| 콜차구아 Colchagua | 348 |
| 콩드리유 Condrieu | 258 |
| 콸리테츠바인 베슈팀터 안바우게비트 Qualitatswein bestimmter Anbaugebiete | 284 |
| 쿠나와라 Coonawarra | 363 |
| 퀄리티 와인 Quality Wine | 225,286,288 |
| 크레망 Crémant | 196 |
| 크로제-에르미타주 Crozes-Hermitage | 259 |
| 크리안자 Crianza | 216,322 |
| 클라시코 Classico | 304 |
| 클레어 밸리 Clare Valley | 362 |
| 클리마 Climat | 239 |
| 키안티 Chianti | 310~311 |
| 키안티 클라시코 Chianti Classico | 311 |

## ㅌ

| 타나 Tannat | 235 |
| --- | --- |
| 타닌 tannin | 035,378 |
| 타벨 Tavel | 262 |

| 타우라시 Taurasi | 304,313 |
| --- | --- |
| 탄산 침용 carbonic maceration | 181 |
| 테이블 와인 Table Wine | 225 |
| 템프라니요 Tempranillo | 129 |
| 토니 포트 Tawny Port | 204,205 |
| 토로 Toro | 326 |
| 토론테스 Torrontés | 351 |
| 토스카나 Toscana | 310~311 |
| 토양 soil | 156~157 |
| 토우리가 나시오날 Touriga Nacional | 330 |
| 토카이 아수 Tokaji Aszú | 295 |
| 투렌 Touraine | 253 |
| 트레비아노 Trebbiano | 305 |
| 트렌티노 Trentino | 309 |
| 트로켄 Trocken | 284 |
| 트로켄베렌아우슬레제 Trockenbeerenauslese | 286 |

## ㅍ

| 파이프 pipe | 205 |
| --- | --- |
| 팔로미노 Palomino | 202 |
| 팔츠 Pfalz | 290 |
| 페드로 시메네스 Pedro Ximénez | 203,327 |
| 페삭-레오냥 Pessac-Leognan | 232 |
| 포도 grapes | 175 |
| 포도 품종 grape variety | 052 |
| 포르투갈 Portugal | 330 |
| 포마르 Pommard | 240 |
| 포므롤 Pomerol | 233 |
| 포이약 Pauillac | 232 |
| 포트 Port | 204 |
| 표현력 Expressiveness | 041 |

| | | | | |
|---|---|---|---|---|
| 푸이-퓌메 Pouilly-Fumé | 253 | 헝가리 Hungary | 295 | |
| 푸이-퓌세 Pouilly-Fuissé | 241 | 헤레즈 데 라 프론테라 Jerez de la Frontera | 321 | |
| 풀리아 Puglia | 314 | 호벤 Joven | 322 | |
| 풍미 flavour | 036,376 | 호크 Hock | 287 | |
| 퓌메 블랑 Fumé Blanc | 066 | 혹스 베이 Hawke's Bay | 367 | |
| 퓔리니-몽라셰 Puligny-Montrachet | 240 | 화이트 와인 White Wine | 186 | |
| 프라스카티 Frascati | 313 | 환경 Environment | 152 | |
| 프란치아코르타 Franciacorta | 196 | 후각 nose | 033~034 | |
| 프랑스 France | 222,224 | 후미야 Jumilla | 327 | |
| 프레디카츠바인 Pradikätswein | 285 | 훔볼트 해류 Humboldt Current | 348 | |
| 프로방스 Provence | 266 | 히스코트 지역 Heathcote Region | 363 | |
| 프로세코 Prosecco | 197 | | | |
| 프르미에 크뤼 Premier Cru | 239 | | | |
| 프리미티보 Primitivo | 142 | | | |
| 프리오랏 Priorat | 325 | | | |
| 프리울리-베네치아 줄리아 Friuli-Venezia Giulia | 309 | | | |
| 플로르 flor | 202 | | | |
| 플뢰리 Fleurie | 245 | | | |
| 피노 Fino | 202 | | | |
| 피노 그리 Pinot Gris | 078,248 | | | |
| 피노 그리지오 Pinot Grigio | 078,305 | | | |
| 피노 누아 Pinot Noir | 115 | | | |
| 피노 블랑 Pinoit Blanc | 248 | | | |
| 피노타지 Pinotage | 144 | | | |
| 피에몬테 Piemonte | 306 | | | |
| 피투 Fitou | 267 | | | |
| 필록세라 Phylloxera | 024, 165 | | | |

# ㅎ

| | |
|---|---|
| 하이브리드 Hybrid | 053 |
| 헌터 밸리 Hunter Valley | 363 |

# 와인味학
## ART OF WINE

**1판 1쇄 인쇄** 2024. 12. 24.
**1판 1쇄 발행** 2025. 01. 08.

**지은이** 방문송, 심순철, 안성태, 오재훈, 정원희
**발행인** 오재훈
**편집** 조윤지
**디자인** 디자인스튜디오 김팀
**펴낸곳** (주)와인비전프레스
　　　　출판등록 제2015-000049호
**주소** 서울시 강남구 논현동 34-19 우편번호 06105
**전화** 02-514-1855

이 책은 저작권의 보호를 받는 저작물이므로 와인비전프레스의 동의 없이는
어떠한 형태나 수단으로 이 책의 내용을 사용하지 못합니다.

**ISBN 979-11-987963-0-1**

*잘못된 책은 바꿔 드립니다.